Pierre Boom
Gerhard Haase-Hindenberg

Der fremde Vater

Pierre Boom
Gerhard Haase-Hindenberg

DER FREMDE VATER

Der Sohn
des Kanzlerspions Guillaume
erinnert sich

Aufbau-Verlag

Mit 27 Abbildungen

ISBN 3-351-02567-X

2. Auflage 2004

Einbandgestaltung Andreas Heilmann, Hamburg
Druck und Binden GGP Media, Pößneck
Printed in Germany

www.aufbau-verlag.de

Inhalt

Vorwort

Wahrscheinlich sind wir uns bereits Ende der siebziger Jahre begegnet. In jenem Ost-Berliner Neubaugebiet, das »Hans-Loch-Viertel« genannt wurde. Hierhin zwischen Stadtzentrum und Peripherie hatten sich nie Touristen verirrt und westliche Besucher bestenfalls, wenn sie zu ihren Verwandten fuhren. Ganz sicher also waren Pierre und ich die beiden einzigen »Wessis«, die in dieser tristen Plattenbausiedlung wohnten, in der HO-Kaufhalle Waren des täglichen Bedarfs einkauften und manchen Abend in der Mehrzweckgaststätte Drushba verbrachten. Möglicherweise sind wir einander in jener Zeit auch als »Wanderer zwischen den Welten« in der Grenzübergangsstelle Friedrichstraße begegnet. Aber wir kannten uns noch nicht.

Als ich Pierre ein Vierteljahrhundert nach dem Düsseldorfer Urteil gegen seine Eltern aufsuche, um ihn für ein Zeitungsporträt zu interviewen, erkennt er mich sofort. Allerdings nicht aus dem Hans-Loch-Viertel und auch nicht vom Tränenpalast, sondern aus dem Fernsehen, wo ich kurz zuvor in dem Mehrteiler »Der König von St. Pauli« die Kiez-Type »Stullen-Paul« gespielt hatte. Der – wie ich mittlerweile weiß – ebenfalls multimedial tätige Pierre Boom ist nicht einen Moment darüber erstaunt, daß ihm plötzlich ein TV-Bösewicht als seriöser Autor gegenübersitzt. Dann sind wir beide überrascht, als wir herausfinden, daß wir in Ost-Berlin Nachbarn waren. Das jedoch sollte nicht die einzige Übereinstimmung in unseren Biographien bleiben. Beide hatten wir in den siebziger Jahren die Illusion, der real existierende Sozialismus könnte eine Alternative zu jener gesellschaftlichen Ordnung sein, in der wir aufgewachsen waren. Sie hatte mich seinerzeit zu dem außergewöhnlichen Schritt veranlaßt, an jener Ost-Berliner Schauspielschule zu studieren, die heute im wiedervereinigten Deutschland als Ernst-Busch-Hochschule einen guten Ruf genießt. Pierre, der damals noch Guillaume hieß, ist es aus vielerlei Gründen schwerer gefallen als mir, die Fragwürdigkeit des DDR-Systems zu erkennen. Und er konnte das Land auch nicht – wie ich – nach nur drei Jahren wieder verlassen. Warum dem so war, ist eines der Themen dieses Buches.

Das Porträt über Pierre wurde in der *Welt* veröffentlicht, ein Interview von der *Deutschen Welle* weltweit ausgestrahlt und von der *Berliner Zeitung* sowie im Ausland publiziert. Da erst kamen wir auf die Idee, seine außergewöhnliche Biographie aufzuschreiben. Es begann eine zweijährige kreative Zusammenarbeit, die zu dem vorliegenden Buch führte. Es ist weder Autobiographie noch Biographie – es ist eine Mischung aus beidem: eine aufwendig recherchierte publizistische Arbeit, die wir »Annäherung an eine Biographie« nennen.

Diese Annäherung geschah auf vielfältige Weise. Den Hauptteil nehmen natürlich Pierres Erinnerungen ein. Aber wir haben uns auch gemeinsam auf die Suche begeben: zu Menschen, die in seiner Biographie eine wichtige Rolle spielten, und an die Orte, wo sie sich vollzog.

Diese mehrgleisige Arbeitsmethode soll auf spannende Weise für den Leser nachvollziehbar sein, deshalb werden jene vierzehn Jahre aus der Lebensgeschichte Pierre Guillaumes auf drei verschiedenen Ebenen geschildert. Zusammengesetzt ergibt dies die außergewöhnliche Geschichte eines jungen Mannes im Schatten des größten Spionagefalls der Bundesrepublik Deutschland.

Gerhard Haase-Hindenberg

Die Verhaftung

Das erste, was Pierre an diesem Morgen wahrnimmt, sind fremde Stimmen. Obwohl die Tür seines Zimmers nur angelehnt ist, kann er nicht verstehen, was im Flur gesprochen wird. Im gekippten Fenster spiegelt sich das Blinken eines Blaulichts. Ein Unfall, schießt es ihm durch den Kopf. Als er sich im Bett aufrichtet, erinnert ihn ein dumpfes Gefühl zwischen den Schläfen daran, daß er noch wenige Stunden zuvor mit seinem Freund Victor in der Barriere gesessen hat und davor im Zwitscherstübchen – das übliche Kneipenprogramm eben.

Dann der Blick aus dem Fenster. Trotz Halteverbots stehen fünf Autos auf dem Bürgersteig. Aber das scheint die Polizisten da unten nicht weiter zu stören. Neben einem Polizeiwagen verharren zwei Uniformierte, Maschinenpistolen im Anschlag, als wollten sie die wenigen Passanten, die auf ihrem Weg neugierig von der anderen Seite der Straße herüberblicken, davon abhalten, diese zu überqueren.

Wenn Pierre nervös ist, wird er ruhig, fast einsilbig, in auffälliger Weise in sich gekehrt. Gedankenverloren versucht er offenbar die Situationen durchzustehen, die ihn nervös machen. Und fast dreißig Jahre nach jenem Tag, der sein Leben komplett veränderte, ist er vor dem Mehrfamilienhaus in der Godesberger Ubierstraße plötzlich sehr ruhig. Auf meine Frage nach seinen Gefühlen in diesem Moment sagt er nur:

»Die Bäume hier vorn waren damals natürlich noch nicht so hoch. Deshalb konnte ich von da oben alles sehen.«

Plötzlich wird scheppernd eine Jalousie heruntergelassen.

»Ist das wegen uns?« fragt Pierre irritiert.

Ich muß ihm die Antwort schuldig bleiben. Keine Ahnung, warum da jemand an einem sonnigen Nachmittag freiwillig seine Wohnung verdunkelt.

Natürlich waren die Bäume damals noch nicht so hoch. Nicht mal annähernd. Schließlich ist es mehr als ein Vierteljahrhundert her, daß der gerade Siebzehnjährige an seinem Fenster in der ersten Etage die Einsatzfahrzeuge der Polizei auf dem Bürgersteig entdeckte. Offenbar wollte man den Verkehr auf der vielbefahrenen Durchgangsstraße nicht behindern. Schon gar nicht morgens um halb sieben, als gerade der Berufsverkehr einsetzte. Exakt um 6.32 Uhr, so steht später im Protokoll, betraten die ersten Beamten des BKA das Haus. Damit endete am Mittwoch, dem 24. April 1974, hier in der Ubierstraße 107 die gemeinsame Tätigkeit des erfolgreichen Agentenpaares Günter und Christel Guillaume, und es begann der »Fall Guillaume«, der in die Geschichte eingegangen ist, eine bis dahin nach außen intakte Familie zerstört und einen Bundeskanzler das Amt gekostet hat.

Das eigentliche Geschehen, wird Pierre schnell klar, ist nicht vor dem Haus zu suchen. Er öffnet die Zimmertür und steht einem fremden Mann im dunklen Anzug gegenüber, der zu ihm sagt: »Bitte bleiben Sie in Ihrem Zimmer!«

Der Mann sagt »bitte«, aber es klingt wie ein Befehl. Pierre blickt nach rechts in den Flur. Dort stehen andere Männer in dunklen Anzügen und in der Tür zum Schlafzimmer sein Vater im gestreiften Bademantel mit einem Gesichtsausdruck, der Pierre fremd ist. Günter Guillaume unterhält sich mit einem hageren, etwas grobschlächtig wirkenden Mann mit einer auffallend großen Nase. Ihre Gesten verraten eine ruhige, sachliche Unterhaltung. Plötzlich sieht Pierres Vater zu seinem Sohn herüber, und ein kurzes, verunsichertes Lächeln huscht über sein Gesicht. In diesem Moment drängt der Mann mit der Befehlsstimme den Jungen ins

Zimmer zurück und schließt die Tür. Pierre beginnt sich anzuziehen – das T-Shirt von gestern, das noch nach Kneipe riecht, und die verwaschene Jeans. Dann setzt er sich auf die Kante seines Bettes und wartet.

Das Ganze kam mir wie eine Art Fata Morgana vor. Wozu natürlich der dicke Kopf beigetragen hat, weil ich am Abend zuvor mit Victor und anderen aus meiner Schul-Clique durch die Godesberger Kneipenszene gezogen war. Ein paar Tage vorher war ich siebzehn Jahre alt geworden, und da ich wegen der Ferien einige Kumpels erst jetzt wieder traf, hatten wir meinen Geburtstag verspätet begossen.

Nun aber sah ich das Blaulicht der Polizeiautos vor dem Haus. Es wurde von der hellen Wand meines Zimmers reflektiert. Und auch die fremden Stimmen im Flur bildete ich mir nicht ein. Aber ich konnte mir auf all das keinen Reim machen. Zunächst habe ich an eine Krisensitzung im Kanzleramt gedacht und daß man Vater dazu abholen würde. Dagegen aber sprachen die Maschinenpistolen, mit denen die Leute da vor dem Haus bewaffnet waren. Dann überlegte ich, ob es die Steuerfahndung sein könnte. Meine Eltern, dachte ich, hätten da irgendeinen Fehler gemacht. Ich erinnerte mich an Diskussionen, die drei Jahre zuvor stattgefunden hatten. Dabei war es um die Umzugskosten von Frankfurt nach Bonn gegangen. Der Bund hatte davon nur einen Teil bezahlt, und die Frage war aufgekommen, ob der Rest in voller Höhe steuerlich absetzbar wäre. Das war irgendwie strittig gewesen, insbesondere deswegen, weil meine Oma auch mit umgezogen war. All dies ging mir damals durch den Kopf. Doch schon im nächsten Moment war mir klar, daß eine solche Aktion nicht wegen falsch deklarierter Umzugskosten veranstaltet wurde.

Aber warum kam denn niemand und sagte irgendwas? Warum kam Papa nicht? Oder meine Mutter oder Oma? Ich fühlte mich entsetzlich allein. Dieses Gefühl, welches ich später noch oft haben sollte, hatte in diesem Moment seinen Ursprung. Und ich war ohne Zeitgefühl. Ich wußte nicht, wie lange ich auf meinem Bett herumgesessen hatte …

Pierre blickt zum Wecker. Es ist kurz vor sieben. Normalerweise wird er um diese Zeit aus dem Schlaf in die Wirklichkeit zurückgeholt. Normalerweise. Jetzt aber sind Osterferien, noch drei Tage und das Wochenende.

Die Zimmertür öffnet sich, und die fremde Stimme befiehlt: »Sie dürfen sich jetzt von Ihren Eltern verabschieden!«

Verabschieden? Pierre dreht sich um und sieht seinem Vater ins Gesicht. Er steht zwischen dem Mann mit der Befehlsstimme und dem mit der großen Nase. Der fremde Ausdruck im Gesicht seines Vaters strahlt Überlegenheit aus. Er wirkt fast arrogant – nur daß diese Eigenschaft, das weiß Pierre, seinem Vater völlig fremd ist. Er steht auf und geht ihm entgegen. Günter Guillaume nickt seinem Sohn mit vertrauter Geste zu und nimmt ihn stumm in den Arm. Dann dreht er sich abrupt um und verläßt mit den beiden Männern die Wohnung.

Im nächsten Moment steht Pierres Mutter vor ihm: »Das ist alles ein Irrtum, eine Verwechslung …«, sagt sie. »Mach dir keine Sorgen, es wird alles gut!«

Sie sagt es in der ihm vertrauten Art, in der sie auch sagen könnte: »Ich habe vergessen, Zigaretten zu holen, kannst du noch mal schnell gehen?« Es ist diese kühle, spröde Art, hinter der sie ihre Gefühle verbirgt. Irgendwie aber paßt dieser Ton zur unwirklichen Situation. Und auch zum stoischen Blick der Frau im dunklen Kostüm, die Pierres Mutter nun sanft am Arm faßt und kommentarlos aus der Wohnung führt.

Unwillkürlich sieht sich Pierre nach seiner Oma um. Als sie mit einer anderen Frau im dunklen Kostüm aus dem hinteren Teil der Wohnung kommt, blickt er in ein trauriges Gesicht. Sie streicht Pierre über das fast schulterlange Haar, nimmt ihn in den Arm und flüstert ihm ins Ohr: »Ich bin bald wieder da. Hab keine Angst!«

Danach wird auch sie abgeführt.

»Bundeskriminalamt« liest Pierre auf dem Dienstausweis, den ihm ein kleiner, energisch wirkender Mann unter die Nase hält. Noch ehe er irgendeine Frage stellen kann, sagt der Mann: »Wie Sie unschwer feststellen konnten, hat hier eben die Festnahme Ihrer Eltern und Ihrer Großmutter stattgefunden. Es wird jetzt überprüft, ob sich die Verdachtsmomente, die uns vorliegen, bestätigen oder nicht. Im Zuge dieser Ermittlungen müssen wir nun eine Hausdurchsuchung vornehmen. Hier ist die richterliche Verfügung, die uns dazu legitimiert. Ich möchte Sie bitten, dabeizusein und uns auf die Finger zu schauen.«

Was dann passierte, hatte etwas von Szenen aus einem drittklassigen Spionagethriller. Fast emotionslos habe ich zugesehen, wie im Schlafzimmer die Hängeschränke meiner Eltern abmontiert, sämtliche Schränke von den Wänden gerückt, die Matratzen aus den Betten genommen und die gesamte Couchgarnitur durchsucht wurden. Man faßte in die Taschen aller Jacketts und Hosen von Papas Anzügen, durchwühlte die Wäsche meiner Eltern und sogar die von Oma. Geradezu absurd schien mir, daß im Badezimmer einer der Beamten die Zahnpasta aus den Tuben drückte und mit einem Messer sogar alle Seifenstücke zerteilte.

Obwohl ich bei all diesen Eindrücken und Beobachtungen an Agentenfilme denken mußte, kam ich einfach nicht auf die Idee, daß es sich hier tatsächlich um geheimdienstliche Maßnahmen handelte. Wahrscheinlich wäre das anders gewesen, wenn auf dem Dienstausweis nicht BKA, sondern »Bundesnachrichtendienst« oder »Verfassungsschutz« gestanden hätte. Diese Unterschiede waren auch mir schon damals bekannt. Ich kann mir bis heute nicht erklären, warum ich nicht einfach einen der Beamten gefragt habe, was genau sie eigentlich hinter den Schränken, in der Wäsche und in den Zahnpastatuben suchten.

Auf den Küchentisch haben die Beamten den alten Kurzwellenempfänger mit dem Namen Ocean Boy gestellt. Daneben liegt die aufwendige Fotoausrüstung, die verrät, daß der Besitzer kein Amateur-Knipser ist, wenngleich der Ex-Fotograf Günter Guillaume in den vergangenen Jahren durch den aufreibenden Job im Kanzleramt nur noch im Urlaub zum Fotografieren gekommen war. Letzten Sommer, als die Familie mit Willy Brandt in Norwegen im Urlaub gewesen war, durfte auch Pierre erstmalig mit dem Apparat hantieren. Es hatte ihm Spaß gemacht, die Sicherheitsleute beim Fußballspielen und beim Angeln abzulichten, während sein Vater mit der wertvollen Beaulieu die herrliche Landschaft rund um Hamar und den malerischen See gefilmt hatte. Auch diese Super-8-Kamera liegt nun auf dem Küchentisch. Außerdem die Fotoalben der Familie und einige Aktenordner. Pierre klappt sie auf und blättert kurz in Mietverträgen, Versicherungspolicen und anderen Unterlagen. Dann unterschreibt er eine Liste, auf der all diese Gegenstände verzeichnet sind.

Als Pierre in sein Zimmer zurückkommt, ist ein BKA-Beamter gerade dabei, seine Tonbandkassetten mit Nummernetiketten zu bekleben, sie in eine Liste einzutragen und dann in Kartons einzusortieren.

»Keine Sorge«, sagt der Mann, »die bekommen Sie wieder. Wir wollen nur hören, was Sie aufgenommen haben.«

Pierre empfindet dies als Eingriff in seine Intimsphäre. Wozu soll das gut sein? Wird jetzt womöglich auch er irgendeines Verbrechens verdächtigt? Die können doch unmöglich alle Kassetten von vorn bis hinten abhören. Damit wären sie ja Wochen beschäftigt.

»Darf ich Ihnen einen Tip geben?« fragt er.

Der Mann sieht ihn erwartungsvoll an: »Gern!«

»Setzen Sie keinen ran, der auf Mozart steht. Das hält der nicht durch!«

Hinter Pierre beginnt jemand schallend zu lachen. Als er sich umdreht, entdeckt er einen schlanken, eher unscheinbaren Mann, der ihm bisher nicht aufgefallen war. Auch dieser weist sich als BKA-Beamter aus.

»Ich bin Horst Schernich, man hat mich zu Ihrer Betreuung abgestellt.«

Dann bittet er Pierre, »das Nötigste« für seine Eltern und die Oma einzupacken, da sie vorläufig in Haft bleiben müßten.

Damit war ausgesprochen, was ich längst geahnt hatte. Meine Mutter, mein Vater und auch Oma waren verhaftet worden. Es war also keine vorläufige Festnahme zur Feststellung der Personalien und mit kurzer Vernehmung, wozu auch immer. Sie würden »vorläufig in Haft bleiben«, hatte der BKA-Mann gesagt. Das konnte nur bedeuten, daß man von Fluchtgefahr ausging. Mit der Bitte, das Nötigste für meine Eltern zusammenzupacken, wurde die ganze Sache plötzlich konkret für mich.

Irgendwie war ich froh, daß in diesem Moment dieser Horst Schernich da war. Wahrscheinlich lag es daran, daß er gesagt hatte, er wäre zu meiner Betreuung abgestellt. Ich wußte zwar nicht, warum ich überhaupt »betreut« werden sollte – aber endlich war da ein Individuum mit einem Namen, ein Mann, der nicht in diesem bürokratischen Befehlston mit mir sprach. Natürlich war mir klar, daß er zu den übrigen Männern gehörte – trotzdem war er anders. Er lächelte, wirkte sympathisch, und als seine Kollegen damit beschäftigt waren, die Wohnung nach der Durchsuchung, so gut es ging, in den alten Zustand zurückzuversetzen, half er ihnen nicht. Er schien tatsächlich nur für mich dazusein. Endlich konnte ich jemanden fragen, warum man meine Eltern verhaftet hatte. Aber entweder hatte er die Anweisung, sich mir gegenüber bedeckt zu halten, oder er wußte zu diesem Zeitpunkt selbst noch nicht mehr. Jedenfalls sprach er nur ganz allgemein von »gewissen Erkenntnissen«, daß meine Eltern »Handlungen zum Nachteil der Bundesrepublik Deutschland« begangen hätten. Das konnte alles mögliche bedeuten.

Schließlich folgte ich Schernich, bepackt mit zwei Reisetaschen und einer Plastiktüte, zu einem der Wagen vor dem Haus. Ich hatte keine Ahnung, wohin es gehen sollte, fragte aber auch nicht nach. Ich hatte nur die Hoffnung, meine Eltern und meine Oma wiederzusehen und vielleicht etwas mehr über die Hintergründe der Polizeiaktion zu erfahren.

Am nördlichen Ende des Godesberger Kurparks biegen wir in eine kleine Stichstraße ab, die Am Michaelshof heißt. Vor dem Haus Nummer 8 bleibt Pierre stehen.

»Das hier war damals das Ziel der Reise.« Er erzählt, daß Horst Schernich während der Fahrt kein einziges Wort gesprochen hatte. Eine gespenstische Situation sei das gewesen.

Pierre wirkt plötzlich sehr aktiv und längst nicht mehr so in sich gekehrt wie noch vorhin. Der Aufenthalt vor dem Haus, in dem seine Eltern damals verhört wurden, würde ihn emotional weitaus weniger berühren als der Ortstermin in der Ubierstraße.

»Dort war damals in meine vertraute Umgebung etwas Fremdes eingedrungen. Schließlich war vor meinen Augen die Verhaftung meiner ganzen Familie passiert. Als ich Stunden später mit Schernich hier ankam, hatte ich das alles hinter mir, konnte mich auf die neue Situation schon etwas besser einstellen.«

Das Haus links von den Bonner Kammerspielen ist ein klassischer Fünfziger-Jahre-Bau. Drei Säulen bilden etwas wie eine kleine Arkade mit einem Modeladen und einem Friseur. Hier sei er früher fast täglich mit der Clique aus seiner Schule vorbeigekommen, erzählt Pierre, um die Nachmittage gleich um die Ecke im Hertie-Café zu verbringen. Nun fällt ihm eine der vielen Geschichten ein, und er fängt an zu lachen.

»Ein paar Wochen vor dem Verhaftungstag hat Knut genau hier vor dem Friseursalon seine Cordelier-Nummer abgezogen. Niemand konnte Jean-Louis Barrault in der berühmten Szene aus Jean Renoirs Film so gut nachmachen wie Knut, und zwar die Szene, wenn sich Dr. Cordelier in die Figur des Opale verwandelt. Der Film ist die französische Variante von ›Dr. Jekyll und Mr. Hyde‹. Jedenfalls verfiel Knut schlagartig in spastische Bewegungen, sein Mund verschob sich und gab schäumenden Speichel frei, während sich das ganze Gesicht zu einer Fratze verzerrte.« Einer Frau mit frisch gefönter Dauerwelle habe Knut den vermutlich größten Schreck ihres Lebens beschert.

Die Räume in den oberen Etagen des Hauses scheinen leer zu stehen. Schon bei seinem ersten Besuch war Pierre das, was ihm da als Außenstelle des BKA vorgestellt worden war, merkwürdig improvisiert vorgekommen. An die Räumlichkeiten kann er sich heute nicht mehr erinnern. Höchstens fünf Minuten sei er mit Schernich in dem Gebäude geblieben und habe sich hinterher gefragt, warum er überhaupt hatte mitkommen sollen. Er erinnere sich aber, hinter einer geöffneten Tür seinen Vater entdeckt zu haben, der mit dem Rücken zur Tür saß und ihn nicht sehen konnte.

Ich blicke hinauf zu den hohen Fenstern und würde mir gern ein Bild von den Räumen machen, deren Atmosphäre Pierre damals als improvisiert empfand. Übers Handy ruft er seine Mutter in Berlin an. Sie erinnert sich sofort an die höchstens 18 bis 20 m^2 großen Verhörräume, die links und rechts von einem langen Gang abgegangen seien. Es hätten nur zwei Schreibtische darin gestanden, an denen sich Verhörer und Verhörte gegenübersaßen, und davor noch ein kleinerer Tisch für den Protokollanten. Pierres Mutter bestätigt den improvisiert wirkenden Charakter der BKA-Büros. Es hatte beispielsweise weder eine Haftzelle noch eine Kantine gegeben. Jedenfalls, so berichtet die einstige DDR-Spionin am Telefon, seien zwei der Vernehmungsbeamten mit ihr, ehe man sie an jenem Abend provisorisch in der Ausnüchterungszelle eines Bonner Polizeireviers eingeschlossen habe, ins Bahnhofsrestaurant essen gegangen. Eine unglaubliche Geschichte, die selbst Pierre zum ersten Mal hört.

Horst Schernich fährt über die B9 in Richtung Bonn und biegt dann rechts in die Plittersdorfer Straße ein, wo sich gerade die Bahnschranke vor ihnen schließt. Er stellt den Motor ab und erwähnt ganz nebenbei, daß Pierres Eltern und auch Oma Erna als DDR-Spione verdächtigt würden. Ohne eine erkennbare Emotion sagt der BKA-Mann etwas von »geheimdienstlicher Tätigkeit«. Pierre sieht hinüber zur Barriere. Immer noch spürt er den leichten Druck zwischen den Schläfen.

Im ersten Moment begriff ich überhaupt nicht, was Schernich da gesagt hatte. Mühsam spürte ich seinen Worten nach und versuchte, sie zu verstehen. DDR-Spione? Wer? Mami, Oma? Und vor allem Papa? Ausgerechnet er, der »rechte Sozi« und »Kommunistenfresser«, wie ihn im Wahlkampf mal eine Juso-Frau hier in Godesberg mir gegenüber genannt hatte! Er, der seinen Chef Willy Brandt verehrte, ja geradezu vergötterte! Das alles erschien mir in diesem Moment als Unsinn, und mir war völlig klar, daß meine Mutter recht haben mußte, als sie am Morgen von einer Verwechslung gesprochen hatte.

Warum hatte mich denn keiner gefragt, ging es mir durch den Kopf. Da hatte ich stundenlang diesen BKA-Fritzen dabei zusehen müssen, wie sie Schränke abhängten und in Omas Unterwäsche stöberten, und keinen hatte meine Meinung interessiert. Ich hätte ihnen schon erzählt, was mein Vater tatsächlich für einer war ...

Und dann erzählt er Horst Schernich, daß seine Eltern im Mai 1956, also ein knappes Jahr vor seiner Geburt, aus der DDR geflohen seien. Ganz sicher nicht, weil sie das System dort super gefunden hätten. Oma sei sogar noch früher in den Westen gekommen. Sie sei die Witwe eines holländischen Kapitalisten, der in der Nähe von Leipzig Direktor der Leisniger Zigarrenfabriken gewesen war. Deren Inhaber, Konsul Haschke, hätte den Tabakexperten Tobias Boom von der ostpreußischen Niederlassung des berühmten Zigarrenherstellers Loeser & Wolff abgeworben. Dann hätten ihn erst die Nazis inhaftiert und fertiggemacht, und später wäre die Fabrik von den Kommunisten enteignet worden. Das sei ja wohl keine Biographie, die jemanden dazu verführen würde, Spion für die DDR zu werden.

Die Bahnschranke öffnet sich. Horst Schernich startet den Motor.

»Aber Ihr Vater hat sich heute morgen selbst belastet. Bei seiner Festnahme sagte er wörtlich: ›Ich bin Bürger der DDR und ihr Offizier!‹«

Pierre muß lachen. Offenbar seien die BKA-Leute auf den manchmal etwas makabren Humor seines Vaters hereingefallen. Er hätte auch sagen können, er sei Geheimagent des Exil-Kaisers von China. Das habe gar nichts zu bedeuten.

»Aber er hat sich als ›Offizier der DDR‹ bezeichnet, bevor man ihm überhaupt erklärt hat, was genau man ihm vorwirft«, entgegnet Schernich ruhig.

Ich hatte diesen Satz am Morgen nicht gehört. Anders, als es mein Vater in seinem Buch »Die Aussage« beschreibt, und auch anders, als es zum Beispiel in dem Fernsehfilm »Im Schatten der Macht« dargestellt wurde, war dieser Satz – wie mir meine Mutter bestätigte – hinten in der Küche gefallen. Und die war von meinem Zimmer aus gar nicht zu sehen. Dieser bis heute oft zitierte Ausspruch war also nicht, wie mein Vater später kolportierte, in meine Richtung gesprochen worden. Ich hörte ihn tatsächlich zum ersten Mal an der Bahnschranke in der Plittersdorfer Straße. Ich habe Horst Schernich darauf gesagt, daß es sich nur um ein Mißverständnis handeln könne! Wer für die DDR spioniere, würde sich wohl kaum so verhalten und sich nicht so abfällig über den Osten äußern, wie mein Vater es oft getan hatte.

Ich erinnerte mich nur zu gut, wie jedes Jahr zu Weihnachten das obligatorische »West-Paket« für seine Mutter in Ost-Berlin gepackt worden war – da hatte er immer wie ein Rohrspatz auf die DDR geschimpft. Was das denn für ein Staat sei, der es noch nicht mal fertigbringe, seine Bürger mit ordent-

lichem Kaffee und Schokolade zu versorgen!? Wir hatten dann regelmäßig Streit, was sonst selten vorkam. Ich warf ihm vor, sich wie ein Kolonialherr aufzuführen. Er lachte und meinte, die Leute im Osten wären wohl lieber unsere Kolonie als die von Moskau. Ich hielt ihm trotzig entgegen, in einer Gesellschaft käme es nicht nur auf die Versorgung mit Konsumgütern an. Immerhin habe man in der DDR – anders als in Westdeutschland – den Faschismus mit Stumpf und Stiel ausgerottet. Das waren »Argumente«, wie ich sie gelegentlich im Kreis der Bonner Jusos gehört hatte. Damit aber durfte ich meinem Vater schon gar nicht kommen. An die Stelle der braunen Nazi-Diktatur hätten sie nur die rote der Kommunisten gesetzt. Das Gegenteil der einen Diktatur sei aber nicht eine andere, sondern eine pluralistische Demokratie. Außerdem würde die Bundesrepublik derzeit bekanntlich von einem ehemaligen Emigranten und Widerstandskämpfer regiert. Und dann hatte er einen seiner seltenen politischen Vorträge gehalten.

Das alles erzählte ich und auch von einer Auseinandersetzung mit meinem Vater, weil ich den Wehrdienst hatte verweigern wollen. Als Stadtverordneter in Frankfurt hatte er vor Jahren in einer Kommission gesessen, die bei Kriegsdienstverweigerern die sogenannte Gewissensprüfung vornahm, und damals viele der jungen Männer dazu verdonnert, gegen ihren Willen zur Bundeswehr zu gehen. Mein Vater hatte in unserer Auseinandersetzung so getan, als hätte er noch immer die Macht, auch mich zum Bund zu schicken. Das paßte doch wohl kaum zu jemandem, der Spion der DDR sei, oder?

Horst Schernich biegt in die Ubierstraße ein. Offenbar sind seine Kollegen inzwischen verschwunden, jedenfalls steht keiner ihrer Wagen mehr vor dem Haus.

»Wo kann ich denn parken?«

Irritiert lotst ihn Pierre auf einen Gästeparkplatz hinter dem Haus. Will er denn hierbleiben? Der BKA-Mann scheint die

Gedanken seines jungen Beifahrers zu erraten und erklärt, daß sein Betreuungsauftrag vorerst noch nicht beendet sei.

»Heißt das, ich muß heute abend zu Hause bleiben?« fragt Pierre.

»Sagen wir mal so: Ich würde Sie darum bitten!«

Schernichs Tonfall läßt keinen Zweifel daran, daß seine »Bitte« ebenso nachdrücklich gemeint ist wie die seines Kollegen am Morgen.

Pierre geht in die Küche und schmiert ein paar Brote mit Leberwurst und Senf, eine Spezialität seiner Oma. Die Vorstellung, daß sie jetzt irgendwo in einer Gefängniszelle sitzt, macht ihn traurig. Sie ist für Pierre die wichtigste Bezugsperson – nicht der Vater, der aus mancherlei Gründen nur selten da ist, und auch die Mutter nicht, die er nie als wirklich herzlich empfand. Das Verhältnis zur Muter ist in letzter Zeit sogar noch schlechter geworden, weil sie, wenn Pierre spätabends nach Hause gekommen war, meist schon ein paar Kognak gekippt hatte. Der Alkohol machte sie aggressiv. Zwar ist ihrem Sohn klar, daß dieser Alkoholkonsum seine Ursache in den Verletzungen hat, die sein Vater ihr zufügt. Dennoch fühlte er sich in diesen Situationen hilflos. Nie hätte er mit seiner Mutter das Gespräch darüber gesucht.

Einige Zeit später sitzen sich die beiden Männer in der Küche gegenüber, essen die Spezialbrote nach dem Rezept der als DDR-Spionin inhaftierten Erna Boom und unterhalten sich über Urlaubserlebnisse. Der BKA-Beamte hat mit dem Thema begonnen. Schließlich aber ist es Pierre, der erzählt, daß seine Familie häufig in Holland Urlaub gemacht hat. Nicht nur wegen Omas Verwandtschaft, sondern weil seinen Eltern der Badeort Zandvoort besonders gut gefallen habe. In den nächsten Sommerferien wolle er mit Karin, seiner Freundin, auch nach Holland reisen, erklärt er, und sein Gegenüber sieht ihn merkwürdig an.

Pierre erzählt Horst Schernich von Südfrankreich, dem Urlaubsziel der vergangenen Jahre, das anscheinend auch der

BKA-Mann ganz gut kennt, denn er fragt, ob sich die Familie denn die weite Strecke in einem Rutsch zugemutet habe? Pierre muß schmunzeln. Genau deshalb hatte es zwischen seinen Eltern mehrfach Auseinandersetzungen gegeben. Sein Vater wollte tatsächlich immer die ganze Strecke durchfahren. Dann berichtet er, wie es überhaupt zu diesem Wechsel des Urlaubsortes gekommen war. Nach dem Bundestagswahlkampf von 1969, als Brandt Bundeskanzler wurde, hatte der jetzige Bundesverteidigungsminister Georg Leber seinem Freund und Frankfurter Wahlhelfer Günter Guillaume als Dank für den Einsatz seinen Bungalow in Sainte-Maxime überlassen, in einer Feriensiedlung, die Les Tourelles heißt und der IG Bau, Steine, Erden gehört. Leber war nämlich früher der Vorsitzende dieser Gewerkschaft gewesen. Horst Schernich fragt, ob es auch Kontakt zu anderen Touristen gegeben habe. Das hätte sich in einer solchen Ferienanlage zwangsläufig ergeben, meint Pierre. Aber auch generell sei sein Vater »keiner von der Sorte, die es furchtbar findet, anderen Deutschen im Ausland zu begegnen«.

»Und Hamar?« will Horst Schernich wissen. Im letzten Jahr hätten die Guillaumes doch zum Troß des Bundeskanzlers gehört, bei dessen Urlaub in der Heimat seiner norwegischen Frau?!

»Das ist toll gewesen«, begeistert sich Pierre. Nicht wegen des Bundeskanzlers, denn der habe sich leider kaum sehen lassen und sei auch bei den Ausflügen nie dabeigewesen. Aber Rut Brandt habe es großen Spaß bereitet, den Begleitern ihres Mannes die schönen Seiten ihrer Heimat zu zeigen. Pierre erzählt auch vom Angeln am See und von Matthias Brandt, dem jüngsten Sohn des Bundeskanzlers, der ganz offensichtlich Anschluß an ihn, den vier Jahre Älteren, gesucht habe, und davon, wie Außenminister Scheel mit dem Hubschrauber eingeflogen worden war, und von den Sicherheitsbeamten, mit denen man Fußball gespielt und die er alle fotografiert hat.

»Wo sind diese Fotos jetzt?« unterbricht ihn Horst Schernich abrupt.

Pierre zuckt mit den Schultern: »Kann sein, daß sie in einem der Alben sind, die Ihre Kollegen heute morgen mitgenommen haben.«

Pierre weiß nicht, wie es plötzlich zu dieser eigenartigen Stille im Raum gekommen ist. Als Horst Schernich fragt, ob man auch die lange Strecke von Hamar zurück nach Hause durchgefahren sei, denkt Pierre nur: Warum fragt er denn immer das gleiche? Ja, antwortet er, auf der Autofähre habe man ja genug Zeit zum Ausruhen gehabt. Er weiß selbst nicht genau, warum er die Unwahrheit sagt. Irgendwie will er einfach nicht erzählen, daß die Familie in Schweden noch mal übernachtet hatte.

Schließlich wußte ich nicht mehr, was ich mit Schernich noch reden sollte. Das Urlaubsthema hatten wir durch. Ich schlug vor, drüben im Wohnzimmer ein wenig fernzusehen – natürlich mit dem Hintergedanken, die Nachrichtensendungen würden etwas von der Verhaftung meines Vaters bringen. Immerhin war er Referent des Bundeskanzlers. Man würde die Verhaftung eines angeblichen DDR-Spions wohl kaum unerwähnt lassen. Aber genau das passierte in der heute-*Sendung des ZDF und eine Stunde später auch in der* Tagesschau. *Die Verhaftung meiner Eltern mehr als zwölf Stunden zuvor wurde mit keiner Silbe erwähnt. Schernich verwunderte das anscheinend nicht. Aber ich hatte keine Lust, mit ihm darüber zu sprechen, und redete mir schließlich ein, das BKA habe wahrscheinlich eine Informationssperre verhängt, solange man nicht sicher war, ob der Verdacht stimmt. Kurz hoffte ich sogar, die Verwechslung, von der meine Mutter am Morgen gesprochen hatte, würde sich inzwischen bestätigt haben, und meine Eltern und auch Oma kämen jeden Moment herein.*

Die Tagesschau *zeigte Willy Brandt bei der Rückkehr von*

einem Staatsbesuch in Kairo. Eigentlich müßte man ihn bereits über die Verhaftung von Günter Guillaume informiert haben, dachte ich damals – und wie man heute weiß, war dem ja auch so. Die Kamera zoomte langsam heran, während er eine Erklärung verlas. Ich suchte nach Spuren von Nervosität in Brandts Gesicht und fand, daß er angestrengt aussah. Nur, womit konnte ich es denn vergleichen? Sieht man einmal von dem Urlaub in Hamar ab, hatte ich den Bundeskanzler höchst selten gesehen. Und daß er im Urlaub entspannter wirkte als nach einem Staatsbesuch, war ja verständlich.

Ich dachte noch einmal an die Unterhaltung mit Horst Schernich über den Norwegen-Urlaub und auch an seine merkwürdigen Nachfragen. Da wurde mir schlagartig klar, weshalb der Mann neben mir mit diesem Thema überhaupt angefangen hatte. Er wollte wohl herausfinden, ob meine Eltern während der Ferien irgendwelche Kontakte gehabt hatten. Wenn sie wirklich Spione waren, mußten sie ihre Informationen schließlich weitergegeben haben. Mir fiel der Raum mit dem Fernschreiber ein, der damals in der Unterkunft der Sicherheitsleute eingerichtet worden war. Von dort hatte mein Vater jeden Tag die Telexe für den Bundeskanzler abgeholt. Ich erinnere mich an einen Vorfall, als mein Vater einmal weggefahren war und meine Mutter die Fernschreiben abholen wollte. Der zuständige Mann vom Sicherheitsdienst hatte sich geweigert, ihr die Telexe auszuhändigen. Für Horst Schernich aber, das war mir nun klar, bestand der Sinn dieser Unterhaltung nur darin, herauszufinden, ob meine Eltern auf der Rückfahrt von Hamar nach Bonn jemanden getroffen hatten.

Das Telefon klingelt. Pierre will abnehmen, doch Horst Schernich legt seine Hand auf den Hörer. Das Wetter, verkündet in diesem Moment die ARD, soll morgen für Aprilverhältnisse recht kühl werden. Von gewittrigen Schauern ist die Rede, sogar von zeitweiligem Bodenfrost und von Temperaturen bis maximal 7 Grad. Aber das interessiert Pierre eigentlich gar nicht. Er erklärt, er wolle sich in sein Zimmer zurückziehen. Ob er hier auf der Couch schlafen könne, will Schernich wissen. Pierre sagt, er habe nichts dagegen, und geht in sein Zimmer, wo dieser verrückte Tag für ihn heute morgen mit fremden Stimmen im Flur begonnen hatte.

Er durchsucht seine Plattensammlung: Cat Stevens, Kraftwerk, Ten Years After, Pink Floyd ... »Wahrscheinlich die schärfste Plattensammlung des ganzen Heinrich-Hertz-Gymnasiums«, hat einer aus der Clique mal gesagt, und Pierre ist sicher, daß da was dran ist. Viele der LPs hat ihm sein Vater bei den fast schon rituellen Flughafenbesuchen gekauft. Es hatte sich immer gelohnt, ihn zu begleiten, wenn er am Wochenende rausfuhr zum Köln-Bonner Flughafen, um die Sonntagszeitungen zu besorgen. Aber auch ohne einen solchen eigennützigen Hintergedanken hatte Pierre seinen Vater gern begleitet. Denn es war eine der seltenen Gelegenheiten, wenigstens irgend etwas mit seinem Vater zu unternehmen. Günter Guillaume holte in der Ladenzeile des Flughafens seine Zeitungen, während Pierre drei Geschäfte weiter in Ruhe in einem Plattenladen stöbern konnte. In Ruhe? Hatte er nicht oftmals eine halbe Stunde oder sogar noch länger Zeit, um die Neuerscheinungen durchzusehen. Pierre stutzt – so lange braucht man doch nicht, um Zeitungen zu kaufen.

Er legt die aktuelle Stones-LP »Goats Head Soup« auf, stöpselt den Kopfhörer ein und wirft sich aufs Bett. Während ihm Charlie Watts harter Beat in den Ohren dröhnt, muß er an den BKA-Mann denken, der jetzt drüben auf der Schlafcouch einer angeblichen DDR-Spionin liegt. Seit längerem schon schliefen seine Eltern nicht mehr im gemeinsamen Zimmer. Gestern nacht aber, als Pierre nach Hause gekommen war, hatte er beide dort auf dieser Couch sitzen gesehen, in ein Gespräch vertieft. Sein Vater war am gleichen Abend von einer Reise nach Südfrankreich zurückgekehrt. Immerhin hatten sie sich nicht gestritten – im Gegenteil, Günter

Guillaume hatte sogar den Arm um die Schulter seiner Frau gelegt. Es war lange her, daß er seine Eltern in solcher Eintracht gesehen hatte.

»Baby, baby, I've been so sad since you've been gone«, singt Mick Jagger und trifft damit das momentane Lebensgefühl des siebzehnjährigen Pierre Guillaume.

Am Tag danach

Es ist kurz nach elf Uhr vormittags, als Erna Boom die Wohnungstür aufschließt. Die alte Dame ist vor einer halben Stunde aus dem Bonner Gefängnis entlassen und nun von einer BKA-Beamtin nach Hause gebracht worden. Damit ist Horst Schernichs Betreuungsauftrag erledigt. Nachdem er sich verabschiedet hat, sitzen sich Pierre und seine Großmutter in der Küche gegenüber. Er genießt die Vertrautheit der Situation. Es ist der vorletzte Ferientag, und so wie jetzt würde er mit seiner Oma hier sitzen, wenn seine Eltern an ihren Arbeitsplätzen wären. Langsam scheint wieder Normalität einzukehren. Pierre ist sich sicher, daß es nur noch eine Frage der Zeit sein wird, bis auch seine Eltern nach Hause kommen. Wahrscheinlich hat sich der Irrtum längst aufgeklärt.

Für mich stellte sich in diesem Moment eigentlich nur die Frage, ob meine Eltern erst mal nach Hause kommen oder direkt zu ihren Arbeitsstellen gehen würden. Im letzteren Fall würde wahrscheinlich meine Mutter aus der hessischen Landesvertretung, wo sie Sekretärin war, anrufen und uns Bescheid geben. Vater hätte ihr gesagt: »Mach du das mal, ich hab' im Kanzleramt einen ganzen Tag verloren. Die Kollegen stehen sicher schon Kopf ...« oder so was Ähnliches. Wie auch immer, ich war mir völlig sicher, daß der Alptraum der letzten anderthalb Tage in diesen Minuten zu Ende gehen mußte.

Aus dem kleinen Küchenradio, das die BKA-Leute gestern merkwürdigerweise nicht beschlagnahmt hatten, ist eine

Musiksendung zu hören. Punkt zwölf kündigt der langgezogene Ton des Zeitzeichens die Nachrichtensendung des WDR an. Die Topmeldung: »Bundeskanzler Willy Brandt hatte offenbar einen DDR-Spion in seiner unmittelbaren Umgebung. Der Referent im Kanzleramt, Günter Guillaume, ist enttarnt worden und hat sich selbst als Bürger und Offizier der DDR belastet. Auch seine Frau, seine Schwiegermutter und sein Vater sind verhaftet worden.« Wortlos steht Pierre auf und schaltet das Radio ab, aus welchem die sachlich-sonore Stimme eines Nachrichtensprechers soviel Unfug erzählt.

Es mußte ja vielleicht noch nicht bis zum WDR durchgedrungen sein, daß Oma Erna inzwischen wieder auf freiem Fuß war. Aber der Vater meines Vaters? Der hatte sich drei Jahre nach dem Krieg das Leben genommen, als er erkennen mußte, daß sein Vertrauen erst von seinem geliebten »Führer« mißbraucht worden war und dann auch noch von seiner Frau. Als er aus der Gefangenschaft zurückkam, hatte sie in den Armen eines anderen gelegen. Daraufhin war er aus dem Fenster gesprungen. Nun aber meldete der WDR seine Verhaftung.

Wenige Minuten später läuft Pierre die Ubierstraße entlang – unentschlossen, ob er sich zu seiner Freundin Karin oder zu einer Lagebesprechung mit seinem Kumpel Victor begeben soll. Bis zur übernächsten Straßenecke ist es zu beiden noch der gleiche Weg.

Als wir ein Vierteljahrhundert danach an diese Straßenkreuzung kommen, frage ich Pierre nach dem verwaisten Gebäude an der Ecke Simrockallee. Auf den hohen Mauern sind angerostete Halterungen zu erkennen, an die offenbar einmal Scheinwerfer oder Überwachungskameras montiert waren. Wie mir Pierre erklärt, habe sich in diesem Haus damals die schwer bewachte israelische Botschaft befunden. Heute ist das ganze Areal ein Relikt aus längst vergangener Zeit. Längst ist auch die Vertretung Israels nach Berlin umgezogen. Das leere Gebäude mit den funktionslos gewordenen hohen Sicherheitsmauern im Godesberger Villenviertel macht auf eigenartige Weise das Ende der Bonner Republik sinnfällig.

Mitte der siebziger Jahre aber führte Pierres täglicher Schulweg hier vorbei. Im Godesberger Heinrich-Hertz-Gymnasium hatte er mit anderen Kindern der Nomenklatura der Bundeshauptstadt die Schulbank gedrückt. Victors Stiefvater zum Beispiel arbeitete damals als Ministerialdirigent im Bundesfinanzministerium, Karins Vater hatte einen Job im Auswärtigen Amt.

Am 25. April 1974 ahnte Pierre noch nicht, welchen Einfluß auf seine Biographie die gespaltene Nation in den nächsten Jahren nehmen sollte, ehe sie als solche in die Geschichtsbücher abtauchte. Vorerst hatte er sich nur zu entscheiden, geradeaus zu gehen oder nach links abzubiegen.

Tat sich Pierre mit der Entscheidung deshalb etwas schwer, weil er fürchtete, weder Karin noch Victor könnten ihm in seinem momentanen Gefühlschaos helfen? Hatte er Angst, deren Hilflosigkeit würde das wachsende Gefühl des Alleingelassenseins möglicherweise noch verstärken?

Das hätte ja bedeutet, die Nachricht aus dem Radio ernst zu nehmen. Dem war aber nicht so. Nicht nur wegen der Falschmeldung von der Verhaftung meines Großvaters. Immerhin kannte ich diesen Günter Guillaume schon mein ganzes Leben lang und wahrscheinlich besser als fast jeder andere auf der Welt. Man hätte mir auch sagen können, er wäre eigentlich ein internationaler Drogendealer, eine Frau oder gar ein Alien. Mir wäre alles gleich absurd vorgekommen, weil es sich so absolut von dem unterschied, was mein Vater für mich war.

Pierre geht die Ubierstraße geradeaus weiter. Nach wenigen Minuten erreicht er das Reihenhaus, in dem Karin mit ihren Eltern lebt. Er klingelt, Karins Mutter öffnet. Er will wie gewöhnlich die schmale Treppe hinuntersteigen, die zum Zimmer seiner Freundin im Souterrain führt. Diesmal jedoch stellt sich die kleine Frau ihm resolut in den Weg.

»Einen Moment, ich hole die Karin!«

Karin hakt Pierre unter und kuschelt sich an ihn, als sie an der historischen Gaststätte Steinhaus vorbei in Richtung Rhein gehen. Er solle das Verhalten ihrer Mutter nicht so ernst nehmen. Sie glaube nun mal alles, was in den Nachrichten berichtet werde.

»Ich habe ihr vorhin gleich gesagt, daß das eine Ente ist. Wer ist in der Vergangenheit nicht schon alles als Spion hingestellt worden.«

»Stimmt«, bestätigt Pierre, »sogar Wehner wird immer mal wieder als Agent Moskaus bezeichnet.«

Karin lacht, und Pierre ist von ihrer erfrischenden Fröhlichkeit hingerissen wie eh und je. Für die Unschuld seines Vaters spreche ja, überlegt auch sie ganz pragmatisch, allein schon dessen Selbstbezichtigung.

»Wer ist denn schon so blöd, sich ›Ost-Offizier‹ zu nennen, wenn es tatsächlich stimmt?« Damit scheint für sie das Thema erledigt. Nun wolle sie mit Pierre einfach den Tag genießen, erklärt sie bestimmt. Ganz sicher, davon ist Karin überzeugt, löse sich bald alles in Wohlgefallen auf. Und wenn nicht, dann würde das zwischen ihnen auch nichts ändern.

Nachdem Pierre Karin nach Hause begleitet hatte, ist er erst noch ein wenig durch die Villengegend geschlendert und hat dann Victor von einer Telefonzelle aus angerufen. Sein Freund war sofort bereit, zu den Mauerbögen unten am Rhein zu kommen. Die Bänke dort sind allgemein ein beliebter Treffpunkt.

Es beginnt zu dämmern, als Victor lässig die Simrockallee herunterkommt. Er ruft Pierre schon von weitem zu: »He Mann, was ist denn das für eine Scheiße, die sie da alle halbe

Stunde im Radio verbreiten? Morgen melden sie, daß Mick Jagger zum Papst gekrönt wird oder was?«

Das war er, Pierres bester Kumpel. Immer den richtigen Spruch auf den Lippen. Als Pierre ihm erzählt, wie sich Karins Mutter eben verhalten hat, hat Victor dafür nur eine Geste der Verachtung übrig. Seine Mutter jedenfalls lasse ihn herzlich grüßen, und wenn er irgendeine Hilfe brauche, solle er einfach vorbeikommen. Pierre registriert mit einer gewissen Zufriedenheit, daß Victor der ganzen Sache keine große Bedeutung zumißt.

»Dem war in Wirklichkeit natürlich gar nicht so«, erklärt der heutige Lokaljournalist auf der Terrasse seines Hauses in Bad Honnef. Tatsächlich habe er keine Sekunde an der Richtigkeit der Nachricht gezweifelt. Zwar habe es bei den ohnehin seltenen Begegnungen mit dem Vater seines Freundes dafür keine Anhaltspunkte gegeben – dennoch habe er die Rundfunkmeldung für bare Münze genommen. Pierre erfährt von diesem Umstand nun erst während dieses Gesprächs mehr als ein Vierteljahrhundert später.

Pierre tut es gut, daß Karin und Victor von der Unschuld seiner Eltern überzeugt sind. Victors Meinung ist ihm sogar noch wichtiger, weil er sich mehr als Karin mit politischen Fragen beschäftigt. Gemeinsam hatten sie sich vor anderthalb Jahren im »Schuppen«, der Juso-Zentrale in der Bonner Bahnhofsstraße, für Wahlkampfeinsätze zur Verfügung gestellt und nächtelang Plakate geklebt. Victors Engagement war damals allerdings nicht nur ein politisches. Er hatte auch einen Blick auf eine bekannte Bonner Juso-Frau geworfen, die unter ihrem meist lilafarbenen T-Shirt keinen BH trug. War nicht sie es, überlegt Pierre, die gefragt hat, ob er mit dem »Juso-Fresser« Guillaume aus Frankfurt verwandt sei? Jedenfalls hatte damals jemand auf die Rolle seines Vaters in den heftigen Flügelkämpfen innerhalb der SPD angespielt.

Im polarisierten Frankfurter Wahlkreis hatte dieser in den sechziger Jahren den rechten Gewerkschafter und derzeitigen Verteidigungsminister Georg Leber unterstützt – gegen den damaligen Juso-Bundesvorsitzenden Karsten Voigt. Noch bevor Georg Leber seinen umtriebigen Wahlhelfer Günter Guillaume ins Bundeskanzleramt empfohlen hatte, war ihm sein Ruf als Rechter in den Bonner Juso-Schuppen vorausgeeilt.

»Vielleicht ist dein Vater ja gar nicht so rechts?!«

Victor grinst.

Was meint er damit? denkt Pierre.

»Gehen wir doch mal für einen Moment davon aus«, beginnt Victor vorsichtig, »es stimmt, was das Radio meldet. Was würde das bedeuten?« Er sei ja wohl mit Pierre darin einig, daß die DDR nicht unbedingt das »Reich des Bösen« sei, als das sie hierzulande immer hingestellt würde.

»Zum Beispiel von Günter Guillaume!« erklärt Pierre und lacht.

»Und wenn er sich damit getarnt hat?« fragt Victor listig und erweist sich damit einmal mehr als Fan von Geheimdienstgeschichten.

An diesem Abend hatte Kurt Gailat im fernen Ost-Berlin einen »aufregenden Tag« hinter sich. Erst als Pierre Guillaume und seine Großmutter am Donnerstag im Radio die Nachricht von der Verhaftung hörten, war die Rundfunkmeldung auch in der Ost-Berliner Normannenstraße zur Kenntnis genommen worden. Der mächtige Geheimdienstapparat der DDR war tatsächlich 36 Stunden lang in Unkenntnis über die Festnahme ihrer Topagenten geblieben. Denn dem MfS standen kaum andere Quellen zur Verfügung als das Radio des Klassenfeinds.

Fast dreißig Jahre später sitzen Pierre und ich der in westlichen Medien vielzitierten »grauen Eminenz«, dem damaligen Major der Staatssicherheit Kurt Gailat, in dessen Garten gegenüber. Im Büro von Markus Wolf – dem Chef der »Hauptverwaltung Aufklärung beim Ministerium für Staatssicherheit der

DDR« – habe er am frühen Nachmittag jenes 25. April 1974 erfahren, daß sein erfolgreichster Agent in der Bundesrepublik aufgeflogen war.

Mit einer Enttarnung hatte, wie alle Zeitzeugen übereinstimmend berichten, im MfS keiner mehr gerechnet. Noch im Herbst zuvor hatte Anita, die Geheimdienst-Residentin der Guillaumes, von einer Observation berichtet, die ihr während eines Treffens mit Christel Guillaume im Bonner Ausflugslokal Casselsruhe aufgefallen sei. Pierres Mutter hatte in der Folgezeit weitere Observationen bemerkt. Als diese dann aber im Winter eingestellt worden waren, war man in Ost-Berlin davon ausgegangen, daß es sich offenbar nur um eine Routineüberprüfung im Zusammenhang mit einer Bewerbung von Christel im Bundesverteidigungsministerium gehandelt habe. Die Luft schien also wieder rein zu sein. Nun sollte die Kundschaftertätigkeit der Guillaumes noch intensiver gestaltet werden. Anita erhielt den Auftrag, mit ihrem Ehemann Wolfgang dorthin zurückzukehren, wo beide mit falschen Pässen schon einige Jahre zuvor als Residenten gelebt hatten. Und während die Topspione der HVA bereits anderthalb Tage von BKA-Beamten verhört worden waren, hatte Gailats Mitarbeiter Walter Weichert in einem konspirativen Objekt bei Dresden ein Treffen zwischen seinem Chef und den Guillaumes vorbereitet.

Noch einmal läßt Kurt Gailat jenen »traurigen Donnerstag« vor seinem geistigen Auge ablaufen: »Ich sagte zu Markus Wolf, daß Wolfgang und Anita schon auf dem Weg in die BRD sind und wir die beiden erst mal stoppen müssen, damit nicht noch mehr passiert.« Kurz bevor Wolfgang mit dem Transitzug die Grenze erreicht habe, sei die Grenzstation per Funk verständigt worden, ihn aus dem Zug zu holen. Schwieriger wäre es bei Anita gewesen, die zu diesem Zeitpunkt schon in West-Berlin gewesen war. Man habe einen Mann losgeschickt, der sie dort aufgespürt und zurückbracht habe. Buchstäblich in letzter Minute hatte man Schlimmeres verhindert, nachdem das Schlimme passiert war.

Es ist bereits dunkel, als Pierre in die Ubierstraße zurückkehrt. Schon aus der Entfernung kann er eine kleine Menschengruppe vor dem Haus erkennen. Die Fotoapparate, eine TV-Kamera und einige Mikrofone weisen den Pulk eindeutig als Journalisten aus. Pierre verlangsamt seine Schritte und überlegt, wie er sich verhalten soll. Einfach am Haus vorbeigehen oder gar die Straßenseite wechseln? Nur irgendwann muß er ja doch nach Hause. Und die Hartnäckigkeit von Journalisten hat er schon früh als unbeteiligter Beobachter kennengelernt. So im Wahlkampf 1969 in Frankfurt, wo diese Leute Georg Leber auf den Fersen gewesen waren. Sein Vater hatte ihm damals erklärt, die Politiker seien bei aller Abwehr gegen die Medien auch immer auf eine gute Zusammenarbeit angewiesen.

Jetzt aber, überlegt Pierre, besteht kein solches gegenseitiges Verhältnis, denn welches Interesse sollte er an den Journalisten haben? Die Unkorrektheit der Radiomeldung hatte gezeigt, wie schlampig sie recherchieren und wie vorschnell sie Urteile abgeben.

Als er sich zwischen den Journalisten hindurchzwängt und den kurzen Weg von der Straße zum Hauseingang geht, wird die Gruppe auf ihn aufmerksam. Kameras werden gehoben, Lichter gehen an, und einer der Journalisten fragt: »Sind Sie der Sohn von Guillaume?«

Pierre setzt eine möglichst teilnahmslose Miene auf und meint: »Nee, der wohnt da oben im ersten Stock.«

Die Kameras werden wieder gesenkt, die Lichter ausgeknipst. Einer der Journalisten will wissen, ob er die Verhaftung gestern mitbekommen habe. Ein anderer, ob er mit Guillaumes Sohn bekannt, vielleicht sogar befreundet sei. Pierre schüttelt nur den Kopf und verschwindet im Hauseingang.

Oma Erna ist überglücklich, daß ihr Enkel endlich nach Hause kommt.

»Schon seit Stunden stehen diese Leute vor dem Haus. Sogar die Nachbarn sind von denen belästigt worden«, erzählt sie empört.

Einige Hausbewohner hatten schon bei ihr geklingelt und gefragt, wie sie sich verhalten sollten. Dazu kam, daß dauernd das Telefon läutete. Da sie jedes Mal irgendeine Zeitungsredaktion am Apparat hatte, war sie schließlich gar nicht mehr rangegangen. Ganz offensichtlich ist die alte Dame überfordert. Pierre nimmt sie kurz in den Arm, führt sie dann ins Wohnzimmer und schaltet den Fernseher ein.

Pierre und sein zwanzigjähriger Sohn David sehen sich mit mir das Video der *Tagesschau* vom 25. April 1974 an. Nach dem Gong die Ansage: »Hier ist das erste deutsche Fernsehen mit der *Tagesschau.*« Dann die Übersicht der Topmeldungen des Tages. Ein bildschirmfüllendes Foto von Davids Großvater und der sachliche Off-Kommentar: »Als Spion für die DDR ist in Bonn Günter Guillaume, Mitarbeiter im Büro von Bundeskanzler Willy Brandt, verhaftet worden.« Nach dem schweren Schlag, den diese Meldung damals für die westdeutsche Linke bedeutete, dürften die beiden nächsten Beiträge sie wieder mit der Welt versöhnt haben. Im Bundestag stand in diesen Minuten die Novellierung des § 218 auf der Tagesordnung, und in Portugal hatten in den frühen Morgenstunden demokratisch gesinnte Offiziere erfolgreich gegen das diktatorische Regime geputscht.

Was folgt, muß auf einen jungen Mann wie David wie aus der Mottenkiste der Fernsehnachrichten wirken. Im Hintergrund des Nachrichtensprechers werden einige Fotos von Günter Guillaume eingeblendet. Es werden keine Laufbilder mit dem Beschuldigten gezeigt, dabei hatte man nach Verbreitung der ersten Nachrichten mindestens acht Stunden Zeit gehabt, die Archive zu durchforsten. Statt dessen die etwas steif vorgetragene Stellungnahme von Siegfried Buback, dem drei Jahre später von der RAF ermordeten Generalbundesanwalt: »Er hat angegeben, er sei Offizier der Nationalen Volksarmee der DDR und Mitarbeiter des Staatssicherheitsdienstes. Er ist im Jahre 1956 angeblich als Flüchtling in die Bundesrepublik gekommen [...] Um eine sichere Beurteilung des Falles zu ermöglichen, ist es noch viel zu früh. Die Ermittlungsergebnisse liegen mir auch gar nicht vor. Ich will mich deshalb einer Wertung des Falles enthalten. Wenn ich auch nicht verhehle, daß es natürlich große Sorge bereitet, einen solchen Mann im Bundeskanzleramt zu wissen.«

Schließlich zeigt der Bonner ARD-Korrespondent Hilmar von Poser von allen Seiten das Palais Schaumburg, den damaligen Sitz des Bundeskanzleramtes, einen Wachmann mit Hund und auch das Fenster unter dem Dach, hinter dem sich Guillaumes Arbeitszimmer befand.

Ich frage Pierre, mit welchem Gefühl er sich diese Nachrichtensendung heute ansieht. Eigenartigerweise, so findet er, lasse ihn diese emotional ziemlich unberührt, obgleich er sich genau an die Situation erinnere, als er diese Sendung zum ersten Mal sah.

Es war nicht einfach, mein Vertrauen in die Unschuld meiner Eltern vor mir selbst zu rechtfertigen. Immerhin war davon die Rede, daß »mit der Verhaftung des siebenundvierzigjährigen Günter Guillaume und sechs weiterer Personen einer der bedeutendsten östlichen Spionageringe seit Bestehen der Bundesrepublik zerschlagen worden« sei. Zwar wurden auch hier wieder meine Großmutter und der Vater meines Vaters hinzu addiert, doch machte mich die Verhaftung des Ehepaars Förster stutzig. Sie waren Arbeitskollegen meiner Mutter, und sie hatte die Försters regelmäßig in deren Wohnung besucht. Erst viele Jahre später hat sie mir erzählt, daß ausgerechnet das, was mich an diesem Abend nachdenklich stimmte, jeglicher Grundlage entbehrte. Tatsächlich nämlich gab Herr Förster meiner Mutter Französisch-Unterricht, und gerade diese Regelmäßigkeit der Begegnungen war natürlich auch dem BKA aufgefallen. So wurden die Försters kurzfristig zu Mitgliedern des »bedeutendsten östlichen Spionageringes seit Bestehen der Bundesrepublik«. Entgegen der Tagesschau-*Meldung konnte ich allerdings nicht glauben, daß »Guillaume schon im Sommer letzten Jahres enttarnt und von den Sicher-*

heitsbehörden beobachtet worden« war. Hätte man meine Eltern unter diesen Umständen mit in den Norwegen-Urlaub genommen? Nie im Leben wäre ich auf die Idee gekommen, daß man den Bundeskanzler als Lockvogel benutzt hatte. Das empfinde ich auch heute noch als Ungeheuerlichkeit.

»Verhaftet wurde er gestern bei der Rückkehr aus dem Urlaub«, berichtet der Nachrichtensprecher. Pierre schüttelt den Kopf. Hier auf diesem Sofa haben seine Eltern noch vor zwei Tagen gesessen, nachdem sein Vater in der Tat von einem kurzen Frankreich-Trip zurückgekehrt war. Warum war er denn überhaupt nach Frankreich gefahren? Eine Urlaubsreise kann es jedenfalls nicht gewesen sein. Denn dann hätte er die Familie ja mitnehmen können, schließlich waren Osterferien.

Der Sprecher der *Tagesschau* ist bereits zur nächsten Meldung übergegangen, als Pierres Großmutter leise und eher zu sich selbst sagt: »Der Günter war von Anfang an der falsche Mann für meine Christel. Nie im Leben hätte sie sich auf so was einlassen sollen.«

Pierre springt auf und stellt sich vor die erschrockene alte Dame.

»Hör auf damit! Das ist alles ein riesiger Irrtum.«

Sie sieht ihren Enkel mit einem traurigen Blick an und scheint etwas sagen zu wollen. Doch dann dreht sie sich um und geht in ihr Zimmer. In diesem Moment läutet wieder das Telefon. Pierre läuft hin, reißt den Hörer von der Gabel und will eben einem weiteren Zeitungsredakteur klarmachen, daß er und seine Oma in Ruhe gelassen werden wollen. Da erkennt er die Stimme von Günter, dem in West-Berlin lebenden Sohn von Oma Ernas Schwester Mary. Er habe gerade die *Tagesschau* gesehen, sagt Omas Neffe ganz aufgeregt, und sei erschüttert. Wie der Günter nur für einen solchen »Verbrecherstaat« habe arbeiten können. Immerhin sei er doch selbst mal aus dem Osten geflohen und müßte wissen, was das für ein System sei! Pierre erklärt, daß Oma Erna schon wieder auf freiem Fuß ist, doch sein redseliger Verwandter verkündet, er werde gleich morgen früh das erste Flugzeug nach Köln nehmen, um ihnen beizustehen.

Ich fragte mich damals, warum Onkel Günter sofort an die Schuld meiner Eltern glaubte. Er hatte dieselben Informationen wie ich. Er kannte meinen Vater und hatte die Meldung in der Tagesschau *gesehen. Es mußte ihm aufgefallen sein, daß man den toten Vater meines Vaters verhaftet haben wollte. Mir fiel die Begegnung am Nachmittag mit Victor wieder ein. Hatte er nur als Liebhaber von Geheimdienstgeschichten erwogen, mein Vater könnte ein Agent sein? Hatte nicht selbst Karin gesagt, es würde sich auch dann nichts zwischen uns ändern, wenn es sich herausstellen sollte, daß die Radio-Meldung stimmte. Also schloß auch sie es nicht gänzlich aus.*

Von meiner Großmutter wußte ich immerhin, daß sie schon immer Vorbehalte gegenüber meinem Vater gehabt hatte. Als die Ehe meiner Eltern in immer ernstere Krisen geriet, hatte sie ihre Tochter wiederholt gefragt, warum sie »diesen Mann« nicht endlich verlasse.

Heute weiß ich, warum ausgerechnet ich nicht an die Schuld meines Vaters glauben konnte. Niemand hatte so viel zu verlieren wie ich, wenn sich herausstellen würde, daß mein Vater ein ganz anderer war als der, den ich bis dahin gekannt und geliebt hatte.

Vorsichtig beobachtet Pierre aus seinem dunklen Zimmer die Straße. Die meisten Journalisten sind verschwunden. Nur zwei Gestalten drücken sich noch auf dem schmalen Bürgersteig herum. Morgen, befürchtet Pierre, werden auch die anderen wieder da sein.

In diesem Moment dachte ich, es sei vielleicht gar nicht schlecht, daß Onkel Günter aus Berlin kommen wollte. Er würde die wesentlichen Erledigungen besorgen, und ich könnte mich mit Oma vorübergehend abschotten. Vor allem aber hoffte ich, daß sich das Ganze über das Wochenende einigermaßen beruhigen werde. Denn ich hatte wenig Lust, am Montag mit einem Pulk von Journalisten im Schlepptau zur Schule zu gehen.

Das Wiedersehen

Schon durch die geöffnete Tür kann Pierre die kleine, stämmige Figur erkennen, die sich dort im halbdunklen Raum scherenschnittartig vor dem hellen Hintergrund des Fensters abhebt. Er tritt in das geräumige, hohe Zimmer. Nach einem unsicheren Blick zu dem Beamten in Zivil nimmt er seinen Vater in den Arm und küßt ihn auf die Wangen.

»Bitte nehmen Sie Platz!« befiehlt der Beamte und macht deutlich, daß der Rahmen für private Vertrautheiten, den die Staatsmacht bereit ist einzuräumen, ausgeschöpft ist.

Günter Guillaume und sein Sohn setzen sich an einen breiten Tisch.

Pierre war auf die Umstände, unter denen diese Begegnung stattfinden würde, vorbereitet worden. »Machen Sie sich darauf gefaßt, daß ein Beamter des Bundeskriminalamtes zugegen sein wird«, hatte ihm Dr. Rother sehr formell mitgeteilt und ihm dann eingeschärft: »Bitte stellen Sie daher keine Fragen bezüglich der Verdachtsmomente gegen Ihren Vater. Sie laufen sonst Gefahr, daß die Unterhaltung unterbrochen, ja vielleicht sogar gänzlich abgebrochen wird.«

Ich weiß nicht mehr genau, wie mein Vater zu diesem konservativ wirkenden, sachlich agierenden Anwalt gekommen war. Ich glaube, er hatte ihn früher mal bei irgendeinem Verkehrsdelikt konsultiert, und nun war ihm wahrscheinlich kein anderer Name eingefallen. Jedenfalls hatte der Mann offenbar keinerlei Erfahrungen mit Fällen von Spionage und Landesverrat. In dem klassizistischen Gebäude des Landgerichts in der Bonner Wilhelmstraße wartete er diskret vor dem Zim-

mer, wo ich nun erstmalig nach der Verhaftung meinen Vater wiedersah.

Er sieht müde aus, geht es Pierre durch den Kopf, aber er wirkt nicht resigniert.

»Na Pierre, was macht die Schule?« erkundigt Günter Guillaume sich fast fröhlich.

Sein Sohn erzählt ihm, daß er die beiden ersten Tage nach den Ferien nicht hingegangen sei, wegen der Journalisten vor dem Haus. Kaum habe man das Fenster geöffnet, um das Zimmer zu lüften, hätten Verschlüsse von Fotokameras geklickt.

»Hab ein bißchen Nachsicht mit den Kollegen, sie machen nur ihren Job«, sagt Günter Guillaume lachend.

Einen Moment wird Pierre an die Vergangenheit seines Vaters erinnert. Lange vor seiner Geburt war er im Osten Berlins Bildreporter gewesen. Und noch in der Frankfurter Zeit hatte er als hauptamtlicher Geschäftsführer eines SPD-Unterbezirks Zeit genug gehabt, die Fotografie als Hobby zu betreiben. Manche Nacht hatte Günter Guillaume in seinem Fotolabor gesessen, das hinter einem Vorhang im Flur lag. Der ganzen Familie war damals eingeschärft worden, man dürfe auf gar keinen Fall das Flurlicht anknipsen, wenn man zur Toilette gehe.

»Man kommt sich durch diese Belagerung schon selbst wie im Gefängnis vor«, nimmt Pierre das Gespräch wieder auf.

Sein Blick fällt durch das Fenster auf das hinter dem Gerichtsgebäude liegende Bonner Gefängnis, und ihm wird peinlich bewußt, wie unpassend sein Vater diesen Vergleich empfinden muß. Doch der lacht und will wissen, wie man sich während dieser »Belagerung« verpflegt habe. Das immerhin sei ja im Gefängnis einigermaßen geregelt. Ob ihnen da Onkel Günter eine Hilfe wäre? Sein Rechtsanwalt habe ihm mitgeteilt, daß er aus West-Berlin herübergekommen sei.

Pierre berichtet fast mechanisch über den Alltag der letzten Tage, verschweigt aber, daß Günter schlecht über den Vater redet. Und während er erzählt, vertieft sich Pierre in die Miene seines Gegenübers. Sollte hinter diesem vertrauten Gesicht tatsächlich seit siebzehn Jahren ein ihm gänzlich fremder Mensch stecken? Jenes freundliche Lächeln und die joviale Art, die Victor immer so mochte, und die aufmerksamen Augen, die fast alle seine Gesprächspartner in den Bann zogen – war dies nur die sympathische Maske einer gänzlich anderen Existenz? Pierre fällt es schwer, die Schlagzeilen und Meldungen der Medien zur Seite zu schieben, die mittlerweile einhellig davon ausgehen, daß Günter Guillaume einst als Perspektivagent des ostdeutschen Geheimdienstes in die Bundesrepublik eingeschleust worden war. Aber kann es denn nicht sein, daß der Kanzlerreferent Opfer einer geschickt eingefädelten parteiinternen Intrige gegen Willy Brandt geworden ist? Hatte sein Vater nicht selbst erzählt, daß der Bundeskanzler auch in der eigenen Partei längst nicht mehr unumstritten ist? Wie hinterhältig hatte etwa Herbert Wehner gegenüber den Ex-Genossen in Moskau über seinen Kanzler und Parteivorsitzenden bemerkt, »der Herr badet gerne lau«? Wie aber ist in diesem Zusammenhang die angebliche Selbstbezichtigung seines Vaters als »Bürger der DDR und ihr Offizier« zu werten?

Pierre weiß, daß ihn nur eine einzige Frage von der Wahrheit trennt. Vorausgesetzt, daß von seinem Vater unter den gegebenen Umständen überhaupt eine ehrliche Antwort zu erwarten wäre. Doch macht der BKA-Mann am Tischende durch die entschlossen vor der Brust verschränkten Arme deutlich, daß eine solche Frage die sofortige Beendigung des Gesprächs zur Folge hätte. Und die freundlich verbindliche Miene Günter Guillaumes gibt zu keiner dieser Fragen eine Auskunft.

»Lassen dich die Lehrer spüren, daß deine Eltern im Gefängnis sitzen?« fragt Günter Guillaume seinen Sohn mit ernster Sorge. »Oder deine Mitschüler – Victor zum Beispiel?«

Pierre schüttelt den Kopf und erzählt, daß der Schulleiter,

Herr Trutwin, ihn am ersten Tag, als er wieder zur Schule ging, gleich morgens ins Direktorenzimmer gebeten und ihm versichert hatte, daß er keinerlei »Sippenhaft« an der Schule dulde. Weder von Lehrern noch von Schülern.

Mit Pierres ehemaligem Schuldirektor, der noch immer als Autor für die Curricula seines einstigen Faches Katholische Religionslehre tätig ist, lerne ich einen Theologen kennen, der den schwierigen Spagat zwischen tiefer Gläubigkeit und aufgeklärter Kirchenkritik hinbekommt. Liegen hier vielleicht die Wurzeln für sein hilfsbereites und faires Verhalten gegenüber einem Schüler, der in eine persönliche wie seelische Notlage geraten war?

Kurz vor dem Ende der Osterferien, erinnert sich der sympathische ältere Herr, habe er in den Fernsehnachrichten den Bericht über die Verhaftung eines Günter Guillaume gesehen und sofort an Pierre denken müssen. Nicht nur der relativ seltene Familienname habe bei ihm diese Assoziation ausgelöst. Als Schulleiter des Godesberger Heinrich-Hertz-Gymnasiums sei ihm bekannt gewesen, daß dieser Referent im Bundeskanzleramt der Vater eines seiner Schüler war. Pierre Guillaume sei, wie sein Freund Victor und einige andere »Kameraden« auch, in der Vergangenheit immer mal wieder unfreiwilliger Gast im Direktorenzimmer gewesen.

Nun aber habe er seinen Schüler schützen müssen, vor einer eventuellen Sippenhaft, vor der Gefahr dummer und kränkender Bemerkungen und vor allem vor der »Journaille«. Gleich am ersten Schultag hatte er daher eine Lehrerkonferenz einberufen, um das Kollegium in diesem Sinne anzuweisen, und Pierre genau diese Haltung als Zuversicht mit auf den Weg ins Klassenzimmer gegeben.

Viele meiner Mitschüler haben die Geheimdienst-Story um meine Eltern als spannendes Abenteuer verstanden. Sie fragten mich, ob ich denn nichts gemerkt hätte, von nachts heimlich aufgefangenen Funksprüchen oder toten Briefkästen, die mein Vater während einsamer Waldspaziergänge aufgesucht habe. Ein Mitschüler, der mir und Victor verübelte, daß er nicht in unsere Clique aufgenommen wurde, fragte mich eines Tages mit dilettantisch vorgetragener Hinterhältigkeit, ob unsere Familie denn nicht »regelmäßig Urlaub in Ostdeutschland« gemacht hätte. Er sah richtig dämlich aus, wie er den Kopf schief hielt und die Augen erwartungsvoll aufriß. Doch damit konnte ich ihm nun leider überhaupt nicht dienen. Ich war nur mal, im Alter von zehn Jahren, mit meinem Vater zu Besuch bei seiner Mutter in Ost-Berlin gewesen. Aus irgendeinem Grund konnte ich »Oma Hanni« nicht besonders leiden. Und auch ihren Mann nicht, jenen Liebhaber, wegen dem sich mein leiblicher Großvater damals aus dem Fenster gestürzt hatte. Ausgerechnet diese sieben Jahre zurückliegende Reise fiel mir ein, als ich meinem Vater im Bonner Justizgebäude gegenübersaß.

Pierre erinnert sich, wie ihm sein Vater bei einem Ausflug nach Ost-Berlin zwei Schulfreunde vorgestellt hatte. Mit dem einen der beiden hatte er den Tierpark besucht, während Günter Guillaume mit dem anderen Kumpel lieber »ein oder zwei Bierchen zischen« wollte. Dem Jungen war aufgefallen, daß der Mann, der mit ihm unterwegs war, nicht berlinerte, sondern ein breites Sächsisch sprach. Als der Zehnjährige am Abend seinen Vater danach fragte, fing der zu lachen an. Eine Antwort blieb er Pierre schuldig.

Günter Guillaume macht wieder ein ernstes Gesicht und beugt sich leicht zu seinem Sohn vor. Er sei sich bewußt, erklärt er, daß auf Pierre und Oma eine schwere Zeit zukommen werde. Aber er sei auch sicher, daß Pierre erwachsen und klug genug sei, diese Zeit durchzustehen. Wichtig wäre jetzt vor allem, sich vor »falschen Freunden« in acht zu nehmen.

»Was meinst du denn damit oder wen?« Pierre ist irritiert.

Nach einem kurzen Blick auf den BKA-Beamten fügt sein Vater, ohne auf die Frage einzugehen, hinzu, daß Pierre eine hohe Verantwortung gegenüber Oma habe. Und dann bittet Günter Guillaume seinen Sohn, sowohl die Mutter als auch ihn selbst regelmäßig zu besuchen. Abgesehen von den Anwälten, sei er für beide die einzige Verbindung zur Außenwelt.

In diesem Moment wurde mir klar, daß mein Vater offenbar selbst von einer längeren Inhaftierung ausging. Noch am Abend zuvor hatte ich einen solchen Gedanken verworfen, als Onkel Günter Oma und mir anbot, für uns eine Wohnung in West-Berlin zu suchen, damit wir in seiner Nähe sein könnten. Ein fürsorglicher Vorschlag, den ich aber für völlig abwegig hielt.

Verlegen fragt Pierre seinen Vater, wie lange er denn rechne, daß er und seine Mutter noch in Haft bleiben müßten? Diese Frage dürfe nicht gestellt werden, unterbricht der BKA-Beamte das Gespräch, da sie »laufende Ermittlungen berührt«. Trotzig bietet Pierre seinem Vater an, alles zu tun, um zur Aufklärung beizutragen. In diesem Moment springt der BKA-Beamte auf und erklärt, daß er »diesen und ähnliche Themenkomplexe« nicht gestatten könne und im übrigen die Besuchszeit ohnehin abgelaufen sei. Noch einmal kann Pierre seinen Vater kurz in den Arm nehmen und dann ist das seit Tagen ersehnte Wiedersehen vorbei.

Als Pierre neben Dr. Rother unter den hohen Bögen der Treppenhalle des Justizgebäudes hindurchgeht, spürt er in sich ein Gefühl des Unbehagens aufsteigen. Auch wenn er darauf vorbereitet war, daß über die Tatvorwürfe gegen seine Eltern nicht gesprochen werden durfte, so hatte er doch irgendeine nonverbale Verständigung mit seinem Vater erwartet. Irgendein Zeichen, das ihm signalisierte, daß er den Medien nicht glauben dürfe. Statt dessen sprach Guillaume von der »schweren Zeit«, die auf Pierre und Oma zukomme, sprach von »falschen Freunden«, vor denen der Sohn sich »in acht nehmen« müsse.

Pierre ahnt, daß er auch bei künftigen Besuchen keine Antwort auf seine Fragen bekommen wird. Und ganz offenbar geht sein Vater ja selbst nicht davon aus, in nächster Zeit nach Hause zurückzukehren. Was aber, wenn sich die Berichte der Medien tatsächlich bestätigen? Wird er Monate, ja vielleicht sogar Jahre darauf warten müssen, mit seinen Eltern all das zu klären, was ihm so akut auf der Seele liegt?

Gegenüber dem großen blauen Fenster bleibt Pierre stehen. Er betrachtet das Glasmosaik, auf dem die Insignien der Göttin Justitia – das Schwert und die Waage – zu sehen sind. Fragend sieht ihn der Rechtsanwalt seines Vaters an. Dieser Mann, überlegt Pierre, kann seinen Vater regelmäßig und ohne Bewachung besuchen. Er kann also frei mit ihm sprechen. Und überhaupt, wie würde er ihn in einem Prozeß verteidigen können, wenn er nicht lückenlos die Wahrheit kennt?

»Ist mein Vater schuldig?« fragt Pierre unvermittelt.

Dr. Rother zuckt leicht mit den Schultern.

»Nun, bis zu einer Verurteilung muß generell die Unschuldsvermutung gelten. Das gilt auch für Ihren Vater.«

Wenige Minuten nachdem sich Pierre vor dem Gerichtsgebäude vom Anwalt verabschiedet hat, bleibt er am Wilhelmplatz vor einem Zeitungsladen stehen. Auf dem Titelblatt des *Spiegel* ist sein Vater schräg hinter dem Bundeskanzler zu sehen. Der Schwarzweißdruck auf dem tiefroten Untergrund soll offenbar auf ein Schattendasein jenes Mannes hindeuten, der im Titel bereits als »DDR-Spion im Kanzleramt« bezeichnet wird. Wie können die *Spiegel*-Redakteure in den wenigen Tagen so viele Informationen zusammengetragen haben, während er, der jenen Titelhelden seit siebzehn Jahren fast Tag für Tag erlebt hatte, der ihm eben noch gegenübersaß, noch immer voller unbeantworteter Fragen steckt? Pierre Guillaume betritt den Zeitungsladen und kauft eine Ausgabe des Hamburger Nachrichtenmagazins mit der Titelstory über seinen Vater.

Vaters neuer Anwalt

Pierre fühlt sich deplaziert in der eleganten Halle des Hotels Königshof. Der Herr an der Rezeption scheint diese Einschätzung zu teilen. Sein Blick jedenfalls, den er über die randlose Halbbrille auf den langhaarigen Teenager in Jeans, Sweatshirt und speckiger Lederjacke wirft, wirkt nicht gerade einladend.

»Ich möchte zu Herrn Dr. Pötschke«, erklärt Pierre.

Der Herr hinter dem Tresen schaut mit betonter Distinguiertheit in das Buch, in dem die Hotelgäste verzeichnet sind.

»Wen darf ich melden?« fragt er fast gelangweilt.

Und im nächsten Moment macht Pierre zum ersten Mal die Erfahrung, was es bedeutet, einen berühmten Namen zu haben. Denn kaum hat er »Pierre Guillaume« über die Lippen gebracht, blickt er in ein erstauntes Augenpaar, das ihn mit fast schon übertriebener Freundlichkeit anfunkelt.

»Sie sind bereits avisiert. Nehmen Sie bitte noch einen Moment Platz, ich werde Herrn Dr. Pötschke verständigen.«

Dabei weist er mit einer Geste zu den Sesseln in der Lobby.

Doch Pierre steuert den kleinen Tisch mit den beiden Stühlen gegenüber der Portierloge an und zieht das zusammengerollte *Spiegel*-Exemplar mit dem Bild seines Vaters auf dem Titel aus der Innentasche seiner Lederjacke. Er schlägt die Story auf und überfliegt die unzählige Male gelesenen Zeilen. An einer der Stellen, die er mit einem roten Filzstift angestrichen hat, bleibt sein Blick hängen: »Am Mittwoch vor Ostern fuhr des Kanzlers Mann in seinem silbergrauen

Opel-Kadett in Bonn los. Vor ihm waren bereits rund 100 Staatsschützer der Bonner Sicherungsgruppe des Bundeskriminalamts im Nachbarland eingefallen und hatten mit Hilfe ihrer französischen Kollegen ein lückenloses Beobachtungsnetz über die Straßen zur Côte d'Azur gelegt.« Woher wollen die Redakteure drei oder vier Tage nach der Verhaftung seiner Eltern das alles wissen? Diese Frage hat sich Pierre in den letzten Tagen immer wieder gestellt. Andererseits machte es ihn von Anfang an stutzig, wie viele der Details er tatsächlich als richtig erkannte. »Über die Ostertage mietete er sich, wie stets bei seinen zahlreichen Aufenthalten seit 1967, in dem Ferienzentrum ›Résidence de France‹ in Sainte-Maxime ein, unweit des Feriendorfes ›Les Tourelles‹ der bundesdeutschen Industriegewerkschaft Bau, Steine, Erden.« Pierre erinnert sich, daß er ja noch am Verhaftungstag mit Horst Schernich über die Familienurlaube in Les Tourelles gesprochen hatte.

Er liest weiter: »Am Dienstag nach Ostern verabschiedete sich der erstmals ohne Familie Angereiste bei Frau Kübler, die ihn als ›Les-Tourelles‹-Chefin von gemeinsamen Besuchen mit Georg Leber und Willy Brandt gut kennt und Guillaume das Ferienquartier vermittelt hatte. Nonstop fuhr er zurück nach Bonn. Für die Beschatter war dies das Alarmsignal: Sie mußten annehmen, der MfS-Profi habe die Überwachung bemerkt und wolle rasch nach Bonn eilen, um dort ›aufzulösen‹ (Geheimdienst-Jargon) und sich in die DDR abzusetzen.«

Wieder sieht Pierre die Eltern vor sich, wie sie am Abend vor der Verhaftung auf der Couch im Wohnzimmer sitzen, und wie Vater den Arm um seine Frau gelegt hat. Auch jetzt noch gefällt ihm dieses Bild der Eintracht. Fast lautlos spricht er die nächsten Zeilen: »Neun Beamte der Sicherungsgruppe marschierten am Mittwochmorgen vor der bundeseigenen Guillaume-Wohnung in Godesberg auf, klingelten und verhafteten das Ehepaar.«

Pierre blättert weiter und kommt zu der Stelle, an der er rot »?!« am Rand vermerkt hat und wo über den Urlaub mit dem Bundeskanzler vom vergangenen Sommer in Hamar berichtet wird: »Kanzler-Besuchern fiel auf, daß die Guillaumes praktisch zur Familie gehörten und auch bei privaten Anlässen mit den Brandts zusammen waren. Brandt-Sohn Matthias und Guillaume-Sprößling Pierre gingen gemeinsam angeln.« Richtig ist, daß »Matze« jeden Tag angekommen war und irgendwas mit Pierre hatte unternehmen wollen; gänzlich falsch hingegen, daß seine Eltern und er »praktisch zur Familie gehörten«. Und leider ist es bestenfalls die halbe Wahrheit, daß sie »bei privaten Anlässen mit den Brandts zusammen« waren. Pierre erinnert sich noch gut an seine Enttäuschung, daß er den Bundeskanzler während des Norwegen-Urlaubs nur selten zu Gesicht bekam, während seine Frau Rut mit den Urlaubsbegleitern Ausflüge in die nähere Umgebung ihrer norwegischen Heimat unternahm.

Heute, da ich den Wahrheitsgehalt der Titelstory weit objektiver beurteilen kann, muß ich den Autoren ein großes Kompliment aussprechen. Sie hatten gerade mal zweieinhalb Tage Zeit gehabt, um die Hintergründe einer Spionage-Affäre zu recherchieren, dessen Hauptakteur ihnen bis zu jenem Mittwochmorgen bestenfalls namentlich bekannt gewesen war. Was spielte es da für eine Rolle, daß man den Vornamen meiner Großmutter falsch geschrieben und unsere Familie, vielleicht sogar aus Kalkül, um der Story etwas mehr Brisanz zu verleihen, im privaten Umfeld der Brandts angesiedelt hatte. Bis heute weiß ich nicht, woher die Redakteure so schnell so viele richtige Details hatten.

Pierre rollt den *Spiegel* wieder zusammen, steckt ihn zurück in die Jacke und sieht auf die Uhr. Am frühen Nachmittag hatte die Sekretärin von Rechtsanwalt Dr. Rother angerufen und Pierre mitgeteilt, daß ein gewisser Dr. Pötschke ihn gern kennenlernen möchte. Er sei ein Kollege ihres Chefs aus München, und sie würden sich künftig das Mandat seines Vaters teilen.

Nicht zuletzt deshalb, weil dieser Dr. Pötschke unter Bonns vornehmster Hoteladresse abgestiegen ist, erwartet Pierre einen seriösen, graumelierten älteren Advokaten. Auf keinen Fall hat er mit einem Menschen gerechnet, wie er gerade vom Lift aus auf ihn zu kommt. Ein junger Mann mit Halbglatze, kaum älter als dreißig, der in seinem braunen Pepita-Anzug mit passender Fliege fast ein wenig kostümiert aussieht. Mit seinem betont aufrechten Gang, eine Hand lässig in der Hosentasche, empfindet Pierre den Mann sofort als snobistisch. Und noch bevor der ein einziges Wort gesagt hat, ist er ihm schon unsympathisch.

Sie fahren mit Pötschkes Mietwagen in die Bonner Innenstadt, die Zeit überbrücken sie mit Smalltalk. Und das heißt in diesem Fall, der Anwalt spricht, und Pierre hört zu. Er habe heute einen ersten Besuch bei Pierres Vater gemacht, dem gehe es den Umständen entsprechend gut, und nun wolle er natürlich auch »Guillaume junior« kennenlernen. Denn er sehe seine Aufgabe keineswegs nur in der Verteidigung seines Vaters, sondern fühle sich an dessen Statt für die Gesamtbelange der Familie, vor allem natürlich für die von Pierre und seiner Großmutter, verantwortlich. Sicher werde ihm Dr. Rother dabei behilflich sein, erklärt er, und Pierre fragt sich, ob er seinen Bonner Kollegen künftig als eine Art Assistenten anzusehen gedenkt.

Dr. Pötschke stellte sich immerhin als Anwalt meines Vaters vor, und ich hätte eigentlich umgehend Vertrauen zu ihm haben sollen. Doch da war seine Jugend, die mich skeptisch machte, und dann wirkte er auf mich seltsam arrogant. Er verkörperte eine gewisse Exzentrik, die mir vollkommen fremd war. Schon deshalb hätte ich mir an diesem Abend niemals vorstellen können, was für eine Bedeutung dieser Mann in den nächsten Jahren für mich haben würde – als Vater-Ersatz, ja eigentlich als dessen schließlich auch von mir akzeptierter Stellvertreter.

Unzählige Male ist Pierre am China-Restaurant Shanghai vorbei gegangen. Doch er hat es nie bewußt wahrgenommen, und schon gar nicht wußte er bis heute, daß es mit diesem China-Restaurant eine besondere Bewandtnis hat. Hier gibt es nämlich, was angeblich sonst nicht üblich ist, Peking-Ente ohne Vorbestellung! Das erfährt er nun von seinem Gegenüber, der hier augenscheinlich schon öfter zu Gast war.

Kaum haben die beiden in dem mäßig besetzten Lokal Platz genommen, referiert Dr. Pötschke detailliert seine Kenntnisse über die Zubereitung einer Peking-Ente. Pierre weiß nicht, ob er das ganze Gerede um eine chinesische Mahlzeit einfach albern finden soll. In jedem Fall bleibt Pötschkes Exkurs nicht ohne Wirkung, und Pierre ist nun einigermaßen gespannt auf dieses außergewöhnliche Mahl. Doch was soll er dazu trinken? Bier? Cola? Er bittet seinen Gastgeber um eine Empfehlung. Und so lernt er an diesem Tag nicht nur den Anwalt seines Vaters, sondern auch den aromatischen Jasmin-Tee kennen.

Ich bekam damals wahrscheinlich auch die erste Lektion darin, welchen Sinn Geschäftsessen machen. Zwar sprachen wir nur ganz allgemein von meinem Vater und über den Tatvorwurf gegen ihn überhaupt nicht, trotzdem hatte ich den Eindruck, daß dieser exzentrische Mensch weit mehr Erfahrung im Umgang mit Geheimdienstangelegenheiten und Spionagedelikten haben mußte als der konservativ und bieder wirkende Dr. Rother. Das gemeinsame Zelebrieren einer Peking-Ente hat da durchaus vertrauensbildend gewirkt. Er war mir am Ende des Abends zwar noch immer nicht sympathischer, aber für meinen Vater war ich froh, daß es diesen Dr. Pötschke gab.

Willy Brandt tritt zurück

»Unsere Freundschaft bringt jetzt auch mich ins Visier des Staatsschutzes!« sagt Victor schmunzelnd, als Pierre im Zwitscherstübchen an seinen Tisch tritt. Und nachdem er einen kräftigen Schluck von seinem Bier genommen hat, erzählt Victor, daß seit zwei Tagen das Haus seiner Eltern observiert wird. Er erwähnt es, als würde er erzählen, daß ihm ständig junge Mädchen auflauerten. Sicher hätte Victor nichts gegen junge Mädchen, aber »Staatsschutz« hört sich irgendwie aufregender an. Dabei gilt die ganze Aktion, wenn es überhaupt stimmt, wohl eher Victors Stiefvater. Immerhin ist er Ministerialdirigent im Bundesfinanzministerium und hat in den letzten Jahren in Ost-Berlin an den Verhandlungen zum Transitabkommen teilgenommen.

In Wahrheit bestand das Interesse der westdeutschen Staatsschutzbehörden auch an Pierre fort. Das bestätigt der Pressesprecher des BKA, als ich nach dem Grund frage, weshalb es seine Behörde Horst Schernich untersagt, sich im Rahmen unserer Recherche mit Pierre zu treffen. Immerhin sei der Mann inzwischen pensioniert und die feindliche Macht, für die Pierres Eltern einst aktiv waren, längst implodiert. Das aber ist laut BKA-Pressesprecher kein Grund, ehemalige Ermittlungsergebnisse zu veröffentlichen. Ob es sich denn bei den Gesprächen zwischen Horst Schernich und Pierre um eine Ermittlung gehandelt habe, will ich von ihm wissen. Die Antwort ist ein kurzes und eindeutiges »Ja«.

Einen weiteren Hinweis auf das damals fortbestehende Interesse der westdeutschen Dienste bekomme ich von Pierres ehemaligem Schuldirektor Trutwin. Seine vorgesetzte Dienststelle hatte ihn seinerzeit aufgefordert, Pierres Deutschhefte vorzulegen. Zunächst aber sollte er gemeinsam mit dem Deutschlehrer dessen Aufsätze noch einmal durchsehen, ob sich darin bereits irgendwelche Hinweise auf seine Eltern befänden. Darüber muß Trutwin auch heute noch lachen. »Denn mit Sicherheit«, so der erfahrene Pädagoge, »schreibt ein siebzehnjähriger Gymnasiast in einem Aufsatz nichts über seine Eltern, worüber man dann womöglich den Verfassungsschutz informieren müßte.« Aber er hatte sich diesem Beschluß gefügt und die Hefte erst nach einigen Wochen wieder zurückbekommen. Ein Vorgang, über den er absolutes Stillschweigen bewahrt hat – bis heute.

Irgendein Boulevard-Magazin, erzählt Pierre seinem Freund, habe Karin ein Paar Schuhe ihrer Wahl angeboten – für Informationen über ihr Verhältnis. Beim gemeinsamen Spaziergang am Rhein hätte sie ihm das am Nachmittag erzählt. Aber natürlich habe sie abgelehnt.

»Das ist ihr sicher nicht leichtgefallen«, sagt Victor.

Auch Pierre hatte Karin auf den Kopf zugesagt, daß sie das Angebot bestimmt reizen würde.

»Stimmt! Jetzt schuldest du mir ein Paar Schuhe!« Und dann erzählte Karin, daß bei ihr zu Hause das Thema »Guillaume« zur Zeit vermieden werde. Jedenfalls wäre es wahrscheinlich besser, wenn sie sich vorerst bei Pierre träfen. Oma Erna, das wußten beide, würde nie ins Zimmer kommen, wenn Karin da ist und Pierre die Tür geschlossen hat.

Plötzlich herrscht am Tresen Unruhe. Gäste rufen durcheinander, der Wirt der Zwitscherstube wird aufgefordert, das Radio lauter zu drehen – und dann wird es still im Lokal. Alle lauschen den Meldungen. Es ist kurz nach Mitternacht, als Pierre und Victor in einer Godesberger Kneipe erfahren, daß soeben Willy Brandt »die Konsequenz aus der Spionageaffäre Guillaume gezogen und seinen Rücktritt vom Amt des Bundeskanzlers« erklärt habe.

In diesem Moment hatte ich zum ersten Mal das Gefühl, mir werde der Boden unter den Füßen weggezogen. Bisher hatte ich noch alles zur Seite schieben können, was mir den Vater zu nehmen drohte. Seit Tagen hatte ich kaum noch Nachrichten gesehen oder gehört und selbst die Titelstory im Spiegel *nur auf irgendwelche Widersprüche hin untersucht. Nun aber mußte ich mir eingestehen, daß ein Bundeskanzler nicht wegen vager Verdachtsmomente von seinem Amt zurücktritt. Diese eine Meldung verschaffte mir mit einem Schlag Gewißheit. Bisher hatten meine Verdrängungsmechanismen wunderbar funktioniert. Das aber war nun anders. Wie war es meinem Vater möglich gewesen, ein solches Geheimnis vor mir zu hüten?*

Meine Gefühle in diesem Moment sind mit kaum etwas vergleichbar, was ich zuvor oder danach erfahren habe. Vielleicht geht es jungen Leuten ähnlich, denen ihre Eltern erklären, sie seien als Baby adoptiert worden. Doch ist selbst dieser Vergleich falsch. Denn diese Eltern bleiben ja auch nach dem Bekenntnis die gleichen, die sie vorher waren. Meine Eltern hingegen waren nun im Grunde wildfremde Menschen für mich, die etwas gänzlich anderes denken und fühlen mußten als jene, die ich in den letzten siebzehn Jahren zu kennen geglaubt hatte. In einem solchen Moment ist man kaum zu einem rationalen Gedanken fähig. Es tut sich ein gefühlsmäßiger Abgrund auf, und man verliert den Boden unter den Füßen. Erstaunlich dabei ist nur, daß man, von außen betrachtet, funktioniert wie immer. Ich brachte den Abend im Zwitscherstübchen wortlos hinter mich, ich besuchte weiter die Schule, ging mit Victor und den anderen ins Underground, und ich empfing Karin bei mir zu Hause und schloß hinter uns die Zimmertür …

Die Reportage

Pierre vertieft sich in das Foto, das er in den fast dreißig Jahren seit der Entstehung vollkommen vergessen hatte. In der nüchternen Atmosphäre des Lesesaals der Bibliothek für Publizistik der FU Berlin hat er beim Durchblättern der *stern*-Ausgaben vom Frühjahr 1974 die Aufnahme entdeckt. Und plötzlich ist alles wieder da.

Oma Erna scheint die Zeit hinauszögern zu wollen. Erst muß sie sich unbedingt umziehen. Dann, als sie die Kittelschürze gegen die Strickjacke getauscht hat, bittet sie ihre Schwester Mary, noch mal nach den Haaren zu sehen, die ein weiteres Mal gekämmt und aufgesteckt werden. Endlich kommt sie ins Wohnzimmer, wo sie sofort damit beginnt, die Spitzendecke auf dem Tisch zurechtzuziehen, die Sofakissen aufzuschütteln und das kleine Gemälde im Stil holländischer Meister geradezurücken. Nun zupft sie Pierres Hemdkragen aus dem dunkelblauen Pullover und streift die Ecken glatt.

»Bist du soweit?« fragt Pierre etwas ungeduldig und bemerkt den dankbaren Blick des Fotografen.

»Ich weiß nicht«, gibt Oma Erna zögernd zurück, »es geht doch eigentlich um dich.«

»Nein, nein«, sagt Pierre lachend, während er seinen Arm um ihre schmale Schulter legt, »es geht um uns beide.«

»Aber ich bin doch überhaupt nicht fotogen!« Die alte Dame dreht ihren Kopf mit einem verlegenen Lachen zur Seite und legt ihn auf Pierres Schulter. In diesem Moment taucht ein Blitz die Dämmerstimmung des Wohnzimmers in gleißendes Licht.

»Allein in der Agentenwohnung: Pierre mit Oma Erni Boom« lautet die Bildunterschrift zu dem Artikel des *stern*-Reporters Bruno Manz. Die Begegnung mit ihm habe er damals »fast wie eine Fügung empfunden«, erinnert sich Pierre, als er seinen Blick endlich von dem Foto löst. Denn schon bevor der Journalist ihn auf der Straße ansprach, hatte Pierre selbst überlegt, sich an den *stern* zu wenden. Die vor dem Haus lauernden Journalisten nervten ihn, und selbst die Nachbarn beschwerten sich – und zwar bei Oma Erna, die wegen der Reporter ihrerseits tagelang das Haus nicht verließ.

Wenn man sich erst mal einer Illustrierten gegenüber offenbart hätte, so seine Überlegungen damals, wäre die Story für die anderen nicht mehr interessant. Und auf den *stern* sei er gekommen, weil er das Blatt im westdeutschen Illustriertenwald noch für das Seriöseste hielt. Solange er aber unsicher war, wie er die Beschuldigungen gegen seine Eltern bewerten sollte, wollte er sich eigentlich nicht öffentlich dazu äußern. Aber dann war plötzlich Bruno Manz aufgetaucht.

Aufmerksam hören Oma Erna, ihre aus West-Berlin angereiste Schwester Mary und deren Sohn Günter dem eleganten Herrn zu, der Pierre vorhin auf der Straße angesprochen und sich als politischer Korrespondent des Bonner *stern*-Büros vorgestellt hat. Pierre findet das Bild irgendwie ulkig, wie die drei nebeneinander auf der Couch sitzen – dem Journalisten gegenüber. In wenigen Worten formuliert der Reporter, der in seinem mausgrauen Zweireiher mit passender Krawatte wie ein Dressman aus einem Hochglanz-Modemagazin aussieht, sein Anliegen. Er würde gern über Pierre schreiben, wie es ihm jetzt gehe, wie seine Mitschüler auf die Nachricht von der Verhaftung seiner Eltern reagiert hätten, was seine Großmutter für ihn tun könne, wie die finanziellen Dinge geregelt seien …

Als habe Günter auf dieses Stichwort gewartet, stellt er die Frage nach dem Honorar. Unsicher sieht Pierre zu dem Journalisten, der aber keineswegs überrascht scheint. Woran sie denn gedacht habe, wendet er sich routiniert direkt an Oma Erna. Pierre ist gespannt, was sie antworten wird. Und nachdem ihr Günter etwas zugeflüstert hat, erklärt sie mit fester Stimme: »Wir dachten an dreitausend Mark!«

Der Reporter hebt nur kurz die Schultern und erklärt, daß er über eine solche Summe nicht allein entscheiden könne, und bittet, ihm bis zum nächsten Tag Zeit zu lassen. Er werde versuchen, dieses Honorar zu realisieren.

»Wir konnten das nicht mal im Bonner Korrespondentenbüro entscheiden«, erklärt der einstige *stern*-Reporter gegenüber Pierre am Telefon. »Dreitausend Mark waren ja damals ein hohes Honorar, und ich mußte es tatsächlich von der Zentrale in Hamburg absegnen lassen.« Und dann habe man mit Oma Erna einen Vertrag gemacht.

Der Beitrag ist im *stern* vom 9. Mai 1974 unter dem Titel »Pierre Guillaume: Mein Vater, der Spion« erschienen – dem Tag, als Günter Guillaume vom Bonner Gefängnis nach Ossendorf überführt wurde. Die Headline ist insofern nicht ganz korrekt, als Pierre auf die Frage, ob er den Anschuldigungen gegenüber seinem Vater glaube, zum damaligen Zeitpunkt noch einschränkend mit »teilweise« geantwortet hatte. Tatsächlich aber nahm sie etwas vorweg, was Pierre in den Wochen danach erkennen und akzeptieren mußte. Ansonsten aber hatte Bruno Manz ihn seinerzeit nicht nur weitgehend richtig zitiert, sondern auch die verunsicherte und in bezug auf die Zukunft ungewisse Atmosphäre in dem Zwei-Personen-Haushalt treffend beschrieben. Und das sei, meint Pierre heute, schon sehr viel gewesen in der aufgeheizten Stimmung jener Wochen.

In Ossendorf

Von einer kleinen Anhöhe hat man einen ungehinderten Blick auf die gigantische Gefängnisanlage. Hinter diesen hohen Betonmauern, hinter einem der vergitterten Fenster hatte Christel Guillaume die gesamte Haftzeit verbracht – vom Tag nach ihrer Festnahme bis zum Frühjahr 1981, als sie durch einen deutsch-deutschen Agentenaustausch in die DDR entlassen wurde. Vom Bonner Gefängnis aus war auch Günter Guillaume nach Ossendorf verlegt worden, wo er bis zum Herbst 1976 in Haft blieb. Nachdem das Urteil gegen ihn rechtskräftig geworden war, hatte er die reguläre Haftstrafe in der Justizvollzugsanstalt Rheinbach angetreten, von wo aus er im Herbst 1981 seiner Frau in die DDR folgte.

Es ist 28 Jahre her, seit Pierre hier aus dem Mietwagen von Dr. Pötschke stieg und ihm den Weg hinunter zur Pforte folgte. Die Anwälte des Ehepaares Guillaume hatten bei der Bundesanwaltschaft in Karlsruhe mit Erfolg eine Besuchserlaubnis für den Sohn ihrer Mandanten beantragt.

Während nun auch wir den Weg zum Eingang des Gefängnisses hinuntergehen, erzählt Pierre von seinem ersten Besuch in Ossendorf. Er tut es auf eine Art, die den Eindruck vermitteln könnte, als habe der Besuch während einer Kur seiner Eltern in einem Sanatorium stattgefunden.

»Damals gab es diese seitlichen Wachtürme noch nicht!« beschreibt er sachlich bauliche Veränderungen.

Versucht Pierre seine Empfindsamkeit zu überspielen? Hat er Angst, sentimental zu wirken?

Er scheint meine Gedanken zu erraten: »Als sich vor ein paar Jahren bei Dreharbeiten mit einem Team des WDR in Rheinbach für mich völlig unvermittelt die Möglichkeit ergab, die enge Zelle zu sehen, in der mein Vater jahrelang gelebt hatte, da ist mir das schon sehr nahegegangen. Aber hier spüre ich so was jetzt gerade nicht.«

Er lächelt und zuckt mit den Schultern, als müsse er sich für diese Gefühllosigkeit entschuldigen. Schließlich greift er zum Handy und ruft seine Mutter in Berlin an.

»Wir stehen gerade vor der Haftanstalt in Ossendorf«, sagt er. Noch einen Meter entfernt ist am anderen Ende der hysterische Lacher der alten Dame zu hören.

Pierre ist mal wieder »avisiert«. Der Beamte hinter der Panzerglasscheibe schiebt ihm die Besuchserlaubnis durch den Schlitz. Einige Meter weiter stehen bereits Besucher vor einer Sicherheitsschleuse und werden mit Metalldetektoren durchgecheckt. Ein junger Mann, dessen Arme von oben bis unten tätowiert sind, fördert ein Springmesser aus der Hosentasche. Ein Beamter fordert ihn auf, die Waffe zu einem der Schließfächer an der seitlichen Wand zu bringen, was Pierre einleuchtet.

»Aber warum darf der tätowierte Besucher die Orangen nicht mit hineinnehmen?« murmelt Pierre vor sich hin.

»Die könnten ja gespritzt sein!« erwidert ein junges, nicht unattraktives Mädchen mit langen blonden Haaren und farbigem Stirnband.

»Na und?« meint Pierre, »man macht die Schale doch sowieso ab.«

Das Mädchen lacht.

»Wodka! Verstehst du? Mit ’ner Nadel direkt in die Orangen. Und Alkohol ist nun mal verboten im Knast.«

Pierre muß an seine Mutter denken. Ob sie die Abstinenz wohl gut überstehen wird? Denn eine regelmäßige Trinkerin war sie in den letzten Jahren schon.

»Und Zigaretten?« will Pierre wissen.

»Die können sie oben am Automaten kaufen«, erklärt ihm

Pötschke und geht schließlich, den Beamten irgend etwas vorweisend, ungehindert an den Besuchern und der Sicherheitsschleuse vorbei, um auf der anderen Seite auf Pierre zu warten.

Über einen kleinen Hof gelangt man in den inneren Bereich der Haftanstalt. Im Verwaltungsbau gehen die beiden in den ersten Stock, und vor einer breiten Eisentür erklärt der Anwalt dem Sohn seines Mandanten, daß sich dahinter der Warteraum befinde. Er selbst habe mit der Gefängnisleitung einiges zu besprechen, aber die nächsten Stunden sei Pierre ja nun erst mal beschäftigt.

»Die nächsten Stunden?« fragt Pierre.

Dr. Pötschke erläutert ihm das bevorstehende Prozedere. Sein Vater werde erst gerufen, nachdem Pierre sich im Warteraum beim Diensthabenden gemeldet habe. Dann müsse er da warten wie bei einem Arztbesuch, denn die Zahl der Besuchszellen sei begrenzt. Und nach dem Besuch beim Vater müsse er zurück, und die Prozedur beginne für den bei der Mutter von vorn. Die Behörde wolle vermeiden, daß sich die beiden Untersuchungshäftlinge in den Fluren jenseits der Besuchszellen begegneten.

Die Erwartung, meine Eltern zu treffen, ließ mir das Prozedere einigermaßen erträglich erscheinen. Außerdem war mir zu diesem Zeitpunkt nicht klar, daß solche stundenlangen Aufenthalte bei Besuchen in Ossendorf für mich zu einer ständig wiederkehrenden Realität werden sollten. Auch wurde ich später nicht mehr von Dr. Pötschke chauffiert. Die Fahrt mit öffentlichen Verkehrsmitteln dauerte jedesmal mehr als eine Stunde. Ich wählte dafür in der Regel solche Tage, an denen ich schon um 12.30 Uhr Schulschluß hatte. Und doch war es in den Wintermonaten oft schon dunkel, wenn ich wieder nach Godesberg zurückfuhr.

Frustrierend war außerdem, daß ich mit meinen Eltern über nichts sprechen durfte, was ihre Sorgen, auch ihre Hoffnungen anging. Statt dessen immer wieder Smalltalk über meinen Schulalltag, über Oma, über die Verwandtschaft in West-Berlin. Auf mancher Rückfahrt habe ich mich gefragt, wozu ich mir diese Tortur eigentlich zumutete. Ich ahnte nicht, daß die Anreise zu den Haftbesuchen noch einmal weitaus aufwendiger werden würde.

Es gab Zeiten, da haben mich diese Besuche schlichtweg genervt. Doch wurde ich immer wieder gebeten, sie weiterhin in dieser Regelmäßigkeit aufzusuchen. Da meine Mutter keinen Besuch von Oma wünsche, sei ich für die beiden neben den Anwälten die einzige Verbindung zur Außenwelt – sagte mir Dr. Pötschke, und vor allem sagten mir das meine Eltern selbst.

Pierre legt seine Besuchserlaubnis dem Diensthabenden vor, der hinter einer Panzerglasscheibe sitzt und ihn über eine Gegensprechanlage auffordert, Platz zu nehmen. Auf den Bänken entlang der Wände des großen quadratischen Raumes sitzen die Besucher. Der Mann von vorhin, mit den tätowierten Armen und dem Springmesser, ist augenscheinlich nur ein typischer Repräsentant der hier Versammelten. Die wartenden Besucher beiderlei Geschlechts sehen aus wie Komparsen in einem Film, der im Gangstermilieu spielt. Anders als im Hotel Königshof fühlt sich Pierre in seiner speckigen Lederjacke diesmal wenigstens nicht unpassend gekleidet.

Ab und zu ruft der Diensthabende den Namen eines Häftlings. Dann erhebt sich stumm irgendein Besucher, geht nach rechts hinten zu einer Gittertür, um dort nach einem kurzen Summen einzutreten. Pierre beginnt, die Situation mit der im Königshof zu vergleichen. Auch dort saß er inmitten von Leuten, die für ihn eine gänzlich andere Welt verkörperten. Doch eigentlich hatte er mit den Leuten in der Hotellobby eher eine gemeinsame soziale Schnittmenge. Immerhin war sein Vater Referent des deutschen Regierungschefs, und insofern gehörte die Familie auch mehr zum bürgerlichen Spektrum der Gesellschaft als irgendeiner dieser Leute hier.

Soweit ich mich erinnern kann, wurde in meinem Elternhaus immer über Politik gesprochen. Kein Wunder eigentlich, denn es war ja auch die politische Arbeit, die uns ernährte. In Frankfurt, wo ich geboren wurde und aufgewachsen bin, hatte der politische und soziale Aufstieg meines Vaters begonnen. Zuerst als Geschäftsführer des SPD-Unterbezirks Hessen-Süd. Dann wurde er sogar Stadtverordneter im Frankfurter Römer und meine Mutter leitende Sekretärin beim Staatssekretär des hessischen Ministerpräsidenten. In dieser Zeit sind wir von der großen Altbauwohnung in der Frankfurter Innenstadt in ein Reihenhaus in Sindlingen am westlichen Stadtrand gezogen.

Und in dieser Zeit, so erfährt Pierre Jahre später, hatte seine Mutter versucht, gegen den eigenen Ehemann zu putschen. Bei einem Besuch in der Zentrale erklärte sie den Ost-Berliner Genossen, daß schließlich sie es mittlerweile bis in die Hessische Staatskanzlei geschafft habe, während Günter immer noch ein kleiner Stadtverordneter der SPD sei. Sie könne die weitaus wichtigeren Informationen liefern. Deshalb sei nicht einzusehen, daß ihr Mann weiterhin formell ihr Vorgesetzter sein solle. Ein solcher Vorschlag widersprach aber offenbar dem Frauenbild der Offiziere in der Normannenstraße, und Günter Guillaume blieb der Führungsoffizier seiner Gattin. Es ist ungewiß, ob er zum Zeitpunkt der gemeinsamen Haft überhaupt von dem einstigen Putschversuch wußte. In seinem ersten Brief, den er zwei Tage nach der Festnahme an sie schrieb, übernahm er jedenfalls auch für ihre Situation die volle Verantwortung: »Liebe Christel, ich bitte dich um Verzeihung. Du hast durch den gemeinsamen Lebensweg mit mir jetzt deine Freiheit verloren, und sicher noch viel mehr …«

War dies seine ehrliche Sicht der Dinge, oder lag dahinter die Absicht, die strafrechtliche Schuld seiner Frau herunterzuspielen? Immerhin ging der Brief ja zunächst durch die Hände des Ermittlungsrichters Buddenberg beim Bundesgerichtshof. Letzteres sei wohl seine Absicht gewesen, erklärt mir gegenüber Pierres Mutter.

»Besuch für Günter Guillaume«, ruft der Diensthabende hinter der Panzerglasscheibe über den Lautsprecher.

Sofort heben sich alle Köpfe. Selbst der tätowierte Mann, der eingeschlafen war, öffnet erstaunt die Augen. Natürlich hatten sie alle in den diversen Boulevard-Blättern den Namen Guillaume gelesen, ihn im Zusammenhang mit dem Rücktritt von Willy Brandt in den Nachrichten gehört. Pierre würde in diesem Moment gern »Müller« heißen. Den Gang quer durch den Warteraum empfindet er als Spießrutenlauf.

Nach einer kurzen Umarmung setzen sich Vater und Sohn einander gegenüber, und Günter Guillaume beginnt sofort, vom Haftalltag zu berichten. Ausgelassen, fast fröhlich schildert er die schmale Einzelzelle, in der er den Tag verbringt, weil ihm als Untersuchungshäftling keine Arbeit zugewiesen werde.

»Zum ersten Mal seit vielen Jahren habe ich wirklich viel Freizeit«, scherzt er, und die nutze er vor allem zum Lesen. Er erzählt, daß er alles liest, was er in der Gefängnisbibliothek findet, und auch das, was ihm Dr. Pötschke »über Karlsruhe zukommen läßt«. Das neu erwachte literarische Interesse kommt Pierre ziemlich aufgesetzt vor. Hätte ihn vor diesem Besuch jemand nach den Interessen seines Vaters gefragt, hätte er die Beschäftigung mit Literatur nicht unbedingt dazugezählt.

Tatsächlich erwähnt Günter Guillaume in dieser Zeit auch in den Briefen an seine Frau, die nur wenige hundert Meter entfernt inhaftiert ist, immer wieder diese neu entdeckte Leidenschaft. Im Zusammenhang mit der illusorischen Sehnsucht, täglich wenigstens eine Stunde mit ihr zusammen sein zu dürfen, schreibt er: »Es wäre unbeschreiblich schön. Wir könnten miteinander über Autoren reden, deren Bücher wir seit Ende April gelesen haben.« Und Anfang August wird er seiner Frau berichten: »Seit ich hier bin, habe ich schon 46 Romane gelesen. Bis zum 43. war es auch bei mir Nachholbedarf – Vicki Baum, Graham Greene, Alistair Mac Lean, Clifford Irving, Fredrick Forsyth, Hans Habe, Willi Heinrich, Stefan Andres, Siegfried Lenz, Rudolf Hagelstange und natürlich alles Greifbare von Simmel.«

Außerdem, erzählt Günter Guillaume weiter, lese er natürlich Zeitungen und Illustrierte. Da er keinen Fernseher habe, seien das die einzigen Nachrichtenquellen »in dieser turbulenten Zeit«.

»Hast du denn auch die Titelstory im *Spiegel* gelesen?« fragt Pierre zaghaft.

»Habe ich. Natürlich!« Mit einem freundlichen Lächeln sieht Günter Guillaume zu seinem Bewacher hinüber und kommt dessen Intervention zuvor: »Aber der Dritte in unserem Bunde möchte sicher nicht, daß wir uns darüber unterhalten!?«

Dem Beamten bleibt nur, das Lächeln seines Gefangenen mit einem kurzen Nicken zu bestätigen. Pierre ist klar, daß er die eigentlich beabsichtigte, konkretere Frage nun nicht mehr stellen darf, ohne den Besuchsabbruch zu riskieren, nämlich die, ob sein Vater auch die neueste Ausgabe des *stern* gelesen hatte. Doch hätte er das bestimmt erwähnt, als er eben bestätigte, die *Spiegel*-Story gelesen zu haben. In der Reportage von Bruno Manz würde sein Vater das Bild seines Sohnes und seiner Schwiegermutter in der vertrauten Umgebung sehen. Günter Guillaume würde erfahren, daß sich die beiden ernsthafte Sorgen wegen der künftigen finanziellen Situation machten. Vor allem aber würde er im O-Ton nachlesen können, wie Pierre den Verhaftungstag erlebt hat und wie er zu den Anschuldigungen gegenüber seinen Eltern steht: »Ich war ganz allein, wurde nicht verhört und nicht gefragt, gar nichts. Ich war wie vor den Kopf geschlagen. Erst habe ich es nicht geglaubt, das ist klar. Jetzt glaube ich es – teilweise.«

Wahrscheinlich, überlegt Pierre, waren seine Aussagen auch der Grund, weshalb man seinen Vater die Illustrierte nicht lesen ließ. Denn wenn das, was er im Gespräch mit dem *stern* erzählt hatte, während des Besuchs nicht mal erwähnt werden durfte, so sollte es sein Vater auch ganz bestimmt nicht lesen.

Günter Guillaume und sein Sohn sehen sich stumm in die Augen. »Wenn das alles stimmt, wäre der Günter der größte Schauspieler und zugleich der größte Spion aller Zeiten«, hatte der Frankfurter Oberbürgermeister Rudi Arndt gegenüber dem *Spiegel* erklärt. Pierre sucht im Blick seines Vaters nach irgendeiner Hintergründigkeit, nach irgendeiner Fremdheit. Doch er findet nur Vertrautes im klaren Ausdruck seiner Augen, kein verunsichertes Flackern. Die etwas saloppe Bemerkung von Rudi Arndt charakterisiert seinen Vater nicht zutreffend. Und ihm geht der Satz durch den Kopf, den Wibke Bruhns – die Journalistin, die im Troß des Bundeskanzlers seinem Vater wiederholt begegnet war – in ihrem Kommentar in der besagten Ausgabe des *stern* über Günter Guillaume geschrieben hatte: »Er ist ein Mensch mit zwei Identitäten, die eine so stimmig wie offenbar die andere. Nichts spricht dafür, daß er ohne seinen Auftrag anders bei uns gelebt, daß dieser Mann aus seiner Haut heraus gekonnt hätte, die eben keine Maske war.« Pierre spürt, daß dieser Satz seinen Vater treffend beschreibt. Er mußte sich also von der einen, ihm bisher vertrauten Identität seines Vaters nicht verabschieden. Er mußte nur die andere suchen.

Möglicherweise ging Günter Guillaume in diesem Moment durch den Kopf, was er auch in einem Brief an seine Frau schreibt: »Pierre muß die Welt sehen, wie sie ist. Und wenn er Mut hat, braucht er sich auch nicht zu drücken.«

Es besteht kein Zweifel, daß er hier auf seinen Sohn Eigenschaften und die daraus resultierenden Konsequenzen projiziert, die er an sich selbst wahrzunehmen glaubte. Brauchte es nicht

Mut, sich bei der Festnahme selbst als Geheimdienstoffizier einer feindlichen Macht zu belasten? Und war dies nicht gleichzeitig ein Beweis dafür, daß er nicht versucht hat, sich zu drücken? Vieles spricht dafür, daß Günter Guillaume das damals so gesehen hat. Damit aber stand er – von seinem nach Orientierung suchenden Sohn einmal abgesehen – weitgehend allein. Oder haben jene Psychologen recht, die von einer »Sehnsucht des Agenten nach Enttarnung« sprechen? Also dem unbewußten Wunsch nach öffentlicher Anerkennung der im geheimen geleisteten Arbeit? Pierres Mutter hält diese Variante nicht zuletzt in Kenntnis der Eitelkeiten ihres verstorbenen Ex-Gatten für »ziemlich wahrscheinlich«. Kann es also sein, daß Günter Guillaume trotz der mißlichen Lage, in der er sich befand, Rudi Arndts Einschätzung vom »größten Schauspieler und zugleich größten Spion aller Zeiten« durchaus genossen hat?

»Ganz sicher war das so!« erklärt Pierre und kommentiert meine Einschätzung mit einer wegwerfenden Handbewegung.

Im Mai 1974 aber übertrug sich jene kämpferische Grundstimmung des Vaters auch auf den Sohn. Und genau das, so läßt der Hinweis im Brief erkennen, war auch die Absicht von Günter Guillaume.

Merkwürdig gut gelaunt kehrt Pierre in den Warteraum zurück. Mit keiner Silbe wurde zwischen ihm und seinem Vater darüber gesprochen, weshalb er im Gefängnis sitzt. Und doch hat er seinem Sohn die Gewißheit vermittelt, kein Krimineller zu sein. Einfach durch seine Haltung. Pierre ist sich sicher, daß sein Vater nichts mit all den unbekannten Gefängnisinsassen gemein hat, deren zweifelhafte Freunde und Angehörige hier warten. Was immer die Motive seiner Eltern gewesen sein mögen, für die DDR zu spionieren, es müssen ehrenwerte gewesen sein. Und als nach einer halben Stunde Wartezeit der »Besucher für die Strafgefangene Christel Guillaume« aufgerufen wird, gelingt es Pierre mühelos, die aufmerksamen Blicke der Anwesenden zu ignorieren.

Pierres Mutter wirkt auf ihren Sohn teilnahmslos, als müsse sie sich in ihre neue Rolle erst noch hineinfinden. In die der Gefängnisinsassin und in die der Meisterspionin – einer Art Mata Hari des Kommunismus. Vielleicht hatte sie auch Gewissensbisse, weil sich Pierre womöglich auf ihre Aussage, das Ganze werde sich als Irrtum erweisen, verlassen hatte. Nach gegenseitigen Erkundigungen zum Befinden und dem Austausch von Liebenswürdigkeiten tritt plötzlich Stille ein zwischen ihnen. Und als das Schweigen eine Weile anhält, fragt die ungeduldige Beamtin, ob man den Besuch vielleicht beenden wolle. Ohne auf die Frage zu reagieren, bittet Christel Guillaume ihren Sohn, er möge doch bitte der Oma schonend erklären, weshalb sie deren Besuch nicht wünsche.

Oma Erna hatte den Rechtsanwalt Herdegen gebeten, eine Besuchserlaubnis für sie zu beantragen, dann aber völlig überraschend die Nachricht erhalten, daß »die Untersuchungsgefangene Christel Guillaume« diesen Besuch nicht wolle.

»Das soll Oma bitte nicht persönlich nehmen«, beginnt sie ihren Entschluß zu begründen. »Ich will einfach nicht, daß sie mich hier sieht. Sie soll mich so in Erinnerung behalten, wie sie mich zuletzt gesehen hat.«

Das klingt ja wie bei einer Beerdigung, denkt Pierre. Nein, eine optimistische Haltung kann er bei seiner Mutter nicht feststellen, und er vermutet, daß Menschen auf extreme Lebenssituationen mit den Eigenschaften reagieren, die ihnen auch sonst eigen sind. Immer schon war es seiner Mutter schwergefallen, Gefühle zu zeigen. Das mochte der Grund sein, weshalb Pierre nie ein wirklich herzliches Verhältnis zu ihr gefunden hat. Um so betroffener ist er, als sie sich nach einer relativ formellen Verabschiedung in der Tür noch einmal zu ihm umdreht und er Tränen in ihren Augen entdeckt. Und als er sich die Frage stellt, wie seine Mutter in der Enge ihrer Zelle mit dieser Gefühlsaufwallung wohl umgehe, fällt ihm ein Bild ein, das er in jener *Spiegel*-Titelstory gesehen hatte. Ein beklemmendes Gefühl macht sich in ihm breit, als er an den Text unter dem Foto einer jungen, ihm bisher unbekannten Frau denkt: »Die DDR-Agentin Hannelore Sütterlin erhängte sich nach ihrer Verhaftung 1967 in Kölner Untersuchungshaft.«

Auf dem Weg zum Parkplatz dreht er sich noch einmal um. In der Dämmerung wirkt die Haftanstalt noch gewaltiger. Hinter einem dieser vergitterten Fenster sitzt nun sein Vater und liest. Und seine Mutter? Nachdenklich steigt Pierre zu Dr. Pötschke in den Wagen, und schweigend fahren sie zurück nach Bad Godesberg.

Der Diplomat

Dr. Pötschke steht mit einem großen Blumenstrauß und einem kleinen Herrn vor der Wohnungstür. Die Blumen machen Eindruck auf Oma Erna. Mehr noch aber die Visitenkarte des kleinen Herrn. Sicher hat ihr noch nie ein Diplomat seine Karte überreicht, denkt Pierre, während er liest: »Martin Schumann – Zweiter Botschaftssekretär an der Ständigen Vertretung der Deutschen Demokratischen Republik«.

Mehr als zwanzig Jahre haben sich Pierre und der ehemalige DDR-Diplomat nicht gesehen, und so gehen sie auch miteinander um, als sie sich in Pierres Büro wiederbegegnen – gleichermaßen höflich und vorsichtig distanziert. Er sei »inzwischen im wiedervereinigten Deutschland angekommen«, bemerkt Martin Schumann später beim Abschied. Doch auf die damaligen Ereignisse angesprochen, argumentiert er, als gäbe es die DDR noch, ohne spürbare Distanz zur Denkweise jener Jahre. Seinen damaligen Aufgabenbereich nach der Enttarnung ihres Top-Agenten schildert er in einer Sprache, wie sie von osteuropäischen Politikern der Kalten-Kriegs-Ära bekannt ist. Durch die Verwendung standardisierter Floskeln wird versucht, möglichst unkonkret zu bleiben. Dazu gehört auch, offenbar um dem eigenen Tun einen streng legalistischen Anschein zu geben, daß man irgendwelche Paragraphen internationaler Vereinbarungen herunterbetet. In dieser Weise erklärt Martin Schumann, daß es ihm aufgrund internationaler Gepflogenheiten nicht möglich gewesen sei, mit dem »Bundesbürger Pierre Guillaume« in offiziellen Kontakt zu treten. Sein Besuch habe ausschließlich Erna Boom gegolten, die ja holländische Staatsbürgerin war. Das stimmt so schon deshalb nicht, weil der Kontakt zu den Bürgern des Landes ja gerade zum Aufgabengebiet eines Berufsdiplomaten gehört. Martin Schumanns Vorsicht ist vielleicht vor dem Hintergrund erklärbar, daß er sich offenbar nicht nur als Diplomat fühlte, sondern auch mit dem geheimdienstlichen Milieu vertraut war. Allgemein waren viele »Diplomaten« der ständigen Vertretung in Bonn als Mitarbeiter der Stasi für den Auslandseinsatz ins Außenministerium »delegiert« worden.

Martin Schumann will seine Visite als »Antrittsbesuch« verstanden wissen. Da die Eheleute Guillaume DDR-Bürger seien, wolle er hier die »Zuständigkeit und auch die Bereitschaft der Regierung der DDR« versichern, sich auch um alle Familienangelegenheiten zu kümmern. Derzeit sei es allerdings nicht ratsam, daß die diplomatische Vertretung direkt Kontakt mit dem Ehepaar Guillaume aufnehme.

Friedrich Wolff, »ein renommierter Anwalt in unserer Hauptstadt«, habe den Fall übernommen, erklärt Martin Schumann. Und als er Pierres fragenden Blick auf Dr. Pötschke bemerkt, erläutert er, daß ebenjener Friedrich Wolff »in Ermangelung einer Zulassung vor bundesdeutschen Gerichten nun seinen Kollegen in München gebeten« habe, ihn hier vor Gericht als Korrespondenzanwalt zu vertreten. Bei Frau Guillaume habe man entsprechend verfahren und stelle ihr den Bonner Anwalt Hansjörg Herdegen zur Verfügung.

Warum denn ihre Tochter nicht denselben Anwalt haben könne wie ihr Schwiegersohn, will Oma Erna wissen. Und als nun Dr. Pötschke seine »prozeßtaktischen Überlegungen« referiert, steigt Pierre gedanklich völlig aus. »Zuständigkeit und Bereitschaft der Regierung der DDR«, »in Ermangelung einer Zulassung vor bundesdeutschen Gerichten« und nun auch noch »prozeßtaktische Überlegungen« – Pierre empfindet die ganze Situation als einigermaßen kurios. Doch liegt dies weniger an den Ausführungen der beiden Herrn, als vielmehr an den Ausführenden selbst.

Pierres Blick wandert zwischen den beiden Gestalten jenseits des Wohnzimmertisches hin und her. Hier der exzentrische Münchner Anwalt im dreiteiligen beigefarbenen Anzug mit dezentem Fischgrätenmuster und der Fliege – dort der Botschaftssekretär im schlecht sitzenden dunkelblauen Anzug, der hierzulande nur in irgendwelchen Kaufmärkten zwischen Süßwaren- und Kosmetik-Abteilung angeboten wird. Hier der Advokat mit den lässig übereinandergeschlagenen Beinen, der mit fließenden Gesten seine Argumente unterstreicht – dort der Diplomat, der eher dem Bild des Filialleiters einer Raiffeisen-Bank entspricht, mit den parallel nebeneinander abgestellten Füßen in den mausgrauen Halbschuhen und mit auf den Oberschenkeln abgelegten Handflächen. Pierre weiß nicht, wen er sympathischer und wen lächerlicher finden soll.

»Das Sorbet dient als Geschmacksneutralisator zwischen den Gängen«, erklärt Dr. Pötschke, als eine Art Zitroneneis gereicht wird. »Schließlich soll die Ochsenlende ja nicht nach dem Zander schmecken.«

Pierre ist froh, daß ihm seine Großmutter extra noch ein weißes Hemd gebügelt und darauf bestanden hat, daß er keine Jeans anzieht. Der Schaumburger Hof sei immerhin eine der besten Bonner Adressen, und wenn der Anwalt seines Vaters ihn schon dorthin einlade, solle er wenigstens »einigermaßen ordentlich« aussehen.

Das Nobel-Gasthaus liegt in Plittersdorf direkt am Rhein. Und wenn man der Titelseite der Speisenkarte glauben darf, liegt es dort bereits seit 1755. Wer mag hier schon alles gegessen haben, überlegt Pierre, als Dr. Pötschke unvermittelt von einem Onkel Karl in Rostock zu erzählen beginnt. Pierre glaubt zwar von diesem Onkel schon einmal gehört zu haben, jedoch nicht, daß es der »Lieblingsonkel« seines Vaters sei. Dr. Pötschke erzählt auch von Karls Tochter Hilde und deren Sohn Achim, der in Ost-Berlin Philosophie studiere.

Er habe also eine »richtige Familie« in der DDR, bemerkt der Anwalt und reißt erwartungsvoll die Augen auf. Eine Eigenschaft, die Pierre schon beim ersten Zusammentreffen mehrfach aufgefallen war. Vor allem Karl, der Onkel seines Vaters, habe sich schon vor dem Selbstmord von Pierres Großvater sehr um den kleinen Günter gekümmert und könne Pierre sicher eine Menge über seinen Vater erzählen. Außerdem würde Onkel Karl auch ihn gern kennenlernen. Wenn Pierre also Lust verspüre, könne organisiert werden, daß er über die Pfingstfeiertage zu ihm nach Rostock fahre.

Mir war in diesem Moment nicht ganz klar, worauf Dr. Pötschke hinauswollte. Er war doch wohl nicht mit mir in dieses Nobellokal gefahren, um mir die Einladung eines Großonkels Karl aus Rostock zu überbringen! Und wenn er wirklich der Lieblingsonkel meines Vaters sein sollte, warum hatten wir ihn früher nie besucht, ihm keine Weihnachtspäckchen geschickt wie Oma Hanni auch? Mir kam das alles seltsam vor, und ich sagte Dr. Pötschke, daß ich das mit meinem Vater beim nächsten Besuch im Gefängnis ja mal besprechen könne.

»Auf gar keinen Fall!« erklärt der Anwalt entschieden und sieht sich in der näheren Umgebung um, ob auch niemand ihrem Gespräch lauscht.

Es sei der ausdrückliche Wunsch seines Vaters, daß Pierre zu Onkel Karl nach Rostock fahre. Das habe er ihm unter vier Augen gesagt. Außerdem müsse er Pierre dringend bitten, auch im Freundeskreis niemandem von dieser Reise zu erzählen. Das könne sonst im Prozeß gegen seine Eltern falsch ausgelegt werden. Es gebe Mittel und Wege, ihn unbemerkt in die DDR zu bringen, wenn er das wolle.

Es war eine Mischung aus Abenteuerlust und echtem Interesse, die mich schließlich zur Zustimmung bewegte. Natür-

lich war es aufregend, womöglich durch geheime Tunnel in die DDR geschleust zu werden und so eine Ahnung von der Konspirativität zu bekommen, mit der ja offenbar meine Eltern lange vertraut waren. Aber da war auch die Hoffnung, mehr über den Vater zu erfahren, der im Gefängnis saß und über viele Dinge mit mir nicht reden durfte. Wenn ich daher von jenem Onkel Karl im Osten ein paar Antworten auf meine Fragen bekommen konnte, hatte die Reise schon deshalb einen Sinn. Also willigte ich ein.

Am Ende dieses Abends hat Pierre sich an die exzentrische Lebensweise des Anwalts zwar noch immer nicht gewöhnt, doch die Aussicht auf weitere kulinarische Treffen macht ihm den Mann schon etwas sympathischer. Außerdem ist es Dr. Pötschke gelungen, den Siebzehnjährigen auf jene andere Welt neugierig zu machen, in der Onkel Karl und eigentlich auch seine Eltern zu Hause sind. Pierre hofft nur, daß diese Welt nicht so aussehen wird wie Martin Schumann.

Vaters alte Heimat

Der Blick aus dem Fenster beim Anflug auf den Flughafen Berlin-Tempelhof hatte Pierre schon fasziniert, als er vor mehr als sieben Jahren zum ersten Mal mit seinem Vater hierhergeflogen war. Man kann fast in die Wohnungen sehen, wenn das Flugzeug zwischen den Wohnvierteln im Süden West-Berlins zur Landung ansetzt. Pierre erinnert sich, wie sein Vater ihm damals erzählt hatte, daß die Maschinen während der Blockade Ende der vierziger Jahre hier im Minutentakt gelandet und gestartet waren. Mit dieser Luftbrücke hätten die westlichen Alliierten damals auf die Abriegelung der Verbindungswege zwischen Westdeutschland und den Westsektoren Berlins durch die Sowjets reagiert. Diese groß angelegte Hilfsmaßnahme hätte nicht nur das Überleben der West-Berliner, sondern auch die Freiheit und die Demokratie in den Westsektoren der noch nicht durch eine Mauer geteilten Stadt gesichert. Mit Spannung hatte sich der damals zehnjährige Junge diese Geschichte angehört, und es war völlig klar, wer dabei die Bösen und wer die Guten waren. Gern würde er die Schilderung der Blockadezeit heute noch einmal aus dem Munde seines Vaters hören.

Die Passagiere aus Köln-Bonn gehen zu Fuß über das kleine Rollfeld zum Empfangsgebäude. Unterwegs kommen ihnen Leute entgegen, die mit einer anderen Maschine die Stadt verlassen. Das alles wirkt improvisiert und erinnert eher an einen Provinzflughafen als an den Airport der größten deutschen Stadt. Mehrfach war Pierre in den letzten Jahren mit seinen Eltern hierhergeflogen, um Omas Schwester Martha zu besuchen, die in der Familie jeder »Mary« nennt, und ihren Mann Schorsch. Und natürlich deren Kinder Gudrun und Günter. Pierres Vater hatte solche Besuche dann gern zu einem kurzen Abstecher zu seiner Mutter im Ostteil der Stadt genutzt. Pierre überlegt, wie er sich verhalten sollte, wenn er hier zufällig einem der Westverwandten begegnen würde? Warum nur hat Dr. Pötschke um diese Reise so ein Geheimnis gemacht? Könnte es sich im Prozeß gegen seine Eltern tatsächlich negativ auswirken, wenn bekannt würde, daß er seine Großmutter in Ost-Berlin und einen Onkel Karl in Rostock besucht hatte?

Der Münchner Anwalt wirkt ausgesprochen gut gelaunt, als er Pierre im Flughafengebäude begrüßt. Es werde sicher eine abenteuerliche Reise in eine komplett andere Welt, meint er, während er auf dem kleinen Parkplatz einen schwarzen Mercedes ansteuert. Einmal mehr reißt er erwartungsvoll die Augen auf. Pierre solle ohne Vorurteile in die DDR reisen und das Land und seine Menschen einfach auf sich wirken lassen. Vieles sei dort anders als hier. Ob unbedingt schlechter, müsse er einfach selbst entscheiden.

Es gebe Mittel und Wege, ihn in die DDR zu bringen, hatte Dr. Pötschke in Bad Godesberg gesagt, und Pierre ist sehr gespannt, welche das sein werden. Vor sieben Jahren war er mit seinem Vater hier vor dem Flughafen Tempelhof in die U-Bahn gestiegen. Nach ein paar Stationen die Ansage: »Letzter Bahnhof Berlin-West!« Zu Pierres Erstaunen waren die meisten U-Bahn-Reisenden sitzen geblieben. Er hatte damals noch nicht gewußt, daß der Zug auf der anderen Seite den Ostsektor wieder verließ und in den Norden West-Berlins weiterfuhr. Durch einige Stationen war der Zug nur langsam durchgefahren, und man konnte auf den spärlich beleuchteten Bahnsteigen bewaffnete und uniformierte Patrouillen der ostdeutschen Transportpolizei sehen. Dann hatte er am hell erleuchteten Bahnhof Friedrichstraße gehalten. Pierre war mit seinem Vater ausgestiegen, ihm über einige Bahnsteige gefolgt, vorbei an Verkaufskiosken, die hier »Intershop«

hießen und vor denen lange Schlangen standen. Plötzlich fanden sie sich in einer Halle wieder, wo die Grenzformalitäten in einem aufwendigen Prozedere vonstatten gingen.

Dr. Pötschke lenkt den geliehenen 190er durch die Straßen West-Berlins, und Pierre entdeckt auf der linken Seite das Hochhaus des Axel-Springer-Konzerns. Vor ein paar Jahren war dieser eigenartig golden schimmernde Bau mit der gewaltigen Fensterfront regelmäßig in den Fernsehnachrichten zu sehen gewesen, im Zusammenhang mit Berichten über demonstrierende Studenten, die hier auf der Straße mit Barrikaden versucht hatten, die Auslieferung der *Bild*-Zeitung zu verhindern. Gleich neben dem Hochhaus führt eine schmale Straße direkt auf die Mauer zu. Davor steht eine kleine hölzerne Tribüne, von der aus ein paar Leute in jenen Teil Berlins hinüber schauen, in den Pierre gleich mit Dr. Pötschke fahren wird.

Rasch verändert sich das Gesicht der Stadt. Die eben noch bürgerlich wirkenden Wohnviertel mit zahlreichen Geschäften weichen ärmlicheren Häuserzeilen. Direkt an einem U-Bahn-Eingang, über dem Pierre den Stationsnamen Moritzplatz liest, steuert Dr. Pötschke in einen Kreisverkehr, biegt ab und hält nach wenigen Metern abrupt vor einem Schlagbaum. Links und rechts davon die überdimensional hohe Mauer.

Ein Grenzsoldat nähert sich dem Fahrzeug, und Dr. Pötschke reicht ihm die beiden Reisepässe. Pierre sieht zum Wachturm hinauf, der unmittelbar hinter der Mauer steht, und erkennt dort das Gesicht eines Soldaten. Ausdruckslos sieht er in den Westen hinüber. Pierre überlegt, was wohl im Kopf des jungen Mannes vor sich gehen mag, der geradewegs in eine Welt blickt, die er selbst nicht erreichen kann.

Der Schlagbaum hebt sich. Pötschke fährt ein Stück nach vorn. Dann steigt er aus und gibt Pierre ein Zeichen, sitzen zu bleiben. Hinter ihnen senkt sich der Schlagbaum wieder. Waren dies die Mittel und Wege mit deren Hilfe er ihn in die DDR bringen wollte? Eigentlich nicht sehr originell. Andere

Fahrzeuge vor ihnen nutzen zumindest dieselbe Möglichkeit der Einreise. Und da drüben vor einer der Baracken muß der Anwalt genauso in einer kleinen Schlange warten wie Pierres Vater seinerzeit im Bahnhof Friedrichstraße.

Schließlich kommt Pötschke zurück, reicht Pierre seinen Reisepaß und zwei Plastiktütchen mit Aluminium-Münzen.

»Damit du fürs erste ein bißchen Geld hast«, sagt er und fügt lachend hinzu: »Es ist nicht viel, aber hier ist auch fast alles ziemlich billig!«

Es ist das erste Mal, daß der Anwalt ihn geduzt hat. Aber irgendwie stört es Pierre nicht. Während der letzten Begegnungen in Bonn hatten sie sich fast ein wenig angefreundet, und das vertrauliche Du scheint auch ihm inzwischen angebracht. Pierre betrachtet die beiden Plastiktütchen in seinen Händen, während Pötschke den Wagen zwischen kahlen Neubaublöcken hindurchsteuert. In jedem zählt er 6,50 Ost-Mark. Dann fällt ihm das in den Paß eingelegte Visum auf. »Visum für einen Tagesaufenthalt in der Hauptstadt der Deutschen Demokratischen Republik« ist da zu lesen. Was hat das zu bedeuten? Sind sie etwa eben als ganz normale Tagestouristen eingereist? Wie sollte er mit diesem Visum zu Onkel Karl nach Rostock kommen? Pierre beschließt, sich überraschen zu lassen, und sieht stumm zu dem Fernsehturm mit der runden Kuppel hinauf, der in einiger Entfernung links vorüberzieht.

Die Choriner Straße, in der Dr. Pötschke den Wagen vor dem Haus von Oma Hanni parkt, ist noch verkommener, als Pierre sie in Erinnerung hat. Vor allem wirkt der Mercedes inmitten der Ostautos plötzlich ungeheuer protzig. Aber es kommt noch schlimmer: Als Pötschke den Kofferraum öffnet, steht da eine Kiste mit Orangen, Bananen und zwei Ananas. Pierre sieht sich verstohlen um. Er entdeckt, daß einige ältere Leute in den Fenstern lehnen und zu ihnen herschauen. Auf der anderen Straßenseite verlangsamen Passanten ihren Gang. Am liebsten würde er die Kofferraumklappe gleich wieder zuschlagen. Er hat keine Lust, das Klischeebild des reichen Westverwandten zu bestätigen. Als sein Begleiter ihn bittet, die Kiste für die Großmutter aus dem Wagen zu heben, weigert er sich. Dem Anwalt bleibt nichts übrig, als sie selbst die Treppe hinaufzutragen. Pierres Laune sinkt mit jeder Stufe, daran sind nicht nur der Mercedes und die Obstkiste schuld. Eigentlich mag er seine Großmutter Hanni nicht besonders. Er erinnert sich an eine fast zahnlose Frau, die ihm immer Küsse auf die Wange hatte drücken wollen.

Und genau das passierte natürlich prompt wieder. Dr. Pötschke überreichte die Obstkiste, aber bei mir wollte sie sich überschwenglich dafür bedanken. Auch hatte sie noch immer kein Gebiß, und so mußte ich mir mit innerem Widerwillen die feuchten Küsse gefallen lassen, mit denen sie mich überfiel. Sie wirkte schmuddelig und roch stark nach einem Parfüm, das ich in späteren Jahren als russisches Maiglöckchenparfüm kennenlernen sollte. Ihr Mann Hans war zum Glück ein eher zurückhaltender und auch praktisch veranlagter Mensch. Ich erinnerte mich in diesem Moment, wie er mir sieben Jahre zuvor einen Fußball gebastelt hatte, aus Zeitungspapier, das er zu einer festen Kugel zusammenknüllte und dann mit Leukoplast umwickelte. Jahre später, als mein Vater in die DDR zurückgekehrt und im Auftrag der Stasi seine Memoiren geschrieben hatte, war daraus ein »Fußball als Geburtstagsgeschenk« der Oma geworden.

In Oma Hannis »guter Stube« warten zwei Männer. Pierre hat das Gefühl, als ob Pötschke die beiden schon kennt. Denn obgleich sie sich ihm in gleicher Weise vorstellen wie Pierre, wirkt der Umgang zwischen ihnen vertraut. Der ältere der beiden stellt sich als Peter Buran vor. Er hat schwarze Haare, einen dunklen Teint und könnte auch Spanier oder Sizilianer sein, würde er nicht ein perfektes Deutsch sprechen. Er sei ein alter Freund und ehemaliger Arbeitskollege von Pierres Vater, erklärt er, aus der Zeit, als sie beide in den fünfziger Jahren noch beim Verlag Volk und Wissen gearbeitet hätten. Der andere Mann ist höchstens ein paar Jahre älter als Pierre und stellt sich als Achim vor, als der Enkelsohn von jenem Onkel Karl in Rostock.

Irgendwie hatten wir das Kaffeetrinken in Oma Hannis guter Stube hinter uns gebracht. Ich war heilfroh, als ich mit Dr. Pötschke, mit Achim – meinem Groß-Groß-Cousin, wie wir herausgefunden hatten – und Peter Buran endlich diese Wohnung verlassen konnte. Wir folgten dem Wagen der beiden – einem Polski-Fiat – im Mercedes, und ich hatte erst mal keine Ahnung, wohin es gehen sollte. Für mich war die Hauptsache, daß nicht in Oma Hannis Wohnung irgendwo ein Schlafplatz für mich hergerichtet worden war. Wie sich bald zeigte, ließ sich die DDR nicht lumpen. Am Alexanderplatz stand das damals wahrscheinlich vornehmste Hotel der ganzen Republik – jenes 37stöckige Hochhaus, in welchem sich das Hotel Stadt Berlin befand, das heute Park Inn heißt. Genau da fuhren wir vor. Als wir zur Rezeption gingen, meinte ich etwas kleinlaut zu meinen Begleitern, daß ich eigentlich nur ein Touristenvisum für einen Tag hätte. Da nahm mir Peter Buran den Paß aus der Hand und sagte: »Kein Problem, darum kümmern wir uns schon!«

Pierre sieht sich in dem nicht sehr geräumigen Hotelzimmer um. Dr. Pötschke war in den Westen zurückgekehrt. Peter Buran und Achim hatten erklärt, sie wollten dem Gast erst mal etwas Ruhe gönnen und würden ihn gegen 19 Uhr wieder abholen, um mit ihm unten in der Zille-Stube zu Abend zu essen.

Pierre geht zum Fenster und sieht hinunter auf den Alexanderplatz. Aus der 22. Etage haben die Menschen, die da unten aus dem Kaufhaus strömen, am Rand des modernen Springbrunnens sitzen oder in alle Richtungen über den Platz eilen, die Ausmaße von Ameisen. Und schräg über dem

Hotel schwebt zum Greifen nah die Kugel des Fernsehturms. Pierre hätte Lust, das Hotel zu verlassen, sich in das Ost-Berliner Alltagsgetümmel zu stürzen. Doch er hat ja momentan keine Papiere. Was, wenn irgendein Polizist ihn nach seinem Paß oder nach dem Visum fragt? Auch wenn das nicht sehr wahrscheinlich ist, beschließt er, es nicht darauf ankommen zu lassen. Außerdem hat er nur 13 Ost-Mark in der Tasche und keine Ahnung, wie weit man hierzulande damit kommt. Deshalb will Pierre diese DDR erst mal aus der Distanz von 22 Stockwerken betrachten.

Dabei sollte es auch in den nächsten Tagen bleiben. Nicht, daß ich das Hotelzimmer nie verlassen hätte. Aber Peter Buran, den ich wegen seiner dunklen Haare und des Teints »schwarzer Peter« getauft hatte, und Achim sorgten dafür, daß ich die DDR nur aus gebotener Distanz betrachten, nur ausgewählte Personen kennenlernen, kurzum nur die Schokoladenseiten des ostdeutschen Staates erleben sollte. Und davon gab es mehr, als ich erwartet hatte. Die Einrichtung der Zimmer und das Speisenangebot in den Restaurants des Stadt Berlin entsprachen durchaus dem Standard besserer Hotels im Westen, das große Centrum-Warenhaus unten am Platz sah zumindest von außen aus wie Hertie und Kaufhof in Bonn oder Köln. Am meisten erstaunte mich jedoch, daß in der DDR mein damaliger Lieblingsfilm »Klute« mit Jane Fonda auf dem Spielplan stand und man in der Buchhandlung am Alex Romane und Erzählungen von französischen, amerikanischen und sogar westdeutschen Schriftstellern kaufen konnte. Das alles paßte überhaupt nicht zu dem Bild vom ärmlichen und abgeschotteten Osten, das mir in den vergangenen Jahren nicht zuletzt die eigenen Eltern vermittelt hatten. Ich war angenehm überrascht.

Sicher war der Alexanderplatz nicht der geeignete Ort, die DDR kennenzulernen. Er repräsentierte am allerwenigsten den ostdeutschen Staat. Obgleich er genau das natürlich nach dem Willen der DDR-Oberen tun sollte. Ihnen war klar, daß die zahlreichen Tagesbesucher aus dem Westen kaum weiter als bis hierher kamen. Und so wurde der Alexanderplatz quasi zum Aushängeschild für die gesamte DDR. Nirgendwo in der Republik gab es ein Warenangebot wie hier im Centrum-Warenhaus oder in der Buchhandlung auf der anderen Seite des Platzes. Und wenn es auf dem Alexanderplatz nur wenig Betrunkene und Angehörige sozialer Randgruppen gab, so wegen des massiven Aufgebots uniformierter und nicht uniformierter Polizei in einem weiten Umkreis des Platzes.

Mehr als ein Jahrzehnt nach der Wende, die sich am 4. November 1989 gerade hier mit einer gewaltigen Kundgebung angekündigt hatte, schlendere ich mit Pierre über den Alex. Längst ist in das einst »volkseigene« Centrum-Warenhaus ein westlicher Kaufhaus-Konzern eingezogen, und in der ehemaligen Buchhandlung befinden sich inzwischen die Geldautomaten der Sparkasse. Eigenartigerweise, so stellen wir übereinstimmend fest, repräsentiert der Alexanderplatz auch heute nicht gerade die wiedervereinigte Republik. Würden ausländische Touristen ihr Deutschland-Bild ausschließlich von hier beziehen, bestünde das Land wesentlich aus schnorrenden Punks, alkoholisierten Obdachlosen, ausländischen Kleinkriminellen und einer massiven Polizeipräsenz.

Die Zille-Stube gehört zwar zum Komplex des Hotels Stadt Berlin, doch gibt es einen separaten Eingang, durch den die Gaststätte auch für die normale Laufkundschaft vom Alexanderplatz aus zugänglich ist. Durch diesen betritt Pierre gemeinsam mit Achim und Peter Buran am frühen Abend den zweistöckigen Bau unterhalb des Hotel-Hochhauses. Eine Treppe führt in die erste Etage, wo Menschen in einer Schlange auf Einlaß warten. Doch Peter geht an ihnen vorbei direkt ins Lokal. Einem herbeigeeilten Kellner flüstert er etwas zu, und die drei bekommen einen Tisch mit Blick auf den

Alexanderplatz zugewiesen. Kaum haben sie in dem kunstvoll im Alt-Berliner Stil dekorierten Lokal Platz genommen, gibt Peter Buran Pierre wortlos den Paß zurück, mit einem neuen, mehrere Tage und für das »gesamte Staatsgebiet der DDR« gültigen Visum. Dieser schwarze Peter, so geht es Pierre durch den Kopf, scheint eine Art Tausendsassa zu sein, der Visa besorgt, sich nicht um Warteschlangen vor Speiselokalen kümmert und Übernachtungen im Luxushotel organisiert.

Entweder nimmt Peter Buran Pierres Frage nach seiner derzeitigen beruflichen Tätigkeit nicht sonderlich ernst, oder er ist ein extrem bescheidener Mensch – jedenfalls ist aus ihm nicht mehr herauszukriegen, als daß er »Journalist einer Berliner Tageszeitung« sei. Um so mehr erzählt dagegen Achim. Während sie Kohlroulade und Eisbein verdrücken und Berliner Bier trinken, zeigt sich Pierres Groß-Groß-Cousin von seiner redseligen Seite. Er spricht über Allgemeines wie Rostock, der schönen Stadt am Meer, und Berlin mit seinem internationalen Flair. Er referiert Weltanschauliches wie das Verhältnis von Philosophie und der Gesetzmäßigkeit von Geschichte, und er zitiert Karl Marx, wonach die »Philosophen die Welt nur verschieden interpretiert« hätten, es käme aber »darauf an, sie zu verändern«. Dabei raucht er eine Zigarette nach der andern, und zu jedem zweiten Pils bestellt er einen Korn. Achim wird Pierre immer sympathischer. Plötzlich ist ihm auch klar, warum. Dieser eloquente junge Mann erinnert ihn in verschiedener Hinsicht an Victor. Nicht nur durch die Selbstsicherheit, mit der er seine Auffassungen vertritt, sondern auch durch sein Äußeres. Auch Achim ist hager, und seine Geheimratsecken lassen ihn gleichermaßen älter wirken, als er tatsächlich ist. Pierres Blick geht zwischen seinen Begleitern hin und her. Links der redselige, aufgeschlossene Achim, der sich in seiner Cordhose und dem karierten Hemd nicht allzusehr von alternativ gesonnenen Menschen im Westen unterscheidet. Rechts der zurückhaltende schwarze Peter, der ihn durch eine Brille mit getönten Gläsern freundlich anlächelt und vielleicht wegen seiner lässigen Lederjacke auf Pierre ebenfalls einen sympathischen Eindruck macht. Die beiden sehen jedenfalls überhaupt nicht aus wie Martin Schumann – im Gegensatz zu vielen anderen in jener Warteschlange, an denen sie vorhin vorbeigegangen waren und die in der letzten Stunde nach und nach ins Lokal eingelassen wurden. Woher aber kommt dieser offensichtliche Unterschied? Ein Unterschied, der eben nicht nur darin besteht, daß die einen in der Schlange warten und die anderen nicht. Pierre ist froh, daß seine beiden Begleiter nicht dem üblichen Erscheinungsbild des DDR-Bürgers entsprechen.

Als Pierre von Achims Mutter Hilde in die Arme geschlossen wird, ist ihm das nicht unangenehm wie tags zuvor bei Oma Hanni. Und das, obgleich die Cousine seines Vaters für ihn eine fremde Person ist. Pierre mag diese etwas grobschlächtige, bäuerlich wirkende Frau mit dem leichten Damenbart auf der Oberlippe nicht zuletzt wegen ihrer spontanen Herzlichkeit vom ersten Moment an. Man komme gerade rechtzeitig zum Mittagessen, erklärt sie, und während sie in der Küche verschwindet, weist sie ihren Mann Georg mit resoluter Stimme an, schon mal die Teller auf den Tisch zu stellen.

Der schwarze Peter will nicht zum Mittagessen bleiben. Er schnappt sich Pierres Koffer und erklärt, inzwischen das Hotelzimmer klar machen zu wollen. Was für ein eigenartiger Mensch, denkt Pierre, der sich zwar um alles kümmert, ansonsten aber weitgehend verschlossen bleibt. Auf der Autofahrt von Berlin nach Rostock am Vormittag hatte Pierre das Gespräch mit ihm gesucht. Vielleicht, so dachte er, wäre ja von diesem Mann etwas über seinen wahren Vater, den DDR-Bürger und Kommunisten Günter Guillaume, zu erfahren. Peter Buran war schließlich damals dessen Arbeitskollege gewesen. Ist dies denn nicht auch der Grund, weshalb er jetzt dabei ist und sich geradezu perfekt um Pierres Aufenthalt kümmert? Warum also hat er vorhin nicht so richtig über die gemeinsame Zeit mit seinem Vater im Verlag Volk und Wissen sprechen wollen? Und die Art, wie der schwarze Peter schließlich das Gespräch mit dem Hinweis, er habe ja erst Ende 1956 im Verlag angefangen und deshalb den Günter kaum kennengelernt, beendet hat, erscheint Pierre ebenfalls recht merkwürdig. Ende 1956? Da waren seine Eltern doch bereits in Frankfurt am Main, hatte es Pierre auf der Zunge gelegen. Allmählich bekommt der Spitzname für ihn noch eine andere Bedeutung: die einer undurchsichtigen Figur mit einer dunklen Aura.

Die Geschichten, die Achims Mutter da erzählt, findet Pierre jedoch richtig spannend. Schon während des Krieges sei der Günter zu ihnen nach Rostock gekommen. Und bis Anfang der fünfziger Jahre sei er immer mal wieder dagewesen. Das habe erst mit Günters Heirat aufgehört, und dann sei er ja auch schon bald in den Westen gegangen. Pierre fällt auf, daß er seinen Vater nur selten aus seiner Kindheit hatte erzählen hören. Und wenn, dann spielten die Erinnerungen immer in Berlin. Dagegen war, da ist er ziemlich sicher, die ganze Rostocker Verwandtschaft nie erwähnt worden. Und so lauscht er mit wachsendem Interesse den detaillierten Schilderungen seiner Groß-Cousine. Er läßt es sogar zu, daß sie ihm ständig und unaufgefordert selbst eingelegtes Sauerfleisch und Bratkartoffeln nachlegt. Nach dem dritten Rostocker Pils fragt Pierre zaghaft, wie man denn über die momentane Situation seiner Eltern denke.

»Nun ja«, meint Achim, der seit geraumer Zeit gar nichts gesagt hat, »die ›momentane Situation‹, wie du es nennst, ist sicher nicht beneidenswert. Aber ich denke, unser Staat wird sie schon bald über einen Austausch rausholen. Schließlich will der Westen seine Spione, die bei uns einsitzen, auch wieder zurückhaben. Fest steht jedenfalls, daß deine Eltern für unseren Staat großartige Arbeit geleistet haben.«

In diesem Moment legt Achims Vater ein in rotes Leder

gebundenes Album auf den Tisch, in das er Ausschnitte aus DDR-Zeitungen zum »Fall Guillaume« geklebt hat.

Ich weiß nicht, was ich erwartet hatte. Sicher keine seitenlangen Elogen auf den »größten Spion unseres Volkes«. Bestimmt aber mehr als diese relativ kurzen und neutral formulierten Meldungen. Doch dann sagte ich mir, daß eine Würdigung der Verdienste der Guillaumes in der DDR-Presse ja fast einem Beweis ihrer Spionagetätigkeit gleichkäme. Und das würde sich ganz sicher nachteilig auf die Ermittlungen gegen sie auswirken. Daran konnte die DDR natürlich kein Interesse haben. Auch am Mittagstisch von Tante Hilde wollte man sich nicht weiter dazu äußern. Das wurde schlagartig anders, als wir nach dem Mittagessen gemeinsam zu Onkel Karl nach Lütten-Klein fuhren.

Wo zwischen Rostock und Warnemünde einst kleine Dörfer wie Evershagen, Schmarl, Lütten-Klein oder Lichtenhagen gelegen hatten, da hat die DDR ihre Plattenbauten hingestellt – manchmal um die alten Ortskerne herum mitten auf die grüne Wiese. Und Lütten-Klein war – wie auch Halle-Neustadt oder Berlin-Marzahn – eines der ersten »sozialistischen Wohngebiete« gewesen.

Drei Jahre nach der Wende waren die Plattenbauten im benachbarten Lichtenhagen durch ein Ereignis in die internationalen Negativ-Schlagzeilen geraten, das so gar nicht zu den sozialistischen Ideen der Gründerväter dieser Wohnblocks paßte. 1992 waren dort Häuser, in denen ausländische Mitbürger wohnten, in Brand gesteckt worden – von rechtsradikalen Jugendlichen. Die Aktion wurde damals eifrig beklatscht: von Teilen jener Bevölkerung, die einige Jahre zuvor ihre Neubauwohnung als Auszeichnung für »gesellschaftliches Engagement beim Aufbau des Sozialismus« oder wegen »guter Arbeitsleistungen in der sozialistischen Produktion« zugewiesen bekommen hatten. Onkel Karl jedenfalls hat die Wende, die er sicherlich als »Konterrevolution« bezeichnet hätte, nicht mehr erlebt. In der Aktion der Neonazis würde er sicher eine Bestätigung seiner These gesehen haben.

Onkel Karl bekommt feuchte Augen, als er bekennt, daß er »min Jung Günter« eigentlich längst aufgegeben hatte für »unsere Sache«. Es ist rührend, wie sich dieser bullige, weißhaarige Mittsiebziger mit den riesigen Händen des ehemaligen Werftarbeiters die Tränen aus den Augen wischt. Und dann beginnt er zu erzählen. Aber was er sagt, steht für Pierre in eigenartigem Widerspruch zu der Kaffeetafel, um die sich alle gruppiert haben und an deren Stirnseite Onkel Karl wie ein Patriarch thront.

Auf der einen Seite ist der Tisch gedeckt wie in jedem kleinbürgerlichen Haushalt im Westen auch. Mit fetten Sahnetorten, die Tante Hilde mit zittriger Hand auf die Unterdeckchen gestellt hat, und dem guten Sonntagsgeschirr. Auf der Schrankwand steht bereits das Verdauungsschnäpschen, das sie »Lütten Köm« nennen und worauf Achim immerzu schielt.

Das alles hätte bei Oma Ernas Verwandtschaft in West-Berlin nicht anders ausgesehen. Im Widerspruch dazu stand für mich aber die Revolutionsromantik in Onkel Karls Reden. Er erzählte von seiner Zeit als jungkommunistischer Werftarbeiter in den zwanziger Jahren, als er bei den Kundgebungen des KPD-Führers Ernst Thälmann in Rostock als Saalordner fungiert hatte. Von der schweren Zeit unter den Nazis, wo ihn nur die kriegswichtige Arbeit auf der Werft vor KZ oder Fronteinsatz bewahrt habe, und dann natürlich vom »Aufbau der neuen Welt«. Es sei gar nicht so leicht gewesen, den »Ungeist des Faschismus« aus den Köpfen der Leute zu bringen und sie für die großen Ziele des Friedens und des Sozialismus zu gewinnen. Aber nach und nach habe man die Menschen durch Taten von einer Welt überzeugt, in der »die Ausbeutung des Menschen durch den Menschen« aufgehoben sei, wo die Gewinne der Betriebe nicht »den Kapitalisten, sondern allen zugute kämen«. Und er machte einen agitatorischen Rundumschlag, der vom Bildungswesen, »in dem Arbeiterkinder alle Chancen« hätten, bis zum Gesundheitssystem reichte, wo es keine »Zweiklassenmedizin« mehr gebe. Ich habe ihm andächtig gelauscht und bin gar nicht auf die Idee gekommen, darüber nachzudenken, daß doch längst auch in Westdeutschland Arbeiterkinder Abitur machten und die medizinische Versorgung der siebziger Jahre dort alles andere als eine Zweiklassenmedizin war.

Was mir am meisten imponierte, war, daß ein einfacher Arbeiter sich derart für seinen Staat und dessen Politik begeistern konnte. Im westdeutschen Bundestagswahlkampf hatte ich Leute, die aussahen wie Onkel Karl, immer nur schimpfend und nörgelnd erlebt. Und Linke, die ähnlich argumentierten, waren da, wo ich sie erlebte – bei den Bonner Jusos –, immer Intellektuelle gewesen oder zumindest angehende Intellektuelle. Wahrscheinlich dachte ich an diesem Nachmittag, alle Arbeiter in der DDR würden denken und empfinden wie Onkel Karl. Es sollte noch Jahre dauern, bis ich endgültig realisiert hatte, daß zwischen seiner revolutionären Agitation und Tante Hildes kleinbürgerlicher Kaffeetafel nicht nur kein Widerspruch bestand, sondern daß beides für bestimmte Kreise in der DDR geradezu dasselbe war.

Schließlich holt Onkel Karl Urkunden hervor, die ihn als »Held der Arbeit« würdigen, und diverse Parteiauszeichnungen. Alles zusammen baut er vor sich auf dem Tisch auf wie einen kleinen Altar.

»Aber das ist noch gar nichts, verglichen mit dem, was Günter und Christel für ihre mutige Arbeit als Kundschafter für unsere Sache zusteht«, erklärt er und prophezeit: »Der Tag wird kommen, wo die beiden aus der Hand des Generalsekretärs unserer Partei den Karl-Marx-Orden bekommen!«

Das werde dann auch ein bißchen sein Orden sein, erklärt seine Tochter, schließlich habe er den »kleinen Günter« doch in diesem Sinn erzogen. Pierres Großonkel aber macht eine abwehrende Handbewegung und wischt sich schon wieder Tränen aus den Augen.

Dann beginnt er plötzlich doch von der Zeit zu erzählen, als er »aus dem kleinen Günter einen Kommunisten« gemacht habe. Schon im Krieg hätte er damit angefangen, als die Aussichtslosigkeit, in der sich Deutschland damals befand, jedem deutlich werden mußte. Da hatten er und Günter mit einer alten Kamera Fotos vom zerstörten Rostock gemacht. Auf diese Weise sollte für spätere Generationen das Ausmaß der Zerstörung dokumentiert werden. Das sei aber verboten gewesen, insofern habe Günter mit dieser illegalen Fotoaktion schon ein wenig an einer konspirativen Parteiarbeit teilgenommen. Und aufgrund dieser Erfahrungen sei es doch nur natürlich gewesen, daß er nach dem Krieg »zu der politischen Kraft gefunden hatte, die ein Garant für den Frieden war«. Schließlich habe sich doch in Westdeutschland schon bald wieder »die Fratze des Revanchismus und des militärischen Arms des Imperialismus« gezeigt. Was für eine Enttäuschung sei es daher für ihn gewesen, daß ausgerechnet sein Günter zum Republikflüchtling geworden sein sollte. Pierre horcht auf.

»Soll das heißen, du hast gar nicht gewußt, daß mein Vater mit einem Spionageauftrag in den Westen geschleust wurde?«

Mit einem hintergründigen Lächeln schüttelt Onkel Karl den Kopf.

»Ebensowenig wie du, min Jung! Aber das müssen wir verstehen. So ein Geheimauftrag muß eben auch geheim sein, und davon dürfen nur die wissen, die es unbedingt wissen müssen.«

Unerwartet hatte ich in Onkel Karl einen Schicksalsgenossen gefunden. Auch er stand meinem Vater nah. Und wenn man selbst ihm, dem alten Parteiveteranen, den Auftrag, mit dem sein Neffe in den Westen gegangen war, verschwiegen und er dafür auch noch vollstes Verständnis hatte, wie sollte ich da meinen Eltern böse sein? Außerdem empfand ich als angenehm, daß das, wofür meine Eltern im fernen Ossendorf im Gefängnis saßen, in diesem Kreis positiv beurteilt wurde. Wenn Karin mir sagte, sie wolle auch dann, wenn sich der Verdacht gegen meine Eltern bestätigen würde, mit mir zusammenbleiben, stand dahinter dennoch die Ablehnung von deren Tätigkeit. Und wenn Schuldirektor Trutwin erklärte, er werde mir gegenüber keine Sippenhaft dulden, wurde mir das als Sohn von Kriminellen oder zumindest von zu Recht Inhaftierten erklärt. Das war hier anders. Vor allem aber begann ich vor dem Hintergrund von Onkel Karls Erzählungen und seiner gesellschaftspolitischen Ideen meine Eltern zu idealisieren. Aus meinem Vater wurde in meiner Phantasie der große revolutionäre Held, der sich tarnen mußte, um für »unsere Sache« eine wichtige Arbeit zu leisten.

Wie Achim gibt sich auch Onkel Karl überzeugt, daß man Günter und Christel sicher bald an diesem Tisch hier begrüßen werde. Ist das nur ein Wunschgedanke, oder wissen die beiden etwa schon mehr? Fast mit den gleichen Worten wie gestern Achim erwähnt nun auch Onkel Karl die »West-Spione, die Pullach schließlich wieder zurückhaben will«. Mit Pullach meint er den Bundesnachrichtendienst, der in diesem kleinen Nest bei München seinen Hauptsitz hat.

Wenn aber auch Pullach Agenten beschäftigt, die ihrerseits die DDR ausspionieren – wie kann es dann moralisch verwerflich sein, daß man es umgekehrt genauso macht? Wieso kommen seine Eltern als DDR-Spione auf die Titelseiten der unabhängigen Presse, während umgekehrt die BND-Agenten nach ihrer Enttarnung in der DDR unerwähnt bleiben? Und wenn seine Eltern tatsächlich ausgetauscht würden – immerhin hatte selbst Dr. Pötschke diese Möglichkeit schon mal erwähnt –, so hieße das doch, daß sie dann in der DDR bleiben müßten! Gehörten Reisen in den Osten Deutschlands für ihn dann womöglich schon bald zur Normalität? Sicher würde der schwarze Peter sich um die Visa kümmern, und die Vorstellung, zum Wanderer zwischen den Welten zu werden, empfindet Pierre durchaus als reizvoll.

Am Ende einer modern gestalteten Fußgängerzone betritt Pierre mit Achim das Interhotel Warnow. Die etwas karg wirkende Lobby läßt den Vergleich mit dem Bonner Königshof gar nicht erst aufkommen, und es ist auch alles etwas kleiner als im Hotel Stadt Berlin. Aber sonst ist auch an diesem Hotel nichts auszusetzen.

Als Pierre das schmale, pragmatisch eingerichtete Zimmer in der 3. Etage betritt, steht sein Koffer bereits neben dem Bett. Peter Buran hat wieder perfekte Arbeit geleistet. Doch das Zimmer lädt nicht gerade zu einem längeren Verbleiben ein, und so kommt Pierre der Einladung seines Groß-Groß-Cousins gern nach, ihm ein wenig die Rostocker Innenstadt zu zeigen.

Pierre, der Cineast, ist überrascht, daß auch in der DDR ein Hollywood-Streifen wie »Klute« auf dem Spielplan steht.

»Glaubst du, wir leben hier hinter dem Mond?« fragt Achim kopfschüttelnd, als ihm Pierre seine Verwunderung mitteilt.

Und als sein Verwandter in der Probierstube einer Schnapsfabrik zwei Helgoländer bestellt, kommt er noch einmal auf das Thema zurück. Natürlich, erklärt Achim, bringe die DDR-eigene Filmproduktionsfirma DEFA gut gemachte Spielfilme auf den Markt, und er nennt Titel, die Pierre allesamt fremd sind. Doch könne verständlicherweise auch die DDR Hollywood nicht ignorieren. Man beschränke sich aber auf Werke, die »der literarischen Tradition verpflichtet« seien oder »das humanistische Anliegen pflegen«. So hat Pierre noch nie einen Film betrachtet, und schon gar nicht weiß er diese Kriterien auf »Klute« anzuwenden. Ihm gefällt ein Film oder eben nicht.

»›Blutige Erdbeeren‹ habe ich dreimal gesehen«, antwortet Achim auf die Frage nach seinem Lieblingsfilm.

In diesem Moment wird Pierre klar, was man hierzulande offenbar unter der Pflege des »humanistischen Anliegens« versteht, und er muß lachen. Denn daß die DDR einen Film zeigt, in dem die linke Studentenrevolte in den USA positiv dargestellt wird, verwundert ihn nicht wirklich. Er erinnert sich, daß es im letzten Jahr in Bonn schwierig gewesen war, jemanden zu finden, den das Thema überhaupt interessierte. Doch Achim meint nur:

»Na ja, vielleicht sind wir in politischen Fragen hier schon ein bißchen weiter?«

Dann setzt er ein breites Grinsen auf und bestellt noch zwei Helgoländer.

Pierre spürt leichte Stiche im Schläfenbereich, als er Achim und dem schwarzen Peter durch die Rostocker Innenstadt folgt. Gestern abend war es nicht bei den Helgoländern geblieben. Er war mit Achim noch in der schummrigen Kellerbar des Hotels gelandet, wo sie zu Rostocker Pils und Nordhäuser Doppelkorn übergegangen waren. Es hatte ihn erstaunt, was sein Groß-Groß-Cousin wegschlucken konnte. Und jetzt wirkt Achim schon wieder ausgeruht.

Pierre steht in einer Buchhandlung vor einem Regal, in dem sämtliche Bücher vom Boden bis zur Decke blau eingebunden sind. Wären die Rücken nicht unterschiedlich dick, könnte man annehmen, die Buchhandlung habe sich von irgendeinem Bestseller einen riesigen Vorrat angeschafft. Dagegen aber spricht, daß die zahlreichen Kunden diesem Regal keinerlei Beachtung schenken und umgehend den hinteren Teil des Geschäfts aufsuchen.

»Die Gesamtausgabe der Schriften von Marx und Engels«, erklärt der schwarze Peter mit einer Kopfbewegung in Richtung der blauen Bände. Dann nimmt er vom Tisch gegenüber ein schmales Bändchen. »Das würde zum Einstieg schon mal reichen.«

«Manifest der Kommunistischen Partei« liest Pierre auf dem Umschlag.

»Das spendiere ich dir«, sagt Peter und lächelt ein wenig verlegen.

In diesem Moment kommt Achim mit einem dickeren Buch von hinten. Den Namen des Autors hat Pierre noch nie gehört. Er heißt Hermann Kant, und der Roman trägt den Titel »Die Aula«. Eigenartigerweise will auch Achim ihm ein Buch schenken. »Das ist ein Schlüsselroman über die frühe DDR, über jene Zeit also, als deine Eltern noch hier waren.«

»Der heutige Tag ist ein Resultat des gestrigen. Was dieser gewollt hat, müssen wir erforschen, wenn wir zu wissen wünschen, was jener will«, lautet das Zitat von Heinrich Heine auf dem Schutzumschlag von Kants Roman. Pierre findet, daß es ziemlich genau den Zweck seiner Reise beschreibt. Was aber hat das Heine-Zitat mit einem Buch über die »frühe DDR« zu tun?

Pierre hatte schon im Hotel zu lesen begonnen und den Roman nicht mehr weglegen können. Noch im Anflug auf Köln-Bonn liest er das letzte Kapitel. Durch das Buch hat die DDR für ihn nicht nur eine Geschichte bekommen, sondern er hat auch ganz individuelle Biographien kennengelernt – von Leuten, die diese Geschichte mitgestaltet hatten, wie Onkel Karl in Rostock und ganz sicher auch sein Vater.

Pierre erlebt aus der Sicht des Protagonisten Robert Iswall die frühen Jahre der DDR und die Veränderungen im politischen Bewußtsein junger Leute. Hier ist nicht die Rede von Unterdrückung und politischer Bevormundung, sondern es wird von einem Aufbruch in eine neue Zeit berichtet.

Vor allem die Figur des Quasi Riek interessiert Pierre. Der ehemalige Klempner besuchte wie Iswall die Arbeiter-und-

Bauern-Fakultät, um sich Bildung anzueignen, die er der sozialistischen Gesellschaftsordnung zur Verfügung stellen will. Dieser Riek war »wie für die neue Republik gemacht und die neue Republik für ihn«. Um so rätselhafter daher dessen Flucht nach Hamburg und seine dortige Karriere als Kneipenwirt, die in so krassem Gegensatz steht zu den Hoffnungen, die in ihn gesetzt worden waren. Zunächst steht Pierre dem Schicksal des Quasi Riek ebenso ratlos gegenüber wie Robert Iswall, der trotz aller Recherchen und trotz seines Besuchs in Hamburg dessen vermeintlichen Sinneswandel nicht aufklären kann. Als das Flugzeug bereits zum Landeanflug ansetzt, kommt Pierre ein Gedanke: Hatte nicht auch sein Vater in den ersten Frankfurter Jahren hinter dem Tresen einer Kaffeestube gestanden? Man muß kein Fachmann in Geheimdienstfragen sein, um zu ahnen, daß gastronomische Betriebe für Agenten ideale Treffpunkte und Übergabestellen für Dokumente sind. Der Autor der »Aula« hatte die Hamburger Kneipe ganz sicher nicht ohne Grund als neue Heimstatt von Quasi Riek, des einstigen sozialistischen Vorzeigestudenten, gewählt. Und war nicht wie Riek auch sein Vater vor allem durch sein überragendes Organisationstalent aufgefallen und dadurch überhaupt erst bis ins Bundeskanzleramt aufgestiegen?

Gut gelaunt verläßt Pierre die Maschine. Zum ersten Mal verspürt er ein wenig Verständnis für die geheime Tätigkeit seiner Eltern und dafür, daß eine geheime Tätigkeit eben auch geheim bleiben muß. Onkel Karl hatte gesagt, daß nur diejenigen davon wissen sollten, die es auch wirklich wissen müßten. Hätte er als Sohn davon wissen müssen?

Boom am Dom

Natürlich hat Pierre sich auf der Rückfahrt in die Godesberger Ubierstraße Gedanken gemacht, wie seine Großmutter auf die Schilderungen seiner DDR-Reise reagieren würde. Im Flughafenbus hatte er »Die Aula« schließlich zur Seite gelegt und gedankenverloren hinausgeschaut auf die Bundesautobahn, die viel stärker befahren war, als am Vormittag die Autobahn zwischen Rostock und Berlin. Warum eigentlich hatte Oma Erna damals die DDR verlassen? Sie hatte nie mit ihm darüber gesprochen. Überhaupt hatte sie sich nie zu diesem anderen deutschen Staat geäußert. Selbst als seine Mutter die obligatorischen Weihnachtspäckchen für Oma Hanni packte und sein Vater auf den ostdeutschen Staat schimpfte, hatte Oma Erna sich an solchen Tiraden nicht beteiligt. Als ihr West-Berliner Neffe in den letzten Wochen allerdings immer wieder sein Unverständnis darüber äußerte, daß »Günter für ein solch verbrecherisches System gearbeitet hat«, schien sie dessen Auffassung zu teilen. Dennoch: Oma Ernas Übersiedlung in den Westen war ein Faktum, und Pierre würde bei ihr kaum auf Verständnis für seine positiven Eindrücke von der DDR stoßen. Und schon gar nicht würde sie ihm zustimmen, wenn er auch noch ein wenig stolz auf das ist, wofür seine Eltern hier im Gefängnis sitzen. Doch will Pierre auch nicht nur aus Rücksicht auf seine Großmutter seine neuen Einsichten und Erkenntnisse herunterspielen oder gar verschweigen.

»Was spricht eigentlich dagegen, daß Oma Erna in die Spionagetätigkeit von Tochter und Schwiegersohn eingeweiht war«, will ich von Pierre wissen.

»Dagegen spricht vieles«, meint er. Doch wolle er gar nicht bestreiten, »daß Oma Erna von der Stasi bei der Legendierung seiner Eltern benutzt worden« sei, bei der Legendierung als normale »Zonenflüchtlinge« und eine nach dem »Wirtschaftswunder« schielende bürgerliche Kleinfamilie. Immerhin sei seine Großmutter einst durch Heirat holländische Staatsbürgerin geworden und habe die DDR seinerzeit ganz legal verlassen. Das sei für die Stasi sicher nicht unerheblich gewesen. Deren Generalplan habe vorgesehen, daß das junge Ehepaar Guillaume, ohne das Prozedere eines Notaufnahmelagers über sich ergehen lassen zu müssen, direkt zu ihr nach Frankfurt am Main ziehe. Darin, und nur darin, bestand nach Pierres Auffassung die »Aufgabe« von Oma Erna. Und zwar ohne, daß sie in den Plan eingeweiht gewesen wäre.

Dem aber widerspricht Günter Guillaume in »Die Aussage«, seinen 1988 im Militärverlag der DDR erschienenen Memoiren, denen zufolge sein damaliger Führungsoffizier Paul Laufer in dem noch jungen Ministerium für Staatssicherheit diese Legendierung mit Kenntnis von Oma Erna geplant hatte: »Erna Boom war eine feste Größe in dem kühnen Entwurf, den Paul Laufer, sie bis zu einem bestimmten Punkt voll ins Vertrauen ziehend, ausgetüftelt hatte. Dieser Idee folgend, sollte sie für uns in Frankfurt das Nest machen. Der ganze offizielle Kram – Mietvertrag, Bankkontoführung, Umzug, Anmeldung, spätere Geschäftsführung – lief unauffällig über ihren Namen. Unser Schicksal hing an ihrem Schicksal. Sie war gewissermaßen der Spurengänger, dem wir folgten. Bei unserem Auftauchen im ›goldenen Westen‹ sollten die Behörden an eine Familienzusammenführung glauben und an nichts weiter.«

Oma Erna konnte sich gegen diese »Aussage« nicht mehr wehren, denn anderthalb Jahre, bevor Günter Guillaumes Aufzeichnungen mit dem Untertitel »Wie es wirklich war« erschienen, war sie gestorben.

Nur – warum sollte Günter Guillaume seine Schwiegermutter im nachhinein als Mitwisserin belasten?

»In der DDR war das keine Belastung. Weder in strafrechtlicher noch in moralischer Hinsicht«, erläutert Pierre. »Mein Vater hat seine Memoiren zunächst zum internen Gebrauch für die Stasi geschrieben. Da erschien es ihm wahrscheinlich aus agitatorischen Gründen opportun, die verstorbene Schwiegermutter als heldenhaft agierende Verbündete zu stilisieren.«

Pierre sucht in dem Buch die Stelle, an der sein Vater die vermeintliche Motivation schildert, Erna Boom zur Verbündeten der Stasi zu machen. »Sie wußte«, heißt es da, »daß ihr die einmalige Gelegenheit gegeben war, aktiv etwas gegen die Mächte zu tun, die schon einmal zerstörerisch in ihr Leben eingegriffen hatten. Faschismus und Krieg hatten ihr frühzeitig den Mann genommen, zwei Brüder waren als Soldaten gefallen; ein neuer Krieg könnte ihr die Kinder nehmen.« Der ideologisch verbrämte Sprachduktus ist unüberhörbar, der solche Werke nicht grundlos zweifelhaft erscheinen läßt. Aber reicht das als Argument aus, Oma Erna endgültig von jedem Verdacht freizusprechen?

»Meine Großmutter brauchte eine solche Motivation nicht, um die DDR zu verlassen«, setzt mir Pierre seine offenbar lange schon abgeschlossenen Überlegungen auseinander. »Schließlich war damals bereits ihre Schwester Martha vom Ost- in den Westteil Berlins gezogen, in Frankfurt lebten langjährige Freunde von ihr und eine weitere Schwester im Rheinland. Außerdem weißt du doch selbst, daß in diesen Jahren Hunderttausende aus der DDR geflohen sind, die alle nur ein Motiv hatten – sie wollten dort nicht leben, oder besser, sie wollten im Westen leben. Sei es aus politischen oder aus wirtschaftlichen Gründen oder wegen beidem. Und bei Oma kam noch hinzu, daß sie als Ausländerin, im Gegensatz zu den üblichen Republikflüchtlingen, ihren Hausrat mitnehmen konnte. Das ›Damenzimmer‹ zum Beispiel und die holländischen Gemälde aus dem 18. Jahrhundert, die mein Opa aus Amsterdam mitgebracht hatte.«

»Aber hast du sie denn nach der Enttarnung deiner Eltern nie gefragt, ob sie etwas gewußt oder zumindest geahnt hat?« will ich von Pierre wissen.

»Natürlich habe ich das!« Er nickt heftig. »In Godesberg mehr als einmal und auch nach unserer Übersiedlung nach Ost-Berlin. Und spätestens dort hätte sie es, wenn etwas dran gewesen wäre, schon gar nicht abzustreiten brauchen. Ein solches Eingeständnis hätte weder sie noch mich gefährdet. Und meine Eltern saßen ohnehin ihre Strafe ab. Ja, mehr noch: Wenn sie eine wie auch immer geartete humanistische oder gar politische Motivation gehabt hätte, wie sie mein Vater in seinem Buch beschreibt, hätte sie das geradezu mit Stolz verkünden können.«

Hatte Pierres Vater die Beteiligung der Schwiegermutter tatsächlich aus rein opportunistischen Gründen gegenüber seinem Auftraggeber erfunden? »Sie hatte Paul ihr Wort gegeben, daß sie niemals – unter welchen Bedingungen auch immer – die wahren Gründe ihrer Übersiedlung nach Westdeutschland offenlegen würde«, schreibt er in seinem Buch.

Pierre gibt zu, daß sein Urteil auch subjektiv geprägt ist. Dahinter stehen das innige Verhältnis zu seiner Großmutter, das immer schon intensiver war als das zu seinen Eltern, vor allem aber seine Erfahrungen im Zusammenleben mit ihr nach der Enttarnung. Tatsächlich, so räumt er ein, bestünden nach wie vor Lücken in der Kenntnis der Familiengeschichte, soweit sie die Zeit vor seiner Geburt betreffe. Früher sei selten, und wenn, dann nur in vereinzelten Episoden, darüber gesprochen worden. Nicht zuletzt deshalb entschließt er sich, noch einmal den Versuch zu unternehmen, Licht in diese Zeit zu bringen. Und er schlägt vor, mit mir gemeinsam seine mittlerweile sechsundsiebzigjährige Mutter aufzusuchen. Denn sie sei eine der wenigen Personen, die man heute noch dazu befragen könne.

»Der Günter hat sich mit diesem Buch seine eigene Legende geschaffen«, erklärt Christel Boom, als wir sie in ihrer dunklen Wilmersdorfer Erdgeschoßwohnung besuchen. Die von Osteoporose gebeugte alte Dame zündet sich eine Zigarette an, die sie stumm durch ihre im schmalen Gesicht riesig wirkenden Brillengläser fixiert.

»In der DDR habe ich später natürlich mal mit meiner Mutter über das sprechen wollen, was passiert war«, beginnt sie nach einer ganzen Weile leise, »aber da hat sie einfach die Schotten dicht gemacht.«

Und damit – so wird deutlich – will auch Christel Boom dieses Thema als erledigt betrachtet wissen.

»Wovon haben Oma und du eigentlich nach dem Krieg gelebt?« fragt Pierre.

Mir ist nicht gleich klar, was er mit diesem vermeintlichen Themenwechsel bezweckt. Anfang der fünfziger Jahre, erfahren wir von Christel Boom, seien sämtliche Rücklagen ihres verstorbenen Vaters – des niederländischen Fabrikdirektors Tobias Boom – aufgebraucht gewesen. Die Finanzen ebenso wie die auf dem Dachboden gehorteten Zigarren und Gewürze, mit denen ihre Mutter noch eine Weile habe Tauschgeschäfte machen können. Und weil für die holländischen Gemälde in den schlechten Zeiten natürlich kaum ein akzeptabler Preis zu erzielen gewesen sei, habe sie schließlich Teile ihrer Wäschegarnitur an russische Soldaten verkauft. Und ihre Tochter Christel sei, weil sie in ihrem Heimatort Leisnig keine Arbeit fand, zu Tante Mary nach Berlin gezogen, wo sie schließlich die Stelle einer Schreibkraft im »Friedenskomitee« angetreten und dort Günter Guillaume kennengelernt habe.

»Günter sei nicht der richtige Mann für mich, hat sie immer wieder gesagt«, erinnert sich Pierres Mutter, »aber ich war nun mal in ihn verliebt, und außerdem hatte ich Sorge, ein ›spätes Mädchen‹ zu werden. Ich war ja immerhin schon dreiundzwanzig Jahre alt, und in diesem Alter hatte man damals verheiratet zu sein.«

Nachdem Christel entgegen dem ausdrücklichen Rat ihrer Mutter im Mai 1951 Günter Guillaume geheiratet hatte, war Erna Boom schließlich zu dem jungen Paar in eine kleine Wohnung nach Lehnitz bei Berlin gezogen. Für die damalige Endvierzigerin mit der großbürgerlichen Vergangenheit war dies der vorläufige Tiefpunkt eines kontinuierlichen sozialen Abstiegs. Der Vorschlag ihres Schwiegersohnes, in die Bundesrepublik zu übersiedeln, fiel im Sommer 1955 daher auf fruchtbaren Boden. Sie überlegte, dort womöglich eine auskömmliche Witwenrente zu erhalten und vielleicht in einem bescheidenen Rahmen ihren bürgerlichen Lebensstil wiederaufnehmen zu können. Das war Erna Booms Motivationslage damals. Warum aber wollte sich unter diesen Umständen Paul Laufer unbedingt mit der Schwiegermutter seines Perspektivagenten Guillaume treffen?

Der ostdeutsche Geheimdienstmann Laufer war bereits Anfang der dreißiger Jahre vom parteiinternen Aufklärungsdienst der KPD in die SPD eingeschleust worden. Nach Hitlers Machtergreifung hatte er die konspirative Arbeit der kommunistischen Kader organisiert, und er war, nachdem die Provisorische Volkskammer der DDR im Februar 1950 die Bildung eines Ministeriums für Staatssicherheit beschlossen hatte, einer der Männer der ersten Stunde gewesen. Doch Erna Boom wurde er als Günters Arbeitskollege vorgestellt. Nun, in gewisser Weise war er das ja auch, wenngleich nicht beim Verlag Volk und Wissen.

Tatsächlich hatte ich den Namen Paul Laufer zum ersten Mal später in der DDR von Oma gehört. Und tatsächlich hat sie erzählt, daß er ein Arbeitskollege von Vater war, der ihr damals zugeredet habe, doch »mit den jungen Leuten in den Westen zu gehen«, und ihr die eine oder andere Hilfe angeboten habe. Doch selbst wenn mir damals schon klar gewesen wäre, daß der inzwischen verstorbene Laufer einst ein führender Mitarbeiter des MfS und Führungsoffizier meines Vaters gewesen war, hätte ich Oma Erna dennoch niemals zugetraut, daß sie dessen Rolle wirklich begriff. Sie war zu unpolitisch und an geheimdienstlichen Angelegenheiten uninteressiert.

»Paul Laufer«, erzählt Christel Boom, »hat meiner Mutter sehr imponiert. Irgendwie erinnerte er sie an meinen verstorbenen Vater. Wegen seiner Statur und seines Auftretens war er für sie eine akzeptable Person.«

Ich stelle die Frage, warum Erna Boom, die ja in jedem Fall zur Übersiedlung nach Westdeutschland bereit gewesen war, überhaupt in irgendeiner Form hatte überredet werden müssen.

Pierres Mutter zögert lange und vermutet dann: »Vielleicht war er sich nicht sicher? Vielleicht war ihm diese Frau – aus seiner Sicht als alter Kommunist – nicht koscher, weil sie aus einem so bürgerlichen Milieu kam. Da hat er sie in der Art und Weise instruiert, daß wir für die Sache des Friedens nach Frankfurt gehen ... Von geheimdienstlicher Tätigkeit jedenfalls war ganz sicher keine Rede, da hätte sie wahrscheinlich doch einen ziemlichen Schreck bekommen.«

Christel Boom sitzt leicht zusammengesunken in den tiefen Sesseln ihres etwas zu voll gestellten Wohnzimmers. Vor ein paar Jahren hatte sie die Eineinhalb-Zimmer-Wohnung angemietet, nachdem sie die Unterhaltskosten für das große Haus nicht mehr aufbringen konnte, welches das MfS Mitte der achtziger Jahre in Hohen Neuendorf für sie hatte bauen lassen. Sie hatte in der Zeit der DDR-Übergangsregierung von Hans Modrow im Unterschied zu vielen anderen versäumt, es für relativ wenig Geld zu kaufen und im Grundbuchamt eintragen zu lassen.

»Woher hattet ihr denn die Frankfurter Wohnung, in die ihr gleich nach der Übersiedlung eingezogen seid?« fragt Pierre nach einer Weile fast beiläufig.

Mit der Leichtigkeit einer Urlaubsanekdote erzählt seine Mutter, daß ihr Mann schon vor der Übersiedlung mal mit Oma nach Frankfurt gefahren sei. Damals habe ja die Mauer noch nicht gestanden, und er sei ohnehin öfter in Westdeutschland gewesen, um Kontakte zu Gewerkschaftsfunktionären herzustellen. Eine Tätigkeit, die übrigens andernorts bemerkt worden war und zwanzig Jahre später zu einem Mosaikstein bei der Enttarnung der Guillaumes werden sollte. Ein Makler in Frankfurt habe ihnen diese erste Wohnung vermittelt. Als sie mit ihrem Mann am 12. Mai 1956 mit dem Flugzeug von Berlin-Tempelhof angekommen sei, wäre das Bett schon bereitet gewesen. Sieht man einmal davon ab, daß es zunächst ziemlich leer war, da Oma Erna mit dem Umzugswagen eine ganze Nacht vom DDR-Zoll an der Grenze aufgehalten worden war und sie – entgegen der ursprünglichen Planung – erst nach ihnen in der Frankfurter Finkenhofstraße ankam.

»Und wer hat den Makler bezahlt und den Umzug und eure Flugtickets und das alles?« will Pierre wissen.

»Na, wer wohl?« antwortet seine Mutter mit ironischem Unterton.

»Das hat doch sicher ein kleines Vermögen gekostet«, fragt Pierre.

Seine Mutter drückt die Zigarette aus und steckt sich sofort eine neue an.

»Die erste Zeit haben wir ja auch noch eine Art Lohn bekommen von einem Instrukteur, bis wir eine eigene Existenz aufgebaut hatten.«

Es erstaunt mich, daß Pierre nie zuvor mit seinen Eltern oder seiner Großmutter über die Finanzierung der Übersiedlungsaktion gesprochen hat. In diesem Moment wird mir klar, worauf seine Fragen nach den wirtschaftlichen Verhältnissen von Oma Erna und denen seiner Eltern in den fünfziger Jahren abzielen. Es war eben kein Geld da, das alles zu bezahlen. Aber mußte das nicht auch Oma Erna gewußt haben? Und als hätte er meine Gedanken erraten, fragt Pierre nun seine Mutter, woher denn das Startkapital für den Tabakladen »Boom am Dom« gekommen sei, den seine Großmutter schon kurz nach der Übersiedlung eröffnet hatte. Dafür, so erklärt Christel Boom bereitwillig, habe die DDR 10000 West-Mark zusätzlich zur Verfügung gestellt.

Kurt Gailat, dessen Dienstvorgesetzter Paul Laufer damals war, erinnert sich später bei unserem Gespräch in seinem Garten gar an einen Betrag von 20000 DM. Aber Erna Boom habe nicht wissen wollen, woher das Geld komme.

»Der Oma wurde das nicht gesagt, aber die hat es schon geahnt. Doch wollten Günter und Christel nicht, daß sie Einzelheiten erfährt.« Man habe ihr gegenüber zwar von »politischen Gründen« der Übersiedlungsaktion gesprochen, aber »definitiv nicht von einer nachrichtendienstlichen Tätigkeit«. Und in seiner abschließenden Feststellung zum Thema Erna Boom lobt Kurt Gailat an ihr jene Kombination aus Erkennen und Verschweigen, die man sonst von Geheimagenten erwartet: »Sie hat es natürlich mitbekommen, das ist klar. Wenn da jemand abends sitzt und Funksendungen empfängt – aber sie wollte es nicht wissen.«

»Wozu brauchtet ihr denn eigentlich einen Tabakladen?« fragt Pierre seine Mutter. »Für die Legendierung der Familie war das doch gar nicht nötig!«

»Keine Ahnung! Das lief alles über Günter«, meint Christel Boom und zuckt unschuldig die Schulter.

Mir fällt eine kleine Passage in Günter Guillaumes Buch ein, die im Zusammenhang mit diesem Gespräch bedeutsam ist. Pierres Vater schildert, was ihm Laufer einmal über den Wert von Tabakläden beim Aufbau eines illegalen Netzes während der Nazizeit berichtet habe: »... da steckt man sich erst mal einen Glimmstengel an, und zu einem Schwatz ist auch noch Zeit. Man hört dies und das. Es trifft sich Hinz und Kunz. Und wenn dann der Kunz dein Mann ist, weil, du hast es erkannt, er eine Zigarettensorte verlangte, die es gar nicht gibt, es war dein Stichwort, dann kannst du ihm mit der Schachtel, die du ihm nun empfiehlst, jeden Kassiber mit rüberschieben, und wenn noch zehn andere im Laden rumstehen und paffen und quatschen, kein Aas merkt was.«

Vor diesem Hintergrund frage ich dezidiert nach: »Für wen sollte der Tabakladen sein?«

»Na, für Mutter«, erwidert Christel Boom erstaunt. »Er sollte ihr ein Einkommen sichern. Aber ›Boom am Dom‹ lief nicht, und wir mußten den Laden schon bald wieder schließen.«

Noch einmal frage ich nach: »Ihr Mann hat in seinem Buch

geschrieben, Ihre Mutter habe Paul Laufer versprochen, niemals die wahren Gründe ihrer Übersiedlung nach Westdeutschland offenzulegen, und daß sie dieses Geheimnis mit ins Grab genommen habe.«

Abwartend mustert mich Pierres Mutter, ehe sie bemerkt: »Und?«

Ich überlege kurz die weitere Formulierung: »Hatte Ihre Mutter ein solches Geheimnis?«

Die Antwort kommt prompt und ist unmißverständlich: »Natürlich, das muß es ja gegeben haben. Der Laden hat doch existiert. Und umsonst hätte uns keiner das Geld gegeben.«

Diese Aussage widerspricht ihrer eigenen Interpretation, Günter Guillaume habe in seinem Buch lediglich eine Legende um Oma Erna gestrickt. Um ganz sicher zu gehen, formuliere ich die Frage anders:

»Kann man sagen, daß von den vier Personen, die in den siebziger Jahren in Ihrer Wohnung in der Ubierstraße wohnten, Pierre der einzige war, der von ihrer fortbestehenden Verbindung zur DDR überhaupt keine Ahnung hatte?«

»Ja, das kann man so sagen.«

Christel Booms Blick geht zwischen Pierre und mir hin und her, ehe sie ihr Fazit nachschickt: »Für mein Dafürhalten hatte meine Mutter den Kopf in den Sand gesteckt.«

Ich versuche mir vorzustellen, welch eigenartiges Tabu es zwischen den drei Erwachsenen all die Jahre gegeben haben muß. Mit welchen Gedanken muß Erna Boom die steile Karriere ihres Schwiegersohnes begleitet, mit welchen Gefühlen die Ahnungslosigkeit des von ihr geliebten Enkels empfunden haben? Welche Belastung muß diese Situation auch für ihre Tochter gewesen sein, die sich – wie sie bei fast jedem Gespräch mehrfach erwähnt – in der ehelichen Gemeinschaft längst nicht mehr wohl fühlte und dennoch quasi per Befehl die Rolle der Ehefrau an der Seite ihres Führungsoffiziers spielen mußte? Eine Rolle, die sie nicht nur vor der Öffentlichkeit, sondern auch gegenüber dem eigenen Sohn einnahm.

Mir fällt dazu ein Satz aus dem *stern*-Kommentar von Wibke Bruhns vom Mai 1974 ein, den Pierre dreißig Jahre später mit einem großen Ausrufezeichen markiert hat: »Er (Günter Guillaume) warb um Freunde, suchte Gelegenheiten, abends nicht in seine Wohnung in der Godesberger Ubierstraße 107 zu fahren, wo die andere Identität ihn erwartet haben mag.«

Aus dem »Kundschafterauftrag für den Frieden« ist fast zwei Jahrzehnte später ein absurdes Possenspiel und ein emotionales Fiasko geworden. Die einzig wirklich unbeschwerte Existenz in dieser Familie war die von Pierre – bis zu jenem 24. April 1974 um 6. 32 Uhr.

Oma Erna kennt den Appetit ihres Enkels, und deshalb macht sie ihm eine große kalte Platte, auf der auch ihre beliebten Leberwurst-Senf-Schnittchen nicht fehlen. Dann lauscht sie lächelnd seinen Erzählungen über die Erlebnisse und Eindrücke während der Reise durch die DDR. Pierre berichtet von Onkel Karl, dem alten Arbeiterveteranen, der mithilft, eine neue Welt aufzubauen, und sich darüber freut, daß auch »Günter – min Jung« bei der Fahne geblieben war. Er begeistert sich für eine weltoffene DDR, in der wider Erwarten sein Lieblingsfilm «Klute« läuft und westliche Literatur zum Kauf angeboten wird. Er erzählt von Leuten wie Peter Buran, dem Tausendsassa, und Achim, seinem Groß-Groß-Cousin, die beide offen ihre Meinungen vertreten hatten. Pierre erzählt und erzählt, während er sich über Oma Ernas Schnittchen hermacht. Und als er mit beidem zu Ende ist und auf ihre Reaktion wartet, meint sie nur: »Du wirst müde sein. Geh nicht so spät schlafen, morgen ist wieder Schule!«

Drinnen und draußen

Pierre genießt das sommerliche Wetter auf der langen Fahrt von Bad Godesberg nach Ossendorf. Fast sechs Wochen sind vergangen seit dem letzten Besuch bei seinen Eltern – sicher ein Grund, daß er diesen Weg heute nicht so sehr als lästige Routine empfindet. Gewiß spielt auch eine Rolle, daß er sich in den letzten Wochen auf seiner Reise durch Südfrankreich und Nordspanien einfach mal wieder andere Eindrücke und auch ein wenig körperliche Erholung verschaffen konnte. Zum Glück ist an diesem Sonnabendmorgen die Straßenbahn nach Ossendorf nicht so voll wie sonst. Keine Menschenmassen, die sich mit Einkaufstüten durch die Gänge drängeln, keine pubertierenden Gymnasiasten, die aus der Kölner Innenstadt lärmend und kichernd in die heimischen Vororte zurückfahren. Als die Straßenbahn am Ehrenfeldgürtel in nordwestliche Richtung abbiegt, sitzt Pierre sogar allein im Waggon. Er ahnt, daß er diese Fahrten schon bald wieder als nervig empfinden, daß er noch einige Zeit mit diesen regelmäßig wiederkehrenden Besuchen leben müssen wird. Mit einem baldigen Austausch seiner Eltern gegen in der DDR einsitzende West-Agenten ist vorerst wohl nicht zu rechnen. Jedenfalls hat Dr. Pötschke kurz vor seiner Urlaubsreise derartige Hoffnungen als illusionär verworfen.

Ich hatte ihm vor meiner Reise mit Victor gesagt, daß ich unentschlossen sei, Deutschland zu verlassen. Ich wollte nicht gerade über die Champs-Elysées bummeln oder an der französischen Atlantikküste baden, während meine Eltern womöglich über einen deutsch-deutschen Grenzübergang in ihre alte und wirkliche Heimat zurückkehrten. Horst-Dieter aber, wie ich Dr. Pötschke inzwischen nannte, hatte mir diese Sorge nehmen können. Vor einer rechtmäßigen Verurteilung habe noch nie ein Agentenaustausch stattgefunden. Gegen meine Eltern sei bisher nur ermittelt und noch nicht einmal Anklage erhoben worden. Vor dem Herbst, so war er sich sicher, werde diesbezüglich nicht viel passieren. Und die Art, wie Horst-Dieter das erklärte, hinterließ bei mir den Eindruck, daß der Anwalt diesbezüglich auf einschlägige Erfahrungen zurückgreifen konnte.

Pierre sitzt seinem Vater in der kleinen Besucherzelle gegenüber, und es ist wie immer in den letzten Monaten – man spricht über belanglose Dinge, die den anwesenden BKA-Beamten gar nicht erst in Entscheidungsnot bringen. Eine ganze Stunde habe er »in der Sonne spazierengehen und anschließend zwanzig Minuten lang duschen und sich die Haare waschen dürfen«, berichtet Deutschlands bekanntester Spion aus seinem Gefängnisalltag. Und sein Sohn erzählt von der Zugreise mit Victor via Paris und Bordeaux nach Capbreton an der französischen Atlantikküste. Dort hatte die Familie – Günter Guillaume erinnert sich – vor einigen Jahren mal den Urlaub verbracht. Pierre erzählt von einem Abstecher ins nordspanische San Sebastian und daß er sich schließlich von Victor getrennt habe, weil ihn die Sehnsucht ins mediterrane Saint-Raphaël getrieben habe. Dorthin nämlich war Karin von ihren Eltern in die Obhut einer französischen Gastfamilie gegeben worden, nachdem ihr die mit ihm geplante Holland-Reise untersagt worden sei. Pierre hatte in einem billigen Privatzimmer Quartier bezogen, um seine Freundin heimlich treffen zu können. Offensichtlich aber waren Karins Gasteltern die Rendezvous ihrer Anvertrauten nicht verborgen geblieben. Jedenfalls war sie vorzeitig nach Hause zurückbeordert worden.

Pierre stockt in seiner Erzählung und sieht zu dem BKA-

Beamten. Hatte er nicht bemerkt, daß Karins Rückruf in unmittelbarem Zusammenhang mit dem »Fall Guillaume« stand? Doch der Mann stiert mit stoischer Miene vor sich hin. Und auch Pierres Vater äußert sich nicht zu dem Vorfall, der seinen Sohn mehr bewegt, als er zeigen will. Ist seinem Vater überhaupt klar, daß die ständig neuen Belastungsproben, denen die Beziehung zu Karin unterworfen ist, unmittelbar mit seiner Enttarnung und Inhaftierung zusammenhängen? Bewertet Günter Guillaume seinen »Auftrag im Interesse des Friedens«, diese »große und kühne Idee« letztlich höher als das persönliche Glück seines Sohnes? Stellt er sich wenigstens jetzt, nachdem er enttarnt und überhaupt erst mit solchen Konsequenzen seines Tuns konfrontiert worden ist, derartige Fragen? Dafür hätte Pierre sogar Verständnis, nur würde er es gern von ihm erfahren. Doch sein Vater schweigt. Und als Pierre ihm in die Augen sieht, findet er auch dort keine Antwort.

Tatsächlich aber hat sich Günter Guillaume am Tag nach Pierres Besuch in einem Brief an seine Frau zu dem Vorfall in Saint-Raphaël geäußert: »Es lag auf der Hand, daß Karin seinetwegen zurückbeordert wurde; aber ich wünsche Karins Eltern, daß sie statt Emotionen bald den Verstand gebrauchen. Wenn man in ein Feuerchen bläst, geht es selten aus. Und die Flammen treffen meist den, der bläst«, schreibt er.

Hätten Karins Eltern ihre Emotionen gebraucht, hätten sie die romantische Unbeschwertheit der beiden jungen Leute nicht so empfindlich gestört. Sie hätten nicht zu den Mitteln der Sippenhaft gegriffen, sondern auf die Gefühle ihrer Tochter Rücksicht genommen. Nein, Karins Eltern hatten durchaus ihren Verstand gebraucht. Und das hieß für den Vater als Staatsbeamten, der noch die eine oder andere Stufe der Karriereleiter erklimmen wollte, daß er unbedingt vermeiden mußte, auch nur annähernd in den Dunstkreis des »Falles Guillaume« zu geraten. Dem höheren Ziel wurde das persönliche Glück der Tochter untergeordnet.

Inwiefern aber unterschied er sich in diesem Punkt von Günter Guillaume? Auch der ließ jedenfalls weiterhin keine Einsicht in die eigene Verantwortung für die vertrackte Situation von Karin und Pierre erkennen.

Mein Vater erzählte mir, daß er in der Haftanstalt seine Figur im Auge behalten müsse. Er würde deshalb »morgens nur zwei belegte Brote, mittags keine Kartoffeln und Teigwaren und abends nur Obst oder höchstens ein Wurst- oder Käsebrot« essen. Er berichtete ausführlich, wie er den kalten Windzug zwischen Fenster und Tür mit einem Pappkarton und einer Decke abzuwehren versuche, es aber trotzdem so fußkalt sei, daß er beim Lesen die Füße nicht auf dem Boden lassen könne. Diese Schilderungen an sich wären ja nicht uninteressant gewesen, wenn sie nicht durch das Vermeiden wichtigerer Themen einen so hohen Stellenwert bekommen hätten. Das entfremdete mir meinen Vater zusätzlich, weil ich ihn nicht als jemanden kannte, der alltäglichen Kleinigkeiten ein solches Gewicht beimaß.

Die wirklich wichtigen Fragen konnte ich nur Dr. Pötschke stellen, der sie dann im Vier-Augen-Gespräch meinem Vater vortrug und mir anschließend dessen Antwort übermittelte. Ich fragte mich damals, was es für einen Sinn hatte, daß ein BKA-Beamter Gesprächsthemen verhinderte, die dann über den Anwalt dennoch zur Sprache kamen. Genausogut hätte ich vor der Besucherzelle warten können, und Dr. Pötschke wäre als Dolmetscher zwischen mir und meinem Vater hin und her getigert. Doch wurden auf diesem Weg natürlich auch viele Themen ausgespart. Wie sollte ich denn unausgereifte Gedanken und unbestimmte Gefühle einem Kurier mitteilen, der diese dann meinem Vater referierte, um mir eine Woche später wiederum dessen Antwort zu übermitteln. Dennoch wurde Dr. Pötschke in diesen Wochen mehr und mehr zu einer Art Vaterersatz oder – mehr noch – zum älteren Bruder.

Plötzlich kommt Günter Guillaume noch einmal auf Pierres Reise zurück. Mit einem milden Lächeln, das Pierre von früher kennt, wenn sein Vater ihn augenzwinkernd für etwas hatte kritisieren wollen, meint er, daß die Geldausgabe für den Trip »vielleicht nicht hätte sein müssen«. Er verstehe natürlich Pierres Sehnsucht nach Frankreich, die er ja wohl »von seinen Eltern geerbt« habe, doch müsse er jetzt das Geld ein bißchen zusammenhalten. Man wisse schließlich nicht, was noch alles auf die Familie zukomme. Pierre ist nicht ganz klar, was sein Vater damit meint, doch will er ihm gegenüber auch nicht erwähnen, daß er diese Reise vom Honorar der *Neuen Revue* hatte bezahlen können. Pierre liegt nicht daran, diese Reportage zu thematisieren. Nachdem nämlich der *stern* seinen Bericht gedruckt hatte, waren zwei Reporter der *Neuen Revue* sehr massiv vorgegangen, um ebenfalls eine Foto-Story zu bekommen. Weil sie ein bedeutend höheres Honorar-Angebot als die Hamburger Illustrierte gemacht hatten, waren Pierre und Oma Erna schließlich darauf eingegangen. Doch die Veröffentlichung hatte gezeigt, daß die *Neue Revue* weitaus unseriöser berichtete als der *stern*. Pierre hofft, daß die Story seinem Vater nicht in die Hände gelangt ist. Für diesen Bericht hatte sich Pierre schon von Dr. Pötschke kritisieren lassen müssen. Endlich, so hatte der Anwalt seines Vaters vor einigen Wochen gemeint, wäre nach dem Rücktritt von Willy Brandt in den Medien zum Thema Guillaume die Ruhe eingekehrt, die im Vorfeld des Prozesses dringend nötig sei. Ausgerechnet da bringe Pierre das Ganze mit diesem Artikel wieder ins öffentliche Bewußtsein. Dabei wäre es völlig unerheblich, ob er darin richtig zitiert worden sei oder nicht.

Genau solche Fragen will Pierre eben nicht via Horst-Dieter Pötschke mit seinem Vater bereden. Da rechnet er lieber mit der Unwahrscheinlichkeit, daß dieser die *Neue Revue* überhaupt in die Hände bekommt. Horst-Dieter jedenfalls, das weiß er, würde sie ihm nicht geben.

Wie aber ist es denn tatsächlich um die Finanzen der Familie bestellt? Abgesehen von der augenzwinkernden Äußerung seines Vaters eben, hat Pierre bisher von keiner Seite etwas über eine »kritische Lage« gehört. Hatte es nicht unlängst sogar geheißen, die Konten seiner Eltern seien wieder frei, und hatte Horst-Dieter nicht den Wagen seines Vaters verkaufen dürfen? Auch wenn aus diesen Mitteln die Miete der Wohnung und sein monatliches Taschengeld bezahlt werden, können sie doch wohl nicht so bald erschöpft sein!? Günter Guillaume scheint die Gedanken seines Sohnes zu erraten. Als der BKA-Beamte das Ende der Besuchszeit verkündet, meint er: »Ich wollte dir nicht nachträglich den Urlaub vermiesen. Ich will nur, daß du künftig ein bißchen aufs Geld achtest.«

Der Urlaub, so ist ihm an diesem Nachmittag klargeworden, ist endgültig vorbei. Vorbei die Zeit, da er mit Victor tagelang in Zügen und Kneipen herumhängen konnte, ohne daß seine Eltern überhaupt ein Thema waren. Vorbei auch die Zeit, als er an den Rezeptionen französischer oder spanischer Herbergen den Namen Guillaume nennen konnte, ohne einen erstaunten Blick zu ernten. An diesem Nachmittag in der Justizvollzugsanstalt Ossendorf hat für Pierre die Rückkehr in die Realität begonnen.

Geld spielt eine Rolle

Das hier ist wirklich der unpassendste Ort für dieses Thema, geht es Pierre durch den Kopf. Er sieht sich etwas verunsichert in dem weitläufigen, ganz in Rot und Schwarz gehaltenen Gastraum des Tantris um. Victor hatte ihm gestern noch »viel Spaß in der Metropole der Snobs« gewünscht, und nun sitzt er mit Horst-Dieter Pötschke tatsächlich in jenem Münchner Nobelrestaurant, dessen exklusiver Ruf sich bis nach Bad Godesberg herumgesprochen hat. Im Tantris verkehrt die High Society. Das ist nicht mit dem Schaumburger Hof vergleichbar, wo das rheinische Bürgertum und vielleicht ab und zu mal ein internationaler Gast irgendeines Ministeriums speisen. Die Leute hier sind international bekannte Filmproduzenten, arrivierte Autoren und Künstler, Journalisten und Star-Anwälte – und in den Kreis der letzteren scheint ja auch Pierres Gastgeber durch seinen berühmten Klienten inzwischen aufgestiegen.

Ausgerechnet hier, wo Geld keine Rolle spielt, spricht Horst-Dieter die angeblich schwindenden Finanzen der Guillaumes an. Ist der Anwalt seines Vaters eher zufällig auf dieses Thema gekommen, oder ist dies gar der eigentliche Grund der Einladung? Während Horst-Dieter eine zweite Flasche des sündhaft teuren Weins bestellt, läßt Pierre den Tag noch einmal Revue passieren.

Der Weg nach Schwabing hätte exklusiver kaum sein können. Mit dem Flugzeug war Pierre in weniger als einer Stunde von Köln-Bonn in die bayerische Metropole gereist. Vom Flughafen Riem hatte ihn der Anwalt in seinem weißen

Mercedes-Cabrio durch den Freitagnachmittag-Verkehr vor seine Kanzlei in der Schwabinger Bauerstraße chauffiert.

Die Sekretärin sei schon nach Hause gegangen, erklärt eine ältere, sehr kultiviert wirkende Dame, und Horst-Dieter möge doch bitte noch die Briefe auf dem Schreibtisch unterzeichnen, damit sie diese nachher zum Briefkasten bringen könne. Bevor der Anwalt der Bitte nachkommt, macht er Pierre mit seiner Mutter bekannt. Die reizende Dame, die Pierre sofort in ein Gespräch verwickelt, will von ihm wissen, ob dies sein erster Besuch in München sei. Und als er das bejaht, freut sie sich, daß er sich dafür »so ein wunderbares Wetter ausgesucht« habe. Da müsse er unbedingt den Park von Schloß Nymphenburg besuchen oder zumindest den Englischen Garten. Auf jeden Fall, schärft sie ihrem Sohn ein, müsse er »mit dem jungen Mann in die Alte Pinakothek«. Ein Wochenende sei natürlich viel zu kurz, um die Stadt kennenzulernen. Deshalb solle Pierre unbedingt wiederkommen, dann würde sie ihm höchstpersönlich die Galerie im Lenbach-Haus zeigen.

Hätte es in der geräumigen, hellen Neubauwohnung an der Münchner Peripherie nicht die schicken Möbel aus Stahlrohr und Leder gegeben, nicht die beeindruckenden abstrakten Malereien an den Wänden und nicht die riesige Terrasse mit den großen Pflanzenschalen – allein der Thorens-Plattenspieler, der High-End-Röhrenverstärker und die frei stehenden Boxen mit dem sensationellen Sound hätten Pierre begeistert. Dieser Horst-Dieter Pötschke, so wird ihm klar, hat nicht nur einen gepflegten Lebensstil und einen exklusiven Geschmack in Bezug auf Wohn- und Eßkultur – der Anwalt seines Vaters hat auch Ahnung, was das technisch derzeit beste Equipment im HiFi-Bereich betrifft. Gern würde Pierre eine seiner Rock-LPs auf dieser Anlage hören. Aber auf einem Thorens-Plattenspieler klingt selbst Strawinskys »Feuervogel« sensationell.

Eigentlich hat er selbst vorhin mit dem Thema Finanzen angefangen, überlegt Pierre, während Pötschke den Chateau Rayas probiert. Er hatte etwas ausführlicher von der Frankreich-Reise erzählt und dann beiläufig die augenzwinkernde Bemerkung seines Vaters erwähnt, er möge doch etwas sparsamer mit dem Geld umgehen.

»Damit hat er zweifelsohne recht«, hatte der Anwalt daraufhin bemerkt, Pierre dabei ernst angesehen und versucht, diesmal die Augen nicht so weit aufzureißen. Es sei keineswegs sicher, hatte er ergänzt, daß man den »derzeitigen Lebensstandard die nächsten drei Jahre halten« könne.

»Was denn für einen Lebensstandard und warum die nächsten drei Jahre?« Pierre war irritiert.

»Nun, die nächsten drei Jahre deshalb, weil du so lange noch auf der Schule bist – mindestens!« hatte der Anwalt auf den Umstand angespielt, daß Pierre vor zwei Jahren die neunte Klasse hatte wiederholen müssen. Und unter Lebensstandard verstehe er zwar nicht unbedingt einen aufwendigen Lebensstil, doch müsse für die Wohnung in der Ubierstraße, die der Hausverwalter zwischenzeitlich sogar gekündigt hatte, demnächst eine Miete bezahlt werden, die mehr als 200 DM über der derzeitigen liege. Hinzu kämen sein Taschengeld, das Haushaltsgeld für Oma Erna und alle laufenden Kosten für Strom, Telefon und so weiter. Das sei im einzelnen zwar nicht unbedingt viel, summiere sich aber, und da keine Einkünfte dazukämen, würde das Geld schlichtweg weniger.

Pierre kann sich nicht vorstellen, daß die Rücklagen seiner Eltern schon bald aufgebraucht sein sollen. Sein Vater hatte doch gut verdient, und auch seine Mutter war immer berufstätig gewesen. Sie hatten nicht allzu aufwendig gelebt, mußten kein Haus abbezahlen wie viele Eltern seiner Mitschüler, und niemand in der Familie pflegte ein kostspieliges Hobby. Ob er Horst-Dieter einfach mal darum bitten sollte, die Finanzen seiner Eltern offenzulegen? Andererseits gibt es keinen Grund, seinen Angaben zu mißtrauen.

»Wir hatten damals alle wenig Geld, aber ihm ging es plötzlich richtig gut«, erinnert sich Victor, der mit Pierre und mir auf der Terrasse seines Hauses in Bad Honnef sitzt. Jedenfalls habe Pierre nach der Verhaftung seiner Eltern plötzlich mehr Geld zur Verfügung gehabt als zuvor.

»Später haben wir mal vermutet, daß das Geld aus der DDR kam. Und wenn ich mir heute überlege, was die im folgenden Sommer alles für uns bezahlt haben, würde mich das auch nicht wundern.«

Zwei Wochen später sitzen Pierre und ich unter den Kastanien des Aumeister-Biergartens in München Dr. Pötschke gegenüber.

»Du siehst deinem Vater immer ähnlicher«, hatte er kurz nach der Begrüßung zu Pierre gesagt. Dies bleibt die einzige Vertraulichkeit dieses Nachmittags. Mir gegenüber wahrt er bei aller Höflichkeit merklich Distanz. Ich erkläre, daß ich Pierre in den nächsten zwei Tagen mit ihm allein lassen wolle, denn mir ist schnell klar, daß er zu den Hintergründen der Ereignisse in den Jahren 1974 und 1975 in meiner Gegenwart gar nicht oder nur unzureichend Auskunft geben würde. Schon auf Pierres relativ unverfängliche Frage nach Höhe und Herkunft seines damaligen Taschengeldes verweigert Dr. Pötschke die Antwort mit dem Hinweis auf sein Mandat, demzufolge die anwaltliche Schweigepflicht nach dem Tod des Klienten fortbestehe.

Der Kellner hat mit der neuen Flasche auch neue Gläser gebracht. Nach dem ersten Schluck will Pierre von seinem Gegenüber wissen: »Heißt das, ich muß mir nebenbei einen Job suchen? Oder soll ich die Schule verlassen und eine Lehre machen?«

Nun reißt Dr. Pötschke doch wieder die Augen auf. »Hättest du denn Lust auf so was?« fragt er.

Pierre konnte es noch nie leiden, wenn man eine Frage mit einer Gegenfrage beantwortet. Vermutlich ist ihm dieser Unmut vom Gesicht abzulesen, denn der Anwalt erklärt nun, er wolle erst mal einen genauen Kassensturz machen und sich dann mit Pierres Vater beraten.

»Und wer weiß«, bemerkt er mit einem vielsagenden Lächeln, »vielleicht gibt's ja noch ganz andere Möglichkeiten.«

Das Ultimatum

Pierre zieht die Wollmütze tiefer ins Gesicht, um sich gegen den eisigen Wind zu schützen, der ihm ins Gesicht bläst. Er begegnet kaum jemandem hier unten am Rhein. Doch er will seinen Gedanken nicht in der warmen Wohnung nachhängen, sondern den Kopf frei haben für jene Entscheidung, die er morgen wird treffen müssen. Er bleibt stehen. Leichter Schneeregen hat eingesetzt. Er wendet der Richtung, aus der die kleinen Flocken kommen, den Rücken zu. Sein Blick fällt auf die meterhohen gemauerten Bögen, die parallel zum Fluß verlaufen und an denen die Kletterpflanzen langsam weiß werden. Es ist noch nicht mal ein Jahr her, daß er hier am Tag nach der Verhaftung seiner Eltern mit Victor auf der Bank gesessen hat. In dieser Zeit aber hat sich nicht nur sein Bild von den Eltern gewandelt. Zunächst unmerklich hatte sich eine Schlinge um seinen Hals gelegt und sich dann, wie von unsichtbarer Hand, immer schneller und fester zugezogen. Die Entscheidung liege allein bei ihm, hatte Horst-Dieter Pötschke wiederholt gesagt. Er sagte es mal freundlich, mal bestimmt, er bemerkte es beinahe beiläufig oder formulierte es wie einen Befehl. Schließlich hatte ihm der Anwalt eine Frist gesetzt, die Pierre als Ultimatum empfand – und das läuft morgen ab.

Erst nach seiner Reise nach München war Pierre klargeworden, daß Pötschkes scheinbar beiläufige Bemerkung über die schwindenden Finanzen eben keine beiläufige Bemerkung war. Unabhängig davon, ob dessen vage Angaben tatsächlich schon Anlaß zur Sorge geben würden, war dies der Einstieg in die Diskussion um Pierres Zukunft gewesen.

Denn schon bei seinem nächsten Besuch war der Anwalt konkreter geworden: Ob Pierre sich vorstellen könne, in der DDR zu leben. Dies sei nämlich der Wunsch seines Vaters, und schließlich würden seine Eltern in einigen Monaten ohnehin in ihre Heimat zurückkehren.

»Rückkehr in die Heimat« – das hört sich für Pierre eigenartig fremd an. Aber der Gedanke, daß dann alles wieder so sein könnte wie früher, gefällt ihm. Denn inzwischen hatten die behördlicherseits bewachten Smalltalks zu einer fühlbaren Entfremdung zwischen ihm und seinen Eltern geführt. Nach einem Austausch in die DDR würde man sicher schnell wieder zueinanderfinden und endlich auch über jene jahrelang vor ihm geheimgehaltene Doppelexistenz sprechen können.

Aber muß er selbst dazu in die DDR übersiedeln? Er könnte sie dort ja jederzeit besuchen. In Bad Godesberg hat er immerhin seine Clique mit Victor und vor allem Karin. Das sind doch gewichtige Gründe hierzubleiben. So hatte er es auch Horst-Dieter gesagt.

»Und wer soll das hier alles bezahlen?« hatte dieser daraufhin die lästige Finanzfrage wieder auf den Tisch gebracht. Was Pierre aber schließlich in einen emotionalen Konflikt brachte, war eine ganz andere Frage, die Pötschke fast nebenbei stellte. Die Frage nämlich, ob seine Eltern einen Entschluß von ihm, in Godesberg zu bleiben, nicht als ganz bewußte Abkehr gegen sich empfinden mußten, und damit auch gegen die Weltanschauung, für die sie nun im Gefängnis säßen. Pierre solle sich darüber Klarheit verschaffen, was er verlieren könnte: nämlich seine Eltern. Pötschkes Rede hatte bei ihm zu einem unangenehmen Gefühlsgemisch aus Angst, Undankbarkeit und Verlassensein geführt.

Was Pötschke sicherlich im Hinterkopf hatte, mir aber aus wenig nachvollziehbaren Gründen nicht sagte, war, daß mein Verbleiben im Westen den Kontakt zu meinen Eltern aus an-

deren Gründen unmöglich gemacht hätte. Ich bedachte damals nicht, daß sie nach einer Rückkehr in die DDR in irgendeiner Weise das bleiben würden, was sie all die Jahre gewesen waren: Mitarbeiter des Ministeriums für Staatssicherheit. Und als solche waren sie »Geheimnisträger« – wie das in der DDR hieß – und konnten unmöglich Kontakt zu einem Familienmitglied in der Bundesrepublik haben. Im übrigen war das nicht nur in der DDR üblich. Die Vorstellung, ein Mitarbeiter des Bundesnachrichtendienstes hätte damals einen Sohn in Dresden gehabt, der ihn regelmäßig in Pullach besuchte, war mindestens ebenso absurd.

An der Anlegestelle der Niederdollendorfer Fähre blickt Pierre auf den langsam dahinfließenden Strom. Das andere Rheinufer ist inzwischen komplett in Nebel gehüllt. Es sieht fast so aus, als führten die Stege der Ausflugsdampfer auf ein Meer hinaus.

»Du hast die Chance, deine Zukunft selbst in die Hand zu nehmen«, hatte Horst-Dieter zu ihm gesagt. Aber hatte er denn überhaupt um diese Chance gebeten? Kaum einer in Pierres Klasse denkt im Moment weiter über die Zukunft nach als bis zum Abitur. Victor träumt manchmal von einer Karriere als Schauspieler, was eigentlich besser zu Knut passen würde, und Karin möchte »vielleicht irgendwas mit Kunst oder Sprachen« machen. Doch für die meisten gilt eher: »Kommt Zeit, kommt Rat!« Nur kann Pierre genau damit in seiner momentanen Situation leider überhaupt nichts anfangen. Was ihm fehlt, ist eine neutrale Instanz, ein Gesprächspartner, der ihn verstehen und beraten könnte.

Als Pierre seinem Freund von Pötschkes Angebot erzählt hatte, war der gleich Feuer und Flamme gewesen und hatte das Szenario einer gemeinsamen Zukunft im Osten entwickelt. Sie sollten gemeinsam »irgendeine Ost-Berliner Oberschule aufmischen«. Mit dem Namen Guillaume sei Pierre dort sicherlich eine Art Superstar und genieße Narrenfreiheit. Tatsächlich, überlegt Pierre, hatte Victor nie etwas gegen die DDR gehabt, fand den Sozialismus-Versuch dort irgendwie »okay«, ohne sich – wie er auch zugab – jemals richtig damit beschäftigt zu haben. Das mit dem gemeinsamen Umzug in den Osten meinte er wahrscheinlich wirklich ernst. Immerhin würde er auf diese Weise aus einem Elternhaus herauskommen, das er selbst als »chaotisch« bezeichnete. Seine Mutter, eine ehemalige Journalistin, ist mit einem Ministerialdirigenten verheiratet, den Victor nicht leiden kann. Es ist bereits ihre vierte Ehe und Victor eines von insgesamt sieben Kindern. Pierre ist klar, daß die Euphorie seines Freundes deshalb nur bedingt etwas mit ihm zu tun hat.

Mit Karin war es schwieriger. Unsere naiv-romantischen Vorstellungen von der DDR konnte sie nicht verstehen, geschweige denn teilen. Ich würde »doch wohl nicht ernsthaft erwägen, in den Osten zu gehen«, hatte sie gesagt. Unsere Beziehung sei wirklich schon genug belastet. Ich konnte ihre Bedenken gut verstehen. Nach der Verhaftung meines Vaters hatte sie zu mir gehalten, was für sie nicht einfach gewesen war. Monatelang mußte sie ihre Eltern belügen, um mich heimlich treffen zu können. Und jetzt auch noch diese DDR-Pläne – das war einfach zuviel für sie. Die Entscheidung, die Pötschke von mir erwartete, überforderte bereits mich, doch bei der sechzehnjährigen Karin machte sich die fehlende Lebenserfahrung erst recht bemerkbar.

Bei nächster Gelegenheit hielt ich ihm vor, daß seine Forderungen, die ja eigentlich Vaters Forderungen waren, auch und vor allem unsere junge Liebe gefährdeten. Vielleicht bemühte er sich deshalb in der Folgezeit, Karin gegenüber als Freund zu erscheinen. Er lud uns beide nach München ein, und seine Welt imponierte natürlich auch ihr. Nur war das Erleben dieser elitären Welt in bezug auf Karins Zustimmung zu meiner Übersiedlung in die DDR eher kontraproduktiv.

Und dann organisierte Dr. Pötschke etwas, was mir bis heute rätselhaft geblieben ist. Er fuhr mit Karin und mir zu einer Arztpraxis nach Bonn, wohin mein Vater unter Bewachung zu einer Untersuchung gebracht wurde. Es gelang ihm, für wenige Minuten ein Gespräch zwischen Vater, Karin und mir im Hausflur und ohne jegliche Aufsicht zu arrangieren. Mein Vater erklärte Karin, er habe immer schon mal das Mädchen kennenlernen wollen, das seinem Sohn »so den Kopf verdreht hat«. Nun, da er sie sehe, könne er »den Pierre durchaus verstehen«, und er würde sich freuen, wenn er bei ihr den Eindruck hinterlassen hätte, »nicht das Monster« zu sein, das die Medien aus ihm machten. Ehe wir uns versahen, war die Begegnung auch schon wieder vorbei.

Warum nur habe ich dieses Ultimatum akzeptiert, geht es Pierre durch den Kopf, während er von einem Fuß auf den anderen tritt, um die Kälte zu vertreiben. Warum kann man mit Horst-Dieter nicht in Ruhe alle Wenn und Aber besprechen? Weshalb muß er mich mit dem Ultimatum unter Druck setzen? Pierre spürt wieder diese tiefe Enttäuschung, die er zum ersten Mal wahrnahm, als er erkannte, daß der, den er für einen väterlichen Freund hielt, tatsächlich nur ein Funktionsträger war. Pötschke hatte ihn am Ende eines weiteren Rostock-Besuchs im weißen Mercedes-Cabrio bei Onkel Karl in Lütten-Klein abgeholt. Auf der Rückfahrt wollte Pierre von Achims Hochzeitsfest berichten, davon, wie gut er sich mit Kerstin, Achims Frau, verstanden hatte, die ja nur ein Jahr älter war als er selbst. Doch Horst-Dieter hörte ihm gar nicht richtig zu. Und gleich nach der Grenze, als sie in Richtung Lübeck fuhren, war er wieder auf das Thema Übersiedlung zu sprechen gekommen.

Der Anwalt hatte Pierre klargemacht, daß es sich längst nicht mehr nur um eine Erwägung handle – er drängte auf eine Entscheidung. Auf gar keinen Fall nämlich würde das zunehmend schwindende Familienvermögen für drei weitere

Schuljahre in Godesberg und all die anderen Ausgaben reichen. Es wäre naiv anzunehmen, daß »die DDR womöglich mit Zehntausenden von West-Mark einspringen« werde. Schließlich könne und werde man ihm ja vergleichbare Lebensverhältnisse anbieten: das Abitur an einer Erweiterten Oberschule der DDR und ausreichend Mittel vom dortigen Konto seiner Eltern. Das stelle eine soziale Sicherheit dar, die ihm im Westen niemand garantieren könne.

In Ost-Berlin gab es für den Fall der Verhaftung eines Agentenpaares »keine generelle Planung«, wie mit deren Kindern zu verfahren sei, erklärt Kurt Gailat. Allerdings, so berichtet er uns, habe man grundsätzlich kinderlose Paare in ein Einsatzgebiet geschickt, um solchen Problemen möglichst aus dem Weg zu gehen. Es habe aber keinen Befehl gegeben, kinderlos zu bleiben, wenngleich in den allermeisten Fällen – möglicherweise aus vorauseilendem Gehorsam – der Nachwuchs ausgeblieben sei. Das war bei den Guillaumes anders, und der MfS-Mann erinnert sich, wie er davon erfahren hatte.

»Das war, als der Günter das erste Mal zum Treff kam – ich habe es noch genau vor mir, das war in der Tucholskystraße, da ist doch das Telegrafenamt, da haben wir uns getroffen. Wir lagen uns erst mal in den Armen, daß alles so gut gegangen ist. ›Weißt du was‹, sagte er, ›der Christel ist die Luftveränderung nicht bekommen.‹ Aber ich hatte nicht den Eindruck, daß ihm oder auch der Christel das irgendwie unangenehm gewesen wäre. Wenn es passiert ist, dann ist es passiert, dann freut man sich drüber. Ich hatte nie den Eindruck, daß Pierre kein Wunschkind gewesen sei.«

Siebzehn Jahre später aber war das Wunschkind zum Problem geworden. Und nun glaubt sich auch Gailat zu erinnern, daß es Pierres Eltern gewesen seien, die den Wunsch geäußert hätten, der Sohn solle in die DDR übersiedeln. Dabei spielt er das nachvollziehbare Eigeninteresse der ostdeutschen Behörden selbst herunter.

In diese Gegend hätte die Familie in diesem Jahr umziehen sollen, fällt es Pierre ein, als er vor der Ubierstraße rechts in die kleine Straße Am Büchel einbiegt und langsam zurück in Richtung Simrockallee spaziert. Vor einigen Monaten noch hatten seine Eltern sich hier mit einem Makler verschiedene Häuser angesehen. Der Umzug von einer Etagenwohnung in ein freistehendes Haus im »Godesberger Villenviertel« wäre auch ein sichtbarer Ausdruck des sozialen Aufstiegs der Familie gewesen. Wie sicher mußten sich seine Eltern gefühlt haben, wie etabliert in dieser westdeutschen Gesellschaft, daß sie eine statusgemäße Adresse ins Auge gefaßt hatten? War selbst die Frage der Wohnverhältnisse ein Teil der Legendierung, oder hatten sie die Absicht, hier einen angenehmen Wohnsitz für die Zeit nach dem aktiven Berufsleben zu finden? War womöglich das Heimatgefühl für den anderen Teil Deutschlands vor der Enttarnung gar nicht mehr so stark gewesen, wie es nun unter veränderten Bedingungen fast zwangsläufig von ihnen empfunden werden muß?

Pierre sehnt sich danach, seinen Eltern diese Fragen endlich stellen zu können. Aber wann würde das sein? Und vor allem wo? In der DDR? Wie würden sie wohl nach einem Austausch dort wohnen? Ist es vorstellbar, daß ihnen ihr Auftraggeber, allein schon als Entschädigung für die Haftzeit, ein Haus zur Verfügung stellte, das diesen hier vergleichbar wäre? Wenn er aber seine Eltern alles das fragen will, was ihn heute bewegt – muß er sich dann morgen für eine Übersiedlung in den Osten entscheiden?

Eine Entscheidung gegen die DDR könnten seine Eltern als Entscheidung gegen sich verstehen, hatte Dr. Pötschke gesagt. Wenn Pierre sich aber nun in diesem Sinne entschiede, seinen Vater aber, solange er eben nicht ausgetauscht wäre, weiterhin in Ossendorf besuchte – müßte man dann jedes Mal davon ausgehen, daß dies womöglich das letzte Mal sein könnte, daß man sich sieht?

Pierre bleibt stehen und flüstert vor sich hin: »Ich würde

dann also mit Vater wieder mal übers Wetter sprechen oder über sonst eine Belanglosigkeit, und trotzdem wäre uns beiden unausgesprochen klar, daß dies der Abschied für immer sein kann?« Pierre schüttelt den Kopf. Niemals würden seine Eltern akzeptieren, daß der Abschied von ihrem Sohn in einer Ossendorfer Besucherzelle bei Smalltalk und BKA-Bewachung stattfände. Die DDR würde sicher eine Begegnung arrangieren, Peter Buran, der Tausendsassa, würde das für seinen alten Freund Günter Guillaume schon hinkriegen.

Mehrmals streicht Pierre an der Ubierstraße 107 vorbei. Die Dämmerung setzt früh ein an diesem 27. Februar 1975. Bis heute wolle er eine definitive Entscheidung haben, hatte Horst-Dieter Pötschke gesagt. Was aber würde passieren, wenn er das Ultimatum morgen einfach verstreichen ließe? Eine Entscheidung für die eine Alternative, das hatte Pierre an diesem naßkalten Nachmittag begriffen, war immer auch eine Entscheidung gegen eine andere. Und wenn er sich nicht *gegen* etwas entscheiden wollte, konnte er sich folglich auch nicht *für* etwas entscheiden. Genau das, nimmt er sich vor, würde er morgen dem Anwalt seines Vaters sagen.

Als er die Treppe in den ersten Stock hinaufsteigt, fühlt sich Pierre erleichtert – obwohl es dafür keinen wirklichen Grund gibt. Denn auch wenn er bis morgen keine Entscheidung treffen wird, ist damit ja das Thema nicht vom Tisch. Oma Erna jedenfalls, die er jetzt da oben mit einer Zigarette in der Hand vor dem Fernseher antreffen wird, will er mit all diesen Fragen vorerst nicht belasten.

Jetzt wird's offiziell!

Die Kneipe gefällt Pierre auf Anhieb. Schräg gegenüber vom Eingang gibt es in der Schankstube einen raumhohen, reichlich verzierten Kachelofen und gleich daneben in der Ecke einen gemütlichen runden Tisch, auf dem leider ein großes Schild steht: »Reserviert«. Er will eben daran vorbeigehen, als Achim ihn zurückruft und genau jenen Tisch in der Ecke ansteuert. Wie kann denn für uns reserviert sein, geht es Pierre durch den Kopf, während er den Platz neben dem Kachelofen einnimmt. Als Peter und Achim ihn vorhin im Hotel abholten, hatten sie doch erst noch überlegt, wo man zum Essen hingehen sollte.

»Den Namen ›Zur letzten Instanz‹«, erklärt Peter Buran, »trägt das Lokal, weil hier nebenan das Gerichtsgebäude ist. Früher hieß es anders, denn die Gaststätte gibt es schon sehr viel länger. Ich glaube ...«

»Seit 1621«, ergänzt die Kellnerin, während sie die Speisenkarten auf den Tisch legt: »So alt ist keen anderet Jasthaus in janz Berlin!«. Und als habe sie hellseherische Fähigkeiten, spricht sie Pierres Gedanken aus. »Ja, ja, wer hier wohl allet schon jesessen hat – det fragen se alle.«

Pierre ist der unverwechselbare Berliner Zungenschlag nicht ganz fremd. Schließlich klingt auch bei seinem Vater dessen Heimatdialekt noch durch.

»Da, wo Se jetze sitzen, junger Mann, da saß ooch ma Napoleon, als er hier uff Durchreise war.«

Pierre muß darüber lachen, daß sie Napoleons geschichtsträchtige Anwesenheit in Preußen schlicht als »uff Durchreise« bezeichnet.

»Und auch Maxim Gorki«, bemerkt Achim mit einem fast strafenden Unterton, als habe die Kellnerin diesen einstigen Gast mit Absicht verschwiegen.

Doch erwidert sie völlig unbeeindruckt: »Nee, det war nich hier – der saß dahinten. Wat wollt ihr denn trinken?«

Nachdem die vier das Kreuzverhör, die Urteilsbegründung, den Justiz-Irrtum und die Zeugenaussage genossen haben, hinter denen sich laut Speisenkarte Rindergulasch, Leber, Kohlroulade und Berliner Eisbein verbergen, kündigt Peter Buran »eine Überraschung« an. Pierre spürt, daß es für ihn, nicht aber für Achim und Kerstin eine Überraschung sein würde. Denn sie wenden ihren erwartungsvollen Blick nicht dem Überbringer der Nachricht, sondern ihm zu.

»Morgen hast du einen offiziellen Termin im Staatsrat der Deutschen Demokratischen Republik«, sagt der schwarze Peter und ist sichtlich bemüht, seiner Stimme einen feierlichen Ton zu verleihen.

Nun sind es drei Augenpaare, die erwartungsvoll auf Pierre gerichtet sind.

»Jetzt wird's offiziell!« posaunt Peter Buran, und um Pierre die Bedeutung des bevorstehenden Ereignisses zu verdeutlichen, erklärt er: »Denn du wirst von einem engen Mitarbeiter unseres Staatsratsvorsitzenden Willi Stoph empfangen.«

Und als Pierre noch immer keine Reaktion zeigt, doziert Kerstin: »Der Staatsratsvorsitzende, das ist quasi das gleiche, was bei euch der Bundespräsident ist.«

Pierre wird klar, daß er und seine Bonner Kumpels einen ganz anderen Umgang mit »engen Vertretern« haben. Schließlich war sein eigener Vater Referent des Bundeskanzlers, die Eltern seiner Cliquenfreunde sind Ministerialdirigenten, Staatssekretäre oder sonst was. Er sieht die drei der Reihe nach an: »Was will er denn von mir?«

»Bin ich für den Arbeiter-und-Bauern-Staat etwa nicht fein genug?« fragt Pierre lachend, als Peter Buran ihn in seinem

Hotelzimmer zum Einkleiden für »das große Ereignis« abholen will.

Der wirft einen abschätzenden Blick auf Pierres Jeans und die speckige Lederjacke.

»Na ja, das Hemd zumindest kann bleiben.«

Zunächst ähnelt das Centrum-Warenhaus, das Pierre bisher nur von außen kennt, auch in seinem Inneren den Kaufhäusern in Bonn oder Köln. Rolltreppen führen zu den höheren Etagen, die Kunden streifen zwischen den Ständen umher und stehen vor den Kassen Schlange. Aber der Unterschied wird deutlich, als er sich das Angebot in der Herrenkonfektionsabteilung in der ersten Etage genauer anschaut. Hier also hängt sie, die »Martin-Schumann-Kollektion« – die größte Auswahl an Geschmacklosigkeiten.

»So was ziehe ich nicht an!« protestiert Pierre und denkt an die billigen Ramsch-Kaufmärkte, wo man solche Anzüge in Westdeutschland anbietet.

»Diese Anzüge sind unser Exportschlager, die liefern wir sogar in die BRD«, erklärt Peter Buran mit leichter Entrüstung.

In einiger Entfernung hat Pierre ein großes Schild mit der Aufschrift »Jugendmode« entdeckt. Das Schild erweist sich jedoch als Etikettenschwindel. Auch hier hängen konservativ geschnittene Klamotten mit grauenvollen, meist kleinkarierten Mustern.

»So was trägt bei uns nicht mal die Junge Union«, sagt Pierre.

»Bei uns auch nicht!« erwidert Peter lakonisch.

Damit zieht er eine Hose vom Kleiderständer, die zumindest den Vorteil bietet, daß sie gar kein Muster hat. Doch als Pierre nach der schwarzen Hose greift, bekommt er einen elektrischen Schlag. Die einzige Stelle an diesem Kleidungsstück, die offenbar nicht aus Chemiefasern besteht, scheint der Reißverschluß zu sein.

»Sieht doch gar nicht schlecht aus«, bemerkt Peter.

Doch Pierre fühlt sich nicht wirklich angezogen – weder elegant noch geschmacklos –, sondern kostümiert. Nachdem der Hotelfriseur auf Peters Bitte hin auch noch »die Frisur etwas in Form« gebracht hat, sieht Pierre nun mit der schwarzen »Elektro-Hose« und dem in verschiedenen Graustufen kleinkarierten Jackett dem Typ Martin Schumann nicht unähnlich.

Der mittelgroße Herr mit den Geheimratsecken, der Pierre auf dem großgemusterten Teppichboden entgegenkommt, trägt einen der Anzüge, die im Centrum-Warenhaus schräg gegenüber der Jugendmode angeboten werden. Der »enge Mitarbeiter des Genossen Staatsratsvorsitzenden« – wie er sich auch selbst bezeichnet – bietet Pierre einen Platz in einem klobigen Sessel vor einem niedrigen Tisch an. Wie es seinen Eltern gehe, will er wissen, und ob sie die Haftbedingungen als einigermaßen erträglich empfinden. Er versichert, daß »die Deutsche Demokratische Republik alles in ihren Möglichkeiten Stehende tun« werde, um seinen Eltern zu helfen. Er gehe davon aus, daß die Anwälte, die man »mit der Wahrnehmung der Interessen der Genossen Guillaume beauftragt« habe, im demnächst beginnenden Prozeß ein Optimum für sie erreichen werden.

Zeigt der Hinweis auf die Anwälte etwa einen Themenwechsel an? Wird sein Gastgeber nun »im Namen der Deutschen Demokratischen Republik« auf die erwünschte Übersiedlung zu sprechen kommen? Immerhin hat Horst-Dieter Pötschke, nachdem Pierre die Frist für eine Entscheidung ohne Resultat hatte verstreichen lassen, nicht nur die Enttäuschung im Namen seines Vaters ausgedrückt, sondern namentlich auch die der DDR erwähnt, die ihm »ein so großzügiges Angebot gemacht« habe. Sitzt er nun etwa hier im Staatsratsgebäude, um diese »Enttäuschung« auch von höchster Stelle vorgetragen zu bekommen? »Jetzt wird's offiziell«, hatte Peter gestern abend gesagt. Doch was genau hatte er damit gemeint?

Dem Mann mit den Geheimratsecken und dem schlecht sitzenden Anzug ist keine Verärgerung anzumerken, auch keine Enttäuschung, und schon gar nicht erhebt er Pierre gegenüber den Vorwurf der Unfähigkeit. All die Reaktionen, die er bei Horst-Dieter in den letzten sechs Wochen seit dem Verstreichen des Ultimatums erlebt hatte, die Vorhaltungen, die er ihm machte – nichts davon wird hier wiederholt. Im Gegenteil! Der Staatsrats-Funktionär, dessen Namen Pierre im gleichen Moment, als er genannt wurde, auch schon wieder vergessen hat, sieht ihn freundlich an.

Als er den nachdenklichen, scheinbar in die Ferne gerichteten Blick seines jungen Gastes bemerkt, meint er: »Das wird unser Palast der Republik.« Und er macht Pierre damit nun überhaupt erst auf den Rohbau schräg gegenüber aufmerksam. »Das wird eine ganz große Sache!« Damit bittet er ihn hinüber zu dem raumhohen Fenster: »Letzten November hatten wir Richtfest, aber es wird noch ein gutes Jährchen dauern, bis wir ihn eröffnen können. Dann wird da die Volkskammer drin sein und etliche Gaststätten, ein großer Saal für Festveranstaltungen und auch eine Kegelbahn. Na ja, eine große Sache eben.« Und dann sagt er zum Abschied etwas, das Pierre aufmerken läßt: »Wenn die Genossen Guillaume erst mal wieder in der Heimat sind, dann gehen Sie mal alle da drüben in den Palast und machen sich einen schönen Familien-Abend.«

Für diesen »Mitarbeiter des Genossen Staatsratsvorsitzenden« scheint es also eine ausgemachte Sache zu sein, daß Pierre mit seinen Eltern in der DDR leben wird!

»Nanu? Sie haben sich ja verändert«, staunt die Kellnerin, als Pierre das Lokal Zur letzten Instanz betritt: »Sie sehen ja plötzlich richtig manierlich aus!«

Peter hat Pierre vor dem Lokal abgesetzt, wo er sich nun nach Achim und Kerstin umsieht.

»Kommen Se mit, junger Mann, ick bring se zu Ihren Freunden.«

Pierre läuft der Frau hinterher, die ein großes Tablett voller Biergläser die Stufen hinunter in den hinteren Raum trägt.

»Na, wie war's?« ruft Kerstin voller Erwartung.

Pierre zuckt mit der Schulter: »Gegenüber wird ein Palast gebaut, da kommen die Volkskammer, etliche Lokale und auch eine Kegelbahn hin.«

Kerstin und Achim sehen ihn irritiert an.

»Na ja, das hat er mir erklärt, der enge Mitarbeiter eures Präsidenten. Und daß ich mir mit meinen Eltern dort einen schönen Abend machen soll, wenn sie wieder hier sind.«

»Was ist denn dagegen zu sagen?« fragt Kerstin.

Pierre überlegt, wie er der Diskussion aus dem Weg gehen kann, die ihn in den letzten Wochen schon bei Horst-Dieter zunehmend genervt hatte. Andererseits aber soll er ja gerade von ihnen etwas über das Schulsystem in der DDR und über die Studiermöglichkeiten erfahren. In diesem Zusammenhang würde die Frage des Für und Wider der Übersiedlung wahrscheinlich ohnehin nicht zu vermeiden sein. Also kann er die Diskussion auch jetzt führen.

»Wenn ich dem Anwalt meines Vaters glauben darf, kann ich meine Eltern nach einem Austausch in der DDR nur sehen, wenn ich selbst auch hierher übersiedle. Aber ob ich das will, weiß ich einfach noch nicht.«

»Was spricht dagegen?« will Achim wissen.

»Was spricht dafür?« fragt Pierre provokant zurück.

»Die DDR hat das beste Schulsystem der Welt«, antwortet Achim mindestens ebenso provokant.

Das war ein kühner Ausspruch. Auf Nachfragen stellte sich heraus, daß Achim die verschiedenen Schulmodellversuche in den westdeutschen Ländern gar nicht kannte. Und bevor wir über das angeblich »beste Schulsystem der Welt« sprachen, was ja der eigentliche Anlaß der Reise war, referierte ich erst mal über die reformierte Oberstufe in Nordrhein-Westfalen. Ich erklärte das System der Abwahlmöglichkeit von Fächern und der Spezialisierung in anderen, erzählte, daß ich beispielsweise in Chemie gar keinen Unterricht mehr besuchte und auch Latein nach einem halben Jahr abgewählt habe – dafür aber hatte ich Englisch und Deutsch doppelt belegt. Ein solches System hielten Achim und Kerstin für elitär, denn die Preisgabe einer breiten Allgemeinbildung würde die Schüler zu »Fachidioten« erziehen, die sich bezüglich ihres späteren Studienwunsches zu früh festlegen müßten. Ich verteidigte die Möglichkeit, mich auf den Gebieten besonders spezialisieren zu können, die mir lägen. Es wurde schnell klar, daß wir von ganz unterschiedlichen Bildungsidealen ausgingen. Das, was die beiden als »elitär« bezeichneten, nannte ich »pragmatisch«.

»Welchen Beruf willst du denn mal ergreifen?« fragt Kerstin.

Sie kann nicht wissen, daß sie Pierre mit dieser Frage auf dem linken Fuß erwischt.

»Na ja, daß jemand, der Bio und Chemie abgewählt hat, keine naturwissenschaftliche Karriere anstrebt, dürfte ja wohl klar sein«, antwortet er etwas gereizt.

Kerstin aber bleibt hartnäckig: »Ich wollte ja nicht wissen, was du nicht werden willst …«

Pierre unterbricht sie mit der Gegenfrage, seit wann ihr denn das eigene Berufsziel klar sei.

»Ach weißt du, ich wollte schon in der Grundschule Lehrerin werden. Nur daß ich Englisch und Deutsch unterrichten will, das weiß ich erst so seit drei oder vier Jahren.«

Zumindest in diesem Punkt, denkt Pierre, gibt es eine Übereinstimmung der Interessen. Und nun fällt auch Kerstin ein, daß das ja gerade die Fächer sind, in denen sich auch Pierre spezialisiert. Sie sehen einander an und lächeln.

»Mich hat die Philosophie auch schon sehr früh interessiert«, unterbricht Achim.

»Und womit verdient ein Philosoph in der DDR sein Geld?« fragt ihn Pierre mit echtem Interesse.

»Zum Beispiel mit wissenschaftlicher Forschungstätigkeit. Du darfst ja nicht vergessen, daß der Sozialismus, den wir hier in der DDR aufbauen, auf einer wissenschaftlichen Weltanschauung basiert. Und dabei sind die Genossen, die politische Verantwortung tragen, auf ihre Ökonomen und Philosophen angewiesen. Denn es kommt eben, wie Marx gesagt hat, nicht mehr nur darauf an, die Welt verschieden zu interpretieren, sondern darauf, sie zu verändern.«

Am Ende des langen Tischs, an dem Pierre mit Achim und Kerstin sitzt, hat eine Gruppe junger Leute ihre Unterhaltung unterbrochen und sieht zu ihnen herüber. Es sind offensichtlich Leute aus dem Osten, denn alle tragen sie ähnliche Klamotten wie Pierre aus der Jugendmode-Abteilung des Centrum-Warenhauses. Ihren Mienen aber ist anzumerken, daß sie Achims agitatorischen Eifer irgendwie komisch finden.

Plötzlich spricht er leiser und wird vor allem in seinen Ausführungen konkreter.

»Wenn du dich entschließt, auf eine Erweiterte Oberschule hier in unserer Hauptstadt zu wechseln, dann kannst du sicher ein Fach auch abwählen, und zwar Russisch. Denn den Stoff der letzten fünf oder sechs Jahre kannst du auf keinen Fall nachholen. Ansonsten ist es wahrscheinlich das beste, wenn du die 11. Klasse wiederholst. Aber da man bei uns schon nach der 12. Klasse das Abitur macht, mußt du unterm Strich auch nicht länger zur Schule gehen als in der BRD.«

Wie kann Achim denn solch konkrete Vorschläge machen? Wer hat ihn dazu befugt?

»Wenn der ›enge Mitarbeiter‹ im Staatsratsgebäude vorhin solche Vorschläge gemacht hätte, würde ich mich nicht gewundert haben«, sagt Pierre.

»Hätte dir das besser gefallen?« unterbricht ihn Achim. »Die Genossen halten es für richtiger, wenn dir solche Vorschläge nicht von irgendeinem anonymen Funktionär unterbreitet werden, sondern von jemandem, den du kennst.«

Damit war klar, daß Achim mehr für mich war als nur der Enkel von Onkel Karl. Und natürlich hatte er recht, daß ich – falls ich mich überhaupt auf den Gedanken einer Übersiedlung einlassen könnte – die Einzelheiten lieber mit ihm besprechen würde als mit fremden Funktionären. Oder womöglich in Bad Godesberg mit Martin Schumann, der ja regelmäßig bei Oma Erna zu Besuch war. Daß die DDR Achim für mich abgestellt hatte, hielt ich nicht etwa für clever, sondern für entgegenkommend. Zumindest ließ ich mich an diesem Nachmittag in der Letzten Instanz schon mal darauf ein, Details einer möglichen Übersiedlung zu erkunden. Ich stellte zum Beispiel die Frage, wo ich denn wohnen könnte.

Achim bestellt wie üblich zu jedem zweiten Bier einen Doppelkorn – und jetzt kippt er bereits den vierten hinunter.

»Das Wohnen ist sicher kein Problem«, sagt er. Dann zeigt er auf Kerstin: »Sie kommt ja jetzt auch zum Studium nach Berlin, und da wir verheiratet sind, haben wir sowieso Anspruch auf eine Wohnung. Wie wär's also, wenn wir eine größere Wohnung beantragen und zu dritt einziehen?«

Der Gedanke mit den beiden in einer Art Wohngemeinschaft zusammen zu leben, gefällt Pierre.

»Wohngemeinschaft?« überlegt Achim laut: »Na schön, wenn du es so nennen willst. Die Hauptsache ist doch, daß du nicht ganz allein bist, in einer komplett neuen Umgebung.«

Mehr und mehr erscheint Pierre die Möglichkeit einer Übersiedlung nach Ost-Berlin nicht mehr nur als abstrakter Gedanke. Er sieht sich zwar noch immer nicht in der Lage, eine endgültige Entscheidung zu treffen, doch in Achim und Kerstin hat er zumindest Gesprächspartner gefunden, von denen, anders als von Horst-Dieter, er keinen Druck spürt, und die auch nicht moralisch argumentieren. Er brauche Zeit, darüber nachzudenken, sagt Pierre, und die beiden haben dafür volles Verständnis.

Am nächsten Morgen verläßt Pierre das Zimmer im

29. Stockwerk des Hotels Stadt Berlin. Im Schrank läßt er eine schwarze Hose und ein kleinkariertes graues Jackett der Marke »Jugendmode« zurück.

Karin wirkt traurig, als sie am Abend mit Pierre auf dem heruntergeklappten Bett in seinem Zimmer sitzt. Stockend beginnt sie zu erzählen, daß ihre Eltern für eine Weile ins Ausland gehen, weil das Auswärtige Amt ihren Vater an eine Botschaft versetzt habe. Ihre Eltern beabsichtigen, sie ab dem kommenden Schuljahr auf ein Internat zu schicken. Das habe allerdings wirklich nichts mit ihm zu tun, beeilt sie sich, seiner Frage zuvorzukommen.

In der bedrückenden Stimmung, die sich plötzlich in Pierres Zimmer breitgemacht hat, greift er nach ihrer Hand. Karin legt ihren Kopf an seine Schulter, und schweigend hängen die beiden jungen Leute ihren Gedanken nach.

In der bisher gewohnten Weise, überlegt Pierre, würde die Beziehung also nicht fortgeführt werden können. Sie würden schließlich nicht mehr zusammen zur Schule gehen und nicht einmal mehr in der gleichen Stadt wohnen. Wahrscheinlich macht auch sie sich in diesem Moment Mut, daß es ja Ferien gebe und Wochenenden, an denen man sich sehen könne. Und das womöglich sogar unkomplizierter als zur Zeit, da ja die Gefahr wegfalle, von Karins Eltern irgendwo in der Stadt entdeckt zu werden.

Plötzlich beschäftigt Pierre die Frage, warum er eigentlich Achim nicht von Karin erzählt hatte. Wenn man schon so detailliert die Eventualitäten einer Übersiedlung besprach, hätte doch auch geklärt werden müssen, ob sie ihn regelmäßig in Ost-Berlin besuchen könne. Hatte er deshalb nicht daran gedacht, weil klar war, daß er seine Eltern vorerst ohnehin noch regelmäßig in Ossendorf besuchen würde. Was aber wäre nach einem Austausch? Sicher würde er auch dann gelegentlich hierherfahren, um Freunde zu treffen und wie in alten Zeiten mal wieder im Underground herumzuhängen oder in der Barriere. Sein westdeutscher Reisepaß garantierte ihm ja eine solche Reisefreiheit. Aber Karin? Es wäre schon beruhigend, zu wissen, daß auch sie ihn jederzeit in Ost-Berlin besuchen könnte. Und zwar nicht nur als Besucherin mit Tagesvisum, sondern auf unbürokratische Weise auch kurzfristig und für längere Zeit. Der schwarze Peter wäre für dieses Anliegen sicher der richtige Ansprechpartner. Doch würde Karin auch kommen? Sie hat nie einen Hehl daraus gemacht, daß sie den Osten ablehnt.

Nach einer Weile fragt er sie zögernd: »Würdest du mich denn überhaupt besuchen – dort im ›wilden Osten‹?«

Karin sieht ihn mit ihren traurigen dunklen Augen an. Dann huscht ein Lächeln über ihr Gesicht, und sie nickt.

Pierre ist überrascht von Oma Ernas Reaktion. Nach seinem detaillierten Bericht von seinem jüngsten Aufenthalt in Ost-Berlin hatte er seine Großmutter gefragt, was sie davon halte, wenn er sich entschließen würde, dorthin zu übersiedeln.

»Das würde mir eine große Last von der Seele nehmen«, hatte sie geantwortet. Denn wie sich herausstellte, hatten schon seit einiger Zeit sowohl Martin Schumann als auch Horst-Dieter Pötschke seiner Großmutter zugeredet, doch selbst eine Rückkehr in die DDR ins Auge zu fassen.

»Wenn Christel dorthin ausgetauscht wird, dann sollte ich als ihre Mutter doch eigentlich bei ihr sein«, teilt sie dem Enkel jetzt ihre Überlegung mit.

Andererseits, so wägt Oma Erna nun ab, könne sie es aber auch nicht verantworten, ihren Enkel in Bad Godesberg allein zurückzulassen.

Pierre empfindet es mittlerweile als absurd, daß er seine Großmutter in den vergangenen Wochen nicht mit der Frage seiner möglichen Übersiedlung hatte belasten wollen, sie aber offenbar zur selben Zeit darüber nachgedacht hatte, wie sie künftig der Tochter und dem Enkelsohn gleichermaßen gerecht werden könne. Eine Entscheidung für die Übersiedlung würde sie tatsächlich aus einer emotional vertrackten Situation befreien.

»Aber ich will dich nicht beeinflussen«, sagt die alte Frau, während sie Pierre über das Haar streicht, »denn eine Entscheidung kannst du nur für dich allein treffen. Schließlich mußt du ja auch die Konsequenzen tragen.«

Pierre sieht seine Großmutter nachdenklich an. Er ist sich nicht sicher, ob er wirklich versteht, was sie mit »Konsequenzen« meint.

Es ist eine Menge los im Zwitscherstübchen.

»Russisch als zweite Fremdsprache wird uns erlassen«, ruft er seinem Freund ins Ohr, um die Geräuschkulisse zu übertönen.

»Was?« fragt Victor, und er sieht Pierre mit einem Blick an, der verrät, daß er schon länger hier am Tresen sitzt.

»Na, du wolltest doch mit mir eine Ost-Berliner Oberschule aufmischen!«

Pierre lacht etwas verlegen, als er Victor nun an dessen großspurige Sprüche vor einigen Wochen erinnert. Victor aber blinzelt seinen Freund verständnislos mit schon etwas hängenden Lidern an.

Ob Victor im Ernstfall tatsächlich mitkommen würde? Vielleicht könnten sie ja auch in einer Art Zweier-WG wohnen? Wenn er das zur Bedingung einer Übersiedlung machte, wäre es für den schwarzen Peter sicher ein leichtes, das hinzukriegen. Victors Blick aber verrät ihm, daß er noch immer nichts verstanden hat.

»Was ist?« fragt Pierre nun direkter. »Ziehen wir nach Ost-Berlin?«

Sein Freund sieht ihn einen Moment lang an und hält ihm dann sein Bierglas entgegen, um mit ihm anzustoßen. Pierre greift seinerseits zu dem Bier, das ihm der Wirt unaufgefordert hingestellt hat. Und als er mit Victor anstößt, empfindet er es als Besiegelung einer gemeinsamen Zukunft.

Urlaubsgrüße aus Prerow

»Ah, der Herr Guillaume ist auch mal wieder zu Gast bei uns«, wird Pierre von dem Mann hinter der Rezeption des Hotel Stadt Berlin wie ein guter Bekannter begrüßt. Umgehend beginnt der Hotelangestellte in seinem Reservierungsbuch nach dem entsprechenden Eintrag zu suchen. »Diesmal haben Sie ein Doppelzimmer. Ist das richtig?« Dabei sieht er sich offenbar nach einer weiblichen Begleitung um.

»Ich bin die andere Hälfte«, bemerkt Victor, der nun an den Tresen tritt.

»Die beiden sind langjährige Schulfreunde!« beeilt sich Peter Buran zu erklären.

»Wahrscheinlich hatte dieser Peter Angst, man könnte uns für schwul halten«, meint Victor, als er mit Pierre im Fahrstuhl nach oben fährt.

Die beiden müssen über die Vorstellung lachen, und ihre Laune hebt sich zusätzlich, als sie das Zimmer im 34. Stockwerk betreten. Es ist zwar für ein Doppelzimmer nicht allzu geräumig, doch der Ausblick ist sensationell, mit der Kugel des Fernsehturms schräg über dem Hotel.

»Ich werde hier von Mal zu Mal höher einquartiert«, stellt Pierre amüsiert fest.

Doch Victor bemerkt: »Du wirst hier demnächst überhaupt nicht mehr einquartiert.«

Sie sehen einander an.

»Stimmt!« sagt Pierre schließlich.

Für einen Moment genießen sie schweigend den Blick auf den Alexanderplatz tief unter ihnen.

»Das Kaufhaus da kannst du komplett vergessen. Zumindest wenn du Klamotten kaufen willst«, rät Pierre seinem Freund. Dann aber fällt ihm ein, daß er Victor ja schon vor Wochen die Geschichte mit der elektrostatisch aufgeladenen Hose erzählt hatte. Und noch vorhin auf dem Flug von Köln-Bonn nach Berlin-Tempelhof hatte er gesagt: »Ich hoffe nur, daß sie mir im Hotel Stadt Berlin an der Rezeption nicht wieder die Klamotten überreichen und erklären, ich hätte das beim letzten Mal vergessen.«

Doch da hatte Victor noch gar kein richtiges Ohr für seinen Freund gehabt, sondern sich mehrmals nervös im Flugzeug umgesehen. Er mußte befürchten, daß jemand aus der Abteilung seines Stiefvaters beim Bundesfinanzministerium in der Maschine sitzen würde, der regelmäßig zu irgendwelchen Außenterminen nach Berlin reiste. Victors Eltern glaubten nämlich, er wäre mit Pierre zu einer Reise nach Holland aufgebrochen.

»Das ist in jedem Fall besser so, um meinen Vater nicht in Schwierigkeiten zu bringen«, hatte Victor im gemeinsamen Vorgespräch gesagt, und Dr. Pötschke hatte diesem Vorschlag sofort zugestimmt.

Victor hat später mal erzählt, er sei damals von Dr. Pötschke im Hotel Königshof in einem Vier-Augen-Gespräch zur »strikten Geheimhaltung bezüglich der Übersiedlung« vergattert worden. Pötschke selbst schien vor allem besorgt, daß meine Übersiedlung bekannt werden könnte. Inzwischen hatte der Prozeß gegen meine Eltern begonnen, und man wollte vermeiden, daß die westdeutschen Medien darüber berichteten, daß »der Sohn des Kanzlerspions in die DDR übergesiedelt ist«. Deshalb reiste ich auch nur mit kleinem Gepäck. Ende des Jahres sollte Oma nachkommen. Dann würden im Rahmen eines offiziellen Umzugs auch meine ganzen Sachen mitgeschickt. Vorerst wurde aber gegen Oma noch ermittelt. Sie mußte deshalb in Bad Godesberg bleiben. Doch in ihrem Fall rechnete man mit der baldigen Einstellung der Ermittlungen.

Ich war sozusagen die familiäre Vorhut, dann sollte Oma kommen, und nach dem Urteil gegen meine Eltern würden auch sie dann ziemlich schnell ausgetauscht. Bis dahin aber sollte meine Übersiedlung wie eine Geheimaktion behandelt werden. Folglich hatte ich mich weder beim Einwohnermeldeamt noch an der Schule abgemeldet. Das würde die Ständige Vertretung zu gegebener Zeit nachholen, wurde mir gesagt.

»Na endlich haben wir wieder eine Identität«, bemerkt Victor lakonisch, als Peter Buran ihm und Pierre die Campingplatz-Ausweise überreicht. Damit spielt er auf den Umstand an, daß Peter ihnen gleich nach der Einreise die Pässe weggenommen hatte. Fast dreihundert Kilometer waren sie inzwischen in Peters Polski-Fiat nach Norden und dann zwischen Ostsee und Bodden auf dem Darß entlang bis Prerow gefahren. Von der Straßenseite aus war der Campingplatz auf Anhieb nicht zu erkennen gewesen. Doch plötzlich hatte Peter zwischen den hohen Hecken den Wagen direkt vor einer Schranke gestoppt und sich zu dem kleinen Wärterhäuschen begeben. Ein Staat im Staate, war es Pierre angesichts der Absperrung durch den Kopf gegangen. Und nun auch noch diese Ausweise, die man, wie Peter erklärt, am Eingang jeweils vorzeigen und auch auf dem Territorium des Campingplatzes stets mit sich führen muß.

Achim und Kerstin freuen sich, als sie Pierre auf dem Zeltplatz treffen. Gemeinsam mit einem hageren, etwas einfältig wirkenden jungen Mann haben sie schon drei Zelte in unmittelbarer Strandnähe aufgebaut.

»Das hier ist eure Schlafstatt!«

Kerstin zeigt auf ein großes Hauszelt, in dessen Vorbau sich eine provisorische Wohnküche mit Propangaskocher und Campingmöbeln befindet.

»Wer will ein Bier?« fragt Achim.

Als Victor »Da bin ich dabei!« ruft, scheint zwischen den beiden auf Anhieb das Eis gebrochen zu sein.

Wenn einstmals enge Freunde sich nach Jahren an alte Zeiten erinnern, werden Unbeteiligte in aller Regel auf die Ränge der Zuhörer verwiesen. So geht es auch Victors Frau und mir, als die beiden mehr als ein Vierteljahrhundert später über die Zeit auf dem Zeltplatz von Prerow sprechen.

Mit dem Köpfen der ersten Flasche Bier, erinnert sich Victor, wurde Achim von ihm als Kumpel akzeptiert. Und für die hübsche neunzehnjährige Kerstin habe man ohnehin »schon mal einen Blick riskiert«. Noch reizvoller habe die Sache der Umstand gemacht, daß man am FKK-Strand zeltete.

»Das aber«, bemerkt Pierre lachend, »stellte uns vor die Frage, wohin mit den Campingplatzausweisen, die wir ja immer bei uns tragen sollten.«

Lothar, der einfältig wirkende junge Mann, der sich als Peter Burans Sohn entpuppte, sei von ihnen vom ersten Moment an nicht sonderlich ernst genommen worden.

»Er war von Anfang an der Hiwi«, erinnert sich Pierre, und Victor stimmt zu.

Nachdem Lothars Vater wieder in Richtung Berlin verschwunden war, habe sein Sohn den »Barkas« – ein dem VW-Bus ähnliches Gefährt – chauffiert, die Einkäufe erledigt und den Müll weggebracht.

Eigenartigerweise, so erklärt Pierre, hätten sie das in Bad Godesberg eingeübte Cliquenverhalten auf die nun zufällig zusammengewürfelte Gruppe übertragen. Das sei natürlich weitgehend unbewußt passiert. Aber schon als am frühen Abend die erste Flasche Nordhäuser Doppelkorn geleert wurde, hätten alle von Victor einen Spitznamen bekommen. Er habe mal wieder damit begonnen, im nasalen Ton des Filmkomikers Theo Lingen zu sprechen, und an die Anwesenden Namen aus Filmlustspielen der dreißiger Jahre verteilt. Damit hätte er schon in Bad Godesberg seine Mitschüler amüsiert. Aus Kerstin wurde das »Fräulein Erika«, Achim nannte er »Herr Zirkusdirektor«, Pierre war der »Messerwerfer«, und sich selbst bezeichnete Victor als den »Großen Impresario«.

In der Karikatur von Theo Lingen, das ist bemerkenswert an dieser Geschichte, erkannten die jungen Leute, die ja im geteilten Deutschland aufgewachsen waren, einen Kult-Star der gemeinsamen Filmgeschichte. Und noch etwas ist interessant: Peter Burans Sohn Lothar bekam keinen Spitznamen, und niemand schien sich daran zu stören. Außer vielleicht Lothar selbst. Aber er sagte es nicht, sondern fügte sich sofort in die Rolle des Außenseiters.

Im Vorzelt ist schon der Frühstückstisch gedeckt, als die drei Männer nach und nach mit verquollenen Augen und Brummschädeln aus ihren Zelten kriechen. Nur Kerstin, die sich mit dem Alkohol gestern abend zurückgehalten hatte, sieht einigermaßen frisch aus. Lothar hat nicht nur die Spuren des kollektiven Besäufnisses restlos beseitigt, sondern auch schon den dänischen Kochschinken aus seiner Aluminiumdose geholt, die verschiedenen Käsesorten auf einem Teller angerichtet und frischen Kaffee gebrüht. Als er aber damit beginnt, die Wassermelonen aufzuschneiden, die gestern noch achtlos in der Ecke des Vorzelts gelegen hatten, reißen ihm Victor, Pierre und Achim die großen Schnitze regelrecht aus der Hand. Die Kerne der Melone lassen sich, durch die spitzen Lippen geblasen, hervorragend als Geschosse benutzen. Die drei Freunde sind gerade dabei, die Kerne auch in Richtung Kerstin und Lothar zu spucken, als über Lautsprecher eine Durchsage »an alle Zeltplatz-Gäste« ertönt, daß »im Konsum des Zeltplatzes soeben Wassermelonen eingetroffen« seien. Schlagartig setzt eine Art Völkerwanderung ein. Aus sämtlichen Zelten stürzen Leute und rennen allesamt in die gleiche Richtung. Pierre und Victor stellen die Melonenkernangriffe ein und blicken sich fragend an. Doch die anderen scheint dieser Vorfall in keiner Weise zu verblüffen. Achim gießt sich seelenruhig Kaffee ein, Kerstin schmiert sich ein Käsebrot, und Lothar fragt, mit einer Dose Halberstädter Würstchen in der Hand: »Soll ich den Grill anschmeißen?«

Wie sollten Victor und ich diese bizarre Szene auch verstehen? Natürlich wußten wir von den Versorgungsengpässen in der DDR. Und mit ein wenig gutem Willen konnten wir auch noch begreifen, daß man unter solchen Umständen für eine Wassermelone alles stehen und liegen läßt und losrennt. Was wir aber überhaupt nicht ahnten, war, daß wir auf diesem Zeltplatz unabhängig von jenem Konsum lebten. Wir machten uns keine Gedanken, wo Lothar unsere Lebensmittel herhatte. Und weil wir mit anderen Zeltplatz-Besuchern so gut wie keinen Kontakt hatten, wußten wir nicht, daß diese auch für das Radeberger, den dänischen Kochschinken in Dosen und den französischen Frischkäse, also für all das, was wir wie selbstverständlich futterten, die gleichen Sprinteraktivitäten entfalten würden wie jetzt bei den Melonen. Wie sollte ein in Westdeutschland aufgewachsener Jugendlicher auch auf die Idee kommen, daß es in der DDR flächendeckend für verdiente und vor allem ausgewählte Mitarbeiter von Partei und Staat eigene Versorgungsobjekte gab, in denen man Sachen kaufen konnte, die man in diesen Jahren sonst nirgendwo im Land bekam? Es mag aus heutiger Sicht naiv klingen, aber Victor und ich waren privilegiert, ohne es zu wissen. Durch die Szene der rennenden Zeltplatzbesucher aber bekamen wir darauf einen ersten Hinweis.

Die erste Urlaubswoche vergeht wie im Flug. Und plötzlich ist der schwarze Peter wieder da.

»Ich habe eine Überraschung«, sagt er zu Pierre und macht dabei ein ebenso erwartungsvolles Gesicht wie vor einigen Wochen, als er ihm in der Letzten Instanz mitteilte, daß ihn ein »enger Mitarbeiter des Staatsratsvorsitzenden« empfangen würde. Peter sieht sich im Vorzelt um: »Na schön, feierlicher kriegen wir's nicht.« Nun zieht er aus seiner Tasche ein hellblaues Büchlein, das er Pierre überreicht. »Bitte schön, dein Personalausweis. Herzlich willkommen in deiner neuen Heimat, die es de facto ja eigentlich immer war.«

Pierre sieht auf das Dokument in seiner Hand und erkennt das Hammer-und-Zirkel-Emblem der DDR. Konsterniert öffnet er das kleine Büchlein und entdeckt darin sein Paßbild, welches er vor drei Wochen der Ständigen Vertretung in Bonn gegeben hatte. Er nahm damals an, dies würde für irgendeine »ständige Aufenthaltsgenehmigung« oder ähnliches benötigt. Was aber hat denn jetzt dieser Ausweis zu bedeuten? Die Frage wird ihm auf der zweiten Seite des Dokuments beantwortet: »Der Inhaber dieses Personalausweises ist Bürger der Deutschen Demokratischen Republik.«

»Endlich hast du auch den Ausweis deiner Republik!« Und um irgendwelchen Nachfragen gleich zuvorzukommen, beeilt sich Peter zu erklären: »Da deine Eltern all die Jahre, in denen sie in der BRD als unsere ›Offiziere im besonderen Einsatz‹ gewirkt haben, DDR-Bürger waren, warst du es selbstverständlich auch. Du hast es nur nicht gewußt.«

Diese Logik erschließt sich Pierre und mir selbst heute noch nicht. Wären Pierres Eltern im April 1974 nicht enttarnt worden, hätte er auch nicht erfahren, daß er nach Ansicht der DDR immer einer ihrer Staatsbürger war. Ahnungslos wäre er in der Bundesrepublik als »DDR-Bürger« Soldat oder Zivildienstleistender geworden, hätte als solcher an Wahlen teilgenommen und irgendwann womöglich selbst staatliche Ämter bekleidet?

Nun waren ja nach bundesdeutscher Auffassung auch die 17 Millionen Bürger des anderen deutschen Staates allesamt BRD-Bürger. Das hatte seinen Grund darin, daß man in Bonn die DDR-Staatsbürgerschaft nicht anerkannte. Man verhandelte zwar mit der Regierung der DDR, schloß mit ihr einen Grundlagenvertrag, und kurz vor dem Ende der ostdeutschen Republik empfing man sogar deren Staatsratsvorsitzenden mit Hymne und militärischen Ehren – dennoch blieb die DDR nach westdeutscher Auffassung bis zu ihrem Ende ein Staat ohne eigene Staatsbürger. Umgekehrt aber gab es für die DDR natürlich die Existenz des BRD-Bürgers, und nach der eigenen verfassungsmäßigen Zwei-Staaten-Theorie schloß diese Staatsbürgerschaft wiederum die der DDR aus. Pierres »doppelte Staatsbürgerschaft« gab es nach offizieller DDR-Definition also bestenfalls als Legendierung für eigene Agenten. Und genauso wurde auch er von Ost-Berlin seit seiner Geburt betrachtet.

Ich schlage Pierre vor, doch mal im Bad Godesberger Einwohnermeldeamt nachzufragen, wann er hier eigentlich polizeilich abgemeldet worden war – und vor allem von wem. Das verblüffende Ergebnis, das diese Recherche in nur wenigen Minuten zutage fördert, macht die ganze Staatsbürgerschaftsfrage noch kurioser. Eine polizeiliche Abmeldung durch die Ständige Vertretung oder eine andere Behörde der DDR war nie erfolgt. Erst am 23. April 1980 war Pierre von Amts wegen abgemeldet worden – fast fünf Jahre, nachdem ihm Peter Buran auf dem Zeltplatz an der Ostsee formlos einen DDR-Ausweis überreicht hatte.

Damals in Prerow hatte mich dieser Personalausweis zwar einen Moment irritiert, die Staatsbürgerschaftsfrage aber ansonsten nicht wirklich interessiert. Es war klar, daß ich weiterhin zu meinen Eltern nach Ossendorf fahren würde, der nächste Termin stand sogar schon fest, und dabei würde ich auch Karin und alle meine Freunde in Bad Godesberg wiedersehen. Außerdem war mir zugesagt worden, daß mich Karin ohne bürokratischen Aufwand jederzeit in »unserer Hauptstadt« besuchen könne. Man hatte mir also im Vorfeld viele Zugeständnisse gemacht, wozu auch die Einladung an Victor gehörte, mit mir den Urlaub an der Ostsee zu verbringen. Ich ging also davon aus, daß man auch weiterhin auf meine Wünsche weitgehend eingehen würde. Doch als ich Victors Übersiedlung ansprach, spürte ich zum ersten Mal, daß etwas nicht so laufen würde, wie ich es gerne hätte.

Peter gibt seinem Sohn ein Zeichen, und Lothar zieht davon. Dann sieht er sich langsam in der Runde um, ehe er bemüht freundlich formuliert: »Nun wollen wir doch erst mal, daß du mit Victor einen schönen Urlaub hast. Deshalb ist dein Freund doch hier. Wir dachten, es würde dir gefallen, wenn du die ersten Wochen in der DDR nicht ganz auf einen alten Kumpel verzichten mußt.«

Pierre bemerkt, daß Victor keinerlei Anstalten macht, seine eigene Übersiedlungsabsicht anzusprechen. Deshalb wendet er sich nun selbst an Peter.

»Ich würde auch nach dem Urlaub nicht so gern auf ihn verzichten.«

Der schwarze Peter atmet tief durch.

»Natürlich kann jeder einen Antrag auf die Staatsbürgerschaft unserer Republik stellen. Auch Victor, wenn er das will. Aber es wäre in seinem Fall nicht das gleiche wie bei dir. Er müßte tatsächlich diesen formellen Schritt tun und die üblichen Maßnahmen in Kauf nehmen.«

»Welche ›Maßnahmen‹ denn?« unterbricht ihn Pierre, der es nicht gewohnt ist, daß ihm der schwarze Peter widerspricht.

»Na ja, auch bei uns gibt es für Übersiedler Aufnahmelager. Ebenso wie in der BRD.«

Ganz nebenbei erfährt Pierre außerdem, daß seine Eltern in der DDR ein Konto haben, wohin deren östlicher Arbeitgeber all die Jahre ihre Gehälter überwiesen hat. Von diesem Konto könne man für ihn ein monatliches Taschengeld bezahlen, die Mietkosten für eine Unterkunft und auch die eine oder andere Anschaffung. Das alles aber würde bei Victor wegfallen.

»Wovon will er denn leben bis zum Abitur?« stellt Peter bezüglich Victor nun die gleiche Frage, die in den letzten Monaten Horst-Dieter an Pierre gestellt hatte.

Muß sein Freund nun etwa aus den gleichen Gründen im Westen bleiben, aus denen Pierre in den Osten sollte? Hat Peter Buran, der Tausendsassa, plötzlich keine Ideen mehr? Oder sind seine Auftraggeber, die er ja irgendwo in der Regierung zweifellos hat, an Victors Übersiedlung etwa gar nicht interessiert?

Es ist eine eigenartige Stille im Vorzelt eingetreten. Achim und Kerstin sehen teilnahmslos vor sich hin, und Pierre hat den Eindruck, als seien ihnen Peter Burans Ausführungen nicht neu. Als herrsche zwischen diesen dreien eine stille Übereinkunft. Was Pierre jedoch mehr verunsichert, ist, daß zwischen ihm und Victor plötzlich keine Übereinkunft mehr zu bestehen scheint. Hatte sein Freund damals in Godesberg nur einen Spruch gemacht, irgendeine Idee formuliert, ohne diese wirklich bedacht zu haben?

»Du hast doch gehört, was Peter gesagt hat«, flüstert Victor seinem Freund zu, als sie nebeneinander in ihrer Schlafkoje liegen. »Es wäre bei mir nicht das gleiche wie bei dir. Sieh mal, Pierre, deine Eltern sind hier angesehene Leute. Schon aus Dankbarkeit ihnen gegenüber wird man dir hier alles ermöglichen. Oder zumindest vieles. Du brauchst nicht mal lossprinten, wenn Melonen eingetroffen sind. Aber wer wäre ich denn für diese Leute hier? Nichts, niemand, nur dein Kumpel, den sie mit durchziehen sollen!«

Pierre spürt trotz der Dunkelheit, wie Victor mit den Schultern zuckt, und er weiß, daß er recht hat. Als ihm sein Freund nach einer Weile immerhin in Aussicht stellt, nach dem Abi in den Osten zu kommen, um hier auf die Schauspielschule zu gehen, da ist er fast schon wieder versöhnt. Ganz der alte Victor. Und auch in einem anderen Punkt hat er natürlich recht.

»Wenn's dir hier nicht gefällt, Alter – dann bleibst du bei einem deiner nächsten Besuche einfach wieder im Westen«, wispert dieser ihm leise ins Ohr.

Mit dieser beruhigenden Option im Hinterkopf schläft Pierre schließlich ein.

Hat er eben richtig gehört? Völlig konsterniert blickt Pierre zu Victor hinüber – doch der ist mit dem anderen Mädchen in einen vermeintlich heißen Flirt verwickelt. Wahrscheinlich hat sein Kumpel noch gar nicht begriffen, was hier abläuft. Pierre sieht wieder die Blonde neben sich an, die ihn noch immer auffordernd anlächelt. Und weil er nichts sagt, beschließt sie: »Na schön, dann nehme ich erst mal noch einen Gin Tonic.«

Wo sind denn Achim und Kerstin? Nach einer Weile entdeckt Pierre sie engumschlungen auf der Tanzfläche. Victor hat recht, Kerstin sieht tatsächlich nicht schlecht aus. Wenn sie nur nicht diese häßliche Brille hätte. Aber die scheint in der DDR modern zu sein. Mindestens drei andere junge Frauen in dieser Disko, oder was das hier sein soll, tragen exakt das gleiche Modell.

Mit schweren Lidern sieht sich Pierre in dem Raum um. Irgendwie scheint es in allen Hotelbars der Welt gleich abzulaufen. Am Tresen sitzen ein paar einsame Gestalten, auf der Tanzfläche wird geschmust, und auch solche Nummern wie die mit den beiden Mädchen hier gehören offenbar standardmäßig dazu. Wenngleich er solche Mädels nicht ausgerechnet hier in Warnemünde vermutet hätte. Gehören sie etwa zum Urlaubsplan seiner Gastgeber? Nein, ausgeschlossen! Dann hätte Lothar ja gleich die Bezahlung übernehmen können. Schließlich hat er vorhin, als der Typ hinter dem Tresen nach der dritten Flasche Sekt Zwischenkasse machen wollte, auch bezahlt.

Eigentlich ist dieser Laden ziemlich scheußlich, geht es Pierre durch den Kopf. Wenn Achim nicht den Türsteher kennen würde … Dafür ’ne Stunde oder länger in einer Schlange anzustehen hätte sich jedenfalls nicht gelohnt.

Das Mädchen neben ihm hat ihren Gin Tonic bekommen. Mit einem »Auf dich, mein schöner Mann!« prostet sie ihm zu.

»Na, wie sieht’s aus? Kommste nun mit oder nich?«

»Für hundertfünfzig Mark. West! Im voraus?« wiederholt Pierre ihr »Angebot« von vorhin und bekommt ein zuckersüßes, zustimmendes Lächeln als Antwort.

In diesem Moment dreht sich Victor um.

»Sind sie nicht süß, die Ostmädels?«

»Ostmädels? Ost-Nutten solltest du besser sagen!« entgegnet Pierre.

Empört knallt das blonde Mädchen ihr Glas auf den Tresen und fordert mit drohender Miene: »Eh du, sag das noch mal!«

»Aber gern! Die hier will hundertfünfzig West, wenn ich mitgehe. Na Victor, wie findest du denn das? Sind doch ehrliche Preise bei diesen sozialistischen Nutten!«

Die Gäste an den anderen Tischen verstummen und drehen ihnen die Köpfe zu. Das Mädchen, das eben noch mit Victor geflirtet hat, fängt an herumzukeifen, schreit etwas von »arroganten Typen«, »Unverschämtheit« und »Verleumdung«. Im Nu entwickelt sich eine tumultartige Szene. Und plötzlich steht ein Mann im dunklen Anzug neben Pierre.

»Die Herren möchten bezahlen?«

»He, he, he«, ruft Victor und drängelt sich dazwischen. »Wenn wir zahlen wollen, werden wir es Ihnen schon sagen, okay?!«

Doch der Anzug-Typ läßt sich auf eine Diskussion gar nicht erst ein.

»Darf ich mal die Ausweise sehen?« fordert er.

»Was bist du denn für einer?« fragt Victor leicht schwankend und hält sich an der Lehne eines Barhockers fest. »Vopo? Oder biste nur der Zuhälter von denen da.«

Noch immer läßt der Mann sich nicht provozieren.

»Ich bin der Gaststättenleiter, und ich erlaube es nicht, daß meine Gäste beleidigt werden.«

»Nutte ist doch keine Beleidigung, sondern eine Berufsbezeichnung!« sagt Pierre und trinkt sein Glas in einem Zug leer.

»Bitte zeigen Sie mir Ihre Ausweispapiere!« fordert der Leiter des Etablissements im Keller des Hotels Neptun.

»Zu Befehl, Herr General!« ruft Pierre mit schwerer Zunge

und zieht seinen DDR-Ausweis aus der Hosentasche. »Ich bin Bürger der Deutschen Demokratischen Republik!«

Die beiden Mädchen starren entgeistert auf das hellblaue Büchlein. Auch der Gaststättenleiter ist überrascht. Er mustert Pierre, blättert mit skeptischer Miene in dem Dokument und fragt, nach zwei vergeblichen Versuchen, den französischen Namen auszusprechen, schließlich:

»Wie bitte heißen Sie?«

»Guillaume, Pierre Guillaume«, sagt Pierre etwas lauter.

»Au Scheiße«, ruft das Mädchen, das noch vor wenigen Minuten einem West-Touristen 150 D-Mark hat abknöpfen wollen.

Sofort beginnt auch in der kleinen Traube von neugierigen Gästen ein Geraune, und mehrmals hört Pierre seinen Familiennamen.

»Los, laßt uns gehen!« fordert Achim, der sich zwischen den Leuten hindurchgeschoben hat.

»Einen Moment!« entgegnet der Gaststättenleiter. »Die Herren haben diese beiden Damen hier ...«

Er kann seinen Satz nicht zu Ende führen, denn schon hat Achim ihn an der Schulter gepackt und etwas unsanft zur Seite gezogen. Keine dreißig Sekunden später ist Achim zurück und drückt Pierre den Ausweis in die Hand. Der Gaststättenleiter ist plötzlich wie vom Erdboden verschluckt, und auch die beiden Mädchen tauchen schnell in der dichtgedrängten Menge vor der Bar unter.

Die Stimmung auf der Rückfahrt nach Prerow ist gedrückt. Vor allem Achim scheint richtig schlechte Laune zu haben.

»Kannst du mir mal sagen, warum du sauer bist?« fragt ihn Pierre. »Selbst hier im Osten wird man ’ne Nutte doch wohl ›Nutte‹ nennen dürfen, oder? Und sonst ist ja nichts weiter passiert!«

»Nichts passiert? Bitte nimm zur Kenntnis, daß wir an einem Skandal nicht interessiert sind!«

Pierre versteht nicht, wovon Achim da überhaupt spricht: »Was denn für ein Skandal? Das da eben war doch wohl kein Skandal! – Und wer«, setzt er nach, »ist denn eigentlich immer mit diesem ›Wir‹ gemeint?«

»Wir alle, die wir uns um dich kümmern«, sagt Kerstin jetzt mit ruhiger, freundlicher Stimme.

Das hätte Pierre fast wieder versöhnt, wenn Achim nicht weit weniger freundlich ergänzt hätte: »Mit deinem Namen hast du hier in unserem Land eine Vorbildfunktion. Nimm das bitte zur Kenntnis, und verhalte dich künftig entsprechend!«

Erst später ist mir klargeworden, was Achim wirklich Sorgen bereitet hatte. Das Neptun war ein Interhotel, in dem neben anderen Devisenbringern auch viele Urlauber aus der Bundesrepublik wohnten. Also jene potentielle Kundschaft, auf die es unsere beiden »Ost-Mädels« abgesehen hatten. Hätten aber westdeutsche Gäste mitbekommen, daß der Sohn von Günter Guillaume in der DDR war, wäre das möglicherweise auch den westdeutschen Medien bekannt geworden. Und wenn die Meldung dann auch noch im Zusammenhang mit einem Skandal zur Schlagzeile aufgebauscht worden wäre, dann hätte die DDR das Gegenteil von dem erreicht, was mit der geheimen Aktion meiner Übersiedlung eigentlich bewirkt werden sollte.

Der Morgen nach dem Vorfall in der Neptun-Bar von Warnemünde hat mit einer stillschweigenden Versöhnung begonnen. Und jetzt öffnet Achim schon wieder die Flaschen für die nächste Runde und reicht sie an Pierre und Victor weiter. Der gestrige Abend scheint für ihn jedenfalls kein Thema mehr zu sein.

Zwischenzeitlich darf Lothar mal wieder Kerstins Aufmerksamkeit genießen. Wenn nämlich die anderen Jungs keine Lust auf einen Strandspaziergang haben, fragt sie immer »Löthi« – wie Victor ihn neuerdings nennt.

Von einem solchen Strandspaziergang kommt sie gerade zurück und erklärt nun mit einem eigenartigen Gesichtsausdruck: »Wißt ihr, was Lothar mir eben erzählt hat?«

Sofort blicken die drei Männer zu Löthi, der sich in einiger Entfernung vor seinem Zelt auf den Rasen gesetzt hat.

»Er hat mir gesagt, er und Peter heißen gar nicht Buran.«

Achim läßt einen genervten Seufzer hören: »Na klar! Und er ist auch nicht Lothar, sondern das Sandmännchen.«

In das allgemeine Gelächter stimmt auch Kerstin ein.

»Buran? Peter Buran?« überlegt Gerhard Behnke. »Moment mal, mir dämmert da was. Buran war tatsächlich nur ein Deckname!«

Der rüstige, kräftig gebaute Rentner fährt sich durch das dichte, nach hinten gekämmte graue Haar. Eigentlich sieht er aus wie einer, der sein Leben lang körperliche Arbeit geleistet hat. Seine großen Hände könnten die eines Stahlarbeiters sein oder eines Handwerkers – jedenfalls entspricht er nicht dem herkömmlichen Bild eines Geheimdienstlers mit internationaler Erfahrung. Doch genau diesem biographischen Hintergrund ist es augenscheinlich zu verdanken, daß Pierre und ich trotz des Sommerwetters bei unserem Besuch in Behnkes Neubauwohnung in Werder nicht auf dem Balkon sitzen und den herrlichen Blick über die Havel genießen können. Ein Leben lang in konspirativem Verhalten geübt, möchte er seinen Nachbarn auch jetzt nicht offenbaren, was doch längst nicht mehr geheim ist.

Schließlich steht er auf und holt aus dem Schrank einen alten Kalender, in dem Namen und Telefonnummern eingetragen sind.

»Na, da haben wir's doch! Der Buran hieß eigentlich Reinhold Daum. Das war ein Hans Dampf in allen Gassen, hatte Beziehungen zu allen möglichen Hotels. Und wenn man mal eine Tiefgarage für zwei Monate brauchte, dann hat er sie auch besorgt.«

Damit bestätigt er den Eindruck, den auch Pierre von diesem »Tausendsassa« hatte. Tatsächlich aber sei dieser Reinhold Daum alias Peter Buran nie ein Arbeitskollege von Pierres Vater gewesen, habe diesen wahrscheinlich nicht mal persönlich gekannt. Vielmehr habe er in der Abteilung von Werner Großmann, dem damaligen Stellvertreter von Markus Wolf, gearbeitet, wo er für die Betreuung aller möglichen Leute während ihres Aufenthalts in der DDR zuständig gewesen sei.

Aber warum sagt Behnke, er »hieß« Reinhold Daum?

»Wie heißt er denn jetzt?« fragt Pierre.

»Der ist letztes Jahr gestorben«, antwortet Behnke.

»Warum sind *wir* uns eigentlich in Bonn nie begegnet?« nimmt Pierre einen neuen Gedanken auf.

»Ich durfte mich mit dem Fall deiner Eltern gar nicht befassen«, erklärt Gerhard Behnke. »Denn das hätte mir womöglich die Aufmerksamkeit der westdeutschen Medien beschert.«

Daran aber konnte von DDR-Seite niemand interessiert sein. Gerhard Behnke, den Pierre erst sehr viel später in der DDR kennengelernt hatte, war nämlich nur nach außen hin Erster Botschaftssekretär an der ständigen Vertretung in Bonn. In Wirklichkeit war sein Arbeitgeber das MfS, und seine Aufgabe in der Bundesrepublik war die eines Geheimdienst-Residenten. Genau deshalb habe man ihn auch nicht mit dem »Fall Guillaume« betraut. Nicht einmal mit den Anwälten des erfolgreichsten Agentenpaares seiner Behörde habe er Kontakt gehabt.

»Das lief über das Ministerium direkt«, erklärt Behnke.

Dies allerdings bestreitet wiederum Hansjörg Herdegen. Der Anwalt von Christel Guillaume erklärt, er sei Korrespondenzanwalt seines Ost-Berliner Kollegen Friedrich Wolff gewesen und habe nur zu diesem Kontakt gehabt. Natürlich sei Wolff von staatlichen Stellen der DDR mit dem Fall beauftragt worden. Bei den gemeinsamen Treffen habe es jedoch nie eine Akteneinsicht durch Wolff gegeben, man habe lediglich Fragen der Beweisaufnahme kollegial diskutiert und solche, die zu Hafterleichterungen seiner Mandantin führten.

Horst-Dieter Pötschke wiederum lehnt auch dazu mit dem Hinweis auf das Mandat seines inzwischen verstorbenen Klienten Günter Guillaume jede Stellungnahme ab.

Seit Beginn der Reise stand fest, daß Victor hier und heute am Bahnhof Friedrichstraße die DDR wieder verlassen würde. Doch war es Peter und Achim in den letzten beiden Tagen gelungen, keine Abschiedsstimmung aufkommen zu lassen. Eine Aktivität reihte sich an die nächste, und bis vor wenigen Minuten saßen sie noch schräg gegenüber in der Nachmittagsvorstellung des Kabaretts »Die Distel«.

Dort wurde in der Pause noch einmal Achims Geduld auf die Probe gestellt, nachdem Victor bereits gestern während eines Fußballspiels zwischen dem FC Union Berlin und Vorwärts Frankfurt/Oder die sportlichen Leistungen der beiden DDR-Oberligisten mit denen der Kreisliga im Westen verglichen hatte. Im Gegensatz zu Achim und Kerstin und der Mehrheit des Publikums konnten Pierre und Victor über die Pointen der Kabarettisten nicht lachen. Sie verstanden einfach nicht, warum an Außenminister Genscher ausschließlich dessen große Ohren komisch sein sollen. Gänzlich absurd aber empfanden sie den Umstand, daß das Publikum Witze über die schlechte Versorgungslage im eigenen Land komisch findet. Dieses Unverständnis teilten sie sich in einer Lautstärke mit, daß es auch anderen Gästen im Foyer des Theaters nicht entging. Und davon ließen sie sich auch nicht durch Achims Beschwichtigungsversuche abbringen.

Nun stehen sie alle vor dem Glaspavillon, der durch eine kleine Gartenanlage vom geschäftigen Trubel der Friedrichstraße getrennt und wenige Meter von der still dahinfließenden Spree entfernt liegt. In dem klassischen Fünfziger-Jahre-Bau befindet sich die Grenzübergangsstelle, weshalb das Bauwerk im Volksmund auch »Tränenpalast« genannt wird. Nur daß sich der Abschied zwischen Pierre und Victor überhaupt nicht tränenreich gestaltet. Man sei ja schließlich nicht »aus den Augen, aus dem Sinn«, meint Victor und haut seinem Kumpel freundschaftlich mit der Faust gegen die Brust.

Und Pierre bestätigt: »Ich bin ja schon bald wieder da, um meine Eltern zu besuchen.«

Der Fahnenappell

Am Morgen war sich Pierre mal wieder kostümiert vorgekommen. Wie vor einigen Monaten, als er dem »engen Mitarbeiter des Staatsratsvorsitzenden« seine Aufwartung gemacht hatte. Es sei üblich, am ersten Schultag das blaue Hemd der FDJ zu tragen, hatte Achim gesagt und ihm sein eigenes leihweise überlassen.

»Aber ich bin doch gar nicht in der FDJ«, hatte Pierre protestiert.

»Das ist doch nur eine Frage der Zeit, reine Formsache«, hatte Achim mit verständnislosem Gesicht erwidert. Pierre war nicht klar, was Achim damit meinte. Schließlich hatte er nie die Absicht geäußert, in absehbarer Zeit irgendeiner Organisation beizutreten. Als ihm aber Kerstin sagte, daß er mit Sicherheit der einzige an der ganzen Schule wäre, der ohne Blauhemd käme, hatte er sich gefügt.

Auf dem Schulhof sieht Pierre sich um, und tatsächlich entdeckt er niemanden, der etwas anderes trägt als das blaue Hemd der FDJ. Ich bin nicht kostümiert, sondern uniformiert, geht es ihm durch den Kopf – wir alle hier sind uniformiert.

Die Schüler stellen sich klassenweise im Halbkreis um einen Fahnenmast auf. In nur wenigen Minuten verwandelt sich der Schulhof in einen Kasernenhof, mit uniformierten Oberschülern in Viererreihen. Neben dem Fahnenmast bezieht ein fünfköpfiges Komitee Aufstellung. Zwei dieser Leute hat Pierre vorhin kennengelernt. Der eine, ein kleiner, etwas untersetzter, nervöser Mann, ist an dieser Schule Direktor und heißt unglücklicherweise Herr Pensel. Pierre muß schmunzeln bei dem Gedanken, wie Victor durch den Austausch nur eines einzigen Vokals den Namen des Schulleiters ins Lächerliche ziehen würde.

Mit Pensel hat ihn heute morgen der schwarze Peter bekannt gemacht. Weil der hektisch wirkende Schulleiter mit irgendwelchen organisatorischen Aufgaben aber der Grenze der Belastbarkeit reichlich nahe zu sein schien, reichte man Pierre an einen Mann im blauen FDJ-Hemd weiter, der nun da vorn neben Direktor Pensel steht. Pierre fiel auf, daß der, der ihm als »Sekretär der Grundorganisation der FDJ an unserer Schule« vorgestellt wurde, für einen Oberschüler schon etwas zu alt war. Dennoch versuchte dieser jovial zu wirken, als er auf dem Flur zu Pierre sagte: »Wie ich sehe, trägst du schon das Hemd unserer Jugendorganisation. Das ist prima, dann kannst du ja später auch gleich den Aufnahmeantrag unterschreiben.« Wahrscheinlich glaubte er, damit Pierres Motivationslage exakt zu treffen, und lag doch meilenweit daneben.

Pünktlich um neun Uhr, das hat Pierre vorhin irgendwie mitbekommen, würde auf dem Schulhof ein »Fahnenappell« beginnen, was immer das auch heißen mag. Pierre sieht auf die Uhr. Es ist wenige Minuten vor neun.

Pünktlich um neun Uhr wird nach einer Sommerpause in Düsseldorf heute auch der Prozeß gegen seine Eltern fortgesetzt. Wahrscheinlich sind sie etwa zur Zeit, als der schwarze Peter ihn heute morgen abholte, in getrennten Wagen vom Gelände der JVA Ossendorf weggefahren. Und nun betreten sie womöglich gerade den Gerichtssaal, an der Seite ihrer Rechtsanwälte Hansjörg Herdegen und Horst-Dieter Pötschke. Unzählige Male hat Pierre solche Szenen kurz vor Verhandlungsbeginn gesehen – allerdings nur im Fernsehen. Sein Wunsch, auf den Besucherbänken im Gerichtssaal dabeizusein, ist von Horst-Dieter stets abgelehnt worden. Mal hat er erklärt, daß Pierres Vater dies nicht wünsche, ein anderes Mal argumentiert, es würde zuviel öffentliches Aufsehen verursachen und damit seine »Verhandlungstaktik konterkarieren«. Im übrigen müßten sich seine Eltern auf die Verhandlung konzentrieren, was ihnen bei seiner Anwesenheit schwerfallen würde.

Das alles hatte Pierre noch akzeptiert. Richtig zum Streit mit Pötschke kam es, als Oma Erna als Zeugin geladen war und Pierre sie selbstverständlich begleiten wollte. Die Anwesenheit ihres Enkels hätte der alten Dame den schweren Gang sicher erleichtert. Doch als Horst-Dieter sein Erscheinen im Gerichtssaal abermals vehement ablehnte, bat Oma Erna ihn schließlich, den Anweisungen des Anwalts Folge zu leisten. So blieb Pierre auch an diesem Tag nichts anderes übrig, als sich seine Eltern wieder nur im Fernsehen anzusehen. Als die Kamera vor Prozeßbeginn durch ein kleines Fenster in den Aufenthaltsraum vor dem Gerichtssaal filmte, erlebte Pierre via Bildschirm, was er in der Realität seit dem 24. April 1974 nicht mehr erlebt hatte – Vater und Mutter gemeinsam, dicht beieinander stehend.

Pierre wird aus seinen Gedanken gerissen, als einige hundert Schüler gleichzeitig »Freundschaft« schreien. Spontan klingt dieser Ruf nicht gerade. Vielmehr scheint die ganze Veranstaltung einem besonderen Ritual zu unterliegen. Denn nun tritt aus jedem Klassenverband ein Schüler vor und erstattet Meldung. Gerade ist ein schmächtiger Junge aus Pierres Klasse an der Reihe, der eine undefinierbare Handbewegung macht und ruft: »Klasse 11 a vollständig angetreten!«

Der Ablauf der Zeremonie scheint Herrn Pensel zufriedenzustellen, denn er wirkt inzwischen sehr viel entspannter. Offenbar hat er vor, eine Rede zu halten. Er klopft zweimal auf das Mikrofon, was in den Boxen hinter ihm zu gewaltigen Ploppern führt. Pierre hört gespannt, was sein neuer Schuldirektor zu sagen hat. Er hört zu, aber er versteht ihn nicht. Was meint er denn mit dem »gesellschaftlichen Auftrag eines jeden FDJlers«, wozu der Sekretär neben ihm heftig zustimmend nickt? Pierre sieht zu seinen Mitschülern und ist nicht sicher, ob es ihnen anders geht als ihm. Wahrscheinlich haben seine neuen Schulkameraden derartige Reden schon oft über sich ergehen lassen. Jedenfalls glaubt er aus ihren entspannten Mienen eine Art routiniertes Desinteresse herauslesen zu können.

Nun verpflichtet sich ein Mädchen »im Namen der Schülerschaft der Erweiterten Oberschule ›Immanuel Kant‹ zu optimalen Lernerfolgen, um mit guten Leistungen heute und künftig an der Seite der Arbeiterklasse am Aufbau des Sozialismus« mitwirken zu können. Wer hat sie damit beauftragt? Pierre kann sich gut vorstellen, was passieren würde, wenn Direktor Trutwin den Versuch unternähme, eine solche Veranstaltung am Heinrich-Hertz-Gymnasium in Bad Godesberg durchzuführen. Er würde bereits am Aufstellen der Klassen in Formation scheitern. Nie im Leben würden sich Pierre und Victor dort brav in eine Viererreihe eingliedern, und träte Knut als Klassensprecher nach vorn, würde er sich umgehend in Opale verwandeln. Wer vor allem sollte dort vor einem Komitee eine Verpflichtung zu »optimalen Lernerfolgen« übernehmen? Es würde kaum jemand zum Gespött seiner Mitschüler werden wollen. Wahrscheinlich wären nicht mal die Leute von der Jungen Union besonders scharf darauf, die Lachnummer der Schule abzugeben. Außerdem sind in Bad Godesberg selbst die grauen Mäuse unter den Mädchen geradezu strahlende Schönheiten mit ausgeprägter Individualität, verglichen mit Erscheinungen wie der, die sich jetzt da vorn im Namen aller auch noch zu »Ordnung, Disziplin und Pünktlichkeit« verpflichtet.

In seiner Gedankenwelt kann sich Pierre in Ironie flüchten – seine Gefühlswelt aber signalisiert ihm Fremdheit und Einsamkeit. Niemand hat ihn darauf vorbereitet, was ihn hier erwartet: Achim und Kerstin nicht und auch nicht der schwarze Peter. Wahrscheinlich ist ihnen das alles so vertraut, daß sie gar nicht auf die Idee kommen, Pierre könne es fremd finden. Als plötzlich wieder alle »Freundschaft«

schreien und die Fahne mit dem Staatsemblem hochgezogen wird, spürt er, daß dies hier nur wenig mit jener DDR zu tun hat, die er bisher kennengelernt hat. Eingeschlossen in einer Viererreihe zwischen einem großen blonden Jungen und einem unscheinbaren Mädchen, ist er angekommen im realsozialistischen Alltag.

Ich konnte mir nicht vorstellen, daß mein Vater es gutheißen würde, daß sein Sohn uniformiert an einer militärisch anmutenden Schulveranstaltung teilnahm. Irgendwie erinnerte mich die ganze Zeremonie an Filmaufnahmen aus der Nazizeit. Nur waren die Hemden nicht braun, sondern blau. Meinem Vater als Antifaschisten jedenfalls würde – da war ich mir sicher – eine solche Veranstaltung zuwider sein. In den letzten zwei Jahrzehnten, seit meine Eltern in der Bundesrepublik lebten, mußte hier in der DDR irgendwie ein Wandel vor sich gegangen sein, den sie nicht mitbekommen hatten. Während sie im Westen für die Sache des Friedens spionierten, hatten sich in der DDR offensichtlich wieder alte militaristische Strukturen breitgemacht. Mit Sorge dachte ich daran, wie es sein würde, wenn sie mit solchen Veränderungen nach dem Austausch in ihre Heimat konfrontiert würden.

Im Klassenraum werden Stundenpläne verteilt und Räume für die verschiedenen Fächer bekanntgegeben. Noch findet kein richtiger Unterricht statt. Und ein wenig vertrauter ist für Pierre die organisatorische Atmosphäre, wie sie auch am ersten Tag nach den Sommerferien am Bad Godesberger Gymnasium immer geherrscht hatte. Doch warum spricht niemand richtig mit ihm? Wenn er einem Mitschüler eine Frage stellt, wird sie sachlich knapp beantwortet, der direkte Blick aber vermieden.

Als der Klassenlehrer die Schüler für heute entläßt, kommt der schmächtige Junge, der vorhin auf dem Schulhof »Klasse 11 a vollständig angetreten!« gerufen hat, zu Pierre.

»Ich bin der FDJ-Sekretär unserer Klasse«, sagt er und legt das Statut seiner Organisation sowie einen Aufnahmeantrag auf den Tisch. »Kannst du den mal schnell ausfüllen?«

Pierre nimmt das Statut in die Hand und erklärt, er wolle sich das zunächst mal durchlesen.

»Kannst du ja zu Hause in Ruhe machen«, stimmt der Junge zu. »Aber deinen Aufnahmeantrag will ich heute schon zur Leitungssitzung mitnehmen.«

Pierre versteht nicht, warum er einer Organisation beitreten soll, deren Statut er nicht kennt – und das sagt er auch. Der schmächtige Junge sieht ihn vollkommen verständnislos an und muß zusehen, wie Pierre die Unterlagen in jener häßlichen Aktentasche aus hartem Leder verschwinden läßt, die er gestern noch schnell im Centrum-Warenhaus gekauft hat. Einige der Mitschüler, die diese kleine Szene beobachten, lachen leise, und Pierre glaubt darin Zustimmung zu erkennen.

Das Schulgebäude der Erweiterten Oberschule »Immanuel Kant« hat den Zweiten Weltkrieg nicht ohne erhebliche Schäden überstanden. Vor allem die alte Aula im großen vorderen Bogen des ansonsten langgestreckten mehrfarbigen Backsteinbaus ist noch immer völlig zerstört. Der blonde Junge, der Pierre eben auf dem Flur überraschend angesprochen hat, erklärt ihm, während sie die wenigen Meter zum S-Bahnhof Nöldnerplatz hinübergehen, daß diese Schule in den zwanziger Jahren von dem berühmten Architekten Max Taut errichtet worden war.

Kaum haben die beiden im S-Bahn-Waggon Platz genommen, sieht Pierres Mitschüler schweigend aus dem Fenster. Pierre unternimmt den Versuch, das Gespräch wieder in Gang zu bringen:

»Heute morgen hat der Prozeß gegen meine Eltern wieder angefangen.«

Sein Gegenüber aber sieht weiter ohne Reaktion zum Fenster hinaus. Was hat das zu bedeuten? Womöglich weiß er gar nicht, wer die Eltern seines neuen Mitschülers sind. Zwar ist Pierre vorhin der Klasse als »Pierre Guillaume« vorgestellt worden, weitere Informationen aber hat der Klassenlehrer nicht mitgeteilt.

»Mein Vater ist Günter Guillaume, der in der Bundesrepublik für die DDR spioniert hat.«

»Ich weiß!« sagt der blonde Junge, streift ihn nur mit einem kurzen Blick und sieht sofort wieder zum Fenster hinaus. Augenscheinlich hat Pierres neuer Schulkamerad Probleme, auf dieses Thema näher einzugehen. Befürchtet er, daß er durch Nachfragen Pierres Gefühle verletzen könnte?

»Du mußt aussteigen!« sagt der blonde Junge, und Pierre bemerkt erst jetzt, daß der Zug inzwischen den Bahnhof Ostkreuz erreicht hat. »Dort hinten die Treppe, die mußt du hoch und dann …«

»Ich weiß«, ruft Pierre und springt aus dem Wagen.

»Später habe ich von diesem Jungen erfahren, daß die ganze Klasse am Morgen, während ich bei Direktor Pensel war, auf eine Art Verhaltenskodex mir gegenüber eingeschworen worden war. Man hatte sie vergattert, mich als ganz normalen Mitschüler zu behandeln, das Schicksal meiner Eltern sollte auf den Umgang mit mir keinerlei Einfluß haben. Kurzum: Der ›Fall Guillaume‹ habe mit mir nichts zu tun.«

Während Pierre mir das erzählt, muß ich an mein Gespräch mit Werner Trutwin, dem damaligen Schulleiter des Heinrich-Hertz-Gymnasiums, denken. Hatte er nach der Verhaftung der Guillaumes sein Kollegium nicht in ähnlicher Weise eingeschworen, wie es der Klassenlehrer in Berlin-Lichtenberg mit Pierres neuen Mitschülern tat? Das aber führte bei den Ost-Berliner Schülern zu gänzlich anderen Konsequenzen als bei ihren Altersgenossen in Bad Godesberg. Im Westen hieß das, man dürfe Pierre nicht in »Sippenhaft« nehmen für etwas, was man seinen Eltern vorwerfe. Es hieß aber natürlich nicht, daß das Thema als solches gänzlich tabu wäre. In Ost-Berlin hingegen hatten

Pierres neue Mitschüler offenbar generell Angst, mit ihm darüber zu sprechen. Aber warum? Pierres Überlegung scheint mir plausibel. Ein Interesse an der geheimdienstlichen Tätigkeit seiner Eltern konnte womöglich als mehr verstanden werden, als die private Neugier eines Jugendlichen. Diese Angst führte zu dem verklemmten Verhalten der Mitschüler, das Pierre beim Verteilen der Stundenpläne bemerkt hatte. Stand dahinter womöglich sogar eine Absicht?

»Viele meiner neuen Mitschüler hatten schließlich familiäre Kontakte in die Bundesrepublik«, erklärt Pierre. »Wenn man sie auf die Geheimhaltung bezüglich meines Aufenthalts in der DDR eingeschworen hätte, wäre der ganzen Angelegenheit von offizieller Seite eine Bedeutung gegeben worden, die nach aller Erfahrung das Gegenteil von dem bewirkt hätte, was man bezwecken wollte. Deshalb spielte man die Hintergründe meiner Übersiedlung herunter, wollte sie nicht diskutiert sehen. Ich sollte von allen als der betrachtet werden, als der ich mich selbst noch lange nicht verstand – als junger Staatsbürger der Deutschen Demokratischen Republik.«

Als Pierre in die Neubauwohnung in der Leninallee zurückkehrt, ist sie noch leer. Achim ist schon am Morgen mit Kerstin zur Humboldt-Universität gefahren, wo sie heute – in gleicher Weise uniformiert wie Pierre – immatrikuliert werden soll.

Pierre geht in sein Zimmer, das noch immer mit den Campingmöbeln aus Prerow möbliert ist. Plötzlich verspürt er ein leichtes Drücken in der Magengegend. Er wirft die Aktentasche in die Ecke und setzt sich auf den Campingstuhl. Er sieht sich um. Nie im Leben würde er sein in die Schrankwand versenkbares Bett, das derzeit noch in der Ubierstraße 107 in Bad Godesberg steht, hier in dieses kleine Zimmer kriegen. Wahrscheinlich wird ihm nichts anderes übrigbleiben, als sich eine dieser scheußlichen Liegen zu kaufen, die im Möbelhaus am Alexanderplatz angeboten werden.

Warum nur erinnern sämtliche Waren in diesem Land an die elektrostatische Hose und das kleinkarierte Jackett aus dem Centrum-Warenhaus? Nicht nur die Möbel, auch die Aktentaschen, von denen eine hier in der Ecke liegt, die Schreibblocks mit dem gräulichen Papier, die biederen Plattencover, das Eßgeschirr, die Badezimmerarmaturen!

Natürlich war die Bewertung von derartigen Äußerlichkeiten nur ein Symptom für etwas, das ich damals noch nicht wirklich erkannt hatte. Der erste Tag in der neuen Schule war mein erster Tag in der neuen Gesellschaft. Ich war angekommen im Alltag der Deutschen Demokratischen Republik. Und wenn ich diesen Umstand auch im Kopf noch nicht nachvollziehen konnte – mein Körper reagierte prompt. Er reagierte darauf, daß ich mich ohne wirkliche Einsicht einem Druck gebeugt und eine Entscheidung getroffen hatte, die ich eigentlich nicht hatte treffen wollen.

Mehr als ein Vierteljahrhundert später wird Horst-Dieter Pötschke bei unserem Zusammentreffen in München noch immer behaupten, Pierre sei vollkommen freiwillig in die DDR übersiedelt. Formalrechtlich stimmt das. Es gab keine physische Gewalt, Pierre wurde nicht entführt. Der Anwalt hatte ihn vor eine Alternative gestellt, die den politischen Realitäten im geteilten Deutschland Rechnung trug. Warum sonst sollte es Pierre nicht möglich sein, zu seinen Eltern – wenn sie nach einem Austausch in der DDR leben würden – auch von der Bundesrepublik aus ein gutes Verhältnis zu haben? Für den Fall, daß sie dort wieder für das MfS operativ tätig würden, wäre natürlich der Besuch eines im Westen lebenden Sohnes unmöglich gewesen. Doch waren sie für eine solche Tätigkeit überhaupt vorgesehen? Warum aber sollte eine Entscheidung Pierres gegen eine Übersiedlung darüber hinaus eine Entscheidung gegen seine Eltern sein? Warum sollten sie dahinter gar eine feindliche Haltung sehen? Diesem Argument lag eine moralische Wertung zugrunde, die ausschließlich in den Entweder-Oder-Kategorien realsozialistischer Denkmuster zu suchen war, die jeden, der eine andere Ansicht hatte oder individuell handelte, gleich zum Feind stempelte. Diese moralische Bewertung aber und die sich daraus ergebende Alternative wurden von allen Seiten unreflektiert akzeptiert. Sie wurden von Horst-Dieter Pötschke akzeptiert, von Peter Buran, der sicher nicht grundlos seinen wahren Namen verheimlichte, und auch von Achim, Pierres Groß-Groß-Cousin, der sich »im Auftrag unseres Staates« um ihn kümmerte. Pierre selbst hatte diese Schwarzweißbetrachtung in Bad Godesberg anfänglich durchaus in Frage gestellt, die vorgegebene Alternative nicht akzeptieren wollen, und hatte sogar ein Ultimatum verstreichen lassen. Daraufhin aber hatte ihm ausgerechnet Horst-Dieter Pötschke, den er für einen Freund hielt und als Vaterersatz akzeptierte, Unfähigkeit zur eigenen Entscheidungsfindung vorgehalten.

Plötzlich verwandelt sich der Druck in der Magengegend in einen stechenden Schmerz. Langsam sinkt Pierre auf die Knie und kriecht hinüber zur Luftmatratze. Er dreht sich auf den Rücken, und durch das gardinenlose Fenster fällt sein Blick auf den wolkenlosen Septemberhimmel. Er fühlt sich elend. Gern würde er jetzt Karin anrufen oder Victor oder sich von Oma Erna einen Tee machen lassen. Doch auf der Luftmatratze in einer Ost-Berliner Neubauwohnung muß er allein mit dem Schmerz in der Magengegend fertig werden – und er hat Angst, über die Zukunft nachzudenken.

Grenzenlose Liebe

Alle haben die graue Eisentür im Blick. Manche starren unentwegt darauf, manche nehmen sie mehr aus dem Augenwinkel wahr. Einige stehen ziemlich weit vorn an der Absperrung, andere lümmeln neben dem Fahrkartenschalter der Deutschen Reichsbahn herum, vor dem in einer langen Schlange Leute darauf warten, eine Zugfahrkarte nach Westdeutschland mit DDR-Währung bezahlen zu können. Da es fast nur DDR-Bürgern im Rentenalter erlaubt ist, im Westen lebende Verwandte zu besuchen, stehen hier in der Schlange überwiegend ältere Leute. Den anderen Bürgern des ostdeutschen Staates bleibt nur übrig, ihre Verwandten und Freunde als Besucher in der DDR zu begrüßen. Und einige dieser ostdeutschen Gastgeber stehen hier in der Halle des Bahnhofs Friedrichstraße und haben jene graue Eisentür im Blick.

Pierre weiß, wie es jenseits dieser Tür aussieht. Zuletzt war er hier im Sommer mit Victor in die DDR eingereist. In langen Reihen warten dort die Leute. Kleine Schilder neben den Zugängen weisen darauf hin, daß die Grenzgänger in Bürger der »DDR«, »BRD«, »Berlin-West« oder »Anderer Nationen« unterschieden werden. Langsam nähern sich die so Kategorisierten den ihnen zugedachten Durchgängen. Schließlich gelangen sie an eine verschlossene schmale Tür. Rechts davon sitzt hinter einer Scheibe ein Uniformierter, dem die Einreisewilligen ihren Ausweis durch einen Schlitz zuschieben. Mit einem prüfenden Blick in einen schräg oben angebrachten Spiegel kontrolliert er, ob der jeweilige Paßinhaber auch wirklich allein ist. Schließlich erklingt ein Summton. Gleich hinter der Tür hat der Besucher erneut anzustehen. Ein Zoll-Offizier winkt an manchen Tagen einfach nur gelangweilt durch, an anderen hingegen wird das Gepäck penibel untersucht. Schließlich sitzt hinter einem rundum verglasten Schalter eine weitere Person in der mausgrauen Uniform des DDR-Zolls, die gegen 6,50 DM das kleine Plastikbeutelchen mit der gleichen Summe in Form der DDR-Aluminiummünzen überreicht. Dieser Vorgang wird von DDR-Seite »Mindestumtausch«, von westlicher Seite »Zwangsumtausch« genannt, und eigentlich sind beide Bezeichnungen nicht falsch.

An irgendeiner Stelle dieses Grenzübergangssystems jenseits der grauen Eisentür steht jetzt sicher schon Karin und wartet darauf, Pierre in die Arme schließen zu können.

Pierre und ich sehen uns in der modern gestalteten Halle des Bahnhofs Friedrichstraße um. Die verschiedenen Geschäfte und Schnellimbisse, die in den letzten Jahren eingerichtet wurden, erschweren die Orientierung. Irgendwo hier in der Halle war einst die Wand, in der sich jene graue Eisentür befand. Quer durch diese Einkaufs- und Genußmeile also zog sich damals die Mauer.

Schließlich orientieren wir uns an den Zugängen zu den S- und Fernbahngleisen. Nur die Treppen ganz rechts außen waren dem »normalen« DDR-Bürger zugänglich, und die S-Bahnen, die von den Gleisen oben abfuhren, verließen den Bahnhof ausschließlich in östlicher Richtung. Die übrigen Treppen führten vom sogenannten »Westteil« des Bahnhofs jenseits der Mauer hinunter zur Grenzübergangshalle.

Wir steigen die rechte Treppe hinauf und gelangen zu jenem Bahnsteig, der längst nicht mehr die Endstation für die aus dem Osten kommenden S-Bahnzüge ist. Zwischen diesem Bahnsteig und dem nächsten, dessen Treppenzugang man von östlicher Seite damals nur durch den Tränenpalast erreichen konnte, befand sich seinerzeit auch die Mauer – wenngleich sie an dieser Stelle aus meterhohen Metallplatten bestand. Zwar war auf dem Ost-Bahnsteig die Lautsprecherdurchsage »In Richtung Wannsee, einsteigen bitte!« zu hören, doch hatte man die Züge nicht sehen können, die kurz darauf den Bahnhof in Richtung Westen verließen.

Unterhalb des Hallendachs sind am westlichen Ende noch immer die eisernen Stege zu erkennen, auf denen einst bewaffnete Grenzsoldaten des DDR-Regimes patrouillierten.

Fast nirgendwo im wiedervereinigten Berlin, so sind wir uns einig, wird die Irrationalität der einstigen Spaltung deutlicher als an diesem Ort. Der Bahnhof Friedrichstraße – heute wieder Nahverkehrsknotenpunkt in der Mitte der deutschen Hauptstadt – war damals, als Pierre in der Halle auf Karin wartete, gleichermaßen ein Ort der Begegnung wie der Trennung. Aber es mußte erst die deutsche Zweistaatlichkeit überwunden werden, ehe den meisten unserer Generation, die nur mit der Teilung groß geworden waren, nicht nur hier die ganze Absurdität dieser Epoche deutlich wurde.

Pierre sieht auf die Uhr. Wenn der Zug pünktlich war, müßte Karin vor fünfundzwanzig Minuten auf dem Fernbahnsteig im Westteil des Bahnhofs angekommen sein und jeden Moment durch die Tür dort treten. Seine Betreuer jedenfalls haben Wort gehalten und diesen Besuch ermöglicht. Wenige Tage nach dem Fahnenappell auf dem Schulhof war Walter Schenk in der Leninallee aufgetaucht. Die Diensteinheit von Pierres Eltern beim Ministerium für Staatssicherheit habe ihn zu seiner Betreuung abgestellt, hatte der untersetzte Mittvierziger in breitem Sächsisch erklärt. Alles, was Pierre auf dem Herzen habe und was er bisher mit Peter Buran besprochen hätte, solle er nun mit ihm bereden. Damit bekam Pierre endgültig bestätigt, daß auch der schwarze Peter vom MfS zu seiner Betreuung vorgesehen war. Pierre bat seinen neuen Betreuer, der augenscheinlich einen ähnlichen Modegeschmack wie Martin Schumann hat, daß man es Karin ermögliche, ihn zu besuchen. Das hatte man ihm zwar schon vor seiner Übersiedlung zugesichert, aber er war trotzdem erstaunt, als Walter Schenk wie selbstverständlich sagte: »Na dann finde doch mal raus, wann sie Zeit hat.«

Karin entdeckt Pierre sofort und strahlt. Zweieinhalb Monate ist es her, daß sie sich zuletzt gesehen haben. Sie waren von einem gemeinsamen Urlaub aus Holland zurückgekehrt, den Karin vor ihren Eltern ebenso hatte verheimlichen müssen wie nun diesen Besuch bei ihm in Ost-Berlin. Nach der Rückkehr aus Holland hatte Pierre genau 48 Stunden Zeit gehabt, in der alten Heimat die Zelte abzubrechen. Für ihn hieß das damals, schnell die Sachen zu packen und einen vorläufigen Abschiedsbesuch bei seinen Eltern zu machen. Karin war mit nach Ossendorf gefahren, hatte aber – da sie noch nicht volljährig war – ohne Zustimmung ihrer Eltern nicht mit hineingedurft in die Justizvollzugsanstalt. Am nächsten Morgen war Pierre nur wenig Zeit geblieben, sich während eines viel zu kurzen Rheinspaziergangs von Karin zu verabschieden, um dann mit Victor in die DDR zu reisen.

Am 15. August 1975 schreibt Günter Guillaume in einem Brief an seine Frau: »... heute ist der Kartengruß der Kinder aus Holland angekommen. Wie ich es vorausgesehen hatte, war Pierre persönlich eher bei uns. Und sein Mäuschen war mitgekommen und mußte draußen bleiben. Sie wird uns sicher aufsuchen, sobald sie dem häuslichen Patriarchat entwachsen ist. [...] Unserem Jungen wünsche ich, daß er jetzt – auf seiner Campingreise mit Achim, Victor u. a. – das gleiche schöne Wetter hat. Ich bin gespannt, wann die nächste Post von ihm bei uns eintrifft. Ungeduld wird da nicht helfen. Na, die Hauptsache ist, daß es ihm gut geht, daß er gesund bleibt und seine Zukunft klug zu gestalten weiß.«

»Keine Sorge, die DDR ist nicht überall so dunkel und öde wie in dieser Halle hier«, sagt Pierre.

»Ich weiß!« erwidert Karin und zieht einen Reiseführer aus

ihrer Tasche. »Ich möchte ins Pergamonmuseum und auf den Fernsehturm, und den Alexanderplatz will ich auch sehen.«

Karin hatte sich offenbar gründlich auf die Reise vorbereitet.

»An alldem fahren wir in den nächsten fünf Minuten schon mal mit der S-Bahn vorbei«, erklärt Pierre seiner westdeutschen Freundin, als sie die Treppe zum Bahnsteig hochsteigen.

Was hat denn Kerstin gegen Karin? Pierre spürt deutlich, daß sie seine Freundin nicht leiden kann. Weil er Kerstins sonst freundliche und charmante Art kennt, empfindet er das kühle Verhalten gegenüber seiner Freundin fast als beleidigend. Liegt es an Karins Garderobe, die sie schon in der S-Bahn – von den anderen Fahrgästen auffällig gemustert – eindeutig als Westdeutsche auswies? Pierre jedenfalls gefällt die beigefarbene Hose, die über dem Po – wie es in diesem Herbst »drüben« offenbar Mode ist – einen Reißverschluß hat. Er mag die in verschiedenen Rottönen changierende grobe Wolljacke, von der er weiß, daß Karin sie selbst gestrickt hat. Oder mißfällt es Kerstin, daß Karin von Achim freundlich, fast kumpelhaft begrüßt worden war? Schließlich schlägt Pierre seiner Freundin vor, sich mit ihm in sein Zimmer zurückzuziehen.

Karin kuschelt sich dicht an ihren Freund, was seinen Grund nicht nur in dem Umstand hat, daß die Liege, die er vorletzte Woche noch schnell im Möbelhaus am Alexanderplatz gekauft hatte, nur einen Meter breit ist. Eigentlich will Pierre Karin nicht mit seinen Problemen behelligen. Doch mit niemandem, dem er hier in den letzten Wochen begegnet war, fühlt er sich so vertraut wie mit ihr. Als er Karin heute nachmittag in die Arme geschlossen hatte, war es ihm vorgekommen, als hätten sie sich nie getrennt.

Achim war in meinen ersten Wochen in der DDR der einzige, mit dem ich hatte diskutieren können, manchmal stunden-

lang. Erst unten in der Bierkneipe, und wenn sie schloß, ging es bei ein, zwei oder auch mehr »Abschlußbieren« oben in der Küche weiter. Das war aber nicht vergleichbar mit den Gesprächen, die ich an diesem verlängerten Wochenende mit Karin führte. Achim hatte das Talent, meine persönlichen Probleme immer »vor dem gesamtgesellschaftlichen Hintergrund« abzuhandeln. In der Tat gab es wichtigere Probleme – nur half mir das leider überhaupt nicht. Irgendwie redeten wir immer aneinander vorbei. Und wenn Achim dann ein paar Gläser getrunken hatte, begann er zu monologisieren. Mühelos gelang es ihm, einen Bogen zu schlagen von meinem Befremden über den Fahnenappell hin zur »welthistorischen Mission des Proletariats« und der notwendigen Solidarität mit den nationalen Befreiungsbewegungen. Ich hörte ihm zu und spürte, daß wir grundsätzlich anders dachten – wenn auch nur methodisch.

Karin kennt Pierre besser als irgendeiner hier. Vor allem aber sind ihr seine bisherigen Lebensumstände in der Bundesrepublik nicht fremd. Als sie ihn schließlich fragt, wie es eigentlich an seiner neuen Schule sei, fängt er langsam an zu erzählen, und er weiß, daß sie ihn verstehen wird.

»In Englisch und Französisch stehe ich Eins.«

»Wirklich?« ruft Karin erstaunt. »Warst wohl richtig fleißig?«

»Überhaupt nicht, die sind bloß viel weiter zurück. Das, was wir hier machen, war im Westen vielleicht vor drei Jahren Schulstoff. Wenn überhaupt! Außerdem ist das ja für die anderen neben Russisch nur die zweite und dritte Fremdsprache. Manche haben als zweite sogar Polnisch. Bei Englisch und Französisch sind die jedenfalls gar nicht richtig motiviert.«

Diese mangelnde Motivation hatte sicher auch damit zu tun, daß die Ost-Berliner Schüler in absehbarer Zeit kaum eine Chance haben würden, ihre englischen oder französischen Sprachkenntnisse anzuwenden. Pierre hatte seine schulischen Erfahrungen damals noch nicht in einen solchen Kontext gestellt, denn das hätte ja bedeutet, sich selbst als DDR-Bürger in derartige Betrachtungen mit einzuschließen. Wann zum Beispiel würde er das nächste Mal in Frankreich sein? Genau solche Überlegungen habe er zu diesem Zeitpunkt noch bewußt vermieden. Und der Besuch seiner Freundin aus Bad Godesberg wäre dieser Vermeidungsstrategie ebenso hilfreich gewesen wie die Aussicht, bald mal wieder in die alte Heimat reisen zu dürfen.

Vorerst nahm er bestimmte gesellschaftliche Erscheinungen – wie den Ablauf des Unterrichts an seiner Schule und das Verhalten seiner Mitschüler – zwar wahr, aber er kommentierte sie gegenüber Karin und letztlich auch gegenüber sich selbst aus dem Blickwinkel eines Westdeutschen. Die Rolle des DDR-Bürgers – analysiert Pierre heute – hatte er noch lange nicht für sich akzeptiert.

»Es gibt hier ein Fach, das heißt Staatsbürgerkunde, was ja an sich schon ein bekloppter Begriff ist«, ereifert sich Pierre. »Ist es die Kunde über die Staatsbürger oder für die Staatsbürger oder was? Und wenn ich schon das Wort ›Diskussion‹ höre. Darunter verstehen sie in meiner Klasse immer nur das Nachbeten des Schulstoffes, den ihnen der Lehrer vorher erzählt hat. Wenn ich wirklich mal darüber diskutieren will, werde ich behandelt wie jemand, der stört. Wir haben einen ganz eifrigen Diskutierer in der Klasse, der gleichzeitig FDJ-Sekretär ist. Der erklärt mir dann, daß ja bekanntlich schon Karl Marx gesagt habe, daß die Philosophen die Welt nur verschieden interpretiert hätten, es aber darauf ankomme, sie zu verändern. Okay, das sagt mir Achim auch, aber immerhin diskutieren wir noch darüber. Auch wenn wir vieles unterschiedlich sehen. An der Schule aber – Fehlanzeige. Also, das ist ziemlich öde, sage ich dir.«

Beide schweigen, und nach einer Weile fragt Karin: »Bist du denn auch in der FDJ?«

Pierre schüttelt heftig den Kopf.

»Nee! Da kriegen die mich auch nicht rein. Schon deshalb nicht, weil sie ganz selbstverständlich davon ausgehen, daß da jeder mitmacht. Was soll denn das für eine politische Organisation sein, in die man fast automatisch aufgenommen wird, sobald man ein bestimmtes Alter hat! Bisher hab ich mich erfolgreich mit dem Argument drücken können, daß ich mich noch nicht so gut auskenne und erst mal richtig ankommen will in diesem Land.«

»Ich bin schon richtig angekommen«, unterbricht ihn Karin lachend und schmiegt sich noch dichter an Pierre. Eng umschlungen schlafen sie schließlich ein.

Aus dreihundert Metern Höhe blicken Karin und Pierre vom Fernsehturm aus über die Stadt – und zwar über die ganze Stadt. Beim Blick in Richtung Westen erkennen sie den Verlauf der Straße Unter den Linden und die Fortführung im anderen Teil Berlins. Jeder hier oben versucht, zwischen Brandenburger Tor und der Siegessäule drüben im Westen die Mauer zu erkennen. Auch wenn sie mancher anders nennt. »Mauer« nennen sie offenbar vor allem die westdeutschen Besucher. Doch vorhin hörten Pierre und Karin auch andere Bezeichnungen für jenes Bauwerk, welches bald wieder ihrer Zweisamkeit Grenzen setzen würde. Ein Besucher hatte es »antifaschistischen Schutzwall« genannt und ein anderer »Sektorengrenze«. Pierre und Karin kommentierten die Begriffe mit einem leisen Kichern. Für ihre Generation – zumindest für die im Westen – ist es weder das eine noch das andere, sondern zuallererst mal eine Mauer. Und irgendwie ist es ja wohl auch ganz einfach die Staatsgrenze der Deutschen Demokratischen Republik.

Nun sitzen sie ein Stockwerk über der Besucherplattform im rotierenden Fernsehturm-Café und schauen abermals in den Westen. Pierre muß bei diesem Blick in jene ferne, für viele hier unerreichbare Welt an Herrn Cornelius denken, der am Godesberger Heinrich-Hertz-Gymnasium Philosophie unterrichtet. Plötzlich hat er eine ganz konkrete Unterrichtsstunde vor Augen. Ist es wirklich erst einige Monate her, daß in der Klasse diese engagierte Diskussion über Karl Jaspers geführt worden war? Pierre war sich damals nicht sicher gewesen, ob er Jaspers' Ansichten wirklich begriffen hatte. Doch jetzt, als er mit seiner Freundin bei Tee und Kuchen aus großer Höhe auf jene Mauer sieht, fallen ihm manche der damals diskutierten Thesen wieder ein: »Die Weltorientierung, die sich am Leitfaden der wissenschaftlichen Methoden vollzieht, ist immer unabgeschlossen und nicht imstande, etwas über den Sinn des Lebens auszusagen. Philosophisches Denken hingegen ermöglicht das Begreifen der eigenen Existenz in ihrem Ursprung. Dies vermittelt zwar keine logisch zwingenden Erkenntnisse, führt jedoch über die Erfahrung von Grenzsituationen zu einer Gewißheit des Seins.«

»Ich muß gerade an Herrn Cornelius denken«, sagt Pierre, und Karin scheint darüber überhaupt nicht verwundert zu sein. »Was haben wir uns in seinem Unterricht die Köpfe heiß geredet über Jaspers und was weiß ich wen. Aber wenn man seine Meinung begründet, bekommt man von ihm eine gute Note. Auch wenn er es selbst ganz anders sieht.« Diese Aussage verwundert Karin schon eher, denn sie löst ihren Blick von der Gesamtberliner Realität da unten und sagt: »Na und?«

»Eine solche Frage kann nur stellen, wer nie ›Staatsbürgerkunde‹ an der Erweiterten Oberschule ›Immanuel Kant‹ in der Hauptstadt der DDR genießen durfte«, formuliert Pierre bewußt gestelzt.

Karin sieht ihn gleichermaßen lächelnd wie erwartungsvoll an.

»Dort bekommt man eine gute Note nur, wenn man den ›historischen und dialektischen Materialismus‹ möglichst in den gleichen Formulierungen wiedergibt, wie er im Lehrbuch steht. Ich hab dir ja schon erzählt, was man dort unter einer Diskussion versteht.« Pierre schildert, wie er in den letzten Wochen gelegentlich versucht hatte, zumindest auf dem Schulhof noch einmal eine Diskussion in Gang zu bringen. Hier war kein Lehrer dabei, eine Benotung fand nicht statt. Als er aber bei seinen Mitschülern nur auf Desinteresse gestoßen wäre, sei er zum FDJ-Sekretär gegangen und habe das, was an dieser Schule unter »Diskussion« verstanden werde, provokativ als »Abnickveranstaltung« bezeichnet. Karin muß über diesen Begriff lachen.

Langsam verschwinden Brandenburger Tor und Siegessäule aus ihrem Blickfeld. Vor etwa dreißig Minuten hatten Karin und Pierre hier oben im Fernsehturm-Café Platz genommen. Noch einmal so lange, und sie werden mit dem sich drehenden Lokal wieder an der Ausgangsstelle sein. Bis dahin müssen sie alle bestellten Speisen verzehrt und auch bezahlt haben, um ihre Plätze für die nachrückenden Gäste zu räumen.

Pierre sieht hinüber zum Hotel Stadt Berlin, das von hier oben merkwürdig klein wirkt.

»Dort drüben habe ich im Sommer mit Victor übernachtet«, sagt er.

»Ich nehme an, da waren die Betten etwas breiter«, erwidert Karin lachend und greift über den Tisch nach seinen Händen. »Keine Sorge, ich hätte kein breiteres Bett gewollt.«

In diesem Moment kommt es Pierre wieder schmerzhaft ins Bewußtsein, daß ihnen nur noch wenig Zeit bleibt, ehe sie zum Bahnhof Friedrichstraße fahren müssen. In den Augen seiner Freundin glaubt er den gleichen Gedanken zu lesen. Plötzlich steht die Kellnerin am Tisch und löst die traurige Stimmung auf: »Soll's hier noch was sein?«

»Sobald das Urteil gegen meine Eltern gesprochen ist, komme ich nach Bonn«, verspricht Pierre und nimmt Karin dabei in den Arm. »Ich soll sie danach umgehend besuchen, hat mir mein Betreuer gesagt. Dann mußt du dir in deinem Internat einfach mal freinehmen.«

Ein Lächeln huscht über Karins Gesicht, das im nächsten Moment schon wieder ernst ist. Denkt sie gerade darüber nach, ob ihre Beziehung eine Zukunft haben kann? Pierre hat darüber in den letzten drei Tagen definitiv nicht nachgedacht. Er hatte sogar die Hoffnung entwickelt, Karin könne irgendwann einmal ganz zu ihm in die DDR kommen. Die Hoffnung nährte sich aus der Gemeinsamkeit des Augenblicks. Schließlich erlebte auch Pierre fast alles, was sie sich hier im Osten Berlins gemeinsam ansahen, zum ersten Mal: die Kulturschätze des Pergamon-Museums, den Märchenbrunnen im weitläufigen Stadtpark Friedrichshain und gerade eben noch den gigantischen Ausblick auf die Stadt vom Café des Fernsehturms. Doch er teilt ihr seine Hoffnung nicht mit, wie auch sie ihm jene Gedanken verschweigt, über die Pierre nur spekulieren kann.

Ein letzter Kuß, und dann verschwindet Karin in jenem Glaspavillon, durch den vor ein paar Wochen auch Victor die DDR verlassen hatte.

Berlin Alexanderplatz

Pierre sitzt auf dem Rand des großen Brunnens in der Mitte des Alexanderplatzes und hält mit beiden Händen seine Lederjacke zu, um sich gegen den kühlen Herbstwind zu schützen. Immerhin regnet es heute nicht. Neben ihm steht seine Aktentasche aus hartem Leder aus dem Centrum-Warenhaus. Pierre schaut hinauf zum Hotel Stadt Berlin. Wie anders sieht doch dieses Land aus, wenn man es nicht von da oben im 22. Stockwerk betrachtet. Die tristen Außenbezirke Ost-Berlins, die ausdruckslosen Gesichter der anderen Fahrgäste im Getriebe des realsozialistischen Alltags, die sich auf Fahnenappellen zu »Ordnung, Disziplin und Pünktlichkeit« verpflichtenden Oberschüler, die geduldig vor Restaurants und Diskotheken schlangestehenden sozialistischen Normalbürger – das alles war von da oben nicht zu erkennen gewesen.

Vor drei Tagen hatte es damit begonnen, daß unvermutet das Schulgebäude verschlossen war. Pierre war nur zwanzig Minuten zu spät gekommen. Er hatte am Türgriff gerüttelt und schon um das Gebäude herum zum hinteren Eingang laufen wollen, als er hörte, wie ein Schlüssel umgedreht und die Tür geöffnet wurde. Zu seinem Erstaunen entdeckte er zwei Schüler, die sich – so sein erster Gedanke – irgendeinen Scherz erlaubten. Pierre war grußlos an ihnen vorbeigegangen und schon auf dem Weg zur Treppe, als der kleinere der beiden ihn mit scharfem Ton aufforderte, stehen zu bleiben.

»Was soll das? Ich muß in den Unterricht«, hatte Pierre verärgert gefragt.

Der schmächtige Junge sah ihn mit hochgezogener Augenbraue an.

»Das fällt dir aber spät ein. Wie du weißt, hat sich die FDJ verpflichtet, in diesem Schuljahr absolut pünktlich zu sein.«

»Ich bin aber nicht in der FDJ«, erklärte Pierre provokativ.

Nun brachte sich der andere Junge ins Spiel, der offenbar keine Lust auf eine Diskussion hatte.

»Pünktlichkeit gilt für alle! Name?«

Pierre zögerte einen Moment, dann sagte er: »Pierre Guillaume – 11 a.«

Die beiden FDJler tauschten einen kurzen Blick aus, dann notierte der eine den Namen. Schließlich hatte Pierre die beiden einfach stehenlassen.

Er hatte völlig vergessen, daß in den beiden ersten Stunden eine Mathearbeit geschrieben wurde, und erst als er beim Betreten des Klassenraums die gebeugten Köpfe sah, von denen einige kurz hochschauten, fiel es ihm wieder ein. Wortlos ging er zu seinem Platz, und Lars, der blonde Junge mit den längeren Haaren, flüsterte ihm grinsend zu: »Wolltest dich wohl drücken!?«

Da hatte ihm der Lehrer schon das Blatt mit den Aufgaben auf den Tisch gelegt. Pierre sah auf die Zahlen, betrachtete die Formeln – darüber aber schob sich das starre, angespannte Gesicht seiner Mutter und das seines Vaters mit dem leicht zusammengepreßten Mund. Immer wieder waren ihm im Halbschlaf der letzten Nacht die Gesichter seiner Eltern begegnet. Erst in den frühen Morgenstunden hatte er etwas Schlaf gefunden.

Am Abend zuvor war in der *Tagesschau* berichtet worden, die Beweisaufnahme gegen seine Eltern sei abgeschlossen und die Bundesanwaltschaft werde für seinen Vater womöglich eine lebenslange Strafe beantragen. Pierre hatte dann die verschiedenen Radiosender durchgehört, wo überwiegend knapp, in manchen sogar gar nicht von jenem Gerichtsverfahren berichtet wurde, das noch im Frühsommer als der »spektakulärste Spionageprozeß der Nachkriegsgeschichte« bezeichnet worden war.

Pierres Zuspätkommen hatte keine unmittelbaren Folgen. Niemand sprach ihn darauf an. Er ist sich nicht sicher, ob dies damit zu erklären ist, daß ein FDJler aus der 12. Klasse nach dem Unterricht zu ihm gekommen war und seine Hilfe für den Fall angeboten hatte, daß er mit irgend etwas Schwierigkeiten haben sollte. Hätte Pierre ihm sagen sollen, daß er bereits einen Betreuer hatte? Und überhaupt würde er mit seinen Problemen doch nicht zu einem wildfremden Jungen laufen. Aber das sagte Pierre ihm nicht. Vielmehr wollte er sein Zuspätkommen am Morgen damit rechtfertigen, daß tags zuvor die Beweisaufnahme gegen seine Eltern abgeschlossen worden war und er die Berichte in den Medien verfolgt hatte.

»Du hast ja wahrscheinlich gestern auch in der *Tagesschau* gesehen, daß meine Eltern …«

Weiter konnte Pierre nicht sprechen, weil der FDJler empört klarstellte, daß er »selbstverständlich kein West-Fernsehen« sehe. Als er schließlich auch noch die verschlossene Schultür mit der Selbstverpflichtung der FDJ für »Pünktlichkeit, Disziplin und Ordnung« rechtfertigte, war er bei Pierre endgültig unten durch.

Seit zwei Tagen geht Pierre nun nicht mehr zur Schule. Er hat zwar jeden Morgen um sieben mit seiner Aktentasche die Wohnung in der Leninallee verlassen, um bei Achim und Kerstin keinen Verdacht zu erregen. Auch fuhr er mit der Straßenbahn zum S-Bahnhof. Gestern ist er stundenlang mit der S-Bahn ziellos durch das verregnete Berlin gefahren. Er hat die Endstationen Grünau, Königs-Wusterhausen, Erkner und Schönefeld kennengelernt und ist zwischendurch immer wieder auf dem Bahnhof Friedrichstraße gelandet. Dort blieb er im Zug sitzen und fuhr schließlich wieder in östliche Richtung zurück. Und er weiß schon, daß er es heute wieder tun wird.

Fast achtundzwanzig Jahre später sitzen wir gemeinsam auf dem Rand des Brunnens am Alexanderplatz. Auf dem Weg hierher hat mir Pierre erzählt, was ihm im Herbst 1975 durch den Kopf gegangen war; er hat mir die Gedankenwelt eines gefühlsmäßig aus der Bahn geworfenen jungen Mannes vermittelt. Natürlich war ihm an jenem kühlen Novembervormittag klargewesen, daß er durch sein Verhalten keines seiner Probleme lösen würde. Doch er hatte auch erkannt, daß all diejenigen, die ihm in den letzten Wochen Hilfe versprochen hatten, »wenn er mal ein Problem« habe, ihm schon deshalb nicht helfen konnten, weil sie seine Probleme gar nicht als solche erkannten. Sie hatten dieses Land nie aus der Perspektive von 22 Stockwerken und schon gar nicht mit dem Erfahrungshintergrund jener gänzlich anderen Gesellschaft gesehen. Pierre hatte einfach dagesessen, auf dem Brunnenrand mitten auf dem Alexanderplatz. Seine Probleme hatten sich auf diese Weise nicht gelöst, aber zumindest zeitweise konnte er sich den Erwartungen, die an ihn gestellt wurden, entziehen.

Warum sehen die Menschen, die hier dem Warenhaus zuströmen oder es mit großen Tüten verlassen, eigentlich anders aus als die Leute im Godesberger Hertie-Café? Hier wie dort ist es nicht die Upper-Class, sondern es sind die sogenannten »kleinen Leute«. Und doch liegen Welten dazwischen. Nur an der Kleidung kann es nicht liegen, überlegt Pierre. Manche Frau hier, so scheint es, hat Sachen aus dem Westen bekommen oder sich selbst was geschneidert, um sich vom DDR-Einerlei abzuheben, und auch nicht alle Passanten in Bad Godesberg sind modisch gekleidet. Dennoch ist ein Unterschied erkennbar.

Pierre fallen seine Mitschüler ein, von denen es außer dem blonden Lars keinen gibt, mit dem es ihm gelungen wäre, eine persönliche Beziehung aufzubauen. Warum aber sehen auch sie fast alle anders aus als die Schüler am Heinrich-Hertz-Gymnasium? Vor seinem geistigen Auge geht er die einzelnen Gesichter seiner neuen Mitschüler durch, von denen er noch immer nicht alle Namen kennt. Sie alle gehören einer politischen Organisation an, aber kaum einer spricht außerhalb des Unterrichts über Politik. In Bad Godesberg gehörte fast niemand einer politischen Organisation an, und auch dort wurde nicht ständig über Politik gesprochen – doch hatten die meisten in der gymnasialen Oberstufe eine Meinung zur Entspannungspolitik der Bundesregierung oder zum Vietnam-Krieg oder zum Putsch in Chile vor zwei Jahren. Selbst diejenigen, die sich eher schweigend am Unterricht beteiligten, hatten – wie im privaten Gespräch auf dem Schulhof oder sonstwo zu hören war – durchaus eine Meinung. Eine individuelle Meinung, die auch diskussionswürdig war. Man konnte sich streiten mit denen von der Jungen Union oder denen, die den Staat revolutionär verändern wollten, und auch mit denen, die meinten, Politik verderbe nur den Charakter.

Achim erklärt immer, der Unterschied zur BRD sei, daß dort nach wie vor der »antagonistische Klassengegensatz« bestehe. Das bedeute, daß sich dort noch Kapitalisten und Arbeiter im Gegensatz zueinander befänden, also eine Situation vorherrsche, die man in der DDR durch »Abschaffung der Kapitalistenklasse« bereits überwunden habe. Deshalb würden hier auch keine Interessengegensätze innerhalb der Gesellschaft mehr bestehen, und ein Meinungspluralismus, der auch in der BRD durch die Medienmacht des Springer-Konzerns eigentlich nicht gegeben sei, wäre in der DDR gar nicht mehr nötig. So, wie Achim es sagt, klingt es irgendwie immer logisch. Aber hat das wirklich zur Folge, daß sich all die Leute, die beispielsweise jetzt und hier über den Platz gehen, in ihren Ansichten entweder einig sind oder eben »alten, überlebten Vorstellungen« nachhängen? Ist das der Grund, weshalb man im Staatsbürgerkundeunterricht unter »Diskussion« versteht, sich immer wieder neu zu bestätigen, daß man einer Meinung ist?

Pierre verkriecht sich tiefer in seine Jacke. Er sehnt sich nach seinem Vater. Nach einem Gespräch mit ihm ohne Bewacher und außerhalb der engen Besuchszelle einer Haftanstalt. Ihm fällt jener Kurztrip ein, den sie beide vor zwei Jahren an einem verlängerten Wochenende nach Holland unternommen hatten, um dem rheinischen Karneval zu entfliehen. Er erinnert sich an das eigenartige Gefühl, das ihn beschlich, als sein Vater sich etwas verkrampft um Kumpelhaftigkeit bemühte und gleich am ersten Abend erklärte: »Heute heben wir beide mal einen!«

Noch immer ist Pierre nicht klar, was sein Vater mit dieser »Herrentour« eigentlich bezweckt hatte. Jetzt aber gäbe er viel darum, mit ihm unweit vom Alexanderplatz im gemütlichen Ambiente der Letzten Instanz zu sitzen und bei einem Glas über all seine Gedanken sprechen zu können. Auch wenn Pierre in den Jahren vor der Verhaftung seines Vaters nicht oft die Gelegenheit hatte, mit ihm über Politik zu sprechen, so schätzt er, nicht zuletzt vor dem Hintergrund der eigenen Erfahrungen hier in der DDR, dessen Fähigkeit zur kontroversen Diskussion. Ohne sie hätte er in den Flügelkämpfen der SPD nicht Karriere machen können. Im Spannungsfeld zwischen linkem und rechtem Spektrum innerhalb der Sozialdemokratie hatte sich der Günter Guillaume, den Pierre damals kannte, als rechter »Parteisoldat« positioniert. Gern hätte er jetzt auch den wahren, den linken Günter Guillaume kennengelernt.

Während Pierres Blick langsam an jenem Hochhaus nach oben geht, das damals noch Hotel Stadt Berlin hieß, fällt mir wieder diese nervöse Ruhe an ihm auf. Es vergeht eine Weile, ehe er sich von dem Anblick losreißt und mir erzählt, wie sehr er damals seinen Vater gebraucht hätte. Die Urteilsverkündung hatte unmittelbar bevorgestanden, und er erinnert sich, daß ihm seinerzeit ein Radio-Kommentar durch den Kopf gegangen war, den er am Tag nach dem Ende der Beweisaufnahme gehört hatte. Der

Kommentator habe sich in lauter Spekulationen verstiegen, sei ziemlich unkonkret geblieben. Von einem »voraussichtlichen Antrag der Bundesanwaltschaft auf lebenslange Strafe« sei die Rede gewesen und auch davon, daß die Verteidiger wohl Freispruch fordern würden, um kein Schuldgeständnis zu liefern.

Ich hatte damals wenig Sinn für juristische Finessen, auch hatte es aus meiner Sicht keinen Sinn, um die Schuld meiner Eltern »im Sinne des Gesetzes« herumzureden. Was mich beschäftigte, war die Frage, wie lange es nach dem Urteil wohl noch dauern würde, bis sie endlich in die DDR kämen. In dieser Zeit telefonierte ich einmal mit dem Ost-Berliner Anwalt Friedrich Wolff und stellte ihm diese Frage. Seine Antwort war ebenso pragmatisch wie nichtssagend: »Das wird auf einer ganz anderen Ebene verhandelt!«

Das hörte sich ganz anders an als bei Horst-Dieter. In der Zeit vor meiner Übersiedlung hatte er mir das Gefühl vermittelt, es wäre nur eine Frage von Wochen, bis die Familie in Ost-Berlin wieder vereint sein würde. Und ich habe ihm geglaubt.

Noch als Pierre Ende September 1975 seiner Mutter zu deren 48. Geburtstag einen Brief schrieb, war er davon überzeugt: »Deinen nächsten, schon 49. Geburtstag werden wir fröhlicher und vor allem freier feiern. Freier für dich, da dich nicht mehr dicke Gefängniswände umschließen werden. Und freier für mich, da ich dann endlich wieder unkontrolliert, unbespitzelt mit dir sprechen kann.« Nun aber mußte Pierre mit der unbestimmten Aussage des Ost-Berliner Anwalts leben.

Wanderer zwischen den Welten

Die ältere Dame, die am Bahnhof Zoo in West-Berlin zugestiegen ist, starrt auf den blauen Reisepaß in Pierres Händen. Ihren grünen bundesrepublikanischen hat sie eben dem Grenzsoldaten gereicht, der in der Abteiltür steht und nun auf einer Art Bauchladen vor sich einen Stempel hineindrückt. Schließlich bemerkt sie, daß Pierre sie beobachtet, nimmt ihren Paß entgegen und schaut mit übertriebener Gleichgültigkeit aus dem Fenster des stehenden Zuges. Auch der alte Mann neben der Tür reicht dem Grenzsoldaten den blauen Reisepaß mit dem Staatsemblem der DDR auf der Frontseite. Der Uniformierte kontrolliert, ob ein gültiges Ausreisevisum hineingestempelt ist. Und das, obwohl der Zug in wenigen Minuten doch erst in die DDR einfahren wird. Ein eigenwilliger Vorgang, geht es Pierre durch den Kopf, der aber durchaus seine eigene Logik hat. Denn schließlich wird der Transitzug in Ostdeutschland selbst keine weiteren Fahrgäste mehr aufnehmen, und folglich müssen alle, die nun bereits an Bord sind, auch befugt sein, die DDR in etwa zweieinhalb Stunden wieder zu verlassen. Andererseits aber wäre keiner der anwesenden DDR-Fahrgäste ohne ein gültiges Ausreisevisum über den Tränenpalast auf den im Westteil des Bahnhofs Friedrichstraße liegenden Fernbahnsteig gelangt.

Die ältere Dame weiß offenbar nicht recht, wie sie das Gespräch beginnen soll. Gelegentlich sieht sie Pierre an, lächelt und nimmt dessen Erwiderung unentschlossen zur Kenntnis. Einen Moment lang überlegt sie wohl, zunächst den dritten Fahrgast in ein Gespräch zu verwickeln. Doch als sie sieht, daß der alte Mann eingeschlafen ist, schaut sie erst mal wieder aus dem Fenster. Völlig unvermittelt fragt sie Pierre dann: »Ein Trauerfall?«

»Wie bitte?«

Die Dame merkt, daß sie das Gespräch ungeschickt begonnen hat, und versucht sich zu korrigieren.

»Sie müssen entschuldigen, aber ein junger Mann wie Sie und dann aus dem Osten ... Nun, Sie wissen ja selbst – das ist doch sehr ungewöhnlich.«

Auf diesen Fall hatte Pierre sich vorbereitet. Gleich als Walter ihm bei der Übergabe des nagelneuen Reisepasses gesagt hatte, er solle keinem der Mitreisenden seine wahre Identität mitteilen, hatte er sich eine Version zurechtgelegt.

»Meine Eltern sind an unserer Ständigen Vertretung in Bonn beschäftigt, und ich darf sie über die Weihnachtsfeiertage besuchen.«

Der alte Mann in der Ecke ist aufgewacht und sieht Pierre freundlich an, was man von der Dame gegenüber nicht behaupten kann. Ihr Blick wirkt eher abweisend, als sie sagt: »Ach ja richtig, Deutschland hat ja mit Deutschland inzwischen diplomatische Beziehungen!«

Sie läßt noch einen kleinen hysterischen Lacher los und sieht wieder aus dem Fenster.

»Die Dame ist nicht ganz auf der Höhe der Zeit!« hört Pierre den alten Mann sagen.

Auch die Frau muß diese Bemerkung gehört haben, läßt sich aber nichts anmerken. Der alte Mann zuckt nur mit den Schultern, legt seinen Kopf wieder zur Seite und schließt erneut die Augen.

Pierres Blick geht zwischen dem schlafenden Rentner und der Dame hin und her. Die beiden dürften in etwa gleichaltrig sein – die Generation von Oma Erna. Doch damit hören die Gemeinsamkeiten auf. Die Spaltung der Nation, das wird Pierre in diesem Moment deutlich, existiert nicht nur geographisch. Diese Spaltung verläuft quer durch die Bevölkerung und im vorliegenden Fall sogar quer durch die gegenüberliegende Sitzbank in diesem Zugabteil.

Alles in diesem Zimmer ist Pierre vertraut – sieht man davon ab, daß seine Musikkassetten, auf die er viele Monate hatte verzichten müssen, mit Asservatennummern versehen und in Kartons gestapelt sind. Anderthalb Jahre waren sie im Besitz des Bundeskriminalamtes gewesen.

So geordnet nebeneinander hatte ich die Kassetten nie vorher gesehen. Ich empfand es ausgesprochen skurril, daß gerade das BKA eine gewisse Ordnung in mein persönliches Chaos gebracht hatte – auch wenn es nur die Musikkassetten betraf. Einen Moment überlegte ich sogar, einen schon länger gehegten Plan nun anhand der Asservatennummern des Bundeskriminalamtes zu realisieren, nämlich eine Auflistung aller Musikstücke. Das habe ich dann zwar nicht getan, aber trotzdem haben sich manche der Asservatennummern, die ich auch in der Folgezeit nicht entfernte, in Verbindung mit bestimmten Musikstücken bei mir eingeprägt. Es kam immer wieder vor, daß ich – wenn ich diesen oder jenen Song hören wollte – die Kassetten nach der Numerierung durchsuchte.

Pierre legt sich auf das heruntergeklappte Schrankbett und starrt an die Zimmerdecke. Er genießt das Gefühl, nach einer langen Reise heimgekehrt zu sein. In der Küche hört er seine Oma hantieren. Er weiß, daß sie gleich hereinkommen wird, mit einem großen Teller in der Hand – darauf Schnittchen mit Leberwurst und Senf. Und wenn er jetzt Victor anrufen würde, wäre sein alter Kumpel in weniger als einer Viertelstunde hier. Vorerst aber will Pierre in seinem alten Reich allein sein. Hier hatte er an dem Abend, bevor er mit Victor im Sommer nach Berlin geflogen war, auf dem Bett gelegen und sich die Frage gestellt, ob er je wieder in dieses Zimmer zurückkehren würde. Vor ihm eine ungewisse Zukunft in einer ihm unbekannten Welt – und daran hatte sich im Grunde nichts geändert.

Oma Ernas Leberwurstschnitten steigern das Gefühl der Vertrautheit. Fast kommt es Pierre vor, als sei er nur aus einem langen Traum erwacht. Ein Traum mit fremden Menschen, absurden Begebenheiten und unbekannten Orten. Ein Traum, in dem halbnackte Menschen über einen Zeltplatz rannten und kurz darauf mit Wassermelonen unter dem Arm zurückkehrten. Ein Traum, in dem ein Kaufhaus bis unter das Dach mit häßlichen Waren vollgestopft war und am Eingang eines Restaurants graugesichtige Personen, alle gekleidet wie Martin Schumann, in einer Schlange darauf warteten, daß ihnen der Kellner einen Tisch zuwies. Ein Traum, in dem junge Leute mit blauen Hemden uniformiert um eine Fahne standen und »Freundschaft« schrieen. Ein Traum, in welchem vor einem Glaspavillon Menschen einander in die Arme fielen und anfingen zu weinen. Ein schier endloser Traum.

Doch die Schlagzeilen der von Oma Erna gesammelten Zeitungsausschnitte holen Pierre in die Wirklichkeit zurück. »Die Guillaumes rechnen fest mit dem Austausch«, hat die *Bonner Rundschau* einen Artikel überschrieben und bemerkt in einer Unterzeile sogar: »Alle Prozeßanzeichen deuten darauf hin«. Dann bleibt Pierres Blick an einem Satz des Artikels hängen: »Daher dürfte die Reaktion eines Zuschauers auf die Übersiedlung des Guillaume-Sohnes Pierre von Bonn in die DDR – zumindest was den Zeitpunkt angeht – etwas voreilig sein: ›Die singen Weihnachten zusammen unter einem Ostberliner Christbaum.‹« In der Tat war jener Prozeßbeobachter, den die *Rundschau* zitierte, etwas voreilig. Inzwischen ist der 22. Dezember, und wenn nicht noch ein Wunder geschieht, wird Pierre Weihnachten mit seinen Eltern nicht unter einem Ostberliner Christbaum feiern.

Unter der Überschrift »Nach dem Urteil doch Austausch Guillaumes?« hatte die *Welt* vor einer Woche von einer »Faustregel« berichtet, derzufolge bisher »für verurteilte

Ost-Agenten galt, daß sie etwa die Hälfte des Strafmaßes verbüßen mußten«. Doch wie seriös ist dieser Beitrag? Immerhin liest Pierre unter einem Foto seiner Mutter auch, daß sie auf den Besuch ihres Sohnes warte, der »nach Chemnitz übergesiedelt ist«.

Die Hälfte des Strafmaßes? Trotz der Falschmeldung über seinen Aufenthaltsort liest Pierre den Satz immer und immer wieder. Vor einer Woche waren seine Eltern zu 8 und 13 Jahren Haft verurteilt worden. Damit war das Urteil unter dem Antrag der Bundesanwaltschaft geblieben, die nicht etwa lebenslänglich, immerhin aber 10 und 15 Jahre gefordert hatte. Pierre hatte es zusammen mit Achim und Kerstin im Radio gehört und sich dann sofort in sein Zimmer zurückgezogen.

Dort war er in einen fast gefühllosen Zustand abgetaucht, der alles Denken auf optische und akustische Reflexe reduziert hatte. Wie in einer Endlosschleife klang ihm Pötschkes »Prognose« in den Ohren, die Familie würde bis Ende des Jahres wieder zusammen sein.

Am Abend war dann Walter gekommen und hatte ihn durch einen konkreten Plan aus dieser Lethargie befreit. Pierre sollte jetzt so schnell wie möglich nach Köln fahren, um seine Eltern zu besuchen. Man habe schon mit der Schule gesprochen und bewirkt, daß ihm die beiden letzten Tage vor dem Beginn der Weihnachtsferien freigegeben würden. Er könne also schon am nächsten Wochenende »in die BRD reisen«. Seinen Paß, so Walter, würde er am Freitag vorbeibringen.

Pierre beginnt zu rechnen. Selbst wenn man die Zeit der Untersuchungshaft mit hinzuzog, was ja wohl üblich war, würden seine Mutter nicht vor dem Frühjahr 1978 und sein Vater erst drei Jahre später ausgetauscht werden. Es würde also noch Jahre dauern, bis die Familie wieder vereint wäre – dort in diesem fremden Land. Ob seine Eltern auch solche Überlegungen anstellten, in ihren Zellen in der Justizvollzugsanstalt Ossendorf? Morgen früh wird er in ihre Mienen blicken und versuchen, darin die Antwort zu lesen. Denn Walter, der Betreuer vom Ministerium für Staatssicherheit, hatte ihm eingeschärft, ihnen gegenüber diese Frage auf keinen Fall anzusprechen.

Horst-Dieter Pötschke, mit dem zusammen Pierre an diesem Morgen hierher nach Ossendorf gekommen war, hatte ihn gebeten, niemandem Details seiner Übersiedlung zu erzählen. Denn schon bei der Ausweiskontrolle würde ja die DDR-Staatsbürgerschaft offensichtlich. Doch seine Befürchtung war unbegründet. Und auch Pierres Sorge, daß seine Eltern durch das unerwartet hohe Urteil demoralisiert und deprimiert seien. Selbst seine Mutter wirkt entspannt und ausgeglichen.

Günter Guillaume umarmt seinen Sohn geradezu fröhlich, bietet ihm scherzhaft einen Sitzplatz an und erkundigt sich umgehend, wie es denn so laufe »in der Hauptstadt unserer Republik«. Was aber darf Pierre erzählen und was nicht? Er blickt kurz zu dem BKA-Bewacher, der teilnahmslos vor sich hin stiert. Günter Guillaume bemerkt den Blick seines Sohnes, lacht ein wenig und macht mit der Hand eine wegwerfende Bewegung. Was hat das zu bedeuten? Will sein Vater ihn womöglich auffordern, frei zu reden? Das aber verbieten nicht nur die Anweisungen von Walter und Pötschke, sondern auch Pierres Gefühl für die Situation. Unmöglich kann er seinen Vater mit den Problemen belasten, die ihn bedrücken. Was könnte dieser denn auch von seiner Zelle aus für ihn tun? Wahrscheinlich würde er es nicht mal richtig verstehen. Denn alles, was seine vorgesetzte DDR-Behörde tun kann, wird ja schon getan. Vom Ost-Berliner Gehaltskonto seiner Eltern bekommt Pierre jeden Monat 400 Mark. Ein Betrag, mit dem man als junger Mann in Ost-Berlin durchaus leben kann. Man hatte ihm einen Platz an einer Oberschule besorgt und sich selbst für diese Reise nicht lumpen lassen. Immerhin hat ihm Walter für jeden Tag seines Aufenthalts in der

Bundesrepublik gegen Quittung 50 West-Mark ausbezahlt. Was also soll Pierre seinem Vater sagen? Was ist denn schon ein dämlicher Fahnenappell gegen die Aussicht, viele Jahre hinter Gittern verbringen zu müssen? Was ein gewöhnungsbedürftiger Diskussionsstil im Staatsbürgerkunde-Unterricht gegen die Sprachlosigkeit, zu der man in der Einzelzelle verurteilt ist?

Pierre erzählt seinem Vater Unverfängliches – daß er in Englisch und Französisch eine Eins habe, während er sich in den Naturwissenschaften auf den Hosenboden setzen müsse. Er erzählt von Achim, mit dem er »regelmäßig interessante philosophische Gespräche« führe, und daß er schon einige Ausflüge mit der S-Bahn in die nähere Umgebung von Berlin gemacht habe. Beim Abschied wünscht er seinem Vater ein schönes Weihnachtsfest. Zu spät fällt ihm auf, daß dies unter den gegebenen Umständen wohl eher unpassend ist. Sein Vater aber scheint dies nicht so zu empfinden. Er umarmt seinen Sohn und wünscht auch ihm und »unserer Oma« ein schönes Fest.

Vorhin am Telefon war Victor noch überrascht gewesen, Pierres Stimme zu hören, doch keiner, der nun ihre Begrüßung in der Barriere beobachtete, wäre auf die Idee gekommen, daß die beiden jungen Männer sich seit Monaten nicht gesehen haben.

»Ich hab was für dich«, sagt Victor und gibt Pierre eine Zeitungsseite, die er offenbar schon vor einiger Zeit aus der *Welt am Sonntag* herausgerissen hat.

Zuerst entdeckt Pierre sein Foto neben dem seines Vaters und dann erst die Schlagzeile: »Guillaumes Sohn als Faustpfand Ost-Berlins?«

»Da halte ich nun deine Übersiedlung geheim«, sagt Victor, »sage jedem, der wissen will, wo du steckst, ich hätte keine Ahnung – und du schreibst dem Trutwin aus dem Osten einen Brief.«

Als er Pierres Blick bemerkt, tippt Victor mit dem Finger auf eine Stelle in dem Beitrag der *WamS*. Murmelnd überfliegt Pierre die Zeilen: »In den großen Ferien fuhr er zu einem Besuch seiner Großmutter nach Ost-Berlin …«

Pierre sieht Victor an:

»Das ist doch Quatsch, du warst doch dabei?!«

Victor aber sagt nur:

»Weiterlesen!«

Und Pierre liest halblaut die Zeilen: »Von da aus meldete er sich vor einigen Tagen überraschend bei seinem Schulleiter, Oberstudiendirektor Trutwin, ab.«

Tatsächlich hatte er seinem alten Schulleiter nach den Sommerferien einen Brief geschrieben – entgegen jener Geheimniskrämerei, die Horst Dieter Pötschke ebenso für geboten hielt, wie seine Betreuer in der DDR. Woher aber hatte die Presse von diesem Brief erfahren?

Pierres ehemaliger Schulleiter ist überrascht, als ich ihm am Telefon diese Frage stelle. Er erinnere sich sehr gut an den Brief, in dem sich Pierre für die Fairneß bedankte, die ihm nach der Verhaftung seiner Eltern am Heinrich-Hertz-Gymnasium widerfahren war. Doch Direktor Trutwin schließt ganz und gar aus, darüber mit einem Vertreter der Presse gesprochen zu haben.

»Woher aber wußte es die *Welt am Sonntag*?«

Ein angestrengtes Stöhnen ist am anderen Ende der Leitung zu hören. Ich frage, ob er denn vielleicht seiner vorgesetzten Behörde eine Meldung …?

»Nein, nein, das ganz sicher nicht!« beharrt Pierres ehemaliger Rektor.

Ich versuche einen anderen Weg und frage, ob er vielleicht im Kollegium von Pierres Brief erzählt habe. Trutwin zögert. Offenbar will er niemanden belasten oder gar der Kollaboration mit der Presse beschuldigen. Schließlich erklärt er, daß er es durchaus für möglich halte, Pierres ehemaligem Klassenlehrer davon erzählt zu haben.

»Aber es ist ausgeschlossen, daß sich jemand aus dem Kollegium an die Presse gewandt hat«, versucht er sich auch ein Vierteljahrhundert später noch vor seinen ehemaligen Lehrkörper zu stellen.

Ganz offensichtlich war die Geheimaktion, zu der das MfS Pierres Übersiedlung erklärt hatte, nicht durchzuhalten gewesen. Jedenfalls hatte man in der westdeutschen Presse in den Monaten nach Pierres und Victors DDR-Urlaub allerlei Spekulationen über die Hintergründe von Pierres Wohnortwechsel angestellt.

Natürlich wollte Victor wissen, wie es an meiner neuen Schule ist. Während ich es ihm erzählte, merkte ich, daß mich das Thema eigenartigerweise nicht sonderlich berührte. Ich machte mich ein wenig lustig über den Fahnenappell und über die Diskussionen, die keine waren – aber ohne wirkliche innere Anteilnahme. Zunächst dachte ich, das läge daran, daß ich mir sechs Wochen zuvor auf dem Ost-Berliner Fernsehturm schon bei Karin alles von der Seele geredet hatte. Erst später merkte ich, daß ich in Bad Godesberg weit weg war von den Alltagsproblemen in meiner neuen Heimat und so sehr verbunden diesem gänzlich anderen westdeutschen Lebensgefühl. Und wieder war es, als erzählte ich von einem schlechten Traum.

Dieses Weihnachtsfest ist gar kein richtiges Weihnachtsfest, überlegt Pierre. Doch er vermißt weder den Tannenbaum noch irgendeine festliche Stimmung, als er mit Oma Erna im Wohnzimmer sitzt und die Dresdner Stolle anschneidet, den Martin Schumann vorbeigebracht hat. Gott sei Dank hatte die Ständige Vertretung der DDR es diesmal dabei bewenden lassen. Im vergangenen Jahr hatten sich die ostdeutschen Diplomaten Sorgen um den seelischen Zustand ihrer beiden Schützlinge gemacht und waren auf eine merkwürdige Idee gekommen. Hans Grimm, der Zweite Sekretär der politischen Abteilung, und dessen Frau hatten Oma Erna und Pierre am ersten Weihnachtsfeiertag zu sich nach Hause eingeladen. Weil es seine Großmutter für unhöflich gehalten hatte, diese Einladung auszuschlagen, hatten sie sich schließlich aufgemacht in Richtung Hersel, um in einem tristen Wohnblock zwischen Tannenbusch und Graurheindorf mit einem ihnen unbekannten Ehepaar und dessen kleinem Sohn Weihnachten zu feiern. Entsprechend verkrampft war dann auch diese Begegnung gewesen. Offenbar hatte man in der Ständigen Vertretung dieses organisierte Weihnachtsfest im Vorjahr ähnlich eingeschätzt und dankenswerterweise in diesem Jahr darauf verzichtet.

Die Dresdner Stolle war der einzige Hinweis auf die Weihnachtszeit. Oma Erna und ich waren nicht gerade in festlicher Stimmung. Inzwischen war klar, daß sie innerhalb der nächsten sechs Wochen den Haushalt in der Ubierstraße auflösen und auch nach Ost-Berlin übersiedeln würde. Die Einstellung des Ermittlungsverfahrens gegen sie machte das möglich. Natürlich versprach ich mir davon, daß ich dann dort in Ost-Berlin endlich mit einer vertrauten Person über meine Alltagssorgen sprechen könnte. Vorerst aber wollte ich Oma Erna nicht damit belasten. Ich beschränkte mich darauf, ihr Anweisungen zu geben, worauf man bei der Verpackung meiner Plattensammlung zu achten habe, und sagte ihr, daß mein Klappbett leider zu groß für mein Ost-Berliner Zimmer sei.

Immer wieder machte meine Großmutter das unerwartet hohe Urteil gegen ihre Tochter zum Thema. Da meine Mutter keinen Besuch von ihr wünschte, stellte sich auch immer wieder die Frage, ob sie ihre Tochter überhaupt je wiedersehen würde. Wenige Tage zuvor hatte nämlich Regierungssprecher Klaus Bölling »definitiv« ausgeschlossen, daß die Guillaumes »in absehbarer Zeit ausgetauscht« würden. Später habe ich erfahren, daß Helmut Schmidt im intimen Kreis erklärt hatte, es solle nicht der Eindruck entstehen, er würde die Guillaumes für seine überraschende Kanzlerschaft »belohnen«. Denn zumindest nach der öffentlichen Meinung wäre er ohne die Enttarnung meiner Eltern und den daraufhin erfolgten Rücktritt Brandts nie in diese Position gekommen. Über meinen Vater verlor meine Großmutter kein Wort – ihre Sorge galt ausschließlich »Kitta«, wie sie meine Mutter nannte.

»Für eine konspirative Tätigkeit wärst du gänzlich ungeeignet«, sagt Pierre, als sich Karin zum wiederholten Male auf dem Bahnsteig umsieht. »Du machst ja überhaupt erst auf dich aufmerksam mit deiner Umherschauerei!«

Karin lacht. Als sie nun sicher ist, daß tatsächlich kein Bekannter ihrer Eltern in der Nähe ist, zieht sie sich zwar vorsichtshalber die Kapuze tiefer in das Gesicht, schmiegt sich dann aber dicht an Pierre.

Auch in den letzten beiden Tagen war Karin immer wieder plötzlich stehengeblieben, um sich unauffällig umzusehen. Selbst in der Barriere hatte sie erst die Anwesenden gemustert, ehe sie Pierre zur Begrüßung umarmte.

»Ich habe im Februar Winterferien«, sagt Pierre, »da komme ich wieder. Wäre schön, wenn du es hinkriegst, auch hier zu sein.«

Karin nickt, und Pierre weiß, daß es dann noch schwieriger sein wird. Wahrscheinlich wird Oma Erna dann schon umgezogen sein. Martin Schumann hat ihm erzählt, daß man in diesem Fall ein Hotelzimmer für ihn anmieten wolle. Doch würde er Karin dorthin mitnehmen können? Vor allem aber: Wie würde sie sich gegenüber ihren Eltern rechtfertigen, sollte sie außerhalb der eigenen Ferien in Bonn gesehen werden? Pierre nimmt sich vor, Walter zu bitten, für Karin eine weitere Besuchserlaubnis für die DDR zu besorgen.

Der Zug fährt ein. Sofort kommt Bewegung in die Gruppe der Wartenden auf dem Bahnsteig. Pierre zieht Karin fest an sich und flüstert ihr ins Ohr:

»Was auch kommt, wir lassen uns von niemandem trennen. Okay?«

Karin nickt. Pierre fällt der Abschied hier auf vertrautem Terrain ungleich leichter als vor dem Tränenpalast. Und er spürt, daß es Karin genauso geht.

Die Frau, die Pierre gegenübersitzt, war bereits im Zug, als er in Bonn zustieg. Sie wirkt fast ein wenig arrogant. Andere Mitreisende, die das Gespräch mit ihr gesucht hatten, waren von ihr mit höflichen, aber knappen Antworten zurückgewiesen worden. An der deutsch-deutschen Staatsgrenze sitzen sie sich allein gegenüber. Als Pierre dem Grenzer seinen Reisepaß reichte, hat sie dessen blauen Umschlag blitzschnell registriert. Einen Moment zu lang hat sie Pierre daraufhin in die Augen gesehen, als daß ihr ausdrucksloser Blick aus dem Abteilfenster, hinaus auf den grauen Bahnsteig der DDR-Grenzstation, glaubhaft wäre. Noch immer hält sie ihren eigenen grünen westdeutschen Reisepaß in den Händen.

Der Zug fährt an, und nun erst, wie aus einem Traum erwachend, verstaut Pierres Mitreisende ihren Paß in einer mittelgroßen Handtasche. Gleich danach sieht sie wieder aus dem Fenster. Ihr Blick kommt Pierre angestrengt, fast demonstrativ vor, als wolle sie sagen: »Sprechen Sie mich bitte nicht an!«

Pierre holt den Artikel hervor und bleibt zunächst an der Schlagzeile hängen: »Guillaumes Sohn als Faustpfand Ost-Berlins?« Noch einmal liest er, er sei »auf Betreiben des ›Ministeriums für Staatssicherheit‹ von seinem Besuch bei der Großmutter in Ost-Berlin nicht mehr nach Bonn zurückgekehrt«.

Pierre sieht das Gesicht von Oma Hanni vor sich. Die strähnigen zurückgekämmten Haare, den zahnlosen Mund, mit dem sie ihm immer einen Kuß geben will. Er hatte am letzten Montag von seinem Vater erfahren, sie habe zunächst angeboten, Pierre könne bei ihr wohnen. »Gott sei Dank wurde da ja eine bessere Lösung gefunden«, hatte selbst ihr berühmt gewordener Sohn in der Ossendorfer Haftanstalt gemeint. Bei ihr jedenfalls wäre Pierre nie eingezogen, und von einer kurzen Begegnung im letzten Sommer abgesehen, konnte von einem »Besuch« keine Rede sein. Auch suggeriert das Blatt, man habe ihn nach einem solchen »Besuch« einfach nicht zurückkehren lassen. Die Tarnung seiner Übersiedlung scheint also funktioniert zu haben. Doch was war damit gewonnen? Sein plötzliches Verschwinden nährte geradezu wüste Spekulationen – »Der Sohn von Günter Guillaume als Faustpfand des ›Ministeriums für Staatssicherheit‹«. Pierre muß lachen, und für einen kurzen Moment sieht die Dame von gegenüber zu ihm rüber.

In dem Artikel, überlegt Pierre, sind Dichtung und Wahrheit miteinander vermengt. Tatsächlich hatte er Oma Hanni besucht, ohne daß sie der Grund seiner Reise gewesen wäre. Und ihm ist längst klar, daß ihm – auch wenn er kein »Faustpfand« ist – seit dem Tag seiner Übersiedlung eine meist unauffällige Rundumversorgung durch das MfS zuteil wurde.

Der Zug fährt in den Magdeburger Bahnhof ein. Gleich wird er kurz anhalten, um die DDR-Grenzsoldaten abzusetzen. Pierre hatte diese Prozedur vor einer Woche bei der Hinfahrt schon beobachtet. Auf dem Nachbarbahnsteig stehen Magdeburger Bürger und warten. Kaum einer sieht zum Transitzug herüber, vor dem Grenzsoldaten darüber wachen, daß außer ihren Kollegen niemand aus-, vor allem aber keiner einsteigt. Denn der nächste Halt liegt schon auf West-Berliner Gebiet.

Plötzlich steht die Dame von gegenüber auf, greift nach ihrer sperrigen Handtasche und verläßt das Abteil. Pierre wird müde – die letzte Nacht war doch etwas kurz.

Pierre sieht auf die Armbanduhr – er hat mehr als eine Stunde geschlafen. Noch immer sitzt er allein im Abteil. Die Dame von gegenüber ist nicht zurückgekehrt. Wahrscheinlich sitzt sie im Speisewagen, überlegt Pierre und beschließt, ebenfalls dorthin zu gehen.

Er zieht die Jacke an und schiebt sich durch den wackelnden Zug in Richtung Mitropa. Der Speisewagen ist nur mäßig besetzt – Pierres unbekannte Reisegefährtin ist nicht da. Er vertieft sich wieder in den Zeitungsartikel: »Der Verdacht der Experten geht dahin, daß Pierre Guillaume jetzt als Faustpfand benutzt wird, um das Ehepaar Guillaume den Ost-Berliner Wünschen gefügig zu machen.« Pierre schüttelt den Kopf. Welche Wünsche könnte denn die DDR haben, die nicht auch die Wünsche seiner Eltern wären? Erst am Ende des Berichts wird die *Welt am Sonntag* deutlicher: »Da das Ehepaar Guillaume nach Erklärungen der Bundesregierung vorerst nicht mit einem Austausch rechnen kann, befürchtet das ›Ministerium für Staatssicherheit‹, daß die Guillaumes unter dem Eindruck der Haft ohne Aussicht auf Austausch ihre bisherige Schweigsamkeit aufgeben könnten. Ein Abwehrmann in Bonn: ›Erfahrungsgemäß fangen alle Agenten an zu reden, wenn sie erst mal in Strafhaft sitzen.‹ Ost-Berlin wolle jedoch auf jeden Fall verhindern, daß die Guillaumes das genaue Ausmaß ihres Verrats preisgeben.«

»Wenn überhaupt, bestand die Gefahr des Geheimnisverrats nur während der Verhandlung, aber nicht mehr in der Strafhaft«, erklärt uns Oberst a. D. Kurt Gailat auf der Terrasse seines Hauses und nimmt einen kräftigen Schluck aus der Bierflasche.

»Und was halten Sie von der Faustpfand-Theorie?« frage ich.

»Absurd!« sagt er, verschränkt seine Arme und macht damit klar, daß dieses Thema für ihn erledigt ist.

»Ich frage mich, ob Sie es Pierre heute, ein Vierteljahrhundert später, sagen würden, wenn die in diesem Artikel geäußerte Vermutung wahr wäre«, beharre ich.

Der erfahrene Geheimdienstoffizier überlegt nicht lange: »Wahrscheinlich nicht. Aber ich wiederhole: Diese Vermutung ist absurd. Denn wenn wir ihn als Faustpfand hätten haben wollen, hätten wir ihm sicher nicht die Möglichkeit eingeräumt, in die Bundesrepublik zu reisen.«

Doch in jenem kritischen Zeitraum kurz vor dem Urteil hatte man Pierre eben gerade *nicht* reisen lassen. Es bestand einerseits also theoretisch die Gefahr des Geheimnisverrats durch die Guillaumes, andererseits für Pierre ein faktisches Ausreiseverbot aus der DDR. Gänzlich von der Hand zu weisen ist die Faustpfand-Theorie für den Herbst 1975 jedenfalls nicht.

»Warum bestand die DDR-Seite überhaupt auf meiner Übersiedlung, solange meine Eltern noch in der Haft saßen«, fragt Pierre.

»Soweit ich weiß, war es doch der Wunsch deines Vaters«, sagt Gailat.

So immerhin war es auch von Horst-Dieter Pötschke dargestellt worden. Doch der hatte in jenen Wochen vor dem Ultimatum noch einen ganz anderen Grund ins Spiel gebracht. Nämlich daß die DDR nicht in der Lage wäre, weiterhin Pierres Lebensunterhalt als Gymnasiast ohne eigenes Einkommen zu finanzieren. Das war für Pierre damals wenn nicht der einzige, so doch der entscheidende Grund, einer Übersiedlung zuzustimmen. Zumal Günter Guillaume seinen Wunsch ihm gegenüber ja gar nicht selbst geäußert habe. Doch als Pierre nun jenes Argument ins Feld führt, schüttelt der ehemalige Führungsoffizier den Kopf und erklärt: »Das war kein Grund. Wenn du unbedingt dort hättest bleiben wollen, hätten wir das auch möglich gemacht!«

Pierre weiß nicht, was Walter von ihm hören will. Er kann nicht mehr erzählen, als daß er seine Eltern in keinem sonderlich deprimierten Zustand angetroffen hat.

»Ist das alles, was du mir berichten kannst?«

»Ja, das ist alles. Schließlich hast du mir ja verboten, mich mit ihnen über den Fall zu unterhalten oder ihnen irgendwas von meinem Leben hier zu erzählen«, antwortet Pierre.

Walter, der Betreuer des Ministeriums für Staatssicherheit,

wirkt etwas unzufrieden, kann aber offenbar selbst nicht sagen, was er an Pierres knapper Auskunft vermißt.

»Würdest du mir bitte deinen Paß geben«, sagt er unvermittelt.

»Warum?« fragt Pierre.

Nun sehen sie sich gegenseitig irritiert an.

»Warum?« wiederholt Walter, »Na, weil das so üblich ist.«

»Warum ist das üblich? Es ist doch mein Paß«, hakt Pierre nach.

»Den bekommst du ja auch wieder, wenn du das nächste Mal reist. Nur muß ich dir ja vorher ein Ausreisevisum reinstempeln lassen.«

Pierre spürt ein Unbehagen in sich aufsteigen. Er will nicht akzeptieren, auf Gedeih und Verderb vom Wohlwollen der DDR-Behörden abhängig zu sein – jetzt, da er endlich einen Paß hat.

»Warum gebt ihr mir nicht einfach ein Dauervisum, damit ich fahren kann, wann ich will?«

Walter lächelt freundlich, während er langsam den Kopf schüttelt.

»So etwas gibt es bei uns gar nicht. Ein Visum ist immer zeitlich befristet. Aber mach dir keine Sorgen!«

Dann sprudelte es einfach aus mir heraus. Ich würde mir keine Sorgen machen, aber ich wolle mir nicht vorschreiben lassen, wann ich wohin fahren dürfe. Es sei zum Kotzen, daß ein Staat seinen Bürgern ständig und überall Vorschriften mache. Das sei eine merkwürdige Form der Demokratie, die dieses Land doch so stolz in seinem Namen führe. Ich geriet richtig in Rage. Walter hörte sich das alles mit einer Seelenruhe an und erklärte dann in seinem breitesten Sächsisch: »Man kann es so sehen wie du oder auch anders. Wir sehen es halt anders. Ich schlage vor, du gibst mir nun dein Reisedokument und wenn du das nächste Mal fährst, kriegst du's wieder.« Damit war klar, daß ein weiterer Widerstand zweck-

los war. Ich sagte noch: »Ich will aber, daß Karin mich wieder besuchen darf!« Er erwiderte nur: »Das läßt sich sicher machen.«

Pierre hört, wie draußen die Wohnungstür ins Schloß fällt, und streckt sich auf der schmalen Liege aus. Er sieht zur Decke, so wie gestern noch auf dem Klappbett in Bad Godesberg. Nur hat er diesmal nicht das Gefühl, heimgekehrt zu sein. Er weiß, daß das, was er am Vortag noch für einen absurden Traum gehalten hat, wieder Realität geworden ist.

Traumwelt

Pierre ignoriert das Klopfen von unten und läßt sich von Pink Floyds psychedelischen Klängen davontragen. Die Kombination aus wagnerianischen Blechbläsern und gemischtem Chor trifft ziemlich genau seinen momentanen Gefühlszustand. »Atom Heart Mother«. Traumwandlerisch bewegt er sich durch »das Luftschloß über den Wolken«, wie er die erste eigene Wohnung hier oben im 17. Stockwerk in einem Brief an seine Mutter eben genannt hat. Als das Klopfen beharrlicher wird, dreht er den Lautstärkeregler bis zum Anschlag hoch und versinkt im Sound aus Waldhörnern, Elfenchor und Fanfaren. Es tut gut, die DDR unter sich zu lassen und endlich wieder Teil des ganzen Planeten zu sein. Auf dem Klangteppich von David Gilmour und seiner Band läßt Pierre sich mitnehmen auf die Reise in eine andere Welt, in der die Figuren der letzten Monate zu peripheren Erscheinungen werden: Martin Schumann, der schwarze Peter, Walter, der Betreuer, der FDJ-Sekretär an der EOS »Immanuel Kant«, Lars, der Junge mit den längeren blonden Haaren, und selbst Kerstin und Achim, die Pierre seit seinem Auszug aus der gemeinsamen Wohnung nur noch selten sieht.

Ein lang anhaltender Klingelton an der Wohnungstür zerfetzt die letzten Takte von »Remergence«, und ehe Roger Waters die lyrische Passage von »If« anstimmt, nutzt eine hysterische Stimme den Moment der Stille, um auf sich aufmerksam zu machen:

»Es ist ein Uhr nachts, wir wollen schlafen. Verzeihung, Herr Guillaume, aber es gibt in diesem Land auch noch Leute, die morgens um sechs zur Arbeit gehen!«

Da ist sie wieder, die Realität des mausgrauen Alltags. Pierre schaltet den Verstärker ab, reißt die Vorhänge auseinander, mit deren Hilfe er sich vor der Welt versteckt. Das hell erleuchtete Kraftwerk Rummelsburg tritt nun dort drüben aus dem nächtlichen Dunkel. »Dreckschleuder« hat es die Nachbarin aus der Wohnung rechts von ihm genannt. Hier könne man nicht mal seine Wäsche auf den Balkon hängen, denn dann müsse man sie gleich wieder waschen. Diese Sorge kennt Pierre nicht: Zum einen hat seine Wohnung keinen Balkon, und zum anderen bringt er seine Wäsche zu Oma Erna, die mittlerweile ein paar Straßen entfernt lebt.

Noch liegt der S-Bahnhof am Ende der Wiese im Dunkeln. Doch schon bald werden in der Morgendämmerung finster blickende Gestalten den betonierten Weg dort hinübergehen, die versuchen, den Unmut über die Gleichförmigkeit ihres Lebens zu verdrängen und die Sicherheit ihrer Arbeitsplätze als »Errungenschaft des real existierenden Sozialismus« zu akzeptieren. Kurz vor der Unterführung werden sie achtlos an der einsamen Skulptur »Leda und der Schwan« eines namenlosen Künstlers vorüberziehen und am Kiosk eine Zeitung kaufen, in der zu lesen sein wird, daß sie in der mächtigen Einheitspartei eine klassenbewußte Avantgarde haben.

Pierre blickt nach rechts. In der Ferne hebt sich die dunkel schimmernde Kugel des Fernsehturms kaum vom schwarzen Nachthimmel ab. Dazwischen breitet sich die Hauptstadt der Deutschen Demokratischen Republik aus – zwischen nächtlicher Geschäftigkeit und der Ruhe vor dem realsozialistischen Alltag. Siebzehn Stockwerke unter ihm liegt das Land, das sich eine andere, menschlichere Gesellschaftsordnung auf seine Fahne geschrieben hat und dabei mißtrauisch verfolgt, ob seine Bürger das auch zu schätzen wissen. Ein Land, das allen soziale Sicherheit in einer uniformierten Gesellschaft garantiert. Es ist aber nicht die große soziale Vision, die Pierre stört, sondern die kleinkarierte Realität da unten. Ist das die gesellschaftliche Ordnung, für deren Wohl seine Eltern sich getarnt auf feindliches Terrain begeben hatten? Ist diese Deutsche Demokratische Republik tatsächlich jene »Heimat«, für die sie zur »Friedenssicherung« an der »unsichtbaren Front« gekämpft hatten und jetzt in der Justizvollzugsanstalt Ossendorf sitzen?

Man kann Kurt Gailat nicht unterstellen, er würde solchen Fragen von Pierre ausweichen. Er versteht sie gar nicht. Ob denn das »Haus« – womit Pierre im Jargon seiner Eltern das MfS meint – damals bei seiner Geburt darüber nachgedacht hätte, was es für die »Kundschafter« bedeuten würde, sich dem Sohn gegenüber konspirativ verhalten zu müssen?

»Das ist mir nicht bekannt!« erklärt der ehemalige Geheimdienstoffizier sachlich und macht deutlich, daß das »Haus« vor allem die große Linie seiner Aufgaben im Auge hatte.

Als man sich bei Pierres Geburt zu einer menschlichen Geste hatte verleiten lassen und codiert die »Gratulation zum zweiten Mann« funkte, war das ja siebzehn Jahre später ein Glied in der Indizienkette des BKA, die schließlich zur Verhaftung der Guillaumes geführt hat.

»Ein riesiger Fehler«, gesteht er ein und greift sich fassungslos an die Stirn, als sei all das eben erst geschehen.

Immerhin, so erfahren wir en passant von Günter Guillaumes ehemaligem Führungsoffizier, habe der Meisterspion ursprünglich die Zukunft der Familie nicht in der DDR gesehen. Das habe ihm Pierres Vater bei einem der geheimen Treffs gesagt. Dazu paßt auch die Aussage von Pierres Mutter mir gegenüber, ihr sei beim Umzug nach Bonn daran gelegen gewesen, durch eine Arbeit in der hessischen Landesvertretung im Staatsdienst zu verbleiben, um später die volle Pension zu bekommen. Das war nicht die Sorge einer Frau, die beabsichtigte, im Alter in ihre »Heimat« zurückzukehren. Und Günter Guillaume gestand seinem Sohn noch nach seiner Rückkehr in die DDR den heimlichen Traum, als Rentner in der südfranzösischen Provinz zu leben. Ein Leben in der DDR war jedenfalls nie vorgesehen, und zögernd gibt seine Mutter heute zu, man habe damals ernsthaft angenommen, die Spionagetätigkeit gegenüber Pierre für alle Zeiten verschweigen zu können.

Als Pierre erwacht, steht die Sonne schon ziemlich hoch. Er überlegt einen Moment, welcher Tag heute ist. Jedenfalls kein Wochenende, sondern ein Tag, an dem der Nachbar von unten zur Arbeit geht. Ein Tag, an dem sein Stuhl in der Klasse 11a in der EOS am Nöldnerplatz mal wieder leer bleiben wird. Mehr als eine Woche ist er nun nicht mehr dorthin gegangen. Seit er diese Wohnung im Hochhaus eines Neubauviertels in Lichtenberg bewohnt, muß er sein Schwänzen niemandem gegenüber mehr vertuschen. Solange er bei Kerstin und Achim gewohnt hatte, war er ja zumindest noch morgens zum Aufbruch gezwungen gewesen. Sein Wegbleiben von der Schule flog erst auf, als eines Tages Lars vorbeikam, um sich nach seinem Verbleiben zu erkundigen. Damals hatte es eine ernsthafte Auseinandersetzung zwischen ihm und Achim gegeben, und Lars war der unfreiwillige Fauxpas sehr peinlich. In seinem »Luftschloß über den Wolken« aber fühlt sich Pierre niemandem gegenüber verantwortlich – auch wenn Walter, der Betreuer, das anders sieht.

In dieser Zeit hatte ich wirklich in einem goldenen Käfig gelebt. Wenn ich mich in meiner kleinen Einraumwohnung umsah, mußte ich zugeben, daß es mir besser ging als den meisten meiner Mitschüler. Ich hatte mein eigenes Reich – das war nicht nur für DDR-Jugendliche alles andere als üblich. Und ich hatte sogar ein Telefon – das war ganz und gar nicht selbstverständlich. Normalbürger mußten darauf jahrelang warten. Meine Großmutter, die im Februar in die DDR gekommen war, hatte meine Stereoanlage, meine Plattensammlung und meinen kleinen Universum-Schwarzweißfernseher mitgebracht. Fast immer, wenn ich ihn einschaltete, mußte ich in diesem Frühjahr 1976 an meinen Vater denken, der mir bei meinem letzten Besuch erzählt hatte, wie verzweifelt er sich um den Luxus eines eigenen TV-Geräts in der Zelle bemühte. Vergeblich – er hat den Fernseher bis zu seinem Austausch nicht genehmigt bekommen.

Mehr noch aber waren jene ersten DDR-Jahre ein Wandern zwischen den Welten, zwischen der alten Heimat West und der neuen im Osten. Und der Westen war gleich doppelt vorhanden: real bei meinen Besuchen in Köln und Bonn und in meinen Traumwelten in meiner Neubauwohnung im 17. Stock.

Meine ersten beiden DDR-Jahre waren bestimmt von der Hoffnung, daß Mutter und Vater bald ausgetauscht würden – daß damit unsere Familie wieder vereint sein und ich endlich Antworten auf meine vielen Fragen bekommen würde. Oma war mir hinsichtlich meiner Spurensuche leider nur eine geringe Hilfe. Sie wußte – so schien es mir damals – nur wenig, und schon gar nicht wollte sie sich daran beteiligen. Ihre Sorge galt natürlich in erster Linie meiner Mutter. Und das war gleichzeitig das größte Problem zwischen uns. Sie hatte ein Bild von ihrer Tochter bewahrt, das so gar nicht dem idealisierten Bild entsprach, das ich mir mittlerweile von meinen Eltern zu machen begann. Wenn Oma immer nur von der »armen Kitta« sprach, die auf den falschen Mann reingefallen und deshalb in all diese Schwierigkeiten gekommen sei, hielt ich heftig dagegen. Meine Mutter wäre keineswegs ein unschuldiges und verführtes Opfer – sie sei wie mein Vater eine überzeugte Kommunistin und Friedenskämpferin. Sie habe genau gewußt, worauf sie sich einlasse, und sei ideologisch und »technisch« entsprechend geschult worden. Doch ich erkannte schnell, daß Oma solche Argumente völlig überforderten, vor allem aber, daß ich mit ihr eine Art Stellvertreter-Debatte führte. Mit einer wirren Mischung aus Fragen, Vorwürfen, Argumenten und Spekulationen versuchte ich mehr mich selbst als meine Großmutter von den Motiven meiner Eltern zu überzeugen.

Doch daß ich überhaupt mit Oma sprechen konnte, daß sie jetzt auch in Ost-Berlin war, hat mir natürlich sehr geholfen. Es schien damals der erste Schritt eines Neuanfangs der Familie im Osten zu sein – auch wenn wir nicht mehr in einer gemeinsamen Wohnung lebten. Fast täglich ging ich den kurzen Fußweg zu ihr rüber in die Moldaustraße, sei es zum Essen, zum Wäschewaschen oder um zu reden – aber vor allem, um einem vertrauten Menschen aus meiner alten Welt nahe zu sein.

Der Kühlschrank ist fast leer. Doch Pierre hat keine Lust, hinüber in die Kaufhalle zu gehen und dort den unfreundlichen Gesichtern der Angestellten zu begegnen. Mit beiden Händen umklammert er den heißen Teebecher und sieht hinaus in den regnerischen Apriltag. Wie kleine bunte Punkte bewegen sich da unten die Regenschirme auf dem betonierten Weg zwischen Wohngebiet und S-Bahnhof. »Petrus ist Genosse!« hatte gestern ein wildfremder Mann im Fahrstuhl zu ihm gesagt. »Sie werden sehen, am 1. Mai demonstrieren wir bei strahlendem Sonnenschein.« Demonstrieren wir? Eigenartig, wie dieser Mann das Wetter mit einem politischen Ereignis verknüpft. Als wären beides Themen, die alle gleichermaßen angehen. Tatsächlich sind schon vor einigen Fenstern der Nachbarhäuser rote Fahnen zu sehen, obgleich es fast noch eine Woche dauert, ehe »das internationale Proletariat seinen Kampftag« feiert. Gestern hatte das *Neue Deutschland* die Losungen der diesjährigen Demonstration bekanntgegeben. Es sollte offenbar niemand auf die kühne Idee kommen, mit eigenen Parolen zu erscheinen.

Pierres Blick fällt auf die kleine Schreibmaschine, auf der er gestern abend den ersten selbstgetippten Brief an seine Mutter geschrieben hatte. Natürlich wird die erfahrene Sekretärin das Schreiben kritisch auf Tippfehler untersuchen. Doch das hatte ihn nicht gekümmert. Ihm war es allein darum gegangen, ihr die euphorische Stimmung, in die er sich mit Hilfe der Musik versetzt hatte, unmittelbar mitzuteilen. Pierre zieht das Blatt aus der Maschine und überfliegt die letzten Zeilen: »Du merkst, liebe Mami, ich schreibe diesen Brief bei recht guter Laune. Ich hoffe, daß sich zumindest ein bißchen dieser Stimmung durch den Brief, soweit er dies vermag, auch auf Dich überträgt! Denn was nützt jammern oder resignieren, ›avancer la future, dit le Français‹, besser klingt's, so finde ich, noch in Englisch: ›Let's face the future‹, laßt uns die Zukunft ins Auge fassen, bereiten wir uns auf das Kommende, das ganze Schöne und Angenehme vor, das uns allen noch bevorsteht.«

Die schrille Klingel zerreißt die Ruhe. Pierre ist sicher, daß es Walter, der Betreuer, ist, der da vor der Tür steht. Schließlich war es nur eine Frage der Zeit, bis er von der Schulschwänzerei erfahren und ihn zur Rede stellen würde. Was aber soll er ihm sagen? Daß er Schwierigkeiten in den naturwissenschaftlichen Fächern hat? Das wird durch das Fernbleiben vom Unterricht ja nicht besser. Soll er ihm von dem FDJler erzählen, der sich im Staatsbürgerkunde-Unterricht als klassenbewußter DDR-Bürger ausgibt und ihm hinterher sagt: »Der ganze Mist interessiert mich nicht, den brauche ich bloß fürs Abi«? Was hatte denn der Opportunismus seines Mitschülers damit zu tun, daß er einfach zu Hause bleibt? Eine ganze Menge, findet Pierre, aber er weiß, daß Walter das nicht verstehen würde. Wieder schrillt die Klingel. Pierre liest weiter in dem Brief: »Allerdings, das schreibe ich mehr für mich, vergessen wir auch nie, die Schwierigkeiten, die Hürden zu sehen; jedoch lassen diese sich leichter nehmen mit Optimismus, einer Portion Mut und einer angemessenen Menge Selbstvertrauen und vor allen Dingen mit der Gewißheit, daß wir es alle, jeder für sich allein und alle gemeinsam, ganz, ganz sicher schaffen werden, denn wir haben nichts zu verlieren und eine neue Welt zu gewinnen!« Noch einmal gibt die Klingel einen kurzen Laut von sich, ehe Schritte sich von der Wohnungstür entfernen.

Ein unmoralisches Angebot

Walter war wiedergekommen, wieder und wieder, bis Pierre ihm schließlich die Tür geöffnet hatte. Und Walter hatte ihn nicht verstanden, genau wie von Pierre erwartet. Mit freundlicher Miene hatte der Betreuer den Monolog seines Schützlings über sich ergehen lassen, sich die Klagen über das Schulsystem angehört, zur Kenntnis genommen, daß Pierre das stumpfe Nachbeten der Lerninhalte ablehnte und ihn der Opportunismus des FDJ-Funktionärs aufregte. Als Pierre mit alldem fertig gewesen war, hatte ihn Walter ruhig und mit dem schon vertrauten sächsischen Zungenschlag gefragt: »Nun weiß ich aber immer noch nicht, was du mal werden willst.« Es hatte nichts genutzt, Walters Frage unbeantwortet zu lassen.

Nun ist er mit Verstärkung wiedergekommen. Pierre sitzt Achim und Kerstin gegenüber, und alle wollen sie von ihm wissen, was er »mal werden will«. Pierre ist klar, daß die Frage sogar noch akuter geworden ist, hat er doch mittlerweile beschlossen, überhaupt nicht mehr zur Schule zu gehen. Aber muß er sie ausgerechnet mit diesem merkwürdigen Trio besprechen? Dem immerfort lächelnden Walter, der hochschwangeren Kerstin und mit Achim, der eben wieder ein Bier aus dem Kühlschrank geholt hat, obwohl er schon mit einer Fahne angekommen war?

Die drei sehen Pierre erwartungsvoll an. Zögernd formuliert er einen Gedanken, der ihm in den letzten Tagen immer wieder durch den Kopf gegangen ist. Etwas mit Sprachen würde er gern machen, sagt Pierre. Norwegisch habe ihm irgendwie ganz gut gefallen – damals, vor zwei Jahren beim

Urlaub in Hamar. Auch Willy Brandt hätte sich mit seiner Frau norwegisch unterhalten. Kerstin ist plötzlich ganz begeistert und weiß, daß man in ihrer Heimatstadt Greifswald Nordische Sprachen studieren kann. Sie könne ja mal mit ihm dorthin fahren an die Uni, um sich zu erkundigen. Doch dann zeigt sie auf ihren gewaltigen Bauch und meint: »Wenn wir das da erst mal hinter uns haben.«

Für Pierre aber war es nur ein Gedanke von vielen, und ihm ist gar nicht recht, daß Kerstin gleich Nägel mit Köpfen machen will. Er könne sich auch vorstellen, mal in den Journalismus reinzuriechen, sagt er dann. Nun weiß Walter, daß es da ja »das berühmte Leipziger Journalistenseminar« gebe. »Da kommen unsere besten Leute her«, sagt er.

Mit einem kräftigen Schluck leert Achim die dritte Bierflasche und meint dann pragmatisch: »Ob Nordische Sprachen oder Journalismus – ohne Abi geht weder das eine noch das andere!«

Die kleine euphorische Aufbruchstimmung hat keine zehn Minuten gedauert. Nun liegt wieder die Stille der Ratlosigkeit in der Luft, unterbrochen allein von Achims glucksenden Schluckgeräuschen. Schließlich will Pierre diesen Zustand beenden.

»Ich kann jetzt auch noch nicht sagen, wie es weitergeht. Aber in die Schule gehe ich jedenfalls nicht mehr«, erklärt er kategorisch.

Die drei aber machen keinerlei Anstalten aufzubrechen. Achim leert die vierte Flasche und ignoriert den mißbilligenden Blick seiner Frau.

»Das Abitur muß kein Muß sein«, beginnt Walter nach einer Weile etwas umständlich einen neuen Gedanken. »Ich meine, wenn du nun unbedingt Journalist werden willst, könnte ich mir vorstellen, daß wir da was machen können.«

Achim und Kerstin sehen ihn verwundert an, und auch Pierre weiß nicht recht, wie er das verstehen soll.

»Was Verbindliches kann ich natürlich nicht sagen«, fängt

Walter an zu erklären, »aber wo ein Wille ist, ist ja bekanntlich auch ein Weg.«

Plötzlich ist Pierre hellwach. Jetzt nur nicht in eine Falle tappen. »Was soll das heißen? Wollt ihr mir das Abitur schenken oder was?«

Walter windet sich ein wenig, ehe er vorsichtig formuliert: »Abitur schenken? Na, ich will mal lieber von einer Ausnahmeregelung sprechen.«

»Auf gar keinen Fall!« unterbricht ihn Pierre und blickt nun in gleich drei irritierte Augenpaare.

Ich weiß nicht, was mich an diesem Nachmittag veranlaßt hat, nicht mal eine Sekunde ernsthaft über Walters Vorschlag nachzudenken. Eine rationale Überlegung war es bestimmt nicht. Ebensowenig kühne Opposition. Schließlich hatte ich damals nicht annähernd Kenntnis von der Allmacht dieses Geheimdienstapparates nach innen. Bisher hatte ich die »Arbeitsstelle« meiner Eltern ja nur als Dienst für die Auslandsaufklärung kennengelernt. Ich machte mir auch keine Gedanken darüber, daß ich mit der Annahme eines solchen Angebots erpreßbar werden würde, was zweifelsohne der Fall gewesen wäre. Denn auf all die Privilegien, die ich bis dahin genossen hatte, konnte ich ja notfalls verzichten. Aber ein geschenktes Abitur und ein ergaunerter Studienplatz hätten mich für alle Zeiten in Abhängigkeit gebracht. Heute denke ich oft, daß ich seinerzeit einen lichten Weitblick hatte, als ich mir vom MfS das Abitur nicht schenken lassen wollte.

Walter steht mit einem wildfremden Mann vor der Tür. »Das ist Kurt Göbel. Er kann dir vielleicht ein ganz interessantes Angebot machen.«

Kurt Göbel beginnt ruhig, jedes Wort abwägend, von einer »Betriebsberufsschule ›Rudi Arndt‹« zu erzählen, die die Bildungsstätte der Druckerei vom *Neuen Deutschland* sei. Er habe dorthin einige Kontakte, erzählt der Endvierziger mit dem vollen Haar und den hellen graublauen Augen, und es gäbe für Pierre die Möglichkeit eines Volontariats.

»Da lernst du den ganzen Betrieb hinter so einer Zeitung erst mal von der Pike auf kennen«, erklärt er.

Pierre kann nicht leugnen, daß dieser fremde Mann sein Interesse durchaus zu wecken vermag. Vor allem aber hat er den eigenartigen Eindruck, daß dieser Kurt Göbel ihm so fremd nicht ist.

Und das war er in der Tat nicht. Was Pierre zu diesem Zeitpunkt nicht wußte und mit letzter Sicherheit erst während unserer Recherche erfährt, ist die Tatsache, daß er jenem Kurt Göbel – ebenso wie seinem Betreuer Walter – Ende der sechziger Jahre schon einmal begegnet war. Damals, als ihm der Vater in Ost-Berlin die beiden angeblichen Schulfreunde vorgestellt und Pierre sich gewundert hatte, daß der eine, der mit ihm einen Besuch im Tierpark machte, sächselte. Das war Walter gewesen, und der andere, der mit seinem Vater seinerzeit hatte »ein paar Bierchen zischen« wollen, war jener Kurt Göbel – auch dieser Name nur ein Pseudonym. An jenem Nachmittag saß er Pierre in seinem »Luftschloß unter den Wolken« als Major der Staatssicherheit gegenüber – Günter Guillaumes im Westen als »geheimnisvoller Mann im Hintergrund« titulierter Führungsoffizier Kurt Gailat.

Pierre weiß, wenn er Kurt Göbels Vorschlag annimmt, wird er sich Tag für Tag in das Heer der Gestalten einreihen müssen, die in der Morgendämmerung den Weg zur S-Bahn hinübergehen. Doch ist ihm das nun egal. Es ist ihm sogar egal, wie hoch seine Bezahlung als Volontär sein und auch, ob er in dieser Zeit weiterhin die monatliche Zuwendung vom Konto seiner Eltern bekommen wird. Ihm gefällt die Vorstellung, die einzelnen Abteilungen jener Betriebsberufsschule zu durchlaufen. Es würde sicher spannend sein, vom »Bleisatz bis zur Lithographie« all die Techniken kennenzulernen, die ihm Kurt Göbel kurz umreißt, und sich so »erst mal Schritt für Schritt ein Bild von der Arbeitswelt im graphischen Gewerbe« machen zu können. Pierre will nur weg von den hohlen Phrasen in der Staatsbürgerkunde, den binomischen Formeln und Mendelschen Gesetzen, den gelangweilten Gesichtern angesichts primitiver Texte in englischer und französischer Sprache. Als er schließlich in Kurt Göbels Vorschlag einwilligt, entspannt sich nur das Gesicht von Walter. Kurt Göbel selbst nimmt Pierres Entschluß mit einem Pokerface zur Kenntnis.

Getrennte Wege

Am späten Nachmittag hatte alles begonnen wie immer in den letzten vierzehn Monaten, seit es die Wohnung in der Ubierstraße nicht mehr gibt und Pierre sich mit Karin in diesem kleinen Bonner Hotel treffen muß. Nach dem Besuch bei seiner Mutter in Ossendorf war er hierhergekommen, und morgen wird er von hier aus zur JVA Rheinbach fahren, wo sein Vater seit dem vergangenen Herbst die Haftstrafe verbüßt. Karin hat sich wie üblich ein eigenes Zimmer genommen, das Pierre aus seiner großzügig ausgestatten Reisespesenkasse bezahlen wird. Das aber ist nur ein Alibi gegenüber dem Hotelbesitzer an der Rezeption, der das Spiel natürlich längst durchschaut.

Doch schon bei der Begrüßung mit Karin spürt Pierre, daß diesmal etwas anders ist. Zunächst spricht seine Freundin, die in den letzten drei Jahren richtig erwachsen geworden ist, von den Vorbereitungen auf das Abitur. In vier Monaten werde sie – hoffentlich – alles hinter sich haben. Und dann? Karin zuckt mit den Schultern, erzählt etwas von »Paläontologie«, was sie interessieren würde, und davon, daß ihre Eltern meinen, sie solle doch im Ausland studieren – am besten in ihrer Nähe. Pierre ahnt, daß es unter diesen Umständen noch schwieriger sein wird, die Beziehung aufrechtzuerhalten. Und dann sagt Karin, daß es für sie schon jetzt schwierig sei. Sie habe seit langem ein schlechtes Gewissen, ihre Eltern fortwährend anzulügen. Sie könne so nicht weitermachen.

Plötzlich ist es still zwischen den beiden. Es ist Karin nicht leichtgefallen, sich den Kummer von der Seele zu reden. Das hat Pierre gespürt. Was aber heißt denn, sie »kann so nicht weitermachen«? Will sie sich etwa von ihm trennen? Pierre fühlt sich hilflos. Wenn Karin wenigstens irgend etwas an ihm auszusetzen hätte. Dann gäbe es die Chance, sich zu verändern, oder er könnte sich zumindest unverstanden fühlen. Doch es sind die Verhältnisse, die ihm nun womöglich die Freundin nehmen. Umstände, an denen er nicht schuld ist und die er auch nicht ändern kann. Wieder einmal ist da dieser Gedanke, der oft in den letzten Monaten in ihm hochgekommen war. Ist es ein Fehler gewesen, daß er sich im vorletzten Sommer dem Druck gebeugt hatte und in die DDR übersiedelt war? Und ist es ein Fehler, morgen mit dem Nachtzug dorthin zurückzukehren?

Pierre geht unruhig im Hotelzimmer auf und ab. Schließlich bleibt er am Fenster stehen und sieht hinüber zum Bonner Gefängnis. Ist es wirklich erst – fast auf den Tag genau – drei Jahre her, seit er dort um die Ecke im Gerichtsgebäude seinem Vater nach dessen Verhaftung zum ersten Mal wiederbegegnet war? Kaum etwas von dem, was damals sein Leben ausgemacht hatte, ist ihm geblieben. Außer jenem Mädchen, das dort auf dem Bett sitzt und nun plötzlich zu weinen beginnt. Pierre geht zu Karin und nimmt sie in die Arme.

Im gleichen Moment, da Pierre seine Freundin fragt, ob sie sich denn ein Leben mit ihm in Ost-Berlin vorstellen könne, spürt er, daß dies ein hilfloser Versuch ist, das Ende ihrer Beziehung zu verhindern. Bei aller Romantik ist Karin letztlich immer realistischer gewesen als er. Sie würde dort immer nur ein Anhängsel von ihm sein, erklärt sie, und schließlich habe er doch seit dem Schulabbruch keine berufliche Perspektive.

Tatsächlich hatte ihr Pierre geschrieben, daß zwar »das Volontariat an der Betriebsberufsschule ›Rudi Arndt‹ ganz interessant« sei, er sich aber in keiner der Abteilungen, die er bisher durchlaufen habe, eine Berufsausbildung vorstellen könne. Nun fällt ihm Thomas ein, der dort als Lithograph arbeitet und nur ein paar Jahre älter ist als Pierre. Vor einigen

Jahren war er wegen eines Mädchens von West- nach Ost-Berlin übersiedelt. Die Liebe ist längst dahin – doch Thomas sitzt nun in der DDR fest und träumt von einer Rückkehr. Immer mal wieder haben die beiden »Westler« ihre deutsch-deutschen Erfahrungen ausgetauscht. Dabei hatte Thomas, der einst Mitglied in der SEW – dem West-Berliner Parteiableger der SED – gewesen war, erklärt, daß er in der DDR nicht nur seine Liebe zu jener Frau, sondern auch seinen Glauben an die Realisierbarkeit des Sozialismus verloren habe. Konnte Pierre da ernsthaft von Karin erwarten, daß sie in die DDR übersiedeln und sich dort in seine Abhängigkeit begeben würde?

Karin erklärte mir, daß sie sich auf keinen Fall gegen ihre Eltern entscheiden könne, die ja als Mitarbeiter des Auswärtigen Amtes ihre Tochter nie in Ost-Berlin besuchen dürften. Außerdem hätte sie dort sicher auch nicht das gleiche Privileg wie ich gehabt, regelmäßig in die Bundesrepublik reisen zu können. Vor allem aber wußte sie nicht, wovon sie während eines Studiums hätte leben sollen.

Mir wurde klar, daß Karin aus den gleichen Gründen im Westen bleiben mußte, aus denen ich anderthalb Jahre zuvor in den Osten gegangen war. Einerseits wegen der wirtschaftlichen Unsicherheit, und andererseits, weil ich mich nicht gegen meine Eltern entscheiden wollte. Wie sollte ich Karin da nicht verstehen?

Im Zug nach Rheinbach fühlt Pierre sich nicht in der Stimmung, gleich den Monologen seines Vaters zuzuhören, die ohnehin nicht wirklich an ihn gerichtet sein werden. Vielmehr spielt Günter Guillaume im geräumigen Büro und unter Anwesenheit des stellvertretenden Leiters der Haftanstalt die Rolle eines Häftlings, der wegen seiner politischen Überzeugung einsitzt, den Part des Offiziers, dem die Stellung eines »Kombattanten nach den Bestimmungen der Genfer Konvention« verweigert wird – aber auch die Rolle des Politikexperten mit Insiderwissen aus der westdeutschen Schaltzentrale der Macht.

Nach Pierres Rückkehr in die DDR kommt dann jedesmal Walter vorbei, nicht nur um den Reisepaß zurückzufordern, sondern wegen einer »ausführlichen Berichterstattung« über die Gespräche mit seinen Eltern. »Über welche Gespräche denn?« hatte Pierre nach dem letzten Besuch provokativ geantwortet. »Meine Mutter schweigt, und mein Vater hält Monologe über die Weltlage, die westdeutsche Innenpolitik und seine Rolle an der Seite der Friedenskräfte.« Und nach einer kleinen Pause: »Außerdem sind sie der Meinung, daß ihre Genossen nicht genug für ihre Freilassung tun!« Walter aber hatte nur achselzuckend erklärt: »Was wir tun können, tun wir auch. Da bin ich ganz sicher!«

Wahrscheinlich wollte Walter sich sein Bild von den »heldenhaften Kundschaftern«, deren Überzeugung stärker ist als Gefängnismauern, nicht zerstören lassen. Ich aber erlebte bei meinen Besuchen die Realität, sah, wie meine Eltern zunehmend verzweifelten, je länger die Haftzeit dauerte. Mutter versuchte zu verdrängen. Sie hat dieses Verdrängen regelrecht trainiert und kultiviert, später sogar behauptet, hauptsächlich wegen dieser »Kunst des Verdrängens« die Gefängnisjahre überstanden zu haben. Gerade diese Kunst jedoch sollte uns auch nach ihrem Austausch noch lange das Zueinanderfinden und die gemeinsame Vergangenheitsbewältigung erschweren – und in Teilen bis heute unmöglich machen! Vater dagegen ging aggressiver mit seiner Verzweiflung um. Rechtsanwalt Pötschke und die Betreuer der Ständigen Vertretung mußten sich immer wieder Vorwürfe anhören: Die DDR-Regierung tue nicht genug für einen Austausch, er habe sich geopfert, und nun lasse man ihn unverhältnismäßig lange im Gefängnis schmoren. Mich ernannte er gar zu seinem »ersten Anwalt in der Heimat«. Er verlangte allen Ern-

stes, daß ich die »DDR-Öffentlichkeit mobilisieren« sollte! Es sei nicht genug, nur meinen »Kontaktpersonen« – von denen er damals genauer als ich wußte, wer sie wirklich waren und für wen sie wirklich arbeiteten – über den schlechten gesundheitlichen und seelischen Zustand von ihm und seiner Frau zu erzählen. Vater kramte aus der Erinnerung auch Namen ehemaliger Kollegen hervor, die ich in Ost-Berlin aufsuchen und denen ich von seinem Schicksal berichten sollte. Darunter war ein DDR-bekannter Feuilleton- und Buchautor, den ich etwas widerwillig anrief, dem ich mich als Pierre Guillaume vorstellte und den ich um einen Termin bat. Er war freundlich, konnte sich aber an meinen Vater kaum erinnern – und gab mir schließlich eines seiner Bücher mit Widmung und der Bitte, es dem »tapferen Genossen Günter« im Gefängnis zu überreichen.

Pierre empfindet die Besuche bei seinen Eltern zunehmend als Belastung. Nur die Aussicht, Karin zu treffen, hatte sie in der letzten Zeit etwas erträglicher gemacht. Das aber wird künftig wegfallen. Nach dem gemeinsamen Frühstück im Hotel Zu den Stadtpatronen hatten sie sich noch einmal weinend in den Armen gelegen. Dann waren sie auseinandergegangen, ohne ein weiteres Treffen zu vereinbaren, ja selbst ohne zu verabreden, wie sie künftig Kontakt miteinander halten wollen.

Pierre ist wirklich nicht in der Stimmung, sich die Monologe seines Vaters anzuhören und dazu gute Miene zu machen. Doch als er sich am Eingang der Justizvollzugsanstalt Rheinbach meldet, weiß er, daß er genau das tun wird: ihm zuhören und nicht sagen, daß er eben seine Freundin verloren hat und daß er – sein Vater – und sein »Kampf für den Weltfrieden« daran schuld seien. Dann wird er mit dem Nachtzug nach Berlin zurückfahren, in der Wohnung die Gardinen zuziehen und sich in seine Traumwelt flüchten.

Psychotherapie

Einige der Männer haben die Finger zwischen die Oberschenkel geklemmt, zwei der Frauen kneten fortwährend Taschentücher in ihren Händen – und fast alle sehen betreten zu Boden. Es ist eine Runde verängstigter und introvertierter Leute, in der sich Pierre hier wiederfindet. Und die Warnung der Psychotherapeutin, man möge mit »Dienstgeheimnissen vorsichtig« umgehen, da Pierre »kein Mitarbeiter des Hauses« sei, macht die Anwesenden nicht gerade lockerer. Denn genau in deren dienstlichen Aufgaben als Angehörige der Staatssicherheit sind ja die Schwierigkeiten begründet, wegen der sie hier sitzen – in der psychotherapeutischen Abteilung der Poliklinik ihres Ministeriums.

Die Ärztin, die diese Gruppensitzung souverän und als unanfechtbare Autorität leitet, erinnert Pierre äußerlich ein wenig an die Schriftstellerin Christa Wolf. Allerdings wirkt sie keineswegs intellektuell, und trotz ihres unübersehbaren Bemühens um sachliche Korrektheit ist sie sicher kein Mensch, dem man sich gern anvertraut. Offenbar teilen die anderen Pierres Einschätzung, denn keiner fängt freiwillig an, von seinen psychischen Problemen zu erzählen. Erst nach Aufforderung durch die »Genossin Doktor« beginnen sie zögernd und stotternd leise zu erzählen, weshalb sie von ihren Vorgesetzten hierhergeschickt wurden.

Für Pierre werden diese Schilderungen zu einer unfreiwilligen Unterrichtsstunde zum Thema »Die Arbeit der Staatssicherheit im Innern der DDR«. Natürlich hat er in den fast drei Jahren, in denen er nun in diesem Land lebt, begriffen, daß die Arbeit des »Hauses« nicht auf die Kundschaftertätigkeit im Ausland beschränkt ist. Hier aber sitzt er erstmals bewußt Leuten gegenüber, die im Auftrag des MfS die eigene Bevölkerung bespitzeln. Er erfährt von Observationen, dem Anbringen von Wanzen in Wohnungen und wochenlangen Abhöraktionen – und von den Versagensängsten eines etwa dreißigjährigen Stasi-Mitarbeiters. Der dünne Mann mit dem schütteren Haar hat kein Problem damit, womöglich unbescholtene Bürger zu bespitzeln – sondern lediglich Angst, diese Tätigkeit nicht zur Zufriedenheit seiner Vorgesetzten auszuführen. Dann erfährt Pierre, daß es auch innerhalb der DDR Mitarbeiter des MfS gibt, die gegenüber ihren Familien ein Doppelspiel treiben. Alle hier sind vorgeblich beim Ministerium des Innern oder bei der Volkspolizei angestellt, und oftmals haben nicht einmal die engsten Familienmitglieder eine Ahnung von deren wahren Tätigkeiten. Als ein Mann erzählt, es bereite ihm Probleme, selbst der eigenen Ehefrau gegenüber seine Tätigkeit als hauptamtlicher Mitarbeiter des MfS verschweigen zu müssen, kommt für einen kleinen Moment etwas Lebhaftigkeit in die Gruppe. Plötzlich schildern auch andere, daß es ihnen Schwierigkeiten mache, auf Dauer Freunde und Verwandte »belügen zu müssen«. Denn es gehe ja nicht nur darum, die wahre Tätigkeit zu verschweigen, sondern auch, eine erfundene glaubhaft zu schildern.

Pierre kann nachvollziehen, daß die Leute mit einem solchen Doppelspiel Probleme haben, und deswegen sind sie ihm zunächst fast ein wenig sympathisch. Hatten seine Eltern ihm gegenüber all die Jahre nicht in einer ähnlichen Situation gelebt? Gibt es nicht auch in den Familien dieser Leute hier Kinder, die ihren Vater für einen Kriminalbeamten halten, der Verbrechern auf der Spur ist? Was treibt diese Menschen dazu, selbst ihre nächsten Angehörigen hinters Licht zu führen? Ist es die weltverändernde Idee, das alles überragende politische Ideal einer »historischen Mission der Arbeiterklasse«? Merken sie denn nicht, daß das Mißtrauen, welches sie der eigenen Bevölkerung entgegenbringen, diese politische Idee zu einer ideologischen Seifenblase werden läßt? Allmählich wandelt sich Pierres anfängliche Sympathie für diese Leute in Abneigung.

Nur mühsam kann er sich ein Lachen verkneifen, als ein junger Mann mit todernstem Gesicht von seinen klaustrophobischen Paniken berichtet, die eine »Personenobservation in den Hochhaussiedlungen der Hauptstadt« nahezu unmöglich machten. Ein Stasi-Mann, der eine Beschattung aufgeben muß, weil er Angst hat, den Fahrstuhl zu benutzen – im Gegensatz zu den anderen Anwesenden findet Pierre das unglaublich komisch.

Ich kam mir in diesem Kreis vollkommen deplaziert vor und war froh, daß die Stunde zu Ende ging, ehe Frau Dr. Seifert – jene Fachärztin für Psychotherapie in der Stasi-Poliklinik – sich mir zuwenden konnte. Ein zweites Mal bin ich jedenfalls nicht mehr hingegangen. Überhaupt waren die Probleme, die meine Betreuer mit mir hatten, weitaus größer als die, welche ich mit mir selbst hatte. Sicher war ich nicht glücklich über die Stationen meines Scheiterns, aber ein wirkliches Versagen konnte ich darin nicht erkennen, denn ich hatte dafür in jedem einzelnen Fall eine plausible Erklärung. Der Wechsel von einem Schulsystem in ein komplett anderes war eben nicht so einfach zu schaffen, und daß ich nach dem Volontariat an der Betriebsberufsschule »Rudi Arndt« keine Lehre als Drucker oder Schriftsetzer machen wollte, fand ich so ungewöhnlich nicht. Immerhin hatte ich in der Werkstatt für Repro-Fotografie ein gewisses Interesse fürs Fotografieren entwickelt, was möglicherweise auch damit zusammenhing, daß mein Vater ursprünglich Fotograf war. Das bot mir die Möglichkeit einer Identifikation. Doch eine solche Lehre war bei »Rudi Arndt« nicht möglich, und deshalb hing ich nach einem Jahr erst mal wieder rum. Wieder machten sich meine Betreuer Gedanken darüber, wie es mit mir weitergehen sollte, und entwickelten einen absolut unprofessionellen Plan.

Ich hatte zu zeichnen begonnen. Meine Vorbilder waren der Niederländer M.C. Escher mit seinen surrealistischen Sujets, Horst Antes, von dem die skurrilen Kopfmenschen stammen, und der Zeichner Roger Dean, der die Plattencover der Band Yes gestaltet hatte. Tagelang saß ich in meiner Wohnung und zeichnete – surreale Figuren aus verschiedenen Körperteilen, aber auch Landschaften und architektonische Perspektivzeichnungen. In seiner Hilflosigkeit brachte mich dann Kurt Göbel mit dem Graphiker Otto Kummert zusammen. Kummert war einer der bekanntesten Gebrauchsgrafiker der DDR, der beispielsweise Filmplakate der DEFA-Produktionen gestaltete. Ich weiß nicht, was ihn bewogen hat, mich nach Durchsicht meiner Zeichnungen der Leitung der Fachschule für Werbung und Gestaltung zu empfehlen. Wahrscheinlich war es die Autorität des führenden Stasi-Offiziers. Jedenfalls wurde für mich mal wieder eine »Ausnahme« gemacht. Ich wurde zum Studium zugelassen, obgleich mir eine wesentliche Zugangsbedingung fehlte – eine abgeschlossene Berufsausbildung. Meine Kommilitonen waren Drucker und technische Zeichner, hatten während ihrer Lehrzeit entsprechende Talente entdeckt, in ihren jeweiligen Betrieben unter Anleitung weiterentwickelt und wurden dann von ihrem Arbeitgeber zu diesem Studium delegiert. Dieser ganze Hintergrund fehlte mir, und mir wurde schnell klar, daß ich unter normalen Umständen nie an dieser Fachschule aufgenommen worden wäre. Mein zeichnerisches Talent war – das mußte ich mir schließlich eingestehen – einfach unterdurchschnittlich. Nach neun Monaten gab ich das Studium schließlich auf. Dennoch habe ich es nicht bereut, dort gewesen zu sein. Denn im Fach Fotografie hat mir mein Dozent eine gewisse Begabung bestätigt. Er ermutigte mich, dieses Interesse weiter zu verfolgen, was in der Folgezeit dazu führte, daß ich regelmäßig fotografierte. Außerdem habe ich während dieser Zeit viele Freunde gefunden, Leute, die eine normale DDR-Biographie hatten, mit ihrer gesellschaftlichen

Kritik auch mir gegenüber – trotz meines familiären Hintergrunds – nicht hinter dem Berg hielten.

Es dämmert bereits, als Pierre das Gelände des Ministeriums für Staatssicherheit verläßt und die Ruschestraße in Richtung Frankfurter Allee hinuntergeht. Nicht zum ersten Mal hat er die hiesige Poliklinik aufgesucht. In der Vergangenheit hatte man hier für keine seiner Erkrankungen eine Erklärung, aber gegen alle ein Mittel. Seinen immer wieder auftretenden Magenproblemen war man mit Paverysat zu Leibe gerückt, und den diagnostizierten Bluthochdruck hatte man mit Obsidan behandelt. Nun aber, da seine Betreuer endgültig überfordert waren, Pierre sich tagelang in seiner Wohnung einschloß und ihnen ein Wodkaglas mit einem Schild »Prost, und dann verschwindet endlich!« vor die Tür stellte, war man auf die Idee mit der Psychotherapie gekommen. Eine Schnapsidee, findet Pierre und steigt beschwingt die Treppe zum U-Bahnhof Magdalenenstraße hinunter.

Vater in Lebensgefahr

Pierre kennt hier niemanden mehr, selbst das Personal scheint mittlerweile gewechselt zu haben. Er empfindet einen eigenartigen Widerspruch zwischen diesem ihm so vertrauten Ort und all den fremden Leuten. Warum ist er eigentlich hierhergekommen – in die Barriere, das Musiklokal, das für ihn einst fast so etwas wie ein zweites Zuhause gewesen war. Er kann doch unmöglich erwartet haben, hier noch jemanden aus der Clique zu treffen. Seine alte Klasse hat schon im vorletzten Sommer Abitur gemacht. Die meisten seiner ehemaligen Mitschüler sind derzeit vermutlich Soldaten, leisten Zivildienst oder studieren irgendwo. Vielleicht telefonieren sie manchmal miteinander oder treffen sich auf dem Campus irgendeiner Uni. Pierre aber gehört nicht mehr dazu, ist aus deren Gesichtskreis völlig verschwunden. Seine letzte Verbindung zur alten Welt war Karin gewesen. Es war die Welt, in der er zur Clique um Victor und Knut am Heinrich-Hertz-Gymnasium gehört hatte und in der sein Vater der Referent des Bundeskanzlers war. Es war die Welt der Sommerfeste der hessischen Landesvertretung, die seine Mutter tatkräftig mitorganisiert und bei denen Pierre als Aushilfskellner sein Taschengeld aufgebessert hatte. Jene Welt, das wird in diesen Augenblicken hier sinnfällig, gibt es nicht mehr. Und eine neue Welt, die diese adäquat ersetzen könnte, hat Pierre bisher nicht gefunden. Denn obwohl er vor allem unter den Ex-Kommilitonen an der Ost-Berliner Fachschule für Werbung und Gestaltung manche Freundschaften geschlossen hat, spürt er, daß er noch immer nicht zu diesem anderen deutschen Staat gehört. Er hat keine DDR-Biographie, und deshalb kann er nicht mitlachen über Geschichten aus dem Pionierlager oder von irgendwelchen FDJ-Zirkeln. Aber auch seine DDR-Gegenwart unterscheidet sich von der jener Freunde. Und durch den Besuch der Gruppentherapie in der psychotherapeutischen Abteilung der MfS-Poliklinik ist ihm auch klargeworden, warum manche aus dem studentischen Umfeld ihm gegenüber eine spürbare Distanz halten. Seit er dort aus berufenem Munde das Ausmaß der Aktivitäten der Staatssicherheit gegen die eigene Bevölkerung erfuhr, hat er sogar Verständnis dafür, daß jenseits der offiziellen Propaganda dem Namen Guillaume keineswegs nur Heroisches anhaftet.

Der Zug in Richtung Rheinbach verläßt den Bonner Bahnhof, und Pierre ist fest entschlossen, seinem Vater endlich reinen Wein einzuschenken. Er ist sicher, dafür einen guten Einstieg gefunden zu haben – die aus seiner Sicht unprofessionelle Haltung der Standfotografen bei der DEFA. Schließlich war sein Vater früher selbst mal engagierter Theaterfotograf und hatte noch die Fotoproben bei Bertolt Brecht und Walter Felsenstein erlebt, wie er vor seiner Verhaftung oft mit großer Begeisterung erzählt hat.

Durch Vermittlung einer früheren Arbeitskollegin seiner Mutter hatte Pierre einen Job bei der DDR-Filmproduktion gefunden. Als »Kamerahilfe« bei einem Film mit dem merkwürdigen Titel »Die Birke da oben« hatte er das Filmmaterial in die Kassetten einlegen, die Kamerastative aufbauen und schließlich die Filmdosen mit dem belichteten Material beschriften dürfen. So war er in die Nähe jener Fotografen gekommen, die die Standbilder aufnahmen. Deren Arbeit hatte ihn interessiert, und hier konnte er sich eine berufliche Zukunft vorstellen. Gelegentlich ging er auch in das Studio, in dem ein Film über den Alltag der DDR aus der Sicht einer mittelmäßig erfolgreichen Schlagersängerin gedreht wurde. Regisseur war Konrad Wolf, einer der berühmtesten DDR-Regisseure und der Bruder von Markus Wolf, dem Leiter der

»Hauptverwaltung Aufklärung« des MfS und damit dem Chef von Pierres Eltern.

Mit Begeisterung hatte Pierre aus den Kulissen die Aufnahmen beobachtet. Dieser Film mit dem prägnanten Titel »Solo Sunny« wird schon bald in den Kinos der Republik manchem DDR-Bürger respektlos den Spiegel vorhalten. Beispielsweise wenn die Titelheldin in der Bar eines Interhotels mit ihrer Band auftritt und die Kleinbürger von ihrem Steak nicht mal aufsehen. Endlich würde ein Film den oft respektlosen Umgang miteinander in diesem Lande thematisieren.

In den Drehpausen hatte Pierre sich mit den Standfotografen über deren Job unterhalten, mit ihnen über künstlerisch-ästhetische Fragen diskutieren wollen. Die vermeintlichen Foto-Künstler aber hatten ihn angesehen wie jemanden, der einen schlechten Witz erzählt. Dann waren sie zu den Themen zurückgekehrt, die in jeder Bierhalle besprochen wurden: der Fußball-Oberliga, der Frage, wo man Autoersatzteile und Badezimmerkacheln herbekam oder wie man den Wochenend-Besuch der Schwiegermutter auf der Datsche verhindern konnte.

Diese Enttäuschung wird sein Vater nachvollziehen können. Er wird verstehen, daß sein Sohn eine Karriere als Standfotograf bei der DEFA nicht weiter in Erwägung zieht und daß er deshalb frühzeitig gekündigt hat. Und wenn sein Vater das akzeptiert, wird Pierre mit ihm endlich auch über die früheren Stationen seines Scheiterns sprechen können. Dann wird Günter Guillaume seinem Sohn zuhören, wenn dieser ihm das kleinkarierte Denken und Verhalten schildert, das er bei vielen Leuten in der DDR kennengelernt hat. Denn diese Leute sind in ihrer Mehrzahl alles andere als politisch denkende Menschen, und schon gar nicht ist bei ihnen jene »Einmütigkeit und Zustimmung« für die Pläne der »Partei- und Staatsführung« festzustellen, wie es beispielsweise das *Neue Deutschland* regelmäßig verkündet.

Seit fast fünf Jahren hat Pierre kaum ein Wort mit seinem

Vater gewechselt, das nicht selbstzensiert gewesen ist. Und immer hat sich Horst-Dieter Pötschke als Gesprächspartner angeboten. Der Münchner Anwalt war längst mehr geworden, als nur der Mittler zwischen Günter Guillaume und seinem Sohn. Denn über viele von Pierres Schwierigkeiten hat er nach eigenem Bekunden seinen Klienten in den Vier-Augen-Gesprächen gar nicht mehr informiert, sondern längst Pierre gegenüber die Rolle eines Ersatzvaters oder älteren Bruders übernommen.

Die Gespräche mit Pötschke über meine Probleme verliefen fast immer gleich: Zunächst hörte er sich ruhig an, was ich zu sagen und zu beklagen hatte. Oftmals redete ich mich in Rage, brachte einiges durcheinander und vermengte Wesentliches mit Nebensächlichem. Dann begann er meine Darlegungen zu sezieren und vor allem zu relativieren. Wenn ich beispielsweise von den Schwierigkeiten und Enttäuschungen anderer DDR-Bürger zum Thema Reise- und Meinungsfreiheit berichtete, hörte ich von Pötschke, das Gefängnis der Guillaumes sei ja wohl schlimmer als das »angebliche Gefängnis DDR«. Wenn ich für mein berufliches Scheitern die Umstände im Osten verantwortlich machte, fragte er, ob dafür nicht in erster Linie ich selbst verantwortlich sei. Und wenn ich argumentierte, in Bonn wäre es mit der Schule bestimmt anders gelaufen als in Ost-Berlin, sagte er, es sei keineswegs sicher, daß ich im Westen das Abi geschafft hätte, und in der DDR würden mir meine Eltern über ihre Genossen immerhin ein soziales Auffangbecken bieten. Da war es dann wieder, dieses Hammerargument! Egal, was ich sagte, was auch immer ich ändern wollte – es konnte mir als Abkehr von den Eltern, als Entscheidung gegen sie ausgelegt werden. Es schien damals immer nur Schwarz oder Weiß, Gut oder Böse zu geben. Auf die Zwischentöne, auf meine eigenen Befindlichkeiten achtete lange Zeit niemand.

Im Englischen Garten in München beendet Pierre das kurze Gespräch über Handy. Er ist sichtlich bewegt. Horst-Dieter Pötschke hat ihm endgültig eine Aussprache verweigert über alles das, was sich damals ereignete, und über die Rolle, die er als Anwalt von Günter Guillaume dabei gespielt hatte. Aber er hat dies nicht offensiv getan, nicht mit einer nachvollziehbaren Begründung, wie Pierre es von einem Juristen erwartet hätte.

Vor zwei Tagen im Schwabinger Biergarten hat er sich mir gegenüber immer wieder hinter die anwaltliche Schweigepflicht zurückgezogen. Selbst bei allgemeinen Fragen, die das Mandat seines verstorbenen Klienten Günter Guillaume gar nicht betrafen. Den Fragen aber, die Pierre an ihn hatte, wollte er sich angeblich stellen – soweit er sich nach so langer Zeit überhaupt noch erinnern könne. Er versprach, ihn am nächsten Tag anzurufen.

Dr. Pötschke hat seine Kanzlei in München noch immer in den gleichen Räumen, in denen ihn Pierre damals besucht hatte. Dort aber wollte ihn der Anwalt nicht empfangen. Statt dessen hat er ein Café in der Nähe der Oper als Treffpunkt für den kommenden Tag vorgeschlagen. Hier im lärmenden Publikumsverkehr eines Kaffeehauses am Sonntagnachmittag – mag sich der Anwalt gedacht haben – würde Pierre nicht allzusehr ins Detail gehen. Und dann, so berichtete mir Pierre am Abend, habe der eloquente Anwalt ganz allgemein über dies und das gesprochen. Als Pierre nach einer Weile mit etwas Nachdruck erklärt habe, daß er gern über die Rolle sprechen wolle, die Pötschke ihm gegenüber in den Jahren nach der Verhaftung seiner Eltern gespielt habe, schien ihm der Anwalt plötzlich in Eile zu sein. Er habe aber versprochen, sich am nächsten Vormittag zu melden. Dann aber bleibt der Anruf aus. Als Pierre sich schließlich bei ihm meldet, erklärt ihm Horst-Dieter Pötschke in knappen Worten, daß er leider keine Zeit habe, sich noch einmal mit ihm zu treffen – ohne die Absage zu begründen. Der einstige Anwalt von Günter Guillaume läßt dessen Sohn einfach abblitzen.

Fürchtet er, Verantwortung für eine Biographie übernehmen

Ostern 1951 – Christel Boom und Günter Guillaume verloben sich in Berlin.

Mai 1956 – Christel und Günter Guillaume als Neuankömmlinge im Westen

Rechte Seite
Herbst 1956 – das MfS finanziert Oma Ernas Zigarrenladen in der Frankfurter Innenstadt.
Anfang 1958 – die Guillaumes eröffnen eine »Kaffeeklappe« im Frankfurter Stadtteil Sachsenhausen.

Tabak
ZIGARRENHAUS
Boom am Dom
Vogelsang
TABAKWAREN

Dreieich-Stube
MAMPE BERLIN
KAFFEE
ZIGARREN
ZIGARETTEN
Probe-Tasse 30

Spätsommer 1957 – Günter Guillaume und der »zweite Mann«

Anfang der 60er Jahre – Günter Guillaume fotografiert für die SPD-Pressestelle auf dem »Hessentag«.

Weihnachten 1961 – eine westdeutsche Musterfamilie: die Guillaumes mit Oma Erna

1964 – Christel Guillaume als Sekretärin in der Hessischen Staatskanzlei

Mitte der 60er Jahre – Willy Brandt und Willi Birkelbach (rechts), die beiden »Zielpersonen« des Agentenpaares Guillaume

Sommer 1969 – Günter Guillaume mit Sohn Pierre und Schwiegermutter Erna Boom in den französischen Seealpen

Sommer 1973 – Urlaub in Norwegen mit der Familie des Bundeskanzlers: Willy Brandt, Sohn Matthias, Rut Brandt, Pierre Guillaume (von rechts nach links)

März 1974 – Pierre Guillaume kurz vor der Verhaftung seiner Eltern

Besuchserlaubnis

Herrn Pierre Guillaume, Bonn - Bad Godesberg

wird hiermit erlaubt, den/die Untersuchungsgefangene(n)

Name, Vorname, Geburtstag

Günter Guillaume geb. 1. Feb. 1927

in der Justizvollzugsanstalt Köln

an einem von der Anstalt festgesetzten Besuchstage während der Besuchszeit im Beisein eines Beamten des Bundeskriminalamtes zu sprechen.

Besondere Genehmigung:

OBERLANDESGERICHT DÜSSELDORF 50
(Siegel)

Der Vorsitzende des
4. Strafsenats

i.V.

(Unterschrift, Amtsbezeichnung des Richters oder Staatsanwalts)

Anmerkungen:

1. Der Besucher muß sich über seine Person ausweisen.

2. Die Besuchserlaubnis berechtigt zu einem Besuch von fünfzehn Minuten, wenn der Richter oder Staatsanwalt keine längere Besuchserlaubnis bestimmt.

3. Dem Gefangenen darf ohne besondere Genehmigung des Richters oder Staatsanwalts nichts übergeben werden.

   Unterredungen, die im Hinblick auf das Strafverfahren oder mit Rücksicht auf die Sicherheit und Ordnung der Anstalt bedenklich erscheinen, sind nicht gestattet.

   Übertretungsversuche führen zum Abbruch des Besuchs.

4. Wäsche darf ohne besondere Genehmigung zum Tausch bei der Anstalt abgegeben werden.

24. Juni 1975 – Günter Guillaume mit seinem Rechtsanwalt Horst-Dieter Pötschke im Prozeß vor dem Oberlandesgericht Düsseldorf

Linke Seite
Besuchserlaubnis für Pierre bei seinem Vater (Vorder- und Rückseite)

Frühjahr 1980 – Pierre Guillaume als »Fotoreporter in Ausbildung« bei der Illustrierten NBI

19. März 1981 – Christel Guillaume im MfS-Gästehaus Neuenhagen am Tag nach dem Austausch, mit HVA-Chef Markus Wolf, ihrem Sohn und ihrer Mutter

Sommer 1981 – HVA-Oberst Kurt Gailat verleiht Christel Guillaume den »Kampforden des MfS in Gold«.

Rechte Seite
Oktober 1981 – wenige Tage nach seinem Austausch läßt sich Günter Guillaume von Pierre vor dem Gebäude des ZK der SED fotografieren.

Frühjahr 1982 – Günter Guillaume besucht Onkel Karl in Rostock.

Linke Seite
6. Oktober 1981 – Erich Honecker empfängt das Ehepaar Guillaume anläßlich der Verleihung des Karl-Marx-Ordens, links HVA-Chef Markus Wolf.
Christel und Günter Guillaume am Abend nach der Verleihung des Karl-Marx-Ordens

6. März 1982 – das Brautpaar Iris und Pierre, und das geschiedene »Kundschafterpaar« Guillaume

Sommer 1982 – Pierre mit seinem Vater auf dem Bötzsee

Frühjahr 1985 – Pierre mit seinem Vater in dessen Haus in Eggersdorf

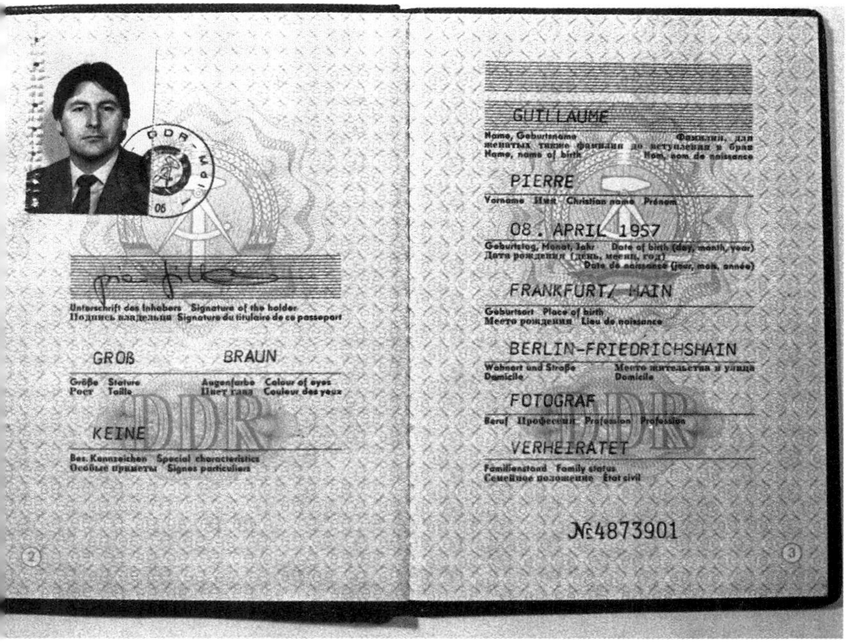

Dienstreisepaß des Fotoreporters Pierre Guillaume

Mai 1988 – Pierre mit seiner Familie in Bonn, wenige Tage nach der Ausreise

zu müssen, die anders verlaufen ist, als er es mal geplant hatte? Pierre aber war nicht in der Absicht gekommen, ihn an den Pranger zu stellen. Das hat er Pötschke am Telefon wissen lassen, und auch ich hatte ihm das im Vorfeld unserer Reise in einem Brief mitgeteilt.

Pierre jedenfalls steckt Pötschkes Absage nicht so leicht weg. Nun erzählt er mir die Geschichte, wie er seinem Vater damals »reinen Wein« einschenken und endlich ohne den anwaltlichen Übermittler direkt und schonungslos mit ihm sprechen wollte. Im Zug zwischen Bonn und Rheinbach habe er sich fest vorgenommen, ihn umgehend zu unterbrechen, wenn er zu einem seiner ellenlangen Monologe ansetzen würde.

Als Pierre seinem Vater im Büro des stellvertretenden Gefängnisdirektors begegnet, kriegt er einen gewaltigen Schreck. Sein Gesicht ist eingefallen und aschgrau, er geht leicht gebückt und preßt eine Hand gegen den Unterbauch. Seine Stimme ist leise und wirkt brüchig, als er berichtet, er habe schon »seit den Feiertagen entsetzliche Schmerzen«. Man habe ihm schmerzstillende Mittel gegeben und Rheumaeinreibungen verpaßt, und als das alles nicht half, habe ihn der Direktor der Justizvollzugsanstalt einfach zum »Simulanten« erklärt. Pierre sieht zu dessen Stellvertreter, der an seinem Schreibtisch Zeitung liest und sich um die Gäste in seinem Büro gar nicht kümmert. Günter Guillaume atmet tief, ehe er mit gepreßter Stimme sagt: »Heute morgen habe ich Blut gespuckt!«

Pierre springt auf und verlangt von dem Zeitung lesenden Justizvollzugsbeamten, daß man seinen Vater umgehend in eine Klinik bringt. Von einer Telefonzelle unweit der Justizvollzugsanstalt ruft Pierre in der Ständigen Vertretung der DDR an und bittet mit Eberhard Kopprasch, dem Nachfolger von Martin Schumann, verbunden zu werden. Als die Frau in der Telefonzentrale fragt, um welche Angelegenheit es sich handle, schreit Pierre fast in den Apparat: »Hier ist der Sohn von Günter Guillaume – mein Vater schwebt in akuter Lebensgefahr!«

Es vergeht eine kleine Weile, ehe sich Kopprasch endlich am Telefon meldet. Pierre versucht in knappen Worten zu beschreiben, in welcher Situation sich sein Vater befinde, welchen Eindruck er auf ihn gemacht habe, und gibt zu verstehen, daß ihn die Gefängnisleitung im Stich lasse. Doch vor Aufregung ändert er mitten im Satz seinen Gedanken, überschlagen sich seine Worte. Schließlich erklärt Kopprasch, Pierre solle sich keine Sorgen machen, er werde sich umgehend um seinen Vater kümmern.

Ich fuhr also nach Ost-Berlin zurück, ohne mit meinem Vater das besprochen zu haben, was ich mir vorgenommen hatte. Erst vier Tage später – nach einer Intervention der DDR-Vertretung beim Kanzleramt – wurde er operiert, und man hat ihm dabei zwei Drittel seines Magens entfernt. In Ost-Berlin rief mich in diesen Tagen regelmäßig Rechtsanwalt Wolff an, um mich über seinen Gesundheitszustand auf dem laufenden zu halten.

Ich hatte meinen Vater in einem Moment erlebt, in dem er Hilfe brauchte und alles andere war als der strahlende Held. Nicht nur wegen der lebensgefährlichen Situation, die mir Angst machte und noch lange Sorgen bereitete, sondern wegen dieses Moments der Schwäche war mir mein Vater an diesem Tag wieder nähergekommen.

In meinen späteren Gesprächen mit ihm habe ich keinen Hinweis darauf gefunden, daß ihn seine gesundheitliche Krise zum Nachdenken bewegt oder sogar zu Zweifeln an Sinn und Zweck seiner Lebensentscheidung geführt hätte. Und in seinen Memoiren hat er diesen Vorgang so kommentiert: »Haben es die Antifaschisten, meine kommunistischen Vorbilder, die die Zuchthäuser und Konzentrationslager Hitler-Deutschlands überlebt hatten, nicht leichter gehabt als du? Gewiß, auch sie mußten sich der Anfeindungen oder der

Anbiederungen und Denunziationen Krimineller erwehren, mit denen sie zusammengesperrt waren. Aber unter sich bildeten sie doch eine verschworene Gemeinschaft. Ich beneidete sie um die Gespräche, die sie als Gesinnungsgenossen miteinander führen konnten, um ihre Solidarität und ihre Organisiertheit noch hinter Gitter und Stacheldraht. Wen im Gefängnisalltag hatte ich? Niemand!«

Die Redaktion

Dem Mann mit den hochgekrempelten Ärmeln, der sich, unmittelbar nachdem er eine filterlose Karo-Zigarette im überfüllten Aschenbecher ausgedrückt hat, sofort die nächste anzündet, ist Pierres Blick auf den unordentlichen Schreibtisch nicht entgangen. Der Journalist bläst genüßlich den Rauch des ersten Zuges in die Luft, dann erklärt er die Manuskripte, die Bilder und kleinen Notizzettel, welche scheinbar wahllos durcheinander liegen, kurzerhand zum »kreativen Chaos«. Ohne hinzusehen, weist er mit lang ausgestrecktem Arm auf verschiedene Stapel: »Hier liegen die Bilder zur geplanten Titelstory der kommenden Woche. Aber der Texter hält uns noch hin. Das da ist ein Manuskript darüber, wie die Kollegen im Kabelwerk Oberspree um die Planerfüllung kämpfen. Da muß ich noch ein wenig den Heroismus rausredigieren. Wir wollen uns doch nicht lächerlich machen.«

Ein bemerkenswerter Satz aus dem Mund eines stellvertretenden Chefredakteurs, denkt sich Pierre – des stellvertretenden Chefredakteurs der *Neuen Berliner Illustrierten*, jenem Wochenmagazin, das er sich schon oft gekauft hat, bevor ihn Kurt Göbel zu diesem sympathischen Mann schickte, der ihn auch sofort duzt. Pierre war aufgefallen, daß sich die *NBI* von den sonstigen Medien in der DDR nicht nur durch außergewöhnliche Reportagen, sondern vor allem durch sehr gute Fotos unterschied. Er kann sich nicht vorstellen, daß die Urheber solcher Fotos ebenso lustlos an ihre Arbeit gehen wie die Standfotografen der DEFA. Aber wenn Kurt Göbel recht hat, wird er dies hier und heute überprüfen können, weil man ihm sicher auch die Fotoredaktion zeigen wird.

Schließlich greift der *NBI*-Journalist schräg hinter sich und hält im nächsten Moment einen Stapel zusammengehefteter Blätter in der Hand. Pierre liest auf der ersten Seite in großen Lettern: »Chiffriert an Chef – Ausfall Nummer 5«.

»Das ist ein Drehbuch von meiner Frau und mir«, sagt der Mann, der auf eigentümliche Weise gleichermaßen intellektuell wie proletarisch wirkt. »Es handelt von einem Doppelagenten, hier in Berlin kurz vor dem Mauerbau. Das Werk kommt im Herbst in die Kinos.«

Jetzt wird Pierre klar, worin die Verbindung zwischen diesem lockeren Zeitungsmacher und dem eher steifen Funktionärstypen Kurt Göbel besteht. Augenscheinlich war das MfS diesem ketterauchenden Autor bei seinen Recherchen im Geheimdienstmilieu behilflich.

»Von Agentenstorys hast du ja wohl erst mal genug, oder?« bemerkt der Journalist lachend, dessen Name, »Günter Karau«, auf der Titelseite des Drehbuchs steht.

Dann aber will er von Pierre doch wissen, wie seine Eltern »den Knast« psychisch verkraften, ob er mit ihnen frei über alles sprechen kann – und noch immer ist keine Rede von der Fotoredaktion. Doch erst mal gibt Pierre bereitwillig Auskunft. Er erzählt von seinen regelmäßigen Besuchen in den Haftanstalten und schildert, in welchem Zustand er seinen Vater das letzte Mal angetroffen hat. Und als Pierre berichtet, wie er ihn mit Hilfe der Bonner DDR-Vertretung buchstäblich im letzten Moment auf den OP-Tisch brachte, zeigt sich der joviale Blattmacher sichtlich betroffen.

Die Fotoredaktion sieht Pierre an diesem Nachmittag zwar nicht, aber er geht mit dem Gefühl, Gast bei einem bedeutenden Presseorgan gewesen zu sein. Günter Karau hat ihm von einigen Reisen erzählt, die er in den letzten Jahren für die *NBI* unternommen hatte. Vor fünf Jahren sei er zum Beispiel kurz nach der »Nelken-Revolution« in Portugal gewesen. Pierre erinnert sich, daß die *Tagesschau* am 25. April 1974 nach dem Bericht über die Verhaftung seiner Eltern auch von der Offiziers-Revolte in Lissabon berichtet hatte. Günter Karau erzählte von seinen Reisen ohne ideologische Phrasen, ohne klassenkämpferischen Impetus. Nur durch die Schilderung seiner Erlebnisse vermittelte er das Gefühl für eine weltweit fortschreitende Bewegung. Eine Bewegung, die sich die Realisierung einer gerechteren Welt auf die Fahnen geschrieben hat. Was aber vor allem Wirkung auf Pierre hatte, war der Umstand, daß dieser proletarische Intellektuelle die Welt nicht wie Achim, Kurt Göbel und auch die Betreuer der Stasi mit dem begrenzten Horizont der kleinen DDR betrachtete. Karaus Schilderungen wirkten auf ihn vollkommen unprätentiös und vor allem authentisch. Er hatte seine sozialistische Überzeugung draußen in der Welt auf den Prüfstand gestellt und sich dort in seiner Sichtweise bestätigt gefunden. Pierre glaubt darin eine Parallele zu seinen Eltern zu erkennen. Waren nicht auch sie ihren sozialistischen Überzeugungen treu geblieben, trotz ihrer privilegierten Positionen in der hessischen Staatskanzlei und im Bundeskanzleramt? Welch ein Unterschied zu all den spießbürgerlichen Parteiabzeichenträgern im Alltagsbild der DDR, gegen die selbst Martin Schumann eine fast charismatische Erscheinung ist.

Ich lernte an diesem Nachmittag auch Wolfgang Nordalm, den Chefredakteur der NBI, *kennen. Er war etwas jünger als Günter Karau, relativ groß und sichtlich um Selbstdarstellung bemüht, fast ein wenig eitel. Dennoch war auch er mir nicht unsympathisch, und erst später habe ich diese merkwürdige Zwitterstellung begriffen, in der sich dieser zweifelsohne ebenfalls sehr engagierte Blattmacher ständig befand. Auf der einen Seite hatte er ein Kollektiv eher undogmatischer Journalisten um sich geschart, die ihre Aufgabe – trotz mancher Hemmnisse – mehr in einer kritischen Berichterstattung sahen und weniger in einem »klassenmäßigen Auftrag«. Andererseits mußte Nordalm einmal in der Woche zur Dienstbesprechung in die ZK-Abteilung für »Agitation und Propaganda«, wo er ge-*

naue und verbindliche Anweisungen bekam. Ich habe später manchen Kniff bewundert, mit dem Nordalm sich und seine Position in dieser Zwickmühle behauptet hat. An diesem Nachmittag aber war mir nicht recht klar, was ich in seinem Büro sollte. Endlich fragte mich Karau nach meinen fotografischen Ambitionen. Und er versprach, wenn ich mit einer Mappe eigener Arbeiten wiederkäme, mich mit dem Chef der Bildredaktion zusammenzubringen. Natürlich war ich bemüht, schnell eine solche Mappe zusammenzustellen.

Auf der schmalen Liege in seiner Wohnung hat Pierre alle seine Fotos ausgebreitet und sortiert nun die aus, welche für die Mappe auf gar keinen Fall in Frage kommen. Dann läßt er seinen Blick schweifen über all die anderen: die Landschafts- und Architekturaufnahmen, die Porträtfotografien und die Stadtimpressionen. Abermals sortiert er aus. Die Qual der Wahl versetzt ihn in extreme Stimmungsschwankungen zwischen dem Enthusiasmus, seine Fotos in der *NBI*-Bildredaktion präsentieren zu dürfen, und dem Zweifel am eigenen Talent. Schließlich sind es nur knapp zwei Dutzend Bilder, die er in eine Mappe legt.

Pierre betrachtet die Schwarzweißaufnahme an der Bürowand des Fotoredakteurs, der ihm als Jochen Moll vorgestellt wurde, den hier aber alle »Molli« nennen. Das Foto kommt ihm bekannt vor. Pierre ist sicher, daß er es schon seit seiner Zeit in Bad Godesberg kennt. Eine kleine Gruppe Demonstranten ist darauf abgebildet. Dicht zusammengedrängt, errichten sie ein überdimensionales Holzkreuz, während sie vom harten Strahl eines Wasserwerfers getroffen werden.

»Das Foto da kenne ich«, sagt Pierre.

Molli hebt den Blick von Pierres Mappe.

»Das habe ich gemacht«, bemerkt er kurz, »Ostern '68.«

Pierre ist erstaunt.

»Aber das ist doch in West-Berlin, oder!?«

»Ku-Damm, Nähe Joachimsthaler«, bestätigt sein Gegenüber, als sei es für einen Ost-Berliner Fotografen das Selbstverständlichste von der Welt, auf dem Kurfürstendamm Bilder zu schießen.

Molli scheint Pierres Gedanken zu erraten.

»Wir arbeiten eben in der ganzen Welt«, sagt er lachend.

Pierre kommt nicht mal für einen Moment auf die Idee, diese Aussage großspurig zu finden. Er empfindet sie als das, was sie ganz augenscheinlich ist: das selbstbewußte Statement eines professionellen Fotografen in der Redaktion eines bedeutenden Magazins.

»Dieser Mann hier zum Beispiel«, überrascht Molli einen Kollegen, der gerade hereinkommt, »besucht für uns regelmäßig die Olympischen Spiele.«

»Oder die Kinder- und Jugendspartakiade in Leipzig«, ergänzt dieser, ohne zu wissen, worum es eigentlich geht, und er stellt sich als Werner Schulze vor.

Pierre hat nicht erwartet, daß die Fotografen der *NBI* über seine Arbeiten in Begeisterung ausbrechen würden. Er hofft, von ihnen ein kritisches und fachmännisches Urteil zu hören. Und genau das geschieht nun auch. Die Profis finden die »Bildkomposition manchmal etwas willkürlich«, würden gerne hier und da »eher weniger Tiefenschärfe« haben, um lieber das »Hauptmotiv zu fokussieren«, und fast immer kritisieren sie die »unentschlossene Aussage der Bilder«. Aber sie sprechen auch von einem »talentierten Ansatz« und daß man daraus vielleicht was machen könne.

Natürlich ist Pierre klar, daß er es seinem Namen und dem Einfluß seiner Betreuer zu verdanken hat, daß Molli und sein Kollege sich überhaupt mit den Schnappschüssen eines Amateurs beschäftigen. Aber er findet es auch beruhigend, daß sich diese Profis weder von seinem Namen noch vom Einfluß der Betreuer beeindrucken lassen. Wenn er wirklich Bildreporter werden wolle, erklärt Molli, müsse er diese Profession eben von der Pike auf lernen.

Pierre erfüllt keine der schulischen oder beruflichen Voraussetzungen, die man bei der *NBI* an einen »Bildreporter in Ausbildung« stellt – ebensowenig wie er die Voraussetzungen für den Studienplatz an der Fachschule für Werbung und Gestaltung oder für das Volontariat an der Betriebsberufschule »Rudi Arndt« erfüllt hatte. Aber als er an seinem ersten Arbeitstag in der *NBI*-Redaktion jenem Werner Schulze als Assistent zugeteilt wird, will er darüber nicht nachdenken. Sein bisheriges Scheitern lag doch nicht daran, daß man extra für ihn Positionen geschaffen hatte, sondern daran, daß diese nicht seinen Neigungen oder Ambitionen entsprachen. Das aber würde hier ganz sicher anders sein. Schon an der Fachschule hatte ihm der Dozent für Fotografie ein »gewisses Talent« bescheinigt, und auch Molli war ja der Meinung, daß man »daraus vielleicht was machen« könne.

Pierre geht durch den Flur der Redaktion, beobachtet das ruhige, aber zielorientierte Treiben. Eigenartigerweise stellt sich bei ihm ein Gefühl ein, das er sonst nur kennt, wenn er in seiner Wohnung die Gardinen zuzieht und sich in eine Welt jenseits des DDR-Alltags phantasiert. Pierre erlebt hier in der 13. Etage eines schmucklosen DDR-Neubaus ein Flair von Weltläufigkeit. Vielleicht weil er wußte, daß Günter Karau nach Portugal gereist war und Molli am Kurfürstendamm fotografiert hatte oder Werner Schulze bei den Olympischen Spielen? Gibt es so etwas wie ein unausgesprochenes Gefühl der Übereinkunft zwischen all jenen in diesem Lande, deren Horizont nicht am Tränenpalast endet? Schon bei seinem ersten Besuch in der Fotoredaktion meint er hier das gefunden zu haben, was er bei den Standfotografen der DEFA vermißt hatte – einen künstlerischen Anspruch dem Medium Fotografie gegenüber. Hier will er alles lernen, um ein guter Fotograf zu werden, und als er Werner Schulze gegenübersteht, ist es Pierre deshalb auch völlig egal, ob es vor ihm jemals einen »Bildreporter in Ausbildung« ohne irgendeinen Abschluß gegeben hat.

Am Vormittag des 1. Mai 1979 steht Pierre mit Thomas Sandberg am Rand der Demonstrationen zum »Internationalen Kampftag der Arbeiterklasse«. Eigenartigerweise richtet der Bildreporter seine Kamera nicht auf den Demonstrationszug und schon gar nicht in Richtung der Tribüne mit den Mitgliedern des Politbüros. Vielmehr fotografiert er das Geschehen am Rande des Zuges, wo die Demonstranten noch nicht in Formation herumstehen oder diese am Alexanderplatz schon wieder verlassen. Später ziehen sie gemeinsam über die Volksfeste, und Thomas fotografiert Väter, die ihre Kinder auf den Schultern tragen, lichtet schwitzende Bierzapfer ab, die gefüllte Gläser über die Theken reichen, und andere Impressionen an diesem Feiertag in der Hauptstadt der DDR.

Mit gemischten Gefühlen habe ich damals aus der Sicht von Fotojournalisten eine der vielen Propagandaveranstaltungen mit ihren absurden Ritualen und hohlen Phrasen erlebt, die sich später als SED-Parteitage und FDJ-Pfingsttreffen wiederholten. Oder die »Republikgeburtstage« am 7. Oktober, bei denen Tausende der Staats- und Parteiführung zujubelten, vorformulierte Losungen wie »DDR – unser Vaterland!« skandierten und Transparente mit »Selbstverpflichtung zu Treue und Gehorsam« durch die Gegend trugen. Fremd und unheimlich waren mir die organisatorische Perfektion und vor allem der militärische Drill, mit denen diese Veranstaltungen abliefen. Uniformiertheit, Ordnung und Disziplin sollten ein Bild der Geschlossenheit, der Entschlossenheit vermitteln. Doch wie kurzlebig und aufgesetzt diese kollektiven Willensbekundungen waren, wurde mir schon an diesem 1. Mai deutlich, als nämlich die »verdienten Vertreter der Arbeiterklasse« ihre Transparente am Ende der Aufmarschstrecke in die dort bereitgestellten Müllcontainer warfen und eilig den Bier- und Bratwurstständen zuströmten.

Offenbar kann man auch bei der *NBI* nicht darauf verzichten, ein Foto von der Politbüro-Tribüne zu veröffentlichen. Molli hat zielsicher eine Aufnahme herausgefischt, mit der einem Kollegen eine halbwegs künstlerische Bildkomposition gelungen ist – mit roten Fahnen im unteren Drittel und dem blauen Mai-Himmel über den Köpfen der Partei- und Staatsführung. Damit ist der Pflicht Genüge getan, und die *NBI*-Fotografen können nun über die übrigen Bilder dieses Tages diskutieren. Gemeinsam mit der Grafikerin werden Aufnahmen ausgewählt, wieder verworfen, neu erwogen – bis man sich endlich für die Fotos entschieden hat, die in der nächsten Ausgabe der *NBI* auf Seite 2 und 3 veröffentlicht werden. Das sind jene beiden Seiten, die Pierre trotz der Bewunderung für dieses Magazin in der Regel überblättert. Hier werden aktuelle Themen abgehandelt, und da unterscheidet sich die *NBI* inhaltlich kaum von anderen DDR-Medien. In den letzten zwei Wochen aber, seit Pierre einen ersten Einblick in das redaktionelle Geschehen bekommen hat, ist ihm klargeworden, daß die Beiträge von Seite 2 und 3 Zugeständnisse sind, um im restlichen Heft einen etwas engagierteren, in jedem Fall aber undogmatischeren Journalismus betreiben zu können. Und genauso wird es auch diesmal sein.

Der Texter wirft einen kurzen Blick auf die Bildauswahl und wendet sich mit einem vielsagenden Grinsen an die Grafikerin: »Den Text bekommst du morgen mittag!«

Der Mann hat gleich doppelt Glück, denkt Pierre. Zum einen, weil die *NBI* als Wochenmagazin nicht tagesaktuell sein muß, und zum anderen, weil erst in zwei Tagen Redaktionsschluß ist. Pierre weiß, daß der Autor die Veranstaltungen zum 1. Mai kaum aus eigenen Beobachtungen schildern wird – vielleicht ist er nicht einmal dagewesen. Morgen früh wird er aus dem *Neuen Deutschland* die Formulierungen von der »großen Einmütigkeit der Arbeiterklasse unserer Hauptstadt mit der Partei- und Staatsführung« abschreiben. Er hat das Foto mit den bekannten DDR-Schriftstellern gesehen, die auf dem Alex ihre Bücher signieren. Also wird er auch nicht vergessen, neben den »Angehörigen der wissenschaftlich-technischen Intelligenz« auch die »künstlerischen Kräfte« zu erwähnen. Der Text, der morgigen *ND*-Ausgabe durchläuft bereits jetzt von der Selbstzensur bis zur zuständigen ZK-Abteilung die vielfältigen Formen der innerparteilichen Kontrolle.

In der Folgezeit begleitete ich Werner Schulze, aber auch andere Fotografen und Redakteure, auf Reportagen über Industriebetriebe, Übungen der »Kampfgruppen der Arbeiterklasse« – wie die paramilitärischen Reserveeinheiten in DDR-Betrieben genannt wurden – und immer wieder auch über politische Veranstaltungen der SED, des FDGB und der FDJ. Besonders erschreckt hatte mich ein Jugendtreffen, bei dem sich die »Panzereinheiten der Jungen Pioniere« präsentierten. Acht- bis zehnjährige Jungen in voller Armeemontur und Soldatenhelmen waren mit verkleinerten Modellen von sowjetischen Panzern aufgefahren, um stolz dem damaligen FDJ-Chef Egon Krenz Meldung zu erstatten, der anschließend schulterklopfend und mit Dauergrinsen diese Parade der »Kindersoldaten« abnahm. Das gesamte Zeremoniell erinnerte mich fatal an Filmaufnahmen aus der Schlußphase des Zweiten Weltkriegs, als die Nazis die letzten Reserven der Hitlerjugend mobilisiert hatten.

Es war DDR pur, was ich damals aus dem Blickwinkel eines »Bildreporters in Ausbildung« erlebte. Während jeder dieser Reportagereisen wurde mir von neuem vor Augen geführt, wie groß die Unterschiede waren zwischen dem, was wir tatsächlich vor Ort sahen, und dem, wie es der Öffentlichkeit berichtet werden durfte. Bei einer Reportage über die Chemiekombinate in Bitterfeld und Wolfen hatte ich die extreme Umweltverschmutzung erlebt, der die dort arbeitenden und wohnenden Menschen ausgesetzt waren. Das Wasser der Mulde und anderer Flüsse der Region war tiefbraun und so stark durch Chemikalien verseucht, daß Werner etwas makaber scherzte: »Da können wir ja gleich unsere Filme drin entwickeln!«

Überrascht hat mich allerdings immer wieder die Offenheit, mit der einfache Arbeiter, aber auch Kombinatsdirektoren und Parteisekretäre sprachen – sei es über ihre Probleme mit der mangelhaften Zulieferung von Material und die daraus resultierenden Konsequenzen für die Planerfüllung oder über die schlechte Versorgungslage mit Konsumgütern. Ihre Schilderungen paßten so gar nicht zu dem, was die Zeitungen und Fernsehsender der DDR Tag für Tag an »Erfolgsmeldungen aus der sozialistischen Produktion« ausspuckten. Dennoch hatten Arbeiter wie Funktionäre bei Gesprächen mit Journalisten anscheinend immer wieder die Hoffnung, daß doch etwas von ihrer Kritik oder zumindest eine halbwegs realistische Schilderung den Weg in die offiziellen Medien finden würden. Das aber scheiterte regelmäßig an den Dienstanweisungen aus der ZK-Abteilung für »Agitation und Propaganda«, die damit das Bild vorgaben, welches das Volk von diesem Land haben sollte. Nur daß das Volk – im Gegensatz zur Funktionärselite – den Alltag in der DDR nicht nur aus der Zeitung kannte.

Drei Freunde

Werner, mein Mentor, war sicher nicht der Gesprächspartner, mit dem ich differenziert über meine Konflikte reden konnte. Er hatte, obwohl ihm der Westen nicht ganz fremd war, nicht wirklich Verständnis für die Probleme, die ich als dort sozialisierter junger Mann auch nach Jahren in der gänzlich anders strukturierten DDR-Gesellschaft noch immer hatte. Aber er vermittelte mir viele handwerkliche Kniffe – sowohl im Fotolabor als auch auf unseren Reportagereisen quer durchs Land –, und es entwickelte sich zwischen uns eine wirklich warmherzige Freundschaft.

Die untergehende Sonne taucht die Landschaft zwischen den Hochhäusern des Hans-Loch-Viertels und dem Kraftwerk Rummelsburg in ein rotgoldenes Licht. Vom S-Bahnhof nähern sich Gestalten, die müde von ihren Arbeitsplätzen zurückkehren. Aus seinem Fenster im 17. Stockwerk blickt Pierre auf die Szenerie hinunter. Eigentlich arbeitet er gern, freut sich, wenn er mit Werner auf Reportagereisen gehen kann. Jedes Mal aber, wenn sie in die Redaktion zurückkehren, beginnt für Pierre so etwas Ähnliches wie ein Roulette. Zunächst geht er mit Werner ins Labor, denn sie haben beide den Ehrgeiz, die Filmentwicklung nicht den Verlagslaboranten zu überlassen. Die Abzüge, die schließlich auf Mollis Schreibtisch landen, sind vom technischen Standard absolut identisch. Es steht kein Vermerk darauf, welche Aufnahmen vom Profi Werner sind und welche von Pierre, dem »Bildreporter in Ausbildung«. Doch Molli hat einen Blick für Qualität, sicher auch einen zielsicheren Geschmack für den typischen *NBI*-Stil. Jedenfalls sortiert er meist schon bei der ersten Durchsicht Pierres Fotos aus. Wenn aber gelegentlich doch eine Aufnahme mit dem Copyright-Vermerk »Guillaume« den Weg ins Blatt findet, ist es für Pierre ein guter Tag. Doch einen solchen hat es in den vergangenen vier Wochen nicht gegeben. Da hilft es ihm auch nicht, daß Walter, sein Betreuer vom MfS, sagt, alle seien stolz, daß er »endlich Boden unter die Füße gekriegt« habe.

Wieder klingelt das Telefon. Pierre aber wird den Hörer auch jetzt nicht abnehmen. Morgen wird er wieder in die Redaktion gehen. Dann ist immer noch Zeit, sich Werners Vorwürfe anzuhören. Sicher hat sein Mentor längst in Erfahrung gebracht, daß er vorgestern im Großraumbüro bei einem Geburtstagsumtrunk der Grafiker dabeigewesen ist und nach Feierabend mit ihnen bis in die Nacht durch die Kneipen der Umgebung des *Berliner Verlages* gezogen war. Obwohl Pierre wußte, daß pünktlich um 6 Uhr der Fahrer mit dem Dienstwagen der Redaktion vor der Tür stehen würde, um ihn zu einer Reportagereise mit Werner abzuholen. Es wird Pierre kaum nutzen, seinem Mentor zu erklären, daß er zwar ein schlechtes Gewissen hat, aber wohl kaum dabeisein müsse, um Molli gute Motive zu liefern. Werner wird Pierres Fernbleiben sehr persönlich nehmen. Er wird moralisch argumentieren, obgleich Pierre sein eigenes Fehlverhalten gar nicht bestreitet. Sollte er erklären, daß Werner sogar der einzige Grund ist, weshalb er nicht noch öfter fehlt? Gerade Werner und auch seiner Frau ist es zu verdanken, daß er etwas wie Geborgenheit spürt und eine Art familiäre Anbindung – beides war ihm im April 1974 abhanden gekommen und hatte selbst durch Oma Erna nur teilweise ersetzt werden können. Die alte Dame hat – auch wenn sie kaum darüber spricht – ganz eigene Probleme: Sie muß mit der Situation klarkommen, im Alter dorthin zurückgekehrt zu sein, von wo sie einst nicht ohne triftige Gründe fortgegangen war. Es bedrückt sie, daß ihre einzige Tochter durch den Einfluß des ungeliebten Schwiegersohnes bereits seit Jahren im Gefängnis sitzt.

Endlich hat das Telefon aufgehört zu klingeln. Ganz sicher ruft Werner heute nicht noch mal an. Morgen früh wird Pierre gleich zu ihm gehen. Doch er weiß jetzt schon, daß Werner seine Entschuldigung nicht akzeptieren und einfach zum Tagesgeschehen übergehen kann. Pierre wird sich auch diesmal wieder einen seiner langen Monologe anhören müssen, und vielleicht wird er Werner dann sagen, daß ihn vor allem deshalb ein schlechtes Gewissen plagt, weil er einen Freund enttäuscht hat.

Pierre hat Werner seit Jahren nicht gesehen, man hat sich – wie man in solchen Fällen sagt – auseinandergelebt.

»Welche Rolle hat er damals für dich eingenommen?« frage ich ihn. »Die eines Ersatzvaters?«

Pierre zögert, erinnert sich dann aber, daß er in jener Zeit tatsächlich oft an seine Kindheit in der Frankfurter Finkenhofstraße dachte.

»Wie gern hätte ich damals meinem Vater über die Schulter geschaut, als er hinter dem Vorhang im Flur Filme entwickelte oder Fotos vergrößerte. Inzwischen ahnte ich natürlich, warum er das damals nicht wollte – Werner aber ließ mich über die Schulter sehen.«

In der Rückschau erkennt Pierre, daß er bei seinem Mentor etwas gelernt hat, was damals beide kaum so beschrieben hätten wie er heute:

»Auch wenn es für Werner oft schwierig mit mir war, so habe ich bei ihm doch Disziplin gelernt und Professionalität in der Arbeit.«

Cathrin war eine Egozentrikerin und als solche faszinierend. Sie war ebenso Bohémienne wie analytisch denkende Journalistin. Einerseits soff sie in irgendwelchen Eckkneipen und machte mich andererseits mit sehr interessanten Leuten be-

kannt, die zu ihrem Freundes- und Bekanntenkreis gehörten. Zum Beispiel mit Osvaldo Puccio, dem ehemaligen Privatsekretär des gestürzten chilenischen Staatspräsidenten Allende. Der Intellektuelle lebte in der DDR im Exil, und Cathrin schrieb mit ihm an dessen Autobiographie.

Leise öffnet Pierre die Tür zum Flur. Dabei hat er Cathrin immer im Blick. Die siebzehn Jahre ältere Journalistin der außenpolitischen Redaktion der *NBI* scheint fest zu schlafen. Aber selbst wenn sie aufwachen sollte, würde er sich von ihr nicht davon abhalten lassen zu gehen. Und er würde sich diesmal auch nicht wieder in eine Diskussion verwickeln lassen. Pierre hat das Bedürfnis, allein zu sein, und er wird dieses Bedürfnis unter allen Umständen durchsetzen. Er weiß, daß Cathrin wieder in eine tiefe seelische Krise stürzen wird, wenn sie aufwacht und das Bett neben sich leer vorfindet. Sie wird nicht verstehen, warum ihr Geliebter, mit dem sie doch eine »Seelenverwandtschaft« verbindet, mit dem sie das Gefühl der Enge in diesem kleinen Land und das Bedürfnis nach Weltflucht teilt, einfach wortlos weggegangen ist. Sie wird ihm später die gleichen Fragen stellen, die sie Pierre immer stellt, wenn er versucht, sich ihr zu entziehen. Sind sie denn nicht beide Fremde in einem Land, das sie nicht als ihre Heimat empfinden? Sind sie nicht beide durch familiäre Bande an jenes mächtige Ministerium in der Normannenstraße gebunden? Sind es nicht die gleichen Umstände, dieselben Mächte, die sie daran hindern, so zu leben, wie sie leben wollen?

Es ist stockdunkel in den Straßen. Nachts um halb vier leuchtet nirgendwo in Wilhelmsruh eine Laterne. Langsam schlendert Pierre durch die nächtliche Stille im Norden Berlins. An der Haltestelle beim VEB Bergmann-Borsig setzt er sich auf die Bank und wartet auf den ersten Bus. Einige Querstraßen entfernt hatte er gestern abend mit Cathrin in einer Eckkneipe gesessen, stundenlang in Gespräche vertieft.

Die kleine Frau mit den kurzen schwarzen Haaren und mit viel zuviel Schmuck behängt, hatte wieder einmal den Rotwein gleich flaschenweise bestellt und eine Zigarette nach der anderen geraucht. Dabei hatte sie Dinge gesagt, die Pierre sonst von niemandem in diesem Land zu hören bekommt. Doch waren es die Dinge, die er hören wollte? Im Laufe des Abends hatte er begonnen, daran zu zweifeln.

Am Morgen zuvor war Pierre mit dem Nachtzug aus Köln nach Ost-Berlin zurückgekommen. Zum ersten Mal seit Monaten hatte er wieder seine Eltern besucht, ihnen den glücklichen künftigen Bildreporter vorgegaukelt und sich von seinem Vater als »angehenden Volkskorrespondenten« betiteln lassen. Er war noch einmal die alten Godesberger Wege entlanggegangen und hatte in die Gesichter wildfremder Menschen gesehen. Und das Hotel Zu den Stadtpatronen hatte in ihm die noch immer schmerzenden Erinnerungen an Karin geweckt – an die gemeinsamen Nächte hier und auch an den tränenreichen Abschied. Als er schließlich im Nachtzug nach Berlin-Friedrichstraße gesessen hatte, war ihm eine Stelle aus einem späten Brecht-Gedicht eingefallen, die seine Gefühlslage zutreffend beschrieb: »Ich bin nicht gern wo ich herkomme / Ich bin nicht gern wo ich hinfahre …«

»Laß diese Reisen sein, Pierre«, sagte Cathrin, als er ihr bildhaft von dem Loch berichtete, in das er im Laufe des Tages gefühlsmäßig gefallen war. »Dieses Wandern zwischen den Welten tut dir nicht gut! Glaub mir, ich weiß, wovon ich rede …« Und dann erzählte sie wieder von ihren Reisen nach Kuba, wo sie – wie Pierre weiß – einst auch einen Teil ihrer Kindheit verlebt hatte. Unter der karibischen Sonne und angesichts der Lebensfreude der Inselbewohner, deren Sprache sie spricht, werde ihr jedes Mal schmerzlich klar, welch pessimistisches Grundmuster die Menschen in der DDR beherrsche. Wie eine Drogenabhängige habe sie diese Reisen immer und immer wieder gemacht, und jedes Mal war der Euphorie dort der unvermeintliche Absturz hier nach der

Rückkehr gefolgt. Auch wenn sie mit ihrem griechischen Mann, von dem sie derzeit in Scheidung lebt, aus dessen Heimat zurückkam, habe sie die Sauberkeit und Ordnung in dieser kleinen sozialistischen Republik jedesmal als Bedrohung empfunden. Weil sie ganz genau wisse, welcher reaktionäre Geist hinter der Fassade stecke. »Nein, nein, das Wandern zwischen den Welten tut uns nicht gut, mein Lieber«, sagte sie und auch, daß sie woanders als hier nicht mehr leben könnten. »Wir haben doch längst den schönen Schein der westlichen Konsumgesellschaft durchschaut und das Gesetz des Profits.« Cathrin sagte dauernd »wir«, denn sie war offenbar davon überzeugt, in Pierre einen Bündnispartner zu haben. Warum aber führte sie dann diese vermeintlich übereinstimmenden Auffassungen so ausführlich aus? Pierre stellt wieder einmal mit Befremden fest, daß sie seine inneren Konflikte benutzt, um sie auf ihr eigenes unzufriedenes Leben zu projizieren.

Das »himmelhoch jauchzend« bei Cathrins Auslandsaufenthalten habe ich nie erlebt, oft aber das »Zu Tode betrübt« hinterher. Wenn sie in die DDR zurückkehrte, war sie nicht – wie andere Kollegen in der NBI *– »froh, mal wieder zu Hause zu sein«. Nein, sie fühlte sich heimatlos, und darin waren wir uns ähnlich.*

Und noch etwas gab es, was uns verband – die unsichtbaren Stricke der Stasi, die unser Leben bestimmten. Als Sohn von Günter Guillaume konnte ich ihnen kaum entgehen, und Cathrin, die Halbschwester des mächtigen HVA-Chefs Markus Wolf, konnte es auch nicht. Es war schon schwierig für sie gewesen, einen in der DDR lebenden griechischen Kommunisten zu heiraten – ihr Wunsch aber, mit diesem nach Griechenland zu ziehen, war ihr aus Gründen der Staatssicherheit schlichtweg untersagt worden. Cathrin hatte sich diesen Anordnungen ebenso gefügt, wie ich es tat.

An jenem Abend in Pankow aber habe ich begriffen, daß

Cathrin die Gemeinsamkeiten zwischen uns auf eine geradezu egomanische Weise benutzte, um sich selbst zu bespiegeln. Dagegen wäre nichts einzuwenden gewesen, wenn es in einer positiven Weise geschehen wäre und im Ergebnis zu einer gemeinsamen optimistischen Weltsicht geführt hätte. Doch Cathrin zog mich runter, und sie demonstrierte mir, wozu diese Haltung bei ihr geführt hatte. Zu Alkoholexzessen und – meist in deren Folge – zu tiefen Depressionen. Und sie war selbst in der Verzweiflung noch eitel.

Dennoch hatte ich Cathrin sehr gern, und damit ist nicht nur der erotische Reiz gemeint, den diese siebzehn Jahre ältere Frau auf mich ausübte. Doch ich habe gespürt, daß mir zuviel Nähe zu ihr nicht gut tat. Letztlich aber hat sie mir über manche Ursache meiner Konflikte die Augen geöffnet. Auf lange Sicht betrachtet, ist mir dadurch etwas gelungen, was ihr leider versagt blieb: der Weg zu einem selbstbestimmten Leben.

Und damit fing Pierre noch am gleichen Tag an, der mit dieser unfreiwilligen Wanderung durch das nächtliche Pankow begonnen hatte. Als er Walter, dem Betreuer, den üblichen Bericht von seinen Haftbesuchen in Ossendorf und Rheinbach lieferte und den Paß abgab, teilte er ihm mit, daß er von seinem nächsten Besuch nicht in die DDR zurückkehren werde. Damit wollte er – so sagt Pierre heute – die Stasi die Entscheidung treffen lassen, die er selbst nicht treffen konnte. Das sei keineswegs eine unbewußte Handlung gewesen, denn ihm sei durchaus klargewesen, welche Konsequenz das für ihn haben würde. Jene Konsequenz nämlich, die Cathrin ihm in der Pankower Eckkneipe geraten hatte: »Laß diese Reisen sein, Pierre!«

»Damit hast du dich davor gedrückt, dich quasi nachträglich doch noch – um mit Pötschke zu sprechen – gegen deine Eltern zu entscheiden und im Westen zu bleiben?« frage ich nach.

»Richtig!«

»Aber du wolltest auch nicht selbst die Verantwortung dafür

übernehmen, daß du künftig in der DDR eingesperrt sein würdest?«

Pierre überlegt.

»Sonst hättest du ja einfach nur erklären müssen, daß du nicht mehr fahren willst«, hake ich nach.

»Auch das wäre eine Entscheidung gegen meine Eltern gewesen. Zumindest solange sie noch in Haft waren.«

Das also war der Punkt – Pierre hatte einerseits keine Entscheidung gegen seine Eltern treffen, andererseits aber die Dinge in Gang bringen wollen, die ihn aus dem Konfliktfeld führen sollten, welches das Wandern zwischen den Welten für ihn bedeutete. Und Cathrin hat ihm trotz ihrer egozentrischen Auslegung dieses Konfliktfeldes den Weg daraus gezeigt. Pierre wollte vollendete Tatsachen schaffen, aber die Verantwortung dafür sollten die übernehmen, die auch sonst in den letzten fünf Jahren über sein Leben wachten – die Entscheidungsträger des MfS. Seine Rechnung ging auf: Nur wenige Tage später teilte ihm Walter mit, daß »weitere Besuche in der BRD derzeit nicht angeraten« seien. Fünf Jahre zuvor war er – anders als es Dr. Pötschke heute verharmlosend darstellt – nicht ganz freiwillig in dieses Land gekommen. Nun aber hatte er dafür gesorgt, daß er hierbleiben mußte. Die Verkündung des faktischen Ausreiseverbots hat Pierre schließlich ohne Betroffenheit zur Kenntnis genommen.

Thomas hatte als Fotograf den Anspruch, den ich damals bei den Standfotografen der DEFA vermißt habe. Er setzte hohe künstlerische Maßstäbe an sein Handwerk, und es sprach für ihn, daß er auch mit eigenen Aufnahmen, die seinen Ansprüchen nicht genügten, unzufrieden war. Er sagte mir ohne Wenn und Aber, was er von meinen fotografischen Versuchen hielt, jedoch immer auf freundschaftliche Art. Thomas war gleichermaßen Urheber mancher Verzweiflung wie auch der Hoffnung, von ihm etwas lernen zu können. Immer wieder aber ließ er in Gesprächen deutlich durchblicken, daß es für mich auf dem Weg zur Professionalität einen wesentlichen Hinderungsgrund gab, den ich damals noch für eine Hilfestellung hielt: die Protegierung durch das MfS. Deren Rundumbetreuung habe wahrscheinlich mehr verhindert als bewirkt, meinte Thomas. Ich wußte, daß er recht hatte. Ich wußte jedoch nicht, wie ich es ändern sollte. Das ergab sich schließlich an einem Winternachmittag des Jahres 1980.

Thomas steht über einen Kontaktbogen gebeugt und betrachtet mit der Lupe seine eigenen Aufnahmen.

»Was ist los?« fragt er Pierre nebenbei, der etwas lustlos auf einem der Stühle lümmelt.

Pierres Stimmung ist auf einem Tiefpunkt, und dafür gibt es auch einen Grund. Wieder hat Molli einige Fotos zu einer Reportage über den Einsatz eines Feuerlöschbootes im Rostocker Hafen ausgewählt. Und wieder sind diejenigen, die Pierre selbst gefielen, zur Seite gewandert, und der Fotoredakteur hat sich ausgerechnet für ein Bild entschieden, das Pierre weniger gut gefällt. Hat er auch nach anderthalb Jahren noch immer kein Gespür für den *NBI*-Stil entwickelt? Das alles erzählt er nun Thomas in der Gewißheit, daß der ihn verstehen würde. Schließlich hat er ja auch den eigenen Arbeiten gegenüber einen kritischen Blick.

»Du hast recht, ich hätte dieses Foto auch nicht ausgewählt. Dieses nicht und auch keins der anderen«, sagt er mit der Freundlichkeit, als wolle er Pierre ein großes Lob aussprechen. Und dann wiederholt er all das, was er in den letzten Monaten schon so oft zu Pierre gesagt hat – daß ihm wesentliche handwerkliche Grundlagen fehlen und auch, daß die Protegierung, der er diesen Job verdankt, ihm hier eher schade als nütze.

»Der *NBI*-Leser entscheidet, ob ihn ein Foto anspricht oder nicht, und da ist es ihm egal, ob der Vater des Fotografen Günter Guillaume heißt oder anders«, erklärt Thomas mit der ihm eigenen Offenheit.

Kein einziges seiner Argumente an diesem Tag war wirklich neu für mich. Aber die Zeit war anscheinend reif, daraus die Konsequenzen zu ziehen. Als ich die Redaktion verließ, wollte ich nur noch eines – mich auf eigene Füße stellen, ohne irgendeine Beeinflussung oder Protegierung durch Walter, Kurt oder wen auch immer. Wer aber würde mir ohne abgeschlossene Ausbildung einen Job geben? Ich hatte weiß Gott keine vorzeigbare Kaderakte. Mir war klar, daß ich ganz unten anfangen mußte, wollte ich mein Leben endlich in die eigenen Hände nehmen. Es war Thomas, der durch dieses kurze Gespräch meinen spontanen Entschluß ausgelöst hat, bei der NBI *zu kündigen und gleichzeitig Walter mitzuteilen, daß ich ab sofort auf die monatliche Finanzspritze vom Konto meiner Eltern verzichten wolle.*

Einen radikalen Schnitt im Leben zu machen kann mutig sein oder leichtsinnig, ein Zeichen von Größe oder auch von Naivität. Aber in vielen Fällen ist es eigentlich nichts von alledem – die Kategorisierung findet erst später statt. Dann nämlich, wenn es zu diesem oder jenem Ergebnis geführt hat.

In unmittelbarer Nähe des Grenzübergangs Heinrich-Heine-Straße, wo Pierre einst mit Dr. Pötschke im Mercedes in die DDR eingereist war, hatte er einen Druckereibetrieb gefunden, der durch ein Schild am Werkstor annoncierte, daß man »Abnehmer an Tiefdruckrotationsmaschinen« suche. Vom Kaderleiter erfuhr Pierre, was sich dahinter verbarg – jemand, der am Ende eines Druckvorgangs mit geübtem Griff die bedruckten Bögen abnimmt und auf einen Stapel legt.

Natürlich hatten seine Betreuer vom MfS etwas dagegen. Wie sollten sie ihrem Genossen Guillaume, der noch immer im Gefängnis des Klassenfeinds saß, beibringen, daß sein Sohn nicht etwa Volkskorrespondent wurde, sondern Hilfsarbeiter im Drei-Schicht-Betrieb? Schließlich hatte er aktuell auch zu verkraften, daß sein Sohn ihn nicht mehr besuchen kommen würde. Pierre aber, der vier Monate später 24 Jahre alt wurde, hatte zum Jahreswechsel 1980/81 zum ersten Mal das eigene Wohl über das vermeintliche des Vaters gesetzt. Vor allem aber hatte er sich seiner fragwürdigen Sponsoren entledigt, die ihm bislang alle Entscheidungen und selbst die Finanzierung des Alltags abgenommen hatten. Und wenn man das Jahr 1980 aus der Rückschau betrachtet, war es für Pierre ein persönlicher Wendepunkt, an dem drei sehr unterschiedliche Menschen ihren Anteil hatten.

Mutters Rückkehr

Heimlich schielt Pierre auf seine Armbanduhr. Um neun ist er mit Iris verabredet. Jetzt ist es kurz nach halb acht und das Essen noch immer nicht serviert. In guten Restaurants dauert es immer etwas länger, hatte Horst-Dieter Pötschke damals im Schaumburger Hof gesagt, weil alles frisch zubereitet wird. Nun gehört zwar das Restaurant im Interhotel Unter den Linden sicher zu den besseren Lokalen Ost-Berlins, aber Pierre bezweifelt dennoch, daß das der Grund für die Verzögerung ist. Die Zeit schreitet voran, und er gibt sich Mühe, seine zunehmende Nervosität zu überspielen.

Als er Iris vor drei Wochen auf einer privaten Single-Party kennengelernt hatte und sie sich einige Tage später beim Tanzen im Berliner Kaffeehaus auf dem Alex nähergekommen waren, konnte Pierre nicht wissen, daß seine Mutter so plötzlich in die DDR ausgetauscht werden würde. Auch nicht, als er Iris am Dienstag zugesagt hatte, sie heute auf die Party einer Arbeitskollegin zu begleiten.

Am Mittwochabend hatte überraschend Kurt Göbel angerufen und in amtlichem Tonfall verkündet: »Deine Mutter befindet sich bereits auf dem Territorium unserer Republik.« Endlich war es also soweit. Endlich? Bereits anderthalb Jahre zuvor, am 23. August 1979, hatte Christel Guillaume zwei Drittel ihrer Strafe verbüßt – doch die Gefängnistore hatten sich nicht geöffnet. Diesen Termin hatte sich Pierre auf den Tag genau ausgerechnet, nachdem schon die Frist verstrichen war, die einst die *Welt* als Faustregel genannt hatte, derzufolge »Ost-Agenten nach der Hälfte der Haftzeit entlassen« würden. »Die BRD-Behörden lassen deine Mutter nicht frei!« hatte Kurt Göbel vorletzten Sommer zu ihm gesagt und Walter, der Betreuer, hatte sich während einer seiner Kaffee-Plauschs bei Oma Erna über die »Rache der westdeutschen Klassenjustiz« beklagt.

Bei einer Sichtung der Unterlagen finden wir den entsprechenden Beschluß des Oberlandesgerichts Düsseldorf vom 31. Juli 1979, demzufolge die restliche Strafe von Christel Guillaume »nicht zur Bewährung ausgesetzt wird«. Verblüffend aber ist die Begründung: »Die Aussetzung der Vollstreckung eines Strafrests nach § 57 Abs. 1 StGB kam schon deshalb nicht in Betracht, weil die Verurteilte in eine solche Maßnahme nicht – wie gemäß § 57 Abs. 1 Nr. 3 StGB erforderlich – einwilligt. Die von ihr zunächst erteilte Einwilligung in eine etwaige Strafaussetzung hat sie durch ihren Verteidiger am 6. Juli 1979 widerrufen lassen.« Tatsächlich steht in einem Brief von Rechtsanwalt Herdegen an seine Mandantin mit Datum vom 12. Juni 1979 der Satz: »Wie bereits erörtert, kann ein Verurteilter nicht gegen seinen Willen vorzeitig entlassen werden.« Dem Bonner Anwalt ist bis heute unverständlich, warum er den bereits gestellten Antrag damals unbedingt hatte zurückziehen sollen.

Es war also nicht die »westdeutsche Klassenjustiz« daran schuld, daß für Pierres Mutter die Gefängnistore geschlossen blieben. Vielmehr wollte die Gefangene gar nicht entlassen werden. Vor diesem Hintergrund bekommt auch ihre noch heute häufig vorgetragene Klage eine völlig neue Bedeutung, daß sie – gemessen am unterschiedlichen Strafmaß – proportional länger inhaftiert gewesen sei als ihr Mann.

Als Pierre die Fakten seiner Mutter gegenüber anspricht, reagiert sie ungehalten. Die Aussetzung der Reststrafe hätte schließlich eine vorzeitige Entlassung in die Bundesrepublik mit Bewährungsauflagen bedeutet.

»Wo hätte ich denn hingehen sollen?« ereifert sich die alte Dame. »Mit diesem Namen hätte mir doch niemand mehr eine vernünftige Arbeit gegeben.«

Ob ihr das denn nicht klargewesen sei, als sie ursprünglich den Antrag auf vorzeitige Haftentlassung gestellt hatte, frage ich.

»Nein!« ruft sie aufgebracht.

Wer aber hatte sie dazu gebracht, den Antrag zurückzuziehen? Ihr Anwalt Hansjörg Herdegen erklärtermaßen nicht! Statt darauf zu antworten, sagt sie zu Pierre: »Du warst ja nicht mehr da – und Oma auch nicht!«

Pierre ist sichtlich betroffen. Will ihm seine Mutter jetzt vorwerfen, daß sie nur deshalb im Gefängnis hatte bleiben müssen, weil er damals dahin gegangen war, wohin er gar nicht hatte gehen wollen und nur seinen Eltern zuliebe umgesiedelt war?

Bei unserem nächsten Treffen im Garten des ehemaligen HVA-Oberst Kurt Gailat, alias Kurt Göbel, konfrontiere ich ihn mit der These, daß es wohl nicht im Interesse seiner Behörde gelegen habe, Christel Guillaume frei durch die Bundesrepublik spazieren zu lassen. Schließlich sei sie noch immer eine Geheimnisträgerin gewesen, hätte Verbindungswege zwischen dem MfS und seinen Residenten gekannt, über das System der Instrukteure Bescheid gewußt und auch eine Menge über Örtlichkeiten und Ablauf von Treffs berichten können. In ihrer Zelle hingegen wäre sie durch BKA oder BND kaum erpreßbar gewesen. Doch in Freiheit? Da wären mit Sicherheit verschiedene Formen der Korrumpierung in Frage gekommen!?

»Für Fragen des Austauschs gab es einen Sonderoffizier beim Minister ...«, versucht der einstige Führungsoffizier abzulenken.

Pierre unterbricht ihn. Es habe sich doch nicht um einen Austausch, sondern um die vorzeitige Haftentlassung gehandelt, und zwar in die Bundesrepublik.

»Ja, aber aus irgendeinem Grund hat das nicht geklappt. Ich kann gar nicht sagen, warum«, geht der Geheimdienst-Rentner einer konkreten Beantwortung aus dem Weg.

Denn damals hatte er für Pierre ja eine Antwort parat gehabt: »Die BRD-Behörden lassen deine Mutter nicht frei.« Und diese Aussage war definitiv falsch.

»Tut mir leid, ich entsinne mich nicht mehr«, sagt Kurt Gailat, und in seinem gefälligen ostpreußischen Dialekt klingt so ein Satz weitaus ehrlicher, als er in Wirklichkeit ist.

Warum hat Kurt Göbels Anruf Pierre eigentlich überrascht? Schließlich war doch schon seit Monaten zwischen beiden deutschen Staaten über einen bevorstehenden Agentenaustausch spekuliert worden, durch den auch Christel Guillaume freikommen sollte. Gegenüber vom Roten Rathaus in der Mitte Ost-Berlins hat eine staatliche Organisation mit dem sachlichen Titel »Versorgungseinrichtung Ministerrat« sogar schon eine Dreiraumwohnung für sie beschafft, in der Pierre seit einiger Zeit den Um- und Ausbau überwacht. Wiederum eine andere Organisation, die mit der eher nichtssagenden Bezeichnung »Rückwärtige Dienste« beim Ministerium für Staatssicherheit angesiedelt ist, hat eigene Handwerkerbrigaden, welche die Arbeiten ausführen und Dinge besorgen können, die es sonst in der DDR nicht gibt. Eigentlich gibt es sie doch, sogar in ganz normalen Handelsgeschäften – nur liegen sie dort nicht in den Regalen herum. Aus irgendwelchen Lagern läßt Armin, der Brigadier der Abteilung »Rückwärtige Dienste«, plötzlich Rauhfasertapete und verchromte Badezimmerarmaturen herbeischaffen. Gelegentlich hatte Pierre ihn in den letzten Wochen in die Lager außerhalb der Geschäfte, in den S-Bahn-Bögen zwischen den Stationen Marx-Engels-Platz und Alexanderplatz, begleiten müssen. Spätestens hier bekam er das Gefühl, daß Armin buchstäblich alles besorgen konnte.

Schon beim Löffeln der Suppe späht Pierres Mutter aus den Augenwinkeln das ganze Lokal aus. Auch nachdem sie eine Zigarette angezündet hat, sieht sie sich ständig nervös nach allen Seiten um. Als ihr Ost-Berliner Anwalt Friedrich Wolff etwas zu laut danach fragt, wie sie denn am Mittwoch ihren letzten Hafttag erlebt habe, legt sie nur stumm ihre Hand auf seinen Unterarm. Sofort wiederholt der Anwalt die Frage etwas leiser, und Christel Guillaume beginnt zögernd, die Ereignisse um ihre Entlassung zu schildern. Pierre hat die Geschichte schon vor zwei Tagen in Neuenhagen gehört. Er ahnt, daß seine Mutter sie jetzt ebenso ausführlich erzählen wird. Doch Pierre muß zur Kenntnis nehmen, daß die übrigen Anwesenden ihre Geschichte mit Neugier verfolgen – der Anwalt Wolff, der Betreuer, der sie vorhin mit dem Wagen abgeholt hat, und jene Handvoll anonymer Personen, von denen er nicht mehr weiß, als daß sie »langjährige Kampfgefährten« seiner Mutter sind. Selbst Oma Erna, die ja vor zwei Tagen in Neuenhagen auch schon dabei war, hört ihrer Tochter aufmerksam zu.

In ihrem Chanel-Kostüm mit dem Hahnentritt-Muster und der schwarzen Borte wirkt Christel Guillaume wie eine westdeutsche Besucherin, was hier in unmittelbarer Nähe zum Grenzübergang Friedrichstraße nichts Ungewöhnliches ist. Sie nimmt einen tiefen Zug von ihrer Zigarette und erzählt leise, wie sie am Mittwoch gegen 11 Uhr von einer Beamtin zunächst zur Gefängnisärztin gerufen wurde, ehe man sie zum »Riesenbaby« brachte, wie der Ossendorfer Anstaltsleiter Loth von den Gefangenen genannt wird. Dort habe er in Gegenwart zweier Beamter des Ministeriums für innerdeutsche Beziehungen erklärt: »Sie sind gestern vom Bundespräsidenten Carstens begnadigt worden. Wollen Sie in der Bundesrepublik bleiben oder in die DDR zurückkehren?«

»Ich habe selten so gelacht«, sagt sie.

Pierre hat den Eindruck, daß es seine Mutter trotz des nervösen Umherschauens durchaus genießt, an dieser kleinen Tafel im Mittelpunkt zu stehen. Etwas gelöster bekennt sie:

»Das war nun also die Zeremonie, die ich mir in den ganzen zurückliegenden Jahren vergeblich vorzustellen versucht hatte? Etwas würdiger, etwas feierlicher hätte ich mir das alles gewünscht.«

Pierres Mutter berichtet noch einmal, wie sie in einen

Wagen verfrachtet wurde und das Gefängnisgelände verließ. Nach einer Weile hielt der Fahrer vor einem anderen Gefängnis, wo ein Paar zu einem zweiten Wagen geführt wurde. Die beiden winkten ihr zu, und erst am Abend erfuhr sie, daß dies das Agentenpaar Frank und Christine Gerstner war.

»Nach vielleicht anderthalb Stunden mußte ich noch mal umsteigen«, erzählt sie und drückt ihre Zigarette aus. »Endlich habe ich das Emblem unserer Republik gesehen, und als der Wagen hielt, stand Kurt da. Jetzt wußte ich, ich bin daheim.«

In diesem Moment wird die Hauptspeise serviert – es ist zehn Minuten vor acht, wie Pierre mit einem Blick auf die Armbanduhr registriert.

Seine Mutter erzählt das alles mit einer eigenartigen Distanziertheit. Dabei ist es gerade mal vier Tage her, daß Pierre von Kurt aus Friedrichroda im Thüringer Wald angerufen wurde, wo Christel Guillaume anschließend die erste Nacht verbringen sollte.

Am nächsten Tag holte Walter erst Pierre und dann Oma mit dem Wagen ab. Gemeinsam fuhren sie von Berlin aus in östliche Richtung. Auf dem Weg nach Neuenhagen wurden sie von Walter instruiert, mit niemandem über »das Objekt« zu sprechen, zu dem sie fuhren. Es sei ein Gästehaus des MfS, wenngleich als solches von außen selbstverständlich nicht zu erkennen. Nicht einmal die Nachbarn wüßten, was es damit auf sich habe, meinte Walter. Als Pierre das Haus schließlich zu Gesicht bekam, glaubte er es auch – ein unauffälliges zweigeschossiges Wohnhaus, wie so viele in Neuenhagen und anderswo. Das einzige, was das Objekt verdächtigt machte, war der Umstand, daß es keine Klingelschilder gab.

Im Garten stellte ihnen Walter einen großen, elegant gekleideten Herrn mit Hornbrille vor: »Der Genosse stellvertretender Minister, Generaloberst Markus Wolf.« So also sieht Cathrins Halbbruder aus, schoß es Pierre durch den Kopf, als er die frappante Ähnlichkeit erkannte. Beide hatten sie ein wenig zu kleine und zu eng beieinander liegende Augen für das auffällig ovale Gesicht. Tatsächlich sah dieser Markus Wolf seiner Halbschwester ähnlicher als seinem Bruder Konrad, den Pierre damals bei Dreharbeiten in den DEFA-Studios beobachtet hatte. Das Interesse des HVA-Chefs an Pierre schien hingegen deutlich geringer zu sein. Nach einer kurzen Begrüßung und einigen höflichen Floskeln, vor allem in Richtung von Oma Erna, entfernte sich der Generaloberst und unterhielt sich mit dem Ehepaar, das ihnen als die »Objektverantwortlichen« vorgestellt worden war.

Pierre mußte immer wieder zu Markus Wolf hinsehen, den Cathrin nur »Mischa« nannte. Es war die eigenwillige Mischung aus demonstrativer Selbstsicherheit und bourgeoisem Habitus, die der ranghohe Geheimdienstoffizier ausstrahlte. Zwar nicht eigenwillig an sich, wohl jedoch für einen kommunistischen Funktionär. Aber gerade damit unterschied sich Generaloberst Wolf auffallend von dem kleinbürgerlichen Stil Martin Schumanns, der geschwätzigen Distanzlosigkeit Walter Schenks oder dem proletarischen Habitus Kurt Göbels. Eigentlich, so stellte Pierre nach einiger Zeit stiller Beobachtung fest, würde dieser Mann viel besser in die großbürgerliche Bonner Polit-Szene passen als in das provinzielle Umfeld des MfS.

Kurz vor 15 Uhr fuhr der Wagen mit Pierres Mutter auf das Gelände. Walter Schenk nahm Oma Erna am Arm. Mit leichtem Widerstand ließ sie sich zum Wagen führen, aus dem jetzt Christel Guillaume ausstieg. Die beiden Frauen sahen sich an, und ehe sie sich in die Arme fielen, war ihnen ein gegenseitiges Erschrecken anzumerken.

»Ich war sehr erschrocken, wie alt meine Mutter geworden ist«, erzählt uns Christel Boom bei einem gemeinsamen Kaffeetrinken.

Seit der Zeugenaussage im Düsseldorfer Gerichtssaal am

27. Juni 1975 bis zu jenem 19. März 1981 hatte sie ihre Mutter nicht mehr gesehen. Aber auch sie selbst habe durch zwei leichtere Schlaganfälle sicher deutlich älter ausgesehen als dreiundfünfzig Jahre.

»Und wie erinnern Sie Ihre Begegnung mit Pierre?« frage ich.

Sie atmet tief durch.

»Na ja, ich hatte damals bei der Verhaftung einen halbwüchsigen Sohn, und nun stand da ein eigenständiger junger Mann. Ich hatte die wesentlichen Jahre nicht mitbekommen – wenn man von den kurzen Besuchen absieht, die er bei mir in Ossendorf machen durfte.«

Christel Boom treten Tränen in die Augen.

»Du hast wohl noch was vor?« Offenbar hat seine Mutter den Blick auf die Armbanduhr diesmal bemerkt.

Pierre zögert einen Moment, dann gesteht er, daß er tatsächlich noch ein anderes »Rendezvous« habe. Schon vor mehr als einer Woche habe er sich mit einem Mädchen verabredet, als er noch gar nicht wissen konnte, daß sie heute abend gemeinsam hier sitzen.

Der Kellner serviert Halbgefrorenes.

Als Pierre sich gleich darauf stürzt, fragt seine Mutter: »Und wann lernt man denn die junge Dame kennen, die mir gleich am ersten Abend den Sohn entführt?«

Pierre hält einen Moment inne. Da ist er wieder: dieser spitze vorwurfsvolle Ton. Warum kann sie sich nicht einfach freuen, daß er eine Freundin gefunden hat? Wieso muß sie seine Verabredung unbedingt gegen sich beziehen, obwohl er doch ausdrücklich erklärt hat, daß sie bereits vor ihrer Ankunft in der DDR getroffen wurden? Pierre beschließt, auf diesen unterschwelligen Vorwurf nicht einzugehen, und löffelt sein Dessert weiter.

»Hast du dir mal überlegt, ob deine Iris vielleicht auf dich angesetzt war«, mutmaßt Pierres Mutter zweiundzwanzig Jahre nach jenem Abend im Hotelrestaurant. »Schließlich gehörte ihr Vater ja auch zum Haus.«

Tatsächlich war Pierres späterer Schwiegervater im Rang eines Obersts stellvertretender Leiter der HVA-Abteilung III – zuständig für »legal abgedeckte Residenturen«, womit diplomatische Vertretungen der DDR gemeint waren. Als Iris noch zur Schule ging, hatte sie zwei Jahre bei einer Tante gewohnt, weil ihre Eltern in Paris lebten und ihr Vater an der dortigen DDR-Botschaft mit einem diplomatischen Titel »legal abgedeckt« tätig war. Doch reicht das aus, um einen solchen Verdacht auszusprechen? Oder wollte Christel Boom einfach noch mal eine kleine Bösartigkeit gegen Pierres damalige Freundin loswerden, zu der sie von Anfang an kein gutes Verhältnis hatte aufbauen können?

Ich spreche bei späterer Gelegenheit Iris gegenüber diesen Verdacht an. Sie reagiert weder betroffen noch aggressiv. Vielmehr überlegt sie, ob irgend etwas für eine solche Möglichkeit spricht. Offenbar scheint ihr nicht einen Moment in den Sinn zu kommen, daß Pierres Mutter ihr selbst dabei eine aktive Rolle unterstellen könnte.

Gemeinsam erzählen Pierre und Iris, unter welchen Umständen sie sich damals – Ende Februar 1981 – kennengelernt haben. Pierre war einige Zeit zuvor durch Cathrin mit einem befreundeten Psychologen und dessen Familie bekannt gemacht worden. Gelegentlich hatte er sich mit dem ihm sympathischen Mann über seine Schwierigkeiten in der DDR unterhalten. Es tat Pierre gut, daß der Psychologe ihm bescheinigte, die Konflikte wären angesichts seiner deutsch-deutschen Biographie nichts Außergewöhnliches. Es war also zu keinem Therapeuten-Patienten-Verhältnis gekommen, sondern zu einer eher familiären Beziehung. Seine Tochter Susan, eine Kinderärztin, hatte Pierre eines Tages zu einer privaten Single-Party in ihre Wohnung eingeladen. Unter den Gästen war auch Iris, die Susan mit Pierre hatte verkuppeln wollen, was allerdings – zumindest an diesem Abend – nicht gelang.

Iris war als Krankenschwester nicht nur Susans Arbeitskollegin, beide gehörten auch der Betriebsparteiorganisation der SED an.

»Ich kann mir nicht vorstellen, daß Susan diese Party im Auftrag der Stasi veranstaltet hat«, meint Iris.

Und Pierre stellt die nicht unberechtigte Frage: »Vor allem, warum hätten sie das tun sollen?«

Ein Jahr zuvor, als er noch zu Haftbesuchen in den Westen gefahren war, hätte eine solche Anbahnung viel mehr Sinn gemacht – um ihn emotional an jemanden in der DDR zu binden. Oder damals, als er ohne irgendeine Beschäftigung oft wochenlang augenscheinlich vereinsamt in seiner Wohnung gesessen hatte. Nun aber hatte er sein Leben deutlich besser im Griff, wenngleich als Hilfsarbeiter in einem Druckereibetrieb und mit der gleichen restriktiven Beschränkung der Freizügigkeit, wie sie auch für alle anderen DDR-Bürger galt.

Als Pierre das Hotel verläßt, liegt Berlin unter dichtem Schnee. Ihm war gar nicht aufgefallen, daß es noch einmal zu schneien begonnen hatte. Einen Moment überlegt er, zurückzulaufen und seine Mutter zu informieren. In ihrem Chanel-Kostüm ist sie für diesen überraschenden Wetterwechsel völlig falsch gekleidet. Andererseits aber, so überlegt er, wird ja wohl der Wagen, der sie nach Neuenhagen zurückbringt, eine Heizung haben. Mit festem Griff hält Pierre seine Lederjacke geschlossen und läuft in Richtung S-Bahnhof. »Na, dann geh mal und amüsier dich schön!« hatte seine Mutter eben gesagt, aber auch das klang bei ihr wie ein Vorwurf.

Ich hätte verstanden, wenn Mutter enttäuscht gewesen wäre, daß ich sie gleich am ersten Abend außerhalb des »Objekts« mit Oma und diesen mir fremden Leuten allein ließ. Dann hätte ich ihr sicher versprochen, in den nächsten Tagen etwas zusammen zu unternehmen, und hätte vorgeschlagen, sie bei einer solchen Gelegenheit mit Iris bekannt zu machen.

Was ich aber überhaupt nicht verstehen konnte, waren ihre unausgesprochenen Vorwürfe. Immerhin hatte ich es in all den Jahren sehr schwer gehabt, meinen eigenen Weg zu finden. Das hatte sich mittlerweile grundlegend geändert, auch wenn ich beruflich in dieser Zeit nichts weiter war als ein DDR-Hilfsarbeiter im Drei-Schicht-Betrieb. Nun hatte ich auch noch eine Freundin, in die ich sehr verliebt war und die ich auf keinen Fall versetzen wollte, auch nicht meiner Mutter zuliebe. Für all das wollte ich mir keine Vorwürfe anhören – schon gar nicht von jemandem, der an den Umständen meiner schwierigen Selbstfindung nicht ganz unschuldig war.

Plötzlich war es wieder wie früher. Mutter machte mir Vorwürfe, und Oma Erna hatte für mich Verständnis, das sie aber um des lieben Friedens willen nicht offen zeigen wollte. Beim Abschied hatte Oma mir ins Ohr geflüstert: »Geh mal ruhig. Uns alte Frauen triffst du noch oft genug. Aber deine Freundin darfst du jetzt nicht vernachlässigen.«

Unter vier Augen

Kurz vor dem S-Bahnhof Neuenhagen verlangsamt Pierre die Schritte und bleibt schließlich stehen. Hat er seine Mutter mit all den Fragen überfordert? Immerhin hat sie ja noch vor einer Woche im Gefängnis gesessen und war womöglich noch gar nicht richtig angekommen – hier in ihrer alten, neuen Heimat. Andererseits muß sie doch auch ihn verstehen. Sieben Jahre war er allein mit seinen Fragen, die nur seine Eltern beantworten konnten. Deshalb hatte er sich gefreut auf diesen Nachmittag. Friedchen, die das konspirative Objekt gemeinsam mit ihrem Mann Wilhelm betreut, hatte im gemütlichen Wintergarten Tee, Kaffee und selbstgebackenen Apfelkuchen serviert und sich dann zurückgezogen. Mutter und Sohn sollten sich ungestört unterhalten können.

Von Anfang an wollte Pierre seiner Mutter die Sorge nehmen, daß er sie zur Rechenschaft ziehen könnte. Er wollte ihr sogar ein wenig von dem Stolz vermitteln, den er seinen Eltern dafür entgegenbrachte, daß sie für ihre politische Überzeugung ins Gefängnis gegangen waren. Wenngleich er diese selbst in den letzten Jahren mit manchem Fragezeichen hatte versehen müssen – auch darüber wollte er mit ihr sprechen. Es sollte ein harmonisches Gespräch werden zwischen Mutter und Sohn, ein Neuanfang ihrer Beziehung, und plötzlich war alles ganz anders gekommen. Kaum hatte Pierre die Hoffnung ausgesprochen, mit ihrer Hilfe endlich mehr über die »neuen Eltern« zu erfahren, war ihm seine Mutter unvermittelt ins Wort gefallen: »Ohne deinen Vater wäre ich nie in diese Situation gekommen. Er hat mein Vertrauen von Anfang an ausgenutzt, und er hat mich betrogen.«

Mit dem Verfallen in diese Opferrolle hatte meine Mutter gleich zu Beginn unseres Gesprächs dem idealisierten Bild, das ich mir in den letzten Jahren von meinen Eltern gemacht hatte, einen empfindlichen Schlag versetzt. Zwar stellte auch meine Großmutter in der Vergangenheit ihre Tochter immer als »willfähriges Opfer des heimtückischen Günter Guillaume« dar – ihr gegenüber aber konnte ich mein idealisiertes Bild von den Eltern noch verteidigen. Nun aber nahm meine Mutter selbst diese Haltung ein. Deshalb war es schon nach wenigen Minuten zwischen uns zu einer heftigen Auseinandersetzung gekommen. Denn einerseits wollte ich mir das Bild von meinen Eltern, mit dessen Hilfe ich mich über die letzten Jahre gerettet hatte, nicht kampflos zerstören lassen. Andererseits aber paßte diese Opferrolle schlichtweg nicht zu meiner Mutter. Ich kannte sie als eine selbstsichere, ehrgeizige und zielstrebige Frau, die sich nicht von irgend jemandem fremdbestimmen ließ.

Inzwischen weiß ich, was ich damals nur ahnen konnte – nämlich, daß sie nicht nur kein »willfähriges Opfer« gewesen war, sondern zunächst sogar der umtriebigere, oftmals sogar initiativreichere Teil des Agentenpaares Guillaume. Sie hatte nach der Übersiedlung nach Frankfurt am Main innerhalb der SPD viel schneller Kontakte geknüpft und die Rolle einer rechten Sozialdemokratin perfekt angenommen. Noch ehe mein Vater als Hinterbänkler in die Frankfurter Stadtverordnetenversammlung eingezogen war, hatte sie bereits im Vorzimmer eines Staatssekretärs in der hessischen Landesregierung gesessen. Dann aber hatte der Zufall ihr einen Streich gespielt, und ihr Mann wurde – von seinem Duz-Freund Georg Leber gefördert – zunächst Hilfsreferent und dann sogar einer der drei Referenten des Bundeskanzlers. Damit hatte Günter Guillaume eine Position erreicht, der ihre langjährige »Basis- und Kärrnerarbeit« – wie sie es selbst nennt – in den Schatten stellte. Da sich meine Mutter aber während des Einsatzes in Konkurrenz zu meinem Vater sah, begann hier-

mit ihre Tragik. Doch dann erreichte sie im Frühjahr 1973 eine Anfrage des Staatssekretärs Fingerhut aus dem Bundesverteidigungsministerium. Auf einer Party der hessischen Landesvertretung hatte der Beamte, der wie mein Vater zum »Hessen-Klüngel« um Georg Leber gehörte, sie angesprochen, ob sie sich einen Wechsel ins Vorzimmer des Ministers vorstellen könne. Darin sah sie eine letzte Chance, mit ihrem Mann wenigstens gleichzuziehen. Denn sie konnte annehmen, dort brisanteres Material in die Hände zu bekommen, als es ihr Mann als »Referent für Verbindungen zur SPD und den Gewerkschaften« zu beschaffen vermochte. Diese Zusammenhänge kannte ich im März 1981 noch nicht, aber ich ahnte, daß meine Mutter sich in die Opferrolle flüchtete, um mir gegenüber keine Verantwortung übernehmen zu müssen.

Nachdenklich geht Pierre den Weg noch einmal zurück. »Warum willst du alles wieder an die Oberfläche zerren?« hat seine Mutter ihn vorhin auf dem Höhepunkt der Auseinandersetzung gefragt. Sieben Jahre lang habe sie das Verdrängen trainiert, Tag für Tag, um überhaupt überleben zu können. Mit welchem Recht wühle er das alles wieder auf?

Warum konnte er ihr denn nicht verständlich machen, daß es ihm gar nicht um Recht oder Unrecht geht? Ihm geht es vielmehr um eine Neudefinition des gegenseitigen Verhältnisses. Denn eine Fortsetzung der Beziehung zu seinen Eltern in der Form, wie sie vor dem 24. April 1974 bestand, ist ganz und gar ausgeschlossen. Sie sind eben nicht mehr die Eltern, die er vor ihrer Verhaftung kannte, und seine Mutter findet sich nun in einem anderen Land unter ganz anderen Bedingungen wieder. Vor allem aber hat Pierre sich während ihrer Haftzeit zu einer selbständigen Persönlichkeit entwickelt. Das alles kann seine Mutter doch nicht ignorieren. Als Horst-Dieter Pötschke ihm damals die Alternativen aufgezeigt hatte, war seine Entscheidung nicht gegen, sondern für seine Eltern ausgefallen. Nun aber sollten sie sich auch für ihn entscheiden.

»Ich hatte in der Haft jeden Tag ein schlechtes Gewissen für das, was ich dir angetan habe. Genügt das nicht?« hat sie ihm vorhin verzweifelt entgegengeschrieen. Nach solchen Ausbrüchen hat Pierre ein zwiespältiges Gefühl. Natürlich tut ihm seine Mutter zunächst leid, denn er glaubt ihr diese Verzweiflung. Aber er spürt, daß sie diese Verzweiflung auch benutzt, um sich der Auseinandersetzung zu entziehen. Pierre will sich nicht abspeisen lassen.

»Hast du denn vor eurer Verhaftung nie darüber nachgedacht, was aus mir werden wird, wenn man euch enttarnt?«

Christel Guillaume hat hilflos den Kopf geschüttelt, wie jemand, der sich absolut unverstanden fühlt. Nach einem langen Seufzer hat das »willfährige Opfer« von Günter Guillaume erklärt: »Wenn ich über eine Enttarnung nachgedacht haben würde, hätte ich die Arbeit im Einsatzgebiet gar nicht machen können.«

Als Pierre Guillaume zu Ostern 1964 in Frankfurt am Main eingeschult wird, sitzt in seiner Klasse auch eine Mitschülerin mit dem Namen Siberg. Sie wohnt in Pierres Nähe, und so gibt es bald die Verabredung zwischen den Eltern, wechselseitig die Kinder mit dem Wagen zur Schule zu bringen und wieder abzuholen. Bald werden nicht nur die Kinder, sondern auch deren Eltern näher miteinander bekannt. Die gemeinsame Mitgliedschaft in der SPD befördert in der politisch polarisierten Bundesrepublik jener Jahre diesen Kontakt zusätzlich. Eines Tages aber sitzt die kleine Siberg nicht mehr in Pierres Klasse, und auch ihre Eltern sind plötzlich nicht mehr Gast im Hause Guillaume.

Fast vierzig Jahre später erzählt uns Kurt Gailat, wie weit seine Abteilung einst in die SPD eingedrungen war. Unsere Recherchen ergaben, daß zeitweilig bis zu vier Mitarbeiter des SPD-Parteivorstands auf seiner Agentenliste gestanden haben müssen. Ein Umstand, der von Kurt Gailat nicht geleugnet wird.

Doch nicht nur auf der obersten Parteiebene seien die »Kundschafter« der HVA aktiv gewesen, sondern bis hinunter in ausgewählte Ortsvereine – und als Beispiel nennt Gailat das Ehepaar Siberg.

Ganz nebenbei fragt er Pierre: »Bist du nicht damals mit der Tochter in die Schule gegangen?«

Pierre fällt aus allen Wolken. Seit Jahrzehnten hat er nicht mehr an seine ehemalige Mitschülerin gedacht, und zu keinem Zeitpunkt – auch später in der DDR nicht – hatten seine Eltern ihm gegenüber die Sibergs erwähnt. Und als Pierre in den frühen neunziger Jahren im Buch seines Vaters in einem Nebensatz erfuhr, daß Günter Guillaume 1965 »im Verfahren gegen das der Spionage verdächtige Ehepaar Siberg als Zeuge vernommen« worden war, stellte er keine Verbindung zur ehemaligen Klassenkameradin und ihren Eltern her.

Was ihn angesichts der neuen Information bewegt, ist der Umstand, daß seinen Eltern schon damals in ihrem direkten Umfeld ganz praktisch vor Augen geführt worden war, was es für ein Kind bedeutete, wenn Vater und Mutter verhaftet wurden.

Immer mal wieder in den letzten Wochen haben Pierre und seine Mutter die Kiste mit den Familienfotos durchstöbert. So manche Fotografie hatte Erinnerungen bei der alten Dame geweckt. Bei einem neuerlichen Besuch in der Wohnung von Christel Boom hält sie die Fotos von Pierres Einschulung in den Händen. Auf einigen ist auch seine damalige Mitschülerin zu sehen.

»Schau mal Pierre, da ist die kleine Siberg. Erinnerst du dich noch an sie? Wir haben euch doch immer zusammen zur Schule gefahren.«

»Warum hast du mir eigentlich nie erzählt, daß ihre Eltern auch für das MfS gearbeitet haben«, beginnt Pierre. »Sie sind doch damals verhaftet worden.«

Schlagartig wirkt Christel Boom vollkommen irritiert, steckt sich eine Zigarette an, dreht uns den Rücken zu und blickt aus dem Fenster. Nach einer Weile erklärt sie, daß sie den »Fall Siberg« vollkommen vergessen habe. Ihr ist die Betroffenheit anzumerken, ein Opfer ihrer eigenen Verdrängungstaktik geworden zu sein. Das Ganze sei für sie damals ein Schock gewesen. Pierres Vater habe Frau Siberg einen Job als Schreibkraft beim Bezirksvorstand der SPD Hessen-Süd besorgt, und deshalb sei er polizeilich vernommen worden.

»Es verbot sich natürlich von selbst«, erklärt die ehemalige DDR-Agentin, »daß wir uns um das weitere Schicksal der Sibergs kümmerten. Schließlich wollten wir nicht noch weiter auf uns aufmerksam machen.«

Doch erklärt das bereits, weshalb Pierres Mutter diese Fotos und damit ihre eigenen Erinnerungen derart selektiv wahrnimmt? Wenn Pierre sie nicht darauf angesprochen hätte, würde seine Mutter ihm nie vom Spionagefall Siberg erzählt haben. Nun aber erwähnt sie fast nebenbei:

»Nach der Verhaftung der Sibergs haben wir ihre Tochter einige Tage bei uns in der Finkenhofstraße aufgenommen.«

Nur vier Wochen später wird sie sich auch daran nicht mehr erinnern. Die Gabe der Verdrängung war Christel Guillaume schon vor ihrer Verhaftung nicht fremd gewesen, und sie funktioniert bei Christel Boom noch immer.

»Wie bitte? Ihr habt sie sogar bei euch aufgenommen und nicht einen Moment darüber nachgedacht, daß es mir einmal genauso gehen könnte«, hakt Pierre nach.

Seine Mutter wirkt zunächst hilflos, drückt gedankenverloren die Zigarette aus. Dann aber hebt sie den Kopf, blickt ihrem Sohn in die Augen und erklärt mit erstaunlich fester Stimme: »Du zwingst mich über Dinge zu reden, unter denen ich seit Jahren leide.«

Pierre kennt solche Vorwürfe aus früheren Gesprächen, seine spontane Antwort wirkt fast schon routiniert: »Und ich leide darunter, daß über diese Dinge nie oder zumindest nicht offen und ehrlich gesprochen wurde.«

Die Gespräche in den nächsten Wochen und Monaten zeigen, daß Christel Boom nicht nur eine Meisterin des Verdrängens, sondern auch eine Meisterin des Weglassens ist. Selbst ihrem Sohn gegenüber erzählt sie immer nur so viel, wie sie glaubt erzählen zu müssen. Doch erfüllt das bereits den Tatbestand der Lüge, wie es Pierre manchmal interpretiert? Die Antwort ist: nein – vorausgesetzt, die Verdrängung hat tatsächlich stattgefunden. Im Fall der Sibergs haben wir keine Veranlassung, daran zu zweifeln. Als sich Pierres Mutter aber im März 1981 wider besseres Wissen die Rolle des willfährigen Opfers zulegte, hat sie Pierre belogen. Bei jenem ersten Gespräch in Neuenhagen hat sie die Chance zur Wahrheit gehabt – Christel Guillaume hat sie nicht genutzt.

Mittlerweile ist es dunkel geworden. Es hat zu schneien begonnen. Pierre steht wieder vor dem »Objekt«, in dessen Wintergarten er heute nachmittag einige Stunden mit seiner Mutter gesessen hat. Aber er kann sich nicht entschließen, noch einmal hineinzugehen. Vielleicht sollten sich die Wogen erst mal ein wenig glätten und sie beide eine Nacht darüber schlafen. Wieder einmal beschließt Pierre, Rücksicht auf seine Mutter zu nehmen, wie in all den Jahren ihrer Haftzeit. Bei keinem seiner Besuche hatte er ihr gegenüber die Probleme angedeutet, die seine Übersiedlung in die DDR in ihm ausgelöst hatte. Selbst als Walter ihm erklärte, daß man keine weiteren Reisen in die BRD mehr gestatten würde, kündigte Pierre in seinen Briefen baldige Besuche an. Immer war er bemüht gewesen, seine Eltern nicht zu beunruhigen und ihnen die Haftzeit nicht noch schwerer zu machen. Wann aber würde die Mutter sich seine Geschichte anhören? Die Geschichte vom schwierigen Begreifen der Wahrheit nach dem 24. April 1974, die Geschichte des schweren Abschieds von der Clique, der Trennung von Karin und seiner inneren Konflikte in der DDR, die Geschichte von seinem mehrmaligen Scheitern und dem schwierigen, aber selbstbestimmten Neuanfang vor einigen Monaten.

Die Stunden dieses Nachmittags aber waren bestimmt gewesen vom Selbstmitleid der Christel Guillaume, von ihrem Willen nach Verdrängung, von Schuldzuweisungen an Günter und auch an das »Haus«. Die Genossen hätten sie »im Regen stehen lassen«, ihre Beobachtungen von Observationen, die sie schon im Sommer vor der Verhaftung gemeldet hatte, viel zu lange als »hysterische Spinnerei« abgetan, und vor allem hätte es keinerlei Rückzugspläne gegeben.

Doch es hatte im MfS sehr wohl einen Rückzugsplan gegeben, nur konnte Pierres Mutter das in jenem März 1981 noch nicht wissen. Tatsächlich aber war Günter Guillaume nicht nur von Wolfgang, seinem Residenten, sondern auch von Heinz, dem MfS-Instrukteur, darüber informiert worden. Er hatte diese Informationen nur nicht an seine Frau weitergegeben.

Heinz war seinerzeit an einer Ost-Berliner Schule als Lehrer und gleichzeitig als Inoffizieller Mitarbeiter der HVA tätig gewesen. Dieser Mann, den Pierre nie kennengelernt hat und von dem Kurt Gailat nur verrät, er sei nach der Wende in die USA übergesiedelt, war Mitte der siebziger Jahre immer wieder mit falschem bundesdeutschem Paß ins westliche Ausland gefahren, um sich mit Günter Guillaume zu treffen.

Als Pierre im Nachlaß seines Vaters Aufzeichnungen über solche Treffs findet, staunt er nicht schlecht, daß darin auch sein eigener Namen steht. Er erinnert sich noch sehr gut an jene Herrentour nach Holland, die er mit seinem Vater im Februar vor dessen Verhaftung unternommen hatte – angeblich, um dem »Frohsinn des rheinischen Karnevals« zu entgehen. Im Treffbericht von Heinz mit Datum 16. März findet er dazu die verknappte Darstellung: »Maastricht – Günter erzählt von Faschingstour mit Pierre – der stinkbesoffen! Gefährliche Ausgelassenheit.«

Bei den Treffs mit Heinz und Wolfgang, so erzählt uns Kurt Gailat heute, habe man Günter Guillaume im Frühjahr 1974 über zweierlei informiert. Zum einen darüber, daß Wolfgang und Anita in der Bundesrepublik re-etabliert werden sollten. Denn die Observationen, die Christel Wochen zuvor bei einem Treff mit Anita bemerkt hatte, waren offensichtlich inzwischen eingestellt worden. In Ost-Berlin sei man deshalb davon ausgegangen, es habe sich dabei um Routineüberprüfungen im Zusammenhang mit Christels Bewerbung im Verteidigungsministerium gehandelt, und die Gefahr sei nunmehr vorüber. Zum anderen aber sei Pierres Vater über die »Salzburg-Variante« informiert worden. Im Falle eines dringenden Alarms sollte er einen codierten Funkspruch senden und sich umgehend mit seiner Frau über die bayerisch-österreichische Grenze absetzen. An der Pestsäule in der Salzburger Innenstadt würden sie dann einen Schleuser treffen, um von ihm über die benachbarte ČSSR in die DDR gebracht zu werden.

Das Verhältnis zwischen den Eheleuten Guillaume aber war zu diesem Zeitpunkt bereits so zerrüttet, daß sie relativ kommunikationsarm nebeneinanderher lebten. Dies mag schon für normale Ehepaare ein unerträglicher Zustand sein, für Geheimdienstler im Einsatz ist es höchst gefährlich. Pierres Mutter wußte also weder von der geplanten Re-Etablierung des Residentenpaares Wolfgang und Anita, noch von der Existenz einer »Salzburg-Variante«. Sie wußte es nicht zum Zeitpunkt ihrer Verhaftung, und sieben Jahre später im MfS-Objekt von Neuenhagen wußte sie es noch immer nicht.

In dem zweigeschossigen Wohnhaus, hinter dessen Fassade sich das konspirative Gästehaus des Ministeriums für Staatssicherheit befindet, sind mittlerweile einige Fenster hell erleuchtet. Hinter einem dieser Fenster im ersten Stock sitzt Pierres Mutter, die ihm heute fremder ist als je zuvor. Längst hatte er sich an das Bild einer politisch bewußten Frau gewöhnt, die für ihr Ideal einer besseren Welt zur Agentin geworden war. Dieses Bild aber hat sie heute selbst zerstört.

Langsam geht Pierre zurück in Richtung des S-Bahnhofs Neuenhagen. Von diesem Gespräch mit seiner Mutter hatte er sich wahrlich mehr versprochen. Warum kann sie nicht einfach erzählen, wie alles wirklich gewesen ist, ohne dabei in Selbstmitleid oder in Schuldzuweisungen zu verfallen? Warum will sie nicht hören, was er zu sagen hat? Pierre ist enttäuscht und deprimiert. Doch bereits während der S-Bahn-Fahrt zurück nach Berlin macht er sich wieder Mut. Wenn bald auch sein Vater in der DDR ist, wird es anders sein. Von ihm wird er dann endlich alles über seine »wahren Eltern« erfahren. Sein Vater wird ganz bestimmt zuhören, wenn Pierre von seinen Problemen erzählt.

Vater kehrt zurück

Zwischen zwei Belichtungsvorgängen haben Pierre und René eine Menge Zeit zu quatschen. Sie singen die Songs aus dem Radio mit oder machen auch mal ein Nickerchen in den großen Kisten mit dem unentwickelten Fotopapier, die René »Särge« nennt. Wie furchtbar muß es sein, überlegt Pierre, wenn sich hier zwei Kollegen nicht mögen. Er findet die Vorstellung entsetzlich, acht Stunden Tag für Tag in diesem fast dunklen Fotolabor zu stehen und während der langen Belichtungszeiten womöglich kein Wort miteinander zu wechseln. Mit René aber versteht er sich prächtig, sie mögen die gleiche Musik im selben Sender, und außerdem bringt er Pierre den einen oder anderen handwerklichen Kniff bei.

Werner, mein einstiger Mentor bei der NBI, *hatte mir den Job im Fotolabor der DEWAG – der staatlichen Werbeagentur der DDR – vermittelt. Laut Sozialversicherungsausweis war ich als »Maschinenführer« angestellt, de facto übte ich aber die Tätigkeit eines Hilfslaboranten aus. Doch das war mir allemal lieber als die Arbeit in der Druckerei. Dort hatte ich zwar gelernt, immer pünktlich zu den Schichten zu erscheinen, aber eine berufliche Perspektive als Drucker konnte ich mir auf keinen Fall vorstellen. Ich wollte unbedingt etwas mit Fotografie lernen. Und als man mir beim Einstellungsgespräch in Aussicht stellte, mich nach einer Phase der Hilfsarbeit zu einer Laboranten- oder sogar Fotografen-Ausbildung zu delegieren, hatte ich diese Chance ergriffen. Auch Werner meinte, daß ich nach meiner »erfolgreichen Bewährung in der Produktion« auf dem richtigen Weg zurück zum Fotojournalismus sei – vorausgesetzt, ich würde künftig »mehr Disziplin aufbringen, als dies oftmals in der Vergangenheit der Fall« gewesen sei.*

Vorerst aber stand ich mit dem gelernten Laboranten René im Farblabor und belichtete riesige Bahnen von Fotopapier mit Werbeaufnahmen von »Konsumgütern aus der volkseigenen Produktion«, mit Landschaftsaufnahmen der »schönen Heimat DDR« oder auch mit den überdimensionalen Porträtfotos der »Mitglieder des Politbüros des ZK der SED«, die bei den Aufmärschen am 1. Mai und 7. Oktober durch die Karl-Marx-Allee getragen wurden. Und nebenbei lief immer der »Feindsender« RIAS, woran sich in diesem Staatsbetrieb aber merkwürdigerweise niemand wirklich störte.

»He, hast du das gehört?« ruft René und rüttelt Pierre in einem der »Särge« wach. »Sie rechnen jeden Moment damit, daß dein Vater aus dem Knast kommt.«

»Wer sagt das?« fragt Pierre irritiert.

»Der RIAS – in den Nachrichten.«

Eine halbe Stunde später hört Pierre es selbst. Aber es ist nur von Gerüchten die Rede, die in Bonn die Runde machen sollen. Wie oft hatten das in der Vergangenheit schon westdeutsche Zeitungen geschrieben, selbst vor der Verurteilung im Dezember 1975. Andererseits hatte Bundeskanzler Helmut Schmidt immer wieder versichert, daß ein Austausch der Guillaumes für ihn nicht in Frage komme.

Solange die Meldungen im RIAS so vage bleiben, kann Pierre sie nicht ernst nehmen. Und in den letzten Nachrichten vor Feierabend wird der angeblich bevorstehende Austausch von Günter Guillaume schon gar nicht mehr erwähnt.

»Hallo Pierre, hier ist dein Vater!« sagt eine fremd klingende Stimme.

Wortlos legt Pierre den Telefonhörer auf. Iris sieht ihn fragend an.

»Irgendein Spinner will mich auf den Arm nehmen«, erklärt er spürbar verärgert. »Ein Witzbold, der offenbar auch den RIAS hört!«

Zwei Minuten später klingelt das Telefon erneut. Diesmal geht Iris an den Apparat und meldet sich mit ihrem Namen: »Zörner«.

Pierre blickt in die konzentrierte Miene seiner Freundin, die immer nur »Ja« sagt. Schließlich hält sie Pierre den Hörer hin. »Ich denke, es ist wirklich dein Vater!«

Ungläubig kehrt Pierre zum Telefon zurück, und nun erst erkennt er die Stimme.

»Ich bin hier in Friedrichroda im Thüringer Wald. Ich werde noch heute ärztlich untersucht, und überhaupt wird wunderbar für mich gesorgt. Morgen schon komme ich nach Berlin.«

Markus Wolf und Günter Guillaume fallen sich in die Arme.

»Günter, willkommen in der Heimat«, sagt der eine.

»Mischa, ich danke dir. Für alles!« der andere.

»Gut, daß die lange Zeit nun endlich vorbei ist«, erklärt Generaloberst Markus Wolf, sein einstiger Bonner Top-Spion nickt.

Pierre muß seinen Kopf links gegen den Türrahmen drükken, um die Szene in der großen, holzgetäfelten Diele dieser mondänen Gründerzeit-Villa beobachten zu können. Ein stämmiger Mann aus dem Film-Team, der direkt vor der Tür steht, versperrt ihm die Sicht. Man hat Pierre gebeten, »erst mal im Nebenzimmer« zu warten. Doch dieses Nebenzimmer ist ein geräumiger Speiseraum mit gediegenem Interieur, an dessen Breitseite bereits ein Büfett für den anschließenden Empfang aufgebaut worden ist. Pierre aber interessiert sich mehr für die Dreharbeiten jenseits der Tür. Immer wieder sind dort Kamera-Einstellungen geprobt und durch die Anweisungen des Regisseurs mehrfach verändert worden, ehe endlich gedreht wurde. Alles in dem geplanten Propaganda-Film soll realistisch wirken, kein Zuschauer soll merken, daß diese Begrüßungsszene erst Stunden nach der Ankunft von Pierres Vater aufgenommen wurde. Routiniert spielen Markus Wolf und Günter Guillaume ihre Rollen. Endlich ruft der Regisseur »Gestorben!«, und die Begrüßungsszene zwischen dem Generaloberst und seinem Kundschafter ist abgedreht.

Markus Wolf tritt mit selbstgefälligem Gestus zur Seite und macht damit unausgesprochen klar, daß er der Hausherr in diesem »repräsentativen Objekt« ist. Als solches hat es Walter bezeichnet, ehe er Pierre einmal mehr die Verpflichtung auferlegte, mit niemandem darüber zu sprechen. Dies ist sicher auch der Grund, weshalb die Begrüßungsszene mit Markus Wolf in der Diele gedreht wird, obgleich sie real doch draußen an der großen Auffahrt stattgefunden hat. Denn obwohl der Film, wie man Pierre und Iris vorhin erläuterte, nur zur internen Vorführung für Mitarbeiter des MfS geplant ist, soll offenbar niemand das »Objekt« identifizieren können.

Walter hat nicht übertrieben. Als er heute morgen mit Iris, Pierre und seiner Mutter zu dem Wassergrundstück am Langen See in Köpenick abbog, merkte Christel Guillaume an: »Donnerwetter! Für Herrn Guillaume hat sich unser Haus ja was ganz besonderes einfallen lassen.« Walter, der den bissigen Spott in ihrer Stimme nicht wahrnahm, erklärte daraufhin stolz: »O ja! Das Objekt untersteht direkt Generaloberst Wolf.«

»Wir leuchten jetzt um auf die Szene, in der Christel ihren Mann auf heimischem Boden begrüßt«, ruft der Aufnahmeleiter in eine allgemeine Unruhe jenseits der Tür, die Pierre vom Geschehen trennt. Er ist gespannt, ob die angekündigte Szene zumindest in der Weise aufgenommen wird, wie er sie vorhin real erlebt hat. Als er mit Iris und seiner Mutter auf die Ankunft des Vaters wartete, war Christel Guillaume sehr aufgeregt. Keine Frage, daß sie mit Freude und auch mit Erleichterung die Rückkehr ihres Mannes erwartete. Doch bei der Begrüßung vor dem Haus wirkte sie dann verkrampft, unsicher und auf eine merkwürdige Weise bemüht. Pierre sieht zu seinen Eltern hinüber, die wenig miteinander sprechen. Wie würden sie sich also erst vor laufender Kamera verhalten, wenn gleich die Szene »Christel begrüßt ihren Mann auf heimischem Boden« gedreht wird?

Exakt 45 Sekunden nach dem Vorspann und natürlich erst nach der Begrüßungsszene mit Generaloberst Wolf erlebt der Zuschauer des MfS-Propagandastreifens »Auftrag erfüllt« eine gelöste und glückliche Christel Guillaume, die ihren Mann herzlich in die Arme schließt und ihm freudig den Rücken tätschelt. Sie spielt ihre Rolle perfekt, und auch ihrem Mann ist nicht anzumerken, daß er sich tags zuvor – gleich am ersten Tag in der Freiheit – während der ärztlichen Untersuchung in Friedrichroda in eine Stasi-Krankenschwester verliebt hat. Ein Umstand, den Pierre allerdings erst von seinem Vater erfährt, als sie 1986 die zweite Frau von Günter Guillaume wird.

Zur unfreiwilligen Bestätigung dieses Rollenspiels wird das Lied einer Songgruppe des Ministeriums für Staatssicherheit. Zu den im Film folgenden Szenen, in denen die offensichtlich glücklichen Guillaumes in einem geräumigen Wagen durch ihre neue, alte Heimat gefahren werden, erklingt der Text:

> Ihr lebt mit einem Lächeln zwei Leben.
> Wer gibt euch nur die Nervenkraft?
> Wenn ihr einst euren Auftrag erfüllt habt,
> Genossen, dann trinken wir Brüderschaft.

Die Nervenkraft, mit diesem Günter Guillaume das alles durchzustehen, hatte seine Frau allerdings Anfang der sechziger Jahre beinahe verlassen. Ihre Ehe, so erinnert sich die Sechsundsiebzigjährige, habe da bereits in Trümmern gelegen. Sie erzählt von den Frauengeschichten ihres Mannes, die sie sehr verletzt hätten, und von einem tiefen Vertrauensbruch in ihrem ganz persönlichen Umgang. Sie hatte damals, wie dies früher viele machten, das Geld für monatliche Ausgaben wie Strom, Telefon und Haushaltsführung in bar auf mehrere Kuverts verteilt. Eines Tages mußte sie feststellen, daß ihr Gatte alle Umschläge geöffnet und das Geld entnommen hatte. Nun war sie endgültig entschlossen, sich von diesem Mann zu trennen, und war doch auf Gedeih und Verderb an ihren nominellen Vorgesetzten Günter Guillaume gebunden. Der angeblich guten Sache wegen mußte sie auch weiterhin die glückliche Ehefrau an seiner Seite spielen.

Bei einem konspirativen Treff, zu dem sie 1963 allein nach Dresden gereist war, hatte sie ihren Genossen von der HVA mitgeteilt, daß sie aussteigen wolle.

»Doch am Ende dieser Nacht habe ich endgültig kapiert, in welcher hoffnungslosen Lage ich war«, erinnert sich Pierres Mutter.

Wer aber hat ihr das damals klargemacht?

»Na Kurt Gailat, mein Führungsoffizier!« erklärt sie prompt. Und was hat er gesagt?

»Das käme natürlich nicht in Frage. Weil das bedeutet hätte, mich dort irgend jemandem zu offenbaren.«

Wem offenbaren? Und wo? In der Bundesrepublik? Warum? Ich verstehe diese Logik nicht.

Pierre hakt ganz konkret nach: »Hat Gailat damit gedroht, dich auffliegen zu lassen?«

Seine Mutter überlegt, als müsse sie eine schwierige Entscheidung treffen. Dann faßt sie das Ergebnis ihrer Dresdner Bemühungen in einem einzigen Satz zusammen: »Es wurde die Nacht einer Erpressung!«

»Daran erinnere ich mich nicht«, weicht Kurt Gailat aus, als wir ihn mit diesem Vorwurf konfrontieren. Pierre und ich beschließen daraufhin, die beiden alten Leute zusammenzubringen. Bei einem gemeinsamen Kaffeetrinken in Gailats Haus glaubt sich der Ex-Oberst plötzlich daran zu erinnern, daß sich Christel seinerzeit tatsächlich von ihrem Mann habe trennen wollen.

»Du warst in einer schwierigen Lage damals!« sagt Gailat, und seine Aussage klingt wie ein Diktat. Und dann zieht er sich selbst raus aus der Geschichte. »Aber das alles hast du doch seinerzeit mit Paul Laufer besprochen. Ich nehme an, er hat dir das dann auf seine väterliche Weise ausgeredet.«

Die einstige Agentin des MfS widerspricht ihrem langjährigen Führungsoffizier nicht, wiederholt auch nicht, daß er es gewesen sei, der sie vor vierzig Jahren in Dresden in die Mangel genommen hätte. Aber sie läßt es sich nicht nehmen, noch einmal trotzig zu betonen: »Ich habe mich damals schon erpreßt gefühlt!«

Christel Guillaume war als diejenige nach Frankfurt am Main zurückgekehrt, als die sie nach Dresden gekommen war – eine gleichermaßen verzweifelte wie disziplinierte Frau mit einer Doppelidentität. Sie war Sekretärin des Staatssekretärs Willi Birkelbach in der Staatskanzlei der hessischen Landesregierung, und sie blieb Agentin der Hauptverwaltung Aufklärung des MfS an der Seite von Günter Guillaume.

Von den Ereignissen in Dresden im Jahre 1963 erfährt Pierre erst während unserer Recherche. Er erfährt, daß bereits damals die Ehe seiner Eltern zerrüttet war, und auch, daß seine Mutter ihren Genossen gegenüber einen Satz nicht ausgesprochen hat – nämlich: »Ich habe die Verantwortung für einen Sohn, und der soll nicht mit einem falschen Bild von mir aufwachsen.«

Die Songgruppe des MfS konnte nicht einmal ahnen, welche persönlichen Tragödien sich hinter den Kulissen ihrer »Helden« abspielten. Durch ihren propagandistischen Auftrag schon per se auf heroische Klischees abonniert, texteten sie zur Rückkehr von Christel und Günter Guillaume:

> Wir stoßen an mit sowjetischem Wodka
> und machen uns miteinander bekannt.
> Wir heißen euch herzlich willkommen zu Hause
> in eurem wirklichen Vaterland.

Stumm hört Christel Guillaume während des Stehempfangs im großen Speiseraum des Gästehauses, wie ihr Mann die

Aktion seines Austauschs schildert. Offenbar hatten nicht nur das MfS, sondern auch die bundesdeutschen Behörden dem prominenten Spion eine bevorzugte Behandlung zukommen lassen.

Bei Günter Guillaume hört sich das ziemlich genau so an, wie sich Normalbürger einen Agentenaustausch vorstellen: »Wir fuhren raus nach Hangelar, und da war mir alles klar. Dort befindet sich nämlich der Hubschrauberlandeplatz der Rangertruppe des Bundesgrenzschutzes. Pünktlich um 16 Uhr flog ich zum letzten Mal in einem Regierungshubschrauber, wie ich es so oft mit dem Bundeskanzler getan habe. Es war ein herrlicher Flug im Licht der untergehenden Sonne über das Sauerland, über Hessen und schließlich über Frankfurt, wo ich meinen Auftrag vor fünfundzwanzig Jahren begonnen hatte.«

Wo er den Auftrag begonnen hat? Hat sein Vater wirklich »ich« gesagt? Pierre sieht zu seiner Mutter. Christel Guillaume ist nicht anzumerken, ob es sie stört, von ihrem Mann unerwähnt zu bleiben, oder ob sie hofft, einer der Anwesenden – Generaloberst Wolf, Kurt Göbel oder Walter Schenk – würde ihn darauf hinweisen, daß er nicht fünfundzwanzig Jahre lang allein im Einsatz gewesen sei.

»Und wie ich das auch früher immer gemacht habe, bin ich am Ende des Fluges zum Piloten vor gegangen und habe mich bedankt. Nur auf den Obolus für die Bordkasse mußte ich diesmal verzichten.«

Als Günter Guillaume mit dieser Pointe die Schilderung seiner letzten Stunden im Einsatzgebiet beendet, lachen seine Genossen artig. Christel Guillaume aber sitzt mit versteinerter Miene neben ihrem Mann, der es ganz augenscheinlich genießt, wieder im Mittelpunkt der Aufmerksamkeit zu stehen. Ein Gefühl, auf das er lange hatte verzichten müssen. Pierre hört seinem Vater zu und empfindet eine große Sympathie für diesen Mann, der trotz der langen Haftjahre seinen Humor nicht verloren zu haben scheint.

Es ist fast auf den Tag genau vier Jahre her, geht es Pierre durch den Kopf, daß er seine Eltern, wie jetzt hier, nebeneinander erlebt hat. In drei Tagen wird seine Mutter vierundfünfzig. An ihrem fünfzigsten Geburtstag war er zu einem Besuch nach Ossendorf gefahren und hatte dort auch seinen Vater angetroffen. Bis zum letzten Moment war nicht klargewesen, ob das Familientreffen hinter Gittern, das Horst-Dieter Pötschke beantragt hatte, auch tatsächlich genehmigt werden würde. Um so größer Pierres Freude, als er diesmal statt in die Besuchszelle in eines der Vernehmungszimmer geführt wurde, wo die drei für eine knappe Stunde zusammenkommen durften. Günter Guillaume war dazu extra aus der JVA Rheinbach herübergebracht worden. Abgesehen von dem ungewöhnlichen Ort, war es für Pierre damals ein bißchen wie früher, vor der Verhaftung seiner Eltern. Eine Empfindung, die er jetzt überhaupt nicht haben kann. Pierre weiß genau, daß es andere als die von Walter genannten Sicherheitsgründe sind, weshalb sein Vater nicht zu seiner Frau in die Dreiraumwohnung in der Karl-Liebknecht-Straße ziehen wird. Denn es ist nicht das MfS, das Günter Guillaume dort in der Mitte Berlins »nicht auf dem Präsentierteller« haben will, sondern seine Frau. Pierre weiß auch, daß sie heute nacht nicht bei ihrem Mann hier in Karolinenhof bleiben wird. Er weiß, daß seine Eltern nie wieder zusammen leben werden – und Generaloberst Markus Wolf und seine engsten Mitarbeiter wissen es auch. Aber weil es nicht alle Leute im MfS erfahren sollen, hat man vorhin die große Empfangsdiele für die Szene ausgeleuchtet, in der »Christel ihren Mann auf heimischem Boden begrüßt«. Eine Szene, die nicht nur das momentane Verhältnis zwischen den Eheleuten Guillaume falsch darstellt, sondern durchaus auch jenes vor deren Verhaftung.

Plötzlich erinnert sich Pierre an Bilder aus seiner Jugend in Bad Godesberg. Er sieht wieder den Vater vor sich, der sich abends, ohne seiner Frau gute Nacht zu sagen, ins Schlafzimmer zurückzieht, um dort allein zu schlafen. Pierre hört wieder die schrille Stimme seiner Mutter, die ihm nach einigen Gläsern Kognak vorwirft, er wäre schon wie sein Vater, der sich immer mit »irgendwelchen Weibern« vergnügt. In diesem Moment wird ihm wieder einmal klar, daß seine Eltern den Eindruck einer heilen Familie nur noch der Legendierung wegen aufrechterhalten hatten.

»Aber jetzt erkennst du mich doch wieder, oder?« sagt Günter Guillaume, als er mit seinem Sohn anstößt.

Natürlich erkennt er ihn wieder. Aber als sein Vater heute Mittag aus dem Wagen stieg, war Pierre erschrocken. Er wirkte nicht gesund, und auch jetzt sind ihm deutlich die Anstrengungen und die Krankheiten der letzten Jahre anzusehen. Auch die etwas zu langen Haare und der struppige Vollbart passen nicht zu seinem schmal gewordenen Gesicht. Eigentlich sieht er noch immer ziemlich »knackimäßig« aus, denkt Pierre, spricht es aber nicht aus.

»Und jetzt will ich mir mal die junge Dame ansehen, die meinem Sohn den Kopf verdreht hat.«

Günter Guillaume nimmt zwei Gläser Sekt vom Tablett der Kellnerin, die neben der Tür steht, und geht zu der überraschten Iris. Pierre beobachtet, wie sein Vater erst mit seiner Freundin anstößt, sie dann unterhakt und zu einem der Sessel an der großen Fensterfront führt. Er nimmt darin Platz, bittet Pierres Freundin, sich auf die Armlehne zu setzen, und beginnt angeregt mit ihr zu plaudern. Immer wieder gelingt es ihm, Iris zum Lachen zu bringen, und keiner der Anwesenden stört ihren Dialog. Dann winkt Günter Guillaume auch seinen Sohn zu sich und erklärt:

»Du hast nicht nur eine schöne, sondern auch eine sehr nette Freundin, Pierre. Da kann man ja neidisch werden!«

Mit dem Trabi durch Berlin

Pierre parkt seinen Trabant einige hundert Meter von dem Gästehaus in Karolinenhof entfernt. Aus konspirativen Gründen hat man ihn gebeten, sich dem Objekt nur zu Fuß zu nähern. Pierre kann zwar nicht verstehen, warum er sein marodes Gefährt nicht vor jener Villa parken darf, die ihrerseits ebensowenig als Stasi-Objekt kenntlich ist wie das Gästehaus in Neuenhagen. Doch er hat mit seinem Vater verabredet, ihn gemeinsam mit Iris durch die Hauptstadt der DDR zu fahren, und darauf freut er sich nun schon seit Tagen. Endlich wird er seinen Vater einmal für sich ganz allein haben – ohne all die MfS-Leute, die Günter »in der Heimat« begrüßten. Ohne Kurt Göbel und ohne Markus Wolf, dessen übertrieben zur Schau gestelltes Selbstbewußtsein Pierre zunehmend grotesk findet. Ohne laufende Kamera, aber auch ohne seine Mutter, deren Umgang mit dem Heimkehrer ja alles andere als entspannt war. Während er mit Iris die Straße in Richtung Gästehaus entlangschlendert, nimmt Pierre sich vor, seinen Vater an diesem Tag nicht zu überfordern, nicht die Fehler zu wiederholen, die er vor einigen Monaten bei seiner Mutter gemacht hat. Er wird seinen Vater heute nicht fragen, ob es ihm in den Jahren vor der Verhaftung schwergefallen war, seine Doppelrolle vor ihm – dem Sohn – geheimzuhalten. Und er wird seinen Vater auch nicht mit all den Problemen belasten, die die Verhaftung der Eltern für ihn als siebzehnjährigen Jugendlichen mit sich gebracht hatte. Er wird nicht erzählen, daß er den Abschied aus Bad Godesberg als Verlust empfand, die Trennung von Karin nur schwer verschmerzen konnte, und er wird auch nicht all die Stationen des Scheiterns hier in

Ost-Berlin schildern. Nicht heute! Vielleicht aber, so hofft er, wird sein Vater ja von selbst auf manches davon zu sprechen kommen. Sicher hat auch er ein Bedürfnis, mit seinem Sohn einmal in aller Ruhe das zu bereden, was ihm in den siebeneinhalb Gefängnisjahren durch den Kopf gegangen ist. Über all das Unausgesprochene, das er doch ebenso empfunden und zwangsweise verschwiegen haben muß, als sie sich in den Besuchsräumen der Haftanstalten gegenübersaßen.

Als Pierre und seine Freundin sich dem Gästehaus nähern, fällt Iris auf, daß hier die einzige Halteverbotszone in der ganzen Gegend ausgewiesen ist – offenbar ohne jeden Grund.

»Auffälliger kann man auf ein konspiratives Objekt ja kaum hinweisen«, sagt sie. »Das ist schon kein Zaunpfahl mehr, das ist ein Telegrafenmast.« Lachend nähern sich die beiden jungen Leute jenem Haus, das so unauffällig wirken soll und doch so auffallend auf sich aufmerksam macht.

»Du siehst ja noch immer ziemlich knackimäßig aus«, sagt Pierre diesmal, als ihm sein Vater in der altmodischen Lederjacke und dem noch immer nicht gestutzten Vollbart entgegenkommt.

Abrupt bleibt Günter Guillaume stehen, sieht seinen Sohn mit hochgezogener Augenbraue an und sagt ernst: »Wie sprichst du denn mit einem Friedenskämpfer, der jahrelang in den Gefängnissen des Klassenfeinds hausen mußte?!«

Pierre erschrickt. Hat Vater plötzlich seinen Humor verloren, schießt es ihm durch den Kopf. Früher hätte er doch mit einer solchen flapsigen Bemerkung keine Probleme gehabt. Im nächsten Moment aber fängt Günter Guillaume schallend an zu lachen und boxt seinem verblüfften Sohn leicht gegen die Brust.

»Na, mal gucken, was das für eine Seifenkiste ist«, sagt Pierres Vater, als er sich vorsichtig auf den Beifahrersitz zwängt.

»Das ist keine Seifenkiste, das ist ›Fridolin‹«, bemerkt Iris.

Und Pierre erklärt, daß er, wie jeder andere DDR-Bürger auch, richtig stolz auf seinen ersten Trabi sei. Deshalb hätten sie ihm liebevoll diesen Namen gegeben. Stotternd und keuchend setzt sich Fridolin in Bewegung. Pierre hofft, daß das sechzehn Jahre alte Gefährt, das er vor einigen Wochen für 1 500 Mark über eine Annonce gefunden hat, die Fahrt heute durchhält. Immerhin ist die Elektrik ziemlich marode, und in den letzten Wochen war der Wagen gelegentlich einfach mal stehengeblieben. Pierre muß schmunzeln bei dem Gedanken, daß irgendwelche Passanten den berühmten Kundschafter Günter Guillaume dabei entdecken könnten, wie er mithilft, einen liegengebliebenen Trabi von der Kreuzung zu schieben.

Pierre biegt in die Choriner Straße ein, wo er Mitte der sechziger Jahre mit seinem Vater Oma Hanni besucht hatte. Die Großmutter ist vor vier Jahren gestorben, und deshalb sieht Pierre auch keinen Grund, hier länger zu verweilen. Plötzlich aber fordert ihn sein Vater auf stehenzubleiben. Pierre stoppt umgehend, und als sein Vater nachdenklich auf den Ort seiner Kindheit und Jugend blickt, macht er den Motor aus. Eine kleine Weile sitzen die drei stumm in dem engen Auto und beobachten das alltägliche Treiben in dieser ziemlich heruntergekommenen Straße. Drüben vor Oma Hannis Haus hatte Horst-Dieter Pötschke zu Pfingsten 1974 den Mercedes geparkt und aus dem Kofferraum die Obstkiste geholt. Nun sitzt Pierre selbst als DDR-Bürger mit Vater und Freundin hier in einem alten Trabant und hofft nur, daß gleich die Zündung funktioniert. Günter Guillaume aber, der noch vor einer Woche Gefangener in der Justizvollzugsanstalt Rheinbach gewesen ist, blickt sich nachdenklich um.

»Das sieht ja scheußlich aus«, sagt er schließlich leise. »Hier ist in den letzten dreißig Jahren offenbar gar nichts gemacht worden!«

»Da vorn geht's zurück in den Westen«, sagt Pierre und biegt knapp 80 Meter vor der Übergangsstelle nach West-Berlin von der Invaliden- in die Hannoversche Straße ab. Sicher hat sein Vater den vielsagenden Ton hinter der leicht dahingesprochenen Bemerkung nicht überhört. Aber er kommentiert ihn nicht – weder mit einer humorvollen Replik noch mit einem ernsthaften Statement. Er scheint ihn einfach nicht zur Kenntnis zu nehmen.

Kurz vor der Chausseestraße macht Pierre rechts auf die Ständige Vertretung der BRD aufmerksam, und nun lacht Günter Guillaume leise. Als Pierre ihn darauf hinweist, daß in dem Haus schräg links gegenüber einst Wolf Biermann gewohnt hat, sagt er:

»Nun muß Herr Biermann nicht mal mehr über die Straße gehen. Jetzt ist er gleich da, wo er hingehört.« Pierre ist erschrocken über die Schärfe, mit der sein Vater das Thema kommentiert.

Vor fünf Jahren war eine Welle der Empörung durchs Land gegangen. Damals hatte Pierre erlebt, wie sich selbst SED-Mitglieder bei aller Distanz zur Person Biermann gegen dessen Ausbürgerung aussprachen. Bekannte Künstler und Intellektuelle in der ganzen Republik hatten dagegen protestiert, daß man den kritischen Liedermacher zwar zu einer Konzertreise nach Westdeutschland fahren, ihn dann aber nicht mehr hatte zurückkehren lassen. Von den Protesten aber erfuhren die DDR-Bürger nur aus den westlichen Medien. Im eigenen Land druckten die Zeitungen seitenlang die gegenteiligen Stellungnahmen linientreuer Künstler, ganzer Betriebskollektive und Landwirtschaftlicher Produktionsgenossenschaften, die nicht mehr nur belächelt, sondern geradezu verlacht wurden. Und nun stellt sich Pierres Vater mit seiner knappen zynischen Bemerkung auf deren Seite. Pierre ist betroffen, doch er schweigt. Sicher wäre sein Vater bereit, die ganze Biermann-Sache differenzierter zu sehen, wenn Pierre ihm seine Sicht in aller Ruhe darlegen würde. Nun aber soll er erst mal ankommen. In den letzten siebeneinhalb Jahren hatten sie kaum eine Chance gehabt, politische Themen kontrovers zu diskutieren, und Pierre beschließt, damit nicht gleich am ersten gemeinsamen Tag zu beginnen.

Vor dem schmucklosen Altbau am Ende der Leipziger Straße nimmt Günter Guillaume die Freundin seines Sohnes in den Arm. Hier in diesem Haus, in dem sich noch immer der Verlag Volk und Wissen befindet, habe er wunderbare Zeiten erlebt.

»Schade, daß heute Sonntag ist«, sagt er. »Ich wäre gern mal die Treppen hochgestiegen zur Redaktion. Wie damals. Aber das kann ich ja irgendwann mal nachholen.«

Plötzlich wirkt der Mann, der in den letzten Jahren in den westlichen Medien als kalt berechnender Ost-Agent, als verantwortungsloses Monster dargestellt wurde, sentimental. Das sei eine wichtige Zeit gewesen, erzählt Günter Guillaume. Man habe die Vision einer besseren Welt gehabt, »nach diesem schrecklichen Krieg und Faschismus«. »Und ich hatte Freunde. Wirkliche Freunde!« ergänzt er nach einer kleinen Weile.

Tatsächlich hatten Pierres Eltern in Westdeutschland keine Freunde. In Bad Godesberg gab es zwar Arbeitskollegen, mit denen sie sich gelegentlich auch mal nach Feierabend trafen. Und wahrscheinlich hatte seine Mutter recht mit der Behauptung von den Weibergeschichten seines Vaters. Aber Freunde, mit denen man etwas unternahm, soziale Kontakte über das berufliche Umfeld hinaus – das alles hat es nicht gegeben im Hause Guillaume. Man kann auch schlecht Freunde haben, überlegt Pierre, wenn man ihnen ständig eine Rolle vorspielen, ihnen die wahre Identität vorenthalten muß. Das mag auch seinem Vater eben klargeworden sein. Ob es ihm wohl schwer gefallen ist, diese Freunde von einem Tag zum anderen einfach zu verlassen? Schließlich konnte er doch zu ihnen keinen Kontakt mehr halten, als er diese andere Existenz in der Bundesrepublik aufnahm.

»Das war doch damals die Zeit«, beginnt Pierre vorsichtig, »als du mit dem MfS in Berührung gekommen bist, nicht?!«

Einen Moment lang scheint es, als habe sein Vater die Frage nicht gehört. Günter Guillaume sieht nachdenklich an dem alten Gebäude nach oben. Schließlich bemerkt er knapp: »Ja, das war genau diese Zeit.«

»Im März 1953 war Stalin gestorben, und da ist Günter im Verlag Volk und Wissen in die Partei eingetreten«, erinnert sich Pierres Mutter, als ich mit ihr allein in der kleinen dunklen Wohnung sitze.

Ich muß schmunzeln, denn ich weiß, daß propagandistisch gemeinte Aussagen oft eine gänzlich andere Auslegung als ursprünglich geplant zulassen. Das hat in stalinistischen Schauprozessen manchem braven Parteisoldaten das Genick gebrochen. Aber ich nehme zugunsten von Günter Guillaume an, daß er nicht erst in die SED hatte eintreten wollen, als Stalin tot war. Vielmehr hatte er, wie Tausende andere wahrscheinlich auch, dessen Ableben zum Anlaß für eine Selbstverpflichtung genommen – »das Werk des teuren Toten in seinem Sinne fortzuführen«. Und das, so hatte man ihm sicher klargemacht, erfordere manchmal außergewöhnliche Maßnahmen.

»Dort hat er sich dann auch verpflichtet, für immer für die DDR zu arbeiten«, berichtet Christel Boom weiter.

Aber widerspricht dies nicht ihrem Verdacht, den sie mir kurz zuvor offenbarte, daß sie nämlich von Günter Guillaume wegen der Mutter mit dem holländischen Paß für jenen Einsatz in der Bundesrepublik ausgesucht worden war? Als Stalin starb, waren sie schon zweieinhalb Jahre verheiratet. Dieser offensichtliche Widerspruch macht die Ex-Agentin nur einen kleinen Moment unsicher. Schon im nächsten hat sie sich wieder im Griff: »Ich habe gesagt, da hat er sich für immer verpflichtet. Vorher hatte er natürlich auch schon Kontakt zum ›Haus‹, aber da hat er wahrscheinlich nur Spitzeldienste geleistet.«

»Und wann haben Sie sich verpflichtet, ›für immer für die DDR zu arbeiten‹?«

Christel Boom drückt energisch die Zigarette im Aschenbecher aus und deutet mit einem kurzen Kopfschütteln an, daß sie die Frage nicht beantworten wird.

»Ich habe Christel zusammen mit Günter in Lehnitz kennengelernt, wo sie damals wohnten. Das muß 1955 gewesen sein«, erinnert sich Kurt Gailat fast ein halbes Jahrhundert später. Er sei seit 1951 mit der »operativen Bearbeitung und Aufklärung der SPD« befaßt gewesen und habe in dieser Eigenschaft seinen Dienstvorgesetzten Laufer begleitet. Günter sei, als er ihn kennenlernte, schon etwa zwei oder drei Jahre Inoffizieller Mitarbeiter gewesen und habe einige Kontakte zu westdeutschen Gewerkschaftern gepflegt. Von Pierres Mutter habe ich erfahren, daß ihr Mann seinerzeit in der Betriebsgewerkschaftsleitung des Verlags war. Nun kommt mir Pierre mit der Frage zuvor, ob diese Funktion womöglich eine »Abdeckung« war, um den geheimdienstlichen Charakter solcher Kontakte zu verschleiern.

»Ja!« so Gailats prompte Antwort.

Damals aber, als er mit Paul Laufer zu den Guillaumes nach Lehnitz fuhr, hätten sie geeignete Leute gesucht, die sich für einen Einsatz als Instrukteure in der Bundesrepublik eigneten.

»Und wann wurde Christel Guillaume in diese Pläne eingeweiht?« will ich wissen.

Der langjährige ostdeutsche Geheimdienst-Offizier tut sich diesbezüglich nicht so schwer wie seine einstige Top-Spionin:

»Ich nehme an, daß der Günter sie vorher schon ein wenig instruiert hat, aber ich habe bei diesem Besuch damals ganz offen mit ihr darüber gesprochen.«

Dieser Besuch also, der Mitte der fünfziger Jahre den damals achtundzwanzigjährigen Kurt Gailat und seinen Vorgesetzten Paul Laufer nach Lehnitz geführt hatte, war die Geburtsstunde für jenen Einsatz, der später als »Fall Guillaume« in die Geschichtsbücher eingehen sollte.

Pierre sieht hinüber zu den Hochhäusern der Leipziger Straße. Dort hat man, wie die Ost-Berliner aus westlichen Fernsehsendungen wie *Kennzeichen D* oder *kontraste* erfahren, Korrespondenten der westdeutschen Medien untergebracht. Als er das seinem Vater sagt, streift der die Sentimentalität, die ihn eben noch erfaßt hatte, mit einer offensichtlichen Leichtigkeit ab. Geradezu fröhlich fragt er:

»Und wohin hast du den Mann vom *Spiegel* bestellt, dem ich mein erstes Interview in Freiheit geben soll?«

Wie mir mein Vater später berichtete, hat er das alles auch seinen Genossen von der HVA erzählt, und dieser fröhliche Tag hatte deshalb noch ein ernstes Nachspiel. Sie warfen ihm vor, er habe die Regeln der Konspiration verletzt, und machten deutlich, daß er nicht einfach auf eigene Faust durch die Gegend streifen könne. Das sei viel zu gefährlich. Womöglich würde er erkannt oder gar angesprochen und fotografiert werden. Was aber sollte daran gefährlich sein? Es war doch kein Geheimnis, daß der Kanzlerspion jetzt in der DDR lebte. Sollte die eigene Bevölkerung ihn womöglich weniger heldenhaft sehen, als es der Partei und dem MfS lieb war? Standen ihm manche DDR-Bürger womöglich gar feindselig gegenüber? Jedenfalls bekam mein Vater schon kurz darauf einen Bewacher, der ihn in den nächsten Monaten überallhin begleitete. Günter Guillaume aber sah in diesem unauffälligen Mann weniger einen Begleiter als vielmehr eine Art Bodyguard, der gleichermaßen als Chauffeur, Türöffner und Aktentaschenträger fungierte. Der Mann bewegte sich wie ein Schatten immer schräg hinter ihm, und mein Vater genoß es sichtlich, mit ihm ein ähnliches Faktotum zu haben, wie er selbst es für Willy Brandt gewesen war. Erst mit einem solchen Schatten – so mußte er vor diesem eigenen Erfahrungshintergrund annehmen – war man wirklich eine wichtige Person.

»Hast du auch das Emblem im Bild?« will Günter Guillaume wissen, als er sich vor dem Gebäude des Zentralkomitees in Position stellt. Beim Blick durch den Sucher amüsiert Pierre nicht nur die Dualität der »Bonbons«, wie das SED-Parteiabzeichen im Volksmund genannt wird, klein am Revers seines Vaters und riesig an der Fassade im Hintergrund. Die Kombination der alten Lederjacke mit dem Parteiabzeichen empfindet Pierre plötzlich als geradezu grotesk. Diese Lederjacke hatte in den Jahren vor der Verhaftung zum obligatorischen Freizeitdreß seines Vaters gehört. Und dann fällt Pierre auf, daß genau an der Stelle, wo nun der nagelneue SED-Bonbon blinkt, einst der orangefarbene Stecknadelknopf der SPD am Revers gesteckt hatte. Pierre drückt auf den Auslöser und hält eine Hundertfünfundzwanzigstel-Sekunde dieser Situation auf Zelluloid fest.

Dann will Günter Guillaume »endlich mal wieder die Stalinallee« sehen. Der großzügig angelegte Boulevard, der längst in Karl-Marx-Allee umbenannt worden ist, gilt ihm noch immer als architektonisches Zeugnis der Ära des Aufbruchs. Hier sei man mit großem Enthusiasmus an den sozialistischen Aufbau gegangen, schwärmt er.

»Hier trafen sich eine stadtplanerische und eine sozialpolitische Intention. Die Bauarbeiter, die diese Häuser errichtet haben, sind nämlich anschließend selbst hier eingezogen.«

»Aber vorher haben sie am 17. Juni gegen die eigene Regierung demonstriert«, wirft Pierre spontan ein.

Im nächsten Moment aber bereut er schon, den Enthusiasmus seines Vaters jäh unterbrochen zu haben. Aus dem Augenwinkel erkennt er, wie sein Vater nachdenklich nickt.

»Ja, die Normerhöhung war ein Fehler«, erklärt Günter Guillaume mit einem tiefen Seufzer. »Aber das war nur das Pulver, die Lunte wurde ganz woanders gelegt.« Und nach einer Weile ergänzt er: »Nun ja, und weil wir nicht wollen, daß uns so was noch mal passiert, haben sich Leute wie deine Mutter und ich entschlossen, dorthin zu gehen, wo du zur Welt gekommen bist.«

Zum ersten Mal habe er an diesem Tag, erzählt mir Pierre auf dem Weg vom Strausberger Platz in Richtung Frankfurter Tor, die ostdeutsche Verschwörungstheorie aus dem Mund seines Vaters gehört.

»Die Ereignisse im Juni 1953 konnte ich nicht wirklich einschätzen, aber ich habe nie daran geglaubt, daß die Bundesrepublik einen militärischen Konflikt mit der DDR gesucht hatte. Doch immer wieder haben mir die Betreuer des MfS und irgendwelche dogmatischen Mitbürger beteuert, ohne ›solche mutigen Kämpfer‹ wie meine Eltern hätte der Frieden nicht dreißig Jahre bewahrt werden können. Und nun mußte ich zur Kenntnis nehmen, daß er – der doch beste Einblicke in die westdeutsche Regierungspolitik gewonnen hatte – es womöglich auch so sah.«

Tatsächlich glaubt Günter Guillaumes ehemaliger Führungsoffizier bis heute, daß nur die Arbeit seiner Kundschafter den Frieden zwischen den beiden deutschen Staaten gesichert habe. Inzwischen aber wurden unter dem Kürzel SIRA jene Dokumente veröffentlicht, die genaue Rückschlüsse zulassen, welcher Agent wie viele Informationen zu welchem Thema beschafft hatte.

Als ich den mittlerweile sechsundsiebzigjährigen Gailat im Garten seines Hauses auf diese Forschungsergebnisse anspreche, denen zufolge der Kanzlerreferent Guillaume seiner HVA kaum je wirklich brisantes Material geliefert hatte, erklärt er: »Ich bin der Meinung, daß man die Leistung von Günter nicht nur an der Menge oder der Qualität der gelieferten Informationen messen kann. Denn dieser Posten in der Nähe des Regierungschefs war ein Wert an sich. Unter dem Gesichtspunkt, daß ja da noch der Kalte Krieg nicht abgebaut war, war natürlich eine solche Position – auch um die DDR vor Überraschungen zu schützen – von außerordentlicher Bedeutung. Das war wichtiger als vielleicht diese oder jene Information. Auch im Hinblick auf die sogenannte Brandtsche Außenpolitik war das natürlich ein wichtiges Moment, um zu hinterfragen, inwieweit das echt und ehrlich ist und welche Ziele damit verfolgt werden.«

In den ideologisch trainierten Köpfen der alten Garde besteht sie also noch fort, jene Verschwörungstheorie, die Pierre im Oktober 1981 hier in der Karl-Marx-Allee erstmalig auch von seinem Vater zu hören bekam.

Am Frankfurter Tor ist Pierre nicht ohne Grund geradeaus weitergefahren. Erst vor wenigen Jahren war der Ausbau des Ministeriums für Staatssicherheit fertiggestellt worden, und nun möchte er seinem Vater auch den gewaltigen Neubaukomplex zeigen, in welchem sich der Hauptsitz seines so lange geheimen Arbeitgebers befindet.

Von der Frankfurter Allee biegt Pierre schließlich zum Haupteingang des Komplexes in die Ruschestraße ein, wo er einst in der Poliklinik des MfS mit dessen traurigen Spitzeln in der Gruppentherapie gesessen hat. Langsam fährt er an dem Schild mit der Aufschrift Ministerium für Staatssicherheit vorbei und sagt: »Ich kann dich ja auch hier fotografieren.«

Ganz offensichtlich war seinem Vater der Gebäudekomplex bis eben nicht bekannt, denn ihm ist die Überraschung anzumerken, als er das Schild entdeckt und schnell entscheidet: »Nein, nein, das muß nicht sein. Ich möchte nicht von meinen eigenen Genossen verhaftet werden.«

Als mir Pierre hier vor der heutigen Forschungs- und Gedenkstätte von dieser kurzen Begebenheit erzählt, frage ich ihn, inwieweit das MfS von ihm seinerzeit schon gänzlich negativ beurteilt wurde. Immerhin war es der Arbeitgeber seiner und auch der von Iris' Eltern gewesen, von Leuten also, zu denen er vielleicht ein schwieriges Verhältnis hatte, die er aber doch keineswegs durchgängig ablehnte. Pierre schildert einen merkwürdigen Vorfall, den er einige Jahre vor dem Austausch seiner Eltern hinter diesen Mauern erlebt hatte. Wieder einmal war er wegen verschiedener Symptome hier in der Poliklinik gewesen. Zu einer physiotherapeutischen Behandlung gehörte damals auch der Besuch der hauseigenen Sauna. Eines Tages hatte er zufällig bei annähernd 90 Grad schwitzend zwei hohen Stasi-Offizieren gegenübergesessen. Nun konnte er bei den beiden älteren Herren im Adamskostüm natürlich nicht sofort den Dienstrang erkennen – ihre Stellung im MfS habe sich jedoch schnell aus dem ergeben, was sie sagten. Umgekehrt aber konnten diese beiden Offiziere nicht wissen, daß der junge Mann, der ihnen hier ebenfalls nackt begegnete, eigentlich gar nicht zum »Haus« gehörte. Also unterhielten sie sich ungeniert über die »offensichtliche Unfähigkeit der polnischen Sicherheitsorgane« gegenüber diesen »Dreckskerlen von der Solidarność«. In der DDR wären solche »konterrevolutionären Dreigroschenjungs« längst hinter Schloß und Riegel, und wenn man erst mal »den einen oder anderen ihrer Anführer ruhiggestellt« habe, werde die »ganze Chose schon von allein in sich zusammenbrechen«. Es sei »höchste Zeit, daß wir hier eine Lösung herbeiführen, die sich auch in einem Bruderland bewährt hat«.

Sprichwörtlich hautnah hatte Pierre nicht nur erlebt, wie man in Offizierskreisen der Staatssicherheit über den Umgang mit Andersdenkenden nicht nur redete, sondern auch ganz offensichtlich zu handeln bereit war. Das habe er zwar als »ekelhaft«, aber nicht als wirklich überraschend empfunden. Womit er aber überhaupt nicht gerechnet habe, sei die ausländerfeindliche Sprache gewesen, welche die beiden Stasi-Offiziere hier fern jeder offiziellen Völkerfreundschaft-Propaganda ihrer Partei anschlugen. In übelster Verallgemeinerung hatten sie vom »Polenpack« gesprochen, was ins Land komme und »die Früchte unserer Volkswirtschaft« wegschleppe. Ganz offenbar hatte die relative wirtschaftliche Stärke der DDR innerhalb des Ostblocks in diesen Kreisen zu geradezu nationalistischen Haltungen geführt.

Während er den Wagen wendet, sagt Pierre seinem Vater, was ihm in diesem Moment durch den Kopf geht: »Das ist eines der seltenen Objekte des MfS, das auch als solches ausgewiesen ist. Ansonsten versteckt man sich wohl lieber in konspirativen Gästehäusern.«

Aber wie schon einige Male an diesem Tag bleibt auch diese Bemerkung von seinem Vater unkommentiert. Schweigend fahren sie zurück in Richtung Karolinenhof, wo ein Gästehaus des MfS dem mächtigen HVA-Chef Wolf persönlich unterstellt ist und eine unsinnige Halteverbotszone in der Nachbarschaft zu einigen Spekulationen Anlaß geben dürfte.

Die Hochzeitsfeier

Pierre erwacht und blickt auf seine junge Frau, die sich mit einem sanften Lächeln im Schlaf an ihn geschmiegt hat, hier in diesem merkwürdigen runden Bett. »Das ist unsere romantische Hochzeitssuite«, hatte der Hoteldirektor gestern abend gesagt, als er höchstselbst die Tür zu diesem überdimensionalen, kitschig möblierten Schlafzimmer öffnete und die beiden jungen Leute vielsagend angrinste. Eine kleine intime Feier unter Freunden hatten sie vorgehabt – sie fanden sich schließlich im Palast-Hotel wieder.

Pierres Blick fällt auf seinen dunklen Anzug, der unordentlich neben dem sorgsam zusammengelegten cremefarbenen Kleid auf dem Sofa liegt. Mit diesem Kleidungsstück hatte alles angefangen. Warum hatte sein Vater mit ihnen den Laden nicht, wie alle anderen Leute auch, durch den Haupteingang betreten können? Wie alle anderen? Bereits das Vorhandensein einer Umkleidekabine im Büro der Verkaufsstellenleiterin des »Exquisit« in der Leipziger Straße war ein Hinweis darauf, daß es eine solche Sonderbehandlung hier öfter gab. Und hier beginnt die Sonderbehandlung eben damit, daß die Kunden mit dem Wagen auf den rückwärtigen Parkplatz fahren und über einen Hintereingang in jenes Büro gelangen. Vermutlich sollen sie von der normalen Laufkundschaft nicht gesehen werden. Die Sonderbehandlung besteht aber auch darin, daß diese Kunden vom Verkaufspersonal besonders behandelt werden. Fast nirgendwo in der DDR erlebt man ein vergleichbar zuvorkommendes, ja fast devotes Verhalten. Was Pierres Vater auch sagte, wurde beantwortet mit: »Ja natürlich, Herr Guillaume. Aber selbstverständlich, das machen wir. Das können wir organisieren.« Und welchen Anzug man auch immer aus dem Verkaufsraum herbeischaffte – er war mit nichts einverstanden. Schließlich drängte er, den Hochzeitsanzug maßschneidern zu lassen. In einer Schneiderei Unter den Linden wurden der Stoff ausgesucht und Jackett, Hose und Weste in Auftrag gegeben.

Günter Guillaume gefiel sich in der Rolle des Polit-Prominenten, der den Ruhm, die gesellschaftliche Anerkennung und Sonderbehandlungen wie diese genießt. Lange genug hatte er darauf warten müssen, sich aber bestimmt auf diese Rolle auch gut vorbereitet – in den Zellen von Ossendorf und Rheinbach. Nun also verkündete er, die Hochzeit seines einzigen Sohnes als gesellschaftliches Ereignis begehen zu wollen. Da hätten Pierre und Iris hellhörig werden müssen. Denn für all das, was dann kam, waren die Auswahl des maßgeschneiderten Anzugs und auch des cremefarbenen Hochzeitskleids erst der Anfang gewesen.

Die gesamte Vorbereitung unserer Hochzeit war überschattet von dem schlechten Verhältnis meiner Eltern zueinander. Meine Mutter hatte im Dezember 1981, als sie von Vaters Beziehung zur MfS-Krankenschwester Elke erfuhr, sofort die Scheidung eingereicht. Sie wollte »klare Fronten schaffen«, wie sie es nannte – und es kam leider wirklich zu einem Frontenkrieg! Sowohl in der gerade notdürftig wiedervereinten Familie Guillaume als auch bei ihren Genossen und Führungsoffizieren. Eine Trennung des verdienten Kundschafterpaares paßte natürlich überhaupt nicht ins Bild und zu den Planungen des »Hauses«. Deshalb versuchten vor allem Markus Wolf und auch Kurt Gailat, meine Mutter durch Überzeugungsgespräche und Schlichtungstermine von ihrem Vorhaben abzubringen. Aber ihre Bemühungen waren vergebens. Mutter war fest und geradezu wild entschlossen, sich endlich auch offiziell von dem Mann zu trennen, der sie in der Vergangenheit immer wieder betrogen hatte und es auch jetzt nicht lassen konnte.

Mutter und Vater gingen sich in dieser Zeit konsequent aus dem Weg. Sie trafen sich nur, wenn offizielle Termine es zwingend erforderten – privat gab es überhaupt keinen Kontakt. Das wirkte sich natürlich auf unsere Hochzeitsvorbereitungen aus: Mal sprachen wir mit Mutter darüber, mal mit Vater. Sie hatte andere Vorstellungen, Erwartungen und Vorschläge als er. Hinzu kamen noch Iris' Eltern mit ihren Wünschen. Also pendelten wir hin und her zwischen diesen drei Familienstationen. Und mußten dabei stets darauf achten, möglichst allen gerecht zu werden, keinen vor den Kopf zu stoßen und immer für einen ausgewogenen Informationsstand zu sorgen. Mal ging es um die Hochzeitskleidung, mal um die Hochzeitsgeschenke, dann um das ganze Zeremoniell der Feier – und immer natürlich ums Geld. Wer bezahlt was? Ja nicht der eine zuviel und die andere etwa zuwenig. Es wurde immer schwieriger, aber Iris und ich widersetzten uns nicht, sondern resignierten irgendwann und ließen den Dingen einfach ihren Lauf. Wir mußten erkennen, daß die Hochzeit nicht mehr unsere Feier, sondern quasi ein halber Staatsakt werden würde, bei denen andere die Fäden zogen hinter den Kulissen. Von den ganzen finanziellen Regelungen haben wir erst später erfahren. Mutter bezahlte Iris' Hochzeitskleid und auch meinen Maßanzug. Und sie stellte ihren weißen Lada als Hochzeitsgeschenk zur Verfügung, allerdings hatte sie die häßliche »Russenkiste« ohnehin loswerden wollen und über die Stasi-Sonderversorgung schon einen der damals frisch importierten Citroën bestellt. Im Gegenzug und sozusagen als Gegenstück zum teuren Autogeschenk übernahm mein Vater zusammen mit Iris' Eltern sämtliche Kosten für die Hochzeitsfeier einschließlich Übernachtung in der Hotelsuite.

Was bewegt seinen Vater, überlegt Pierre, immer große Mengen an Bargeld in der Brieftasche mit sich herumzutragen. Warum bezahlt er nicht einfach per Scheck? Das aber konnte er ihn ja schlecht fragen, solange irgendwelche Leute um ihn herum waren. Und es sind schon seit Wochen immer irgendwelche Leute um ihn herum. Wolfgang, sein Bodyguard, zum Beispiel oder Kurt Göbel und andere Mitarbeiter des Hauses oder Dr. Gärtner, sein Arzt, und vor allem Elke, die Krankenschwester, die inzwischen zur Frau an seiner Seite geworden ist. Seit der Fahrt mit dem Trabant hat Pierre seinen Vater nicht mehr allein erlebt. Gelegentlich kam ihm sogar der Gedanke, ob sein Vater solche Situationen vielleicht bewußt arrangiert, um ihm nicht Rede und Antwort stehen zu müssen. Dann aber verwarf Pierre derartige Überlegungen wieder und hielt seinem Vater zugute, daß er erst mal ankommen muß in seiner Heimat DDR. Außerdem werde auch er nach einer gewissen Frist bestimmt mit ihm über all das sprechen wollen, was seit dem 24. April 1974 passiert war, und erst recht über die Zeit zuvor. Seit gestern abend aber hat er erste Zweifel.

Es ist kurz nach halb sieben. Pierre legt die Armbanduhr zurück auf den Nachttisch. In weniger als einer halben Stunde wird die Sonne aufgehen. Nie im Leben wären Iris und er auf den Gedanken gekommen, hier in diesem Hotel ihre Hochzeit zu feiern. Sie wären überhaupt nicht auf die Idee gekommen, irgend etwas von dem zu tun, was sie in den vergangenen vierundzwanzig Stunden getan hatten – abgesehen von dem gegenseitigen Ja-Wort im Standesamt Lichtenberg. Sie hätten kein Blumengebinde am Grabmal des unbekannten antifaschistischen Widerstandskämpfers in Schinkels Neuer Wache niedergelegt und auch keinen Stamm durchgesägt, um in das Rosenzimmer des Palast-Hotels zu gelangen, wo sie dann fast ausschließlich mit Leuten »feierten«, die sie nie auf ihre Gästeliste gesetzt hätten.

Ich höre Iris und Pierre aufmerksam zu, wie sie weitere Details jenes Hochzeitsfestes schildern, auf dem sie vermeintlich die Hauptrollen spielten, in Wirklichkeit aber in die Rolle von Komparsen gedrängt worden waren. Zu spät hatten sie bemerkt, was ihre Väter unter einem »gesellschaftlichen Ereignis« verstanden. Immer mehr ranghohe Offiziere aus dem »Haus« fanden sich auf der Gästeliste wieder und natürlich die Leute aus der Betreuergruppe und und und.

Als ihre Väter mit dieser Liste fertig waren und nun auch das Brautpaar seine Freunde und Arbeitskollegen darauf setzen wollte, kollidierte dies angeblich aus Gründen der Konspirativität mit den bereits geladenen Gästen. Mit dem Ergebnis, daß Iris nur eine Freundin aus Magdeburger Kindertagen und Pierre nur seinen ehemaligen Mentor Werner aus *NBI*-Zeiten sowie dessen Frau einladen durften. Werner machte auch die Fotos, wurde aber dazu vergattert, sämtliche Negative sofort nach der Entwicklung dem »Haus« vorzulegen. Auch dies aus Gründen der Konspirativität.

»Das Ganze hat schließlich Mafia-ähnliche Züge angenommen«, sagt Pierre.

Auch ich fühle mich während ihrer Schilderungen an Szenen aus »Der Pate« erinnert, in denen die großen New Yorker Mafia-Familien die Hochzeit der Corleone-Tochter zu einem halbseidenen Gesellschaftsereignis machen. Als ein Fotograf einen der Paten ablichtet, reißt ihm dessen Leibwächter den Film aus der Kamera.

»Absolut zutreffend!« meint Pierre, der Cineast, der die Szenen natürlich kennt.

Wie im Zeitraffer erlebt Pierre noch einmal schlaglichtartig die grotesken Szenen des gestrigen Abends – ein gespenstisches Déjà-vu. Die vornehm wirkenden Kellner, die eben die kleinen Täßchen abgeräumt haben, in denen die »Fasanenessenz« serviert worden war, werden mit einem allgemeinen »Ah« und »Oh« empfangen, als sie – eine Hand auf dem Rücken – das »Kalbsmedaillon mit verschiedenen Gemüsen und Kartoffelbeilagen« an den Gästen vorbei auf den Tisch hieven. Pierre sieht sich die Leute an der langgestreckten Tafel der Reihe nach an. Einige von ihnen hat er noch nie gesehen. Wie heißt doch gleich der Vorgesetzte seines Schwiegervaters? Und wie die Frau von Kurt Göbel? Und wer ist überhaupt der Mann in dem scheußlichen dunkelbraunen Anzug dahinten neben der ständig kichernden Dame mit der Dauerwelle?

»Jetzt müßt ihr aber endlich die Geschenke auspacken!«

Pierre hat die ganze Zeit befürchtet, daß sein Vater genau das sagen werde. Er wendet sich zu Iris und flüstert ihr ins Ohr:

»Soll ich dir sagen, was drin ist in den Kartons?«

»Das kann ich dir auch sagen«, erwidert Iris lachend, »Kristallvasen, Besteckkästen und Kaffeeservice!«

»Und Plauener Spitzendecken!« ergänzt Pierre und bewirkt damit, daß seine junge Frau für einen Moment die Hände vor das Gesicht schlägt.

»Kommt ihr?« ruft Günter Guillaume den Brautleuten zu.

Wie wohlerzogene junge Leute erheben sie sich, begeben sich hinüber zu dem langen Tisch, auf dem die verpackten Präsente liegen. Arbeitsteilig bringen Iris und Pierre die lästige Pflicht hinter sich. Iris entnimmt den kleinen Kuverts die Kärtchen, liest den Namen des Gebers vor, und Pierre befreit die Kartons vom bunten Geschenkpapier. Unter den erwartungsvoll lächelnden Mienen der Versammlung fördert das Brautpaar schließlich Kristallvasen, Besteckkästen, Kaffeetassen mit passenden Tellern, die Günter Guillaume »Dejeuners« nennt, hervor – und Plauener Spitzendecken. Und während sie sich artig bei den Hochzeitsgästen bedanken, überlegt Pierre, daß er all diese Scheußlichkeiten im Keller deponieren oder am besten gleich zum An- und Verkauf bringen wird.

Oma Erna ist ständig bemüht, das verklemmte Verhältnis zwischen dem Elternpaar des Bräutigams ein wenig zu entspannen. Ihr ist anzumerken, daß sie ihrem Enkel trotz der widrigen Familienumstände ein schönes Fest bereiten will. Doch ihre Bemühungen bleiben ein sinnloses Unterfangen, denn die Guillaumes sind eben kein Paar mehr. Nur daß man dem Vater des Bräutigams weniger anmerkt, von dieser abweisend wirkenden Frau in dem bodenlangen dunkelblauen Kleid vor einigen Wochen geschieden worden zu sein. Kunststück, denkt Pierre, er hat ja eine neue Frau gefunden – das gibt offenbar Selbstsicherheit. Pierres Mutter hingegen kann sich mal wieder in ihrer pessimistischen Grundhaltung bestätigt fühlen, und das zeigt sie auch. Schon auf dem Standesamt war es ihr sichtlich schwergefallen, die tiefe Verbitterung zu überspielen, ausgerechnet mit ihrem Ex-Mann einer Hochzeit beiwohnen zu müssen.

Mehrfach wandert Oma Erna im Laufe des Abends zwischen den beiden hin und her – zwischen ihrer Tochter, deren Miene sich mit jedem Glas Schloß Wackerbarth mehr in eine frustrierte Maske verwandelt, und dem ehemaligen Schwiegersohn, dessen Fröhlichkeit zunehmend aufgesetzt wirkt. Niemand würde annehmen, daß die alte Dame, die sich zwischenzeitlich so angeregt mit dem Vater des Bräutigams unterhält, diesem alle Schuld am Unglück ihrer Tochter gibt. Nur daß sie deren wahres Unglück, die Jahre des Doppellebens und die Erlebnisse in der Haft, bei allen Unterhaltungen mit ihrer Tochter konsequent ausspart. Niemand, der Mutter und Tochter an diesem Tag erlebt, hat einen ernsten Zweifel, daß sie ein offenes und ehrliches Verhältnis miteinander pflegen. Vermutlich nicht mal sie selbst – glaubt Pierre.

Durch einen schmalen Spalt dringt die Dämmerung in die Hochzeitssuite des Palast-Hotels. Vorsichtig legt Pierre den Arm seiner Frau zur Seite und geht hinüber zum Fenster. Es ist lange her, daß er von einem Hotelzimmer aus zur Kugel des Fernsehturms hinaufsah. Es ist viel passiert seitdem – vieles, was nicht vorhersehbar war. Aber das Wichtigste, weshalb er einst in dieses Land gegangen war, ist ausgeblieben. Die Familie könne nur in der DDR wieder zusammenkommen, hatte Horst-Dieter Pötschke damals gesagt. Genau das jedoch hat nicht stattgefunden. Pierre ahnt, daß gestern abend zur Feier seiner eigenen Familiengründung die einstige Familie aus der Godesberger Ubierstraße 107 zum letzten Mal zusammengekommen ist. Er dreht sich zu seiner Frau um. Iris hat den Kopf gehoben und sieht ihn mit kleinen Augen an: »Wollen wir nach Hause fahren?«

Wenige Minuten später verlassen sie im dunklen Anzug mit offenem Hemd und einem cremefarbenen Kleid mit kleinem verschleierten Hut unter dem Arm das Hotel, ohne das exquisite Frühstücksbüfett eines Blickes zu würdigen. Sie steigen in den weißen Lada und fahren gutgelaunt durch die erwachende Stadt in Richtung Hans-Loch-Viertel, wo im 17. Stock eines Hochhauses eine Einraumwohnung auf sie wartet.

Spaziergang am See

Günter Guillaume kann mit kleinen Kindern nur wenig anfangen. Zumindest nicht, solange er ihnen nichts erzählen oder ein wenig mit ihnen spielen kann. Das war Pierre schon kurz nach der Geburt von David aufgefallen, als sein Vater vorbeigekommen war, um sich den Enkel anzusehen. Und auch jetzt, sechs Monate später, wirft er nur einen kurzen Blick auf den Kleinen und schlägt Pierre einen Spaziergang zu zweit vor.

Es ist der erste warme Tag in diesem Frühsommer 1983, als Pierre Frau und Sohn bei Elke auf der Terrasse zurückläßt und mit seinem Vater zum Uferweg am Bötzsee geht. Pierre genießt es, ihn endlich mal wieder für sich allein zu haben – auch wenn sie nur schweigend nebeneinanderher gehen. An einer kleinen Bucht bleibt Günter Guillaume stehen und blickt auf den See hinaus.

»Wie lange habe ich mich danach gesehnt, nach der freien Natur und dieser Ruhe«, sagt er.

Pierre kann das Gefühl seines Vaters gut nachempfinden. Günter Guillaume nimmt seinen Sohn in den Arm.

»Weißt du Pierre, am 1. Oktober 1981 hat für mich ein völlig neues Leben angefangen. Ich nenne das meine ›Neugeburt‹. Es ist zwar alles ein bißchen anders, als es in Bad Godesberg war, aber wir zwei sind wieder zusammen – und das ist schön!«

Sind wir denn wirklich »wieder zusammen«, überlegt Pierre. Seit der Geburt von David haben sie sich zwei-, höchstens dreimal gesehen. Das liegt freilich nicht nur an seinem Vater, auch Pierres eigenes Leben läßt ihm wenig Spielraum.

Doch wenn sein Vater sagt, sie seien wieder zusammen, dann meint er damit etwas gänzlich anderes, als es Pierre einst vorschwebte.

»Wie wäre es denn, wenn ich noch im Westen wohnen würde?« fragt Pierre seinen Vater, für den die Frage etwas unvermittelt kommt.

Er sieht seinen Sohn einen Moment überrascht von der Seite an, ehe er antwortet.

»Dann wärst du jetzt nicht hier, und das wäre doch jammerschade?«

»Warum wäre ich dann nicht hier?«

»Na, weil du dann in der Bundesrepublik leben würdest und ich als Offizier des MfS Geheimnisträger bin und mit dir gar keinen Kontakt haben dürfte.«

»Wolltest du deshalb, daß ich in die DDR übersiedle? Damit ich mit dir als Geheimnisträger hier am See spazierengehen kann«, fragt Pierre provokativ.

Sein Vater scheint die Frage nicht sehr ernst zu nehmen.

»Nein, denn von der Existenz dieses Sees hatte ich ja keine Ahnung!« antwortet er lachend. Und nach einer kleinen Weile erklärt er ernst: »Es ging mir um dich, Pierre. Ich wollte einfach nicht, daß du drüben unter die Räder kommst. Weißt du, wem ich dafür wirklich dankbar bin? Dem Pötschke! Wenn der nicht so viel Überzeugungsarbeit geleistet hätte, wer weiß, was aus dir geworden wäre!?« Damit scheint das Thema für ihn endgültig erledigt zu sein, denn er sagt: »Laß uns gehen. Dort drüben im Haus am See gibt es prima Eisbecher.«

Pierre aber bleibt stehen, will sich von seinem Vater nicht mehr abwimmeln lassen. Nachdem sich Günter Guillaume einige Meter entfernt hat, bemerkt er, daß sein Sohn nicht nachkommt. Und so geht er schließlich wieder zu ihm zurück.

»Was ist denn los?«

Pierre sieht seinen Vater an.

»Ich wäre *hier* fast unter die Räder gekommen!«

Günter Guillaume wischt die Bemerkung seines Sohnes mit einer Handbewegung zur Seite.

»Nee, nee, das hätte der Gailat schon nicht zugelassen.« Und während Pierre ihn fragend ansieht, fährt er fort: »Das war er mir aber auch schuldig, nachdem ich jahrelang für unsere Sache den Kopf hingehalten habe.«

Die Blicke der beiden begegnen sich. »Wer ist denn ›der Gailat‹?« fragt Pierre schließlich.

Irgend etwas ist Pierres Vater plötzlich unangenehm. Nach einem Moment der Irritation erklärt er: »Ich könnte jetzt sagen ›Vergiß den Namen!‹, aber da ich weiß, daß dir das nicht gelingen wird, bitte ich zumindest, das, was ich dir jetzt sage, für dich zu behalten – Kurt Gailat ist der Mann, den du als Kurt Göbel kennst.«

Entweder erwartet Pierres Vater gar nicht, daß sein Sohn darauf etwas erwidert, oder er will ihm dazu keine Gelegenheit geben. Jedenfalls geht er nun in die Richtung, wo es angeblich »prima Eisbecher« gibt. Pierre geht ihm nachdenklich hinterher. Warum machen sie das mit den falschen Namen? Warum hat ihm der »schwarze Peter« damals nicht seinen richtigen Namen sagen können, und warum hat sich dieser »Gailat« ihm gegenüber Göbel nennen müssen? Sie werden doch hier in ihrem eigenen Land von niemandem verfolgt, vor dem sie sich zu tarnen hätten. Pierre ahnt, daß er von seinem Vater auch darauf keine Antwort bekommen wird. Das habe konspirative Gründe, würde er ihm sicher entgegnen, denn mit dem Zauberwort »konspirativ« wird von den MfS-Leuten jede Frage abgeblockt, die man nicht beantworten will oder kann. Sie tragen aus konspirativen Gründen falsche Namen, verstecken ihre Gästehäuser hinter bürgerlichen Fassaden und betreten den Exquisit-Modeladen nur durch einen rückwärtigen Eingang. Konspirativ – dieser Begriff hat im Jargon des MfS eine ähnliche Bedeutung wie das »göttliche Geheimnis« in der römisch-katholischen Kirche.

Auch mehr als ein Jahrzehnt nach dem Untergang der DDR erklärt uns Kurt Gailat, es seien konspirative Gründe gewesen, weshalb er sich damals Kurt Göbel genannt hat. Trotz mehrfacher Nachfragen kann er nicht wirklich nachvollziehbar begründen, weshalb ein Geheimdienstoffizier in der DDR einen falschen Namen benutzen mußte. Schließlich habe es doch sicher genug Leute auch außerhalb des »Hauses«, gegeben, frage ich ihn, die seinen wahren Namen kannten. Hatte denn nicht die Gefahr bestanden, zum Beispiel in Pierres Gegenwart von anderen als Gailat angesprochen zu werden?

»Deswegen habe ich ja meinen eigenen Vornamen benutzt, denn die meisten nannten mich doch ohnehin nur ›Kurt‹«, erzählt er.

Aber warum dann das ganze Versteckspiel? Die westlichen Geheimdienste kannten doch sicher ohnehin seinen richtigen Namen!?

»Das Ganze unterlag ja den Gesetzmäßigkeiten der Konspiration«, beginnt Gailat wieder von vorn.

Ich begreife jetzt, was Pierre meint, wenn er vom »Selbstlauf eines Begriffs« spricht, der von allen benutzt und von keinem hinterfragt wird. Selbst der Hinweis des einstigen Obersts des MfS, daß ja schließlich auch der BND seinen Leuten teilweise falsche Namen gebe, trägt weniger zur Klärung über die Gründe bei als vielmehr zu der Vermutung, daß die Theorie des Konspirativen keine politisch-ideologischen Grenzen kennt.

Dann aber verletzt Kurt Gailat selbst dieses Gesetz der Konspiration und enttarnt Achim. Pierres Groß-Groß-Cousin war irgendwann Ende der siebziger Jahre von der Bildfläche verschwunden. Zwar hatte Pierre noch einige Male Kerstin getroffen, doch die zweifache Mutter lebte damals schon von ihrem Mann getrennt. Sie war es, die Pierre gegenüber einmal erwähnt hatte, daß Achim für die Stasi arbeite. Genaues aber wußte auch sie angeblich nicht. Nur soviel, daß er immer stärker dem Alkohol zugesprochen und bezüglich dieser Leidenschaft eine geeignetere Partnerin gefunden habe, als sie es für ihn hatte sein können.

»Der Achim war in der Hauptabteilung IX einer der Vernehmer«, klärt uns Gailat auf. Es sei reiner Zufall gewesen, daß man im Zusammenhang mit Pierres Übersiedlung auf ihn gekommen sei, berichtet er: »Ich habe nur gewußt, daß dein Vater in Rostock diesen Onkel hatte, den er wohl sehr mochte, und irgendwer hat uns darauf hingewiesen, daß es in dieser Familie einen vom ›Haus‹ geben würde, der in etwa in Pierres Alter sei.«

»Achim war also Vernehmer?« fragt Pierre ungläubig. »Ich weiß zwar schon lange, daß er für euch gearbeitet hat, aber ich dachte immer, er hätte an der Humboldt-Uni als IM …«

»Nein, nein, der war Vernehmer drüben in Hohenschönhausen bei den Kriminellen«, erwidert Kurt Gailat mit einer Selbstverständlichkeit, als wäre Achim Friseur oder Briefträger gewesen.

Mit über zwanzigjähriger Verspätung habe ich also die ganze Wahrheit über Achim erfahren. Achim hatte mir in meinem ersten DDR-Jahr vorgeworfen, daß ich Kerstin und ihn betrogen und auch belogen habe, indem ich zwar morgens pünktlich aus der gemeinsamen Wohnung, dann aber nicht zur Schule gegangen sei. Zu genau der gleichen Zeit hatte er aber auch behauptet, er gehe zu Seminaren und Vorlesungen über Philosophie oder Politische Ökonomie an der Uni. Jetzt erst weiß ich, daß er in Wirklichkeit jeden Morgen zur Arbeit nach Hohenschönhausen gefahren ist, um »Kriminelle« zu verhören, wie Gailat die Inhaftierten noch immer pauschal nennt. Doch unter ihnen waren viele DDR-Bürger, die sich nur des »Verbrechens« schuldig gemacht hatten, offen ihre Meinung zu sagen, oder auch solche, die es gewagt hatten, einen Ausreiseantrag zu stellen.

»Der Gailat hat mir nicht geholfen«, sagt Pierre, »im Gegenteil!«

Sein Vater atmet hörbar tief durch und erklärt schließlich: »Ich finde, du bist undankbar, denn ich weiß, was er für dich getan hat«.

Pierre überlegt, wie er seinem Vater klarmachen kann, was er meint. Zögernd beginnt er zu schildern, wie schwer für ihn der Weg zur Selbstfindung gewesen ist:

»Ich meine damit ja nicht, daß er oder Walter mir bewußt schaden wollten. Aber diese Überbehütung hat mir einfach nicht gutgetan.«

Doch Pierres Vater unterbricht ihn: »Jetzt laß uns doch mit den ollen Kamellen aufhören. Letztlich ist doch alles gut gegangen. Warum nur willst du immer mit dem Schnee von gestern anfangen?«

Und wieder einmal beginnt Günter Guillaume zu monologisieren. Darüber, daß er nach den Jahren der Haft und der üblen Nachrede in den westdeutschen Medien endlich die Anerkennung seines Staates genießen wolle, ohne permanent an die Vergangenheit erinnert zu werden.

»Es geht aber nicht um deine Vergangenheit, sondern um meine«, unterbricht ihn Pierre mit spürbarem Nachdruck.

Nun scheint Günter Guillaume der Appetit auf einen Eisbecher endgültig vergangen zu sein. Er bleibt stehen und sieht Pierre hilflos an.

»Drüben auf der Terrasse sitzen deine hübsche Frau und dein kleiner Sohn. Du machst eine Ausbildung zum Fotolaboranten, was eine gute handwerkliche Grundlage ist – wenn du wirklich Fotograf werden willst. Was also verlangst du denn noch?«

In diesem Moment weiß Pierre, daß sein vielleicht wichtigster Schritt der letzten Jahre der gewesen ist, Walter zu sagen, er käme von der nächsten Reise in die BRD nicht mehr zurück. Damit hatte er sich zwar selbst eingesperrt, aber er hatte auch die Voraussetzung erzwungen, sich auf sich selbst konzentrieren zu müssen. Und noch ehe sich der von ihm idealisierte Über-Vater nach seinem Auftauchen in der Realität selbst entzauberte, hatte Pierre Grund unter die Füße bekommen. Nach solchen Gesprächen wie heute ist er zwar enttäuscht – am Boden zerstört ist er aber nicht.

Die Sonne färbt den Bötzsee bereits in ein helles Rot. Günter Guillaume demonstriert gute Laune, legt Steaks und Würste auf den Grill und bittet Elke, für Nachschub an Bier aus dem Kühlschrank zu sorgen. Die Krankenschwester, in die sich Pierres Vater am Tag seiner Rückkehr in einem Stasi-Objekt in Friedrichroda verliebt hatte, hat schon vor einiger Zeit ihren Mann verlassen und ist zu dem prominenten MfS-Offizier in die Eggersdorfer Villa gezogen. Sie arbeitet weiterhin in der Poliklinik des MfS und ist stolz darauf, die Krankenschwester mit dem höchsten militärischen Dienstgrad zu sein.

»Ihr solltet öfter mal zu uns rauskommen und nicht im tristen Lichtenberg versauern«, sagt Pierres Vater.

Iris sieht zu ihrem Mann. Seit er mit seinem Vater vom Spaziergang zurückgekommen ist, spürt sie, daß die beiden mal wieder einen Disput hatten. Die negative Stimmung aber kann Pierre viel schlechter überspielen als ihr Schwiegervater.

»In Lichtenberg versauern einige zehntausend Werktätige dieser Republik«, erwidert Pierre und wählt ganz bewußt den offiziellen Terminus, den sonst sein Vater verwendet.

Günter Guillaume legt das Grillbesteck zur Seite und wendet sich mit einem genervten Unterton an seinen Sohn:

»Dieses Thema wollen wir doch wohl nicht noch mal von vorn beginnen, oder?«

Nur wenige Wochen zuvor war es zwischen meinem Vater und mir zu einer heftigen Auseinandersetzung über das DDR-Privilegiensystem gekommen. Ich hatte ihn gefragt, warum seine Genossen einerseits davon sprachen, daß in der DDR die Arbeiter und Bauern die Macht hätten, sie in Wirklichkeit aber einer Funktionärsclique Privilegien einräumten, deren Umfang die meisten DDR-Bürger nicht einmal annähernd erahnen konnten. Ich hatte ihn gefragt, warum sie ihrer eigenen Bevölkerung verschwiegen, daß es eine Sonderversorgung mit

Lebensmitteln gab, wie ich es ja selbst 1975 während des Campingurlaubs in Prerow erlebt hatte. Ich wollte auch wissen, warum es Sonderversorgungen in beinahe jedem anderen Bereich gab: angefangen von eigenen Handwerkerbrigaden der Abteilung »Rückwärtige Dienste« mit ihren Beziehungen zu Lagern des DDR-Einzelhandels und sogar zu Westimporten bis zur bevorzugten Wohnraumvergabe durch die »Versorgungseinrichtung Ministerrat«.

»Ich bin Krankenschwester, und Elke ist auch Krankenschwester«, erklärt Iris äußerlich ganz ruhig. Nur Pierre spürt ihre innere Erregung. »Wir machen also beide die gleiche Arbeit. Ich bekomme dafür 620 Mark im Monat. Und was bezahlt man dir, Elke, in der Poliklinik des MfS?«

Elke schweigt und sieht nach einer kleinen Weile zu ihrem Lebenspartner Günter Guillaume.

»So kann man das nicht vergleichen«, erklärt Pierres Vater.

Doch Iris hakt nach: »Warum kann man das nicht vergleichen? Seit wann dürfen denn in diesem Staat Leute für die gleiche Arbeit unterschiedlich bezahlt werden? Elke, ich nehme an, du bekommst etwa das Drei- oder vielleicht sogar das Vierfache von meinem Gehalt!?«

Der Umstand, daß Elke nicht umgehend empört auf diese Unterstellung protestiert, ist für Pierre der unausgesprochene Beweis, daß seine Frau mit ihrer Vermutung so falsch nicht liegt.

Nach einem Moment der Stille ergreift Pierres Vater das Wort. Man sei »in der DDR ja noch nicht im Kommunismus«, erklärt er, wo bekanntlich die Devise »Jedem nach seinen Bedürfnissen« gelte. Vielmehr befinde man sich noch in der sozialistischen Übergangsphase, in der die Devise laute: »Jedem nach seinen Fähigkeiten!« Als Pierre die Frage aufwirft, weshalb die Fähigkeiten der Handwerker, Facharbeiter und Krankenschwestern geringer zu bewerten seien als die eines Obersts des MfS oder eines Abteilungsleiters des ZK, wird sein Vater auf groteske Weise konkret. Es gebe schließlich eine »Vorhut der Arbeiterklasse«, die mit einem ganz anderen politischen Bewußtsein und einem viel höheren persönlichen Einsatz am Aufbau des Sozialismus mitwirke.

»Genau deshalb verdienen wir auch mehr – in des Wortes wahrer Bedeutung!« sagt er und bezieht sich und Elke wie selbstverständlich mit ein.

»Gib mir doch bitte noch ein Steak«, erwidert Pierre.

Bevor Iris etwas auf diese Begründungen ihres Schwiegervaters erwidern kann, legt er seine Hand auf ihr Knie und macht damit deutlich, daß er es für sinnlos hält, eine solche Debatte fortzuführen.

Ich erlebte an diesem Abend ein eigenartiges Déjà-vu. In Bad Godesberg hatte ich zwar nicht allzu häufig politische Diskussionen mit meinem Vater geführt, doch wenn es sie gab, nahm ich eine linkere Position ein als er. Ich sympathisierte damals mit den Jungsozialisten, und das hieß, daß wir das Gesellschaftssystem, in dem wir lebten, zwar nicht grundsätzlich ablehnten, aber wir wollten es besser und vor allem gerechter haben. Damals trug ich mich mit dem Gedanken, bei den Jusos einzutreten, die ich ja bereits 1972 im Wahlkampf aktiv unterstützt hatte, und für eine Veränderung der Gesellschaft zu kämpfen. Mein Vater aber verhielt sich wie jemand, der im Establishment des Systems angekommen war, gesellschaftlich angepaßt und vor allem staatstragend. Politische Ziele wurden in seinen Kreisen häufig nur als theoretische Überlegungen formuliert und dann in Programmdiskussionen zerredet – Visionen wurden zu einer Aktenvorlage. Als ich im April 1974 von seiner wahren Identität erfuhr, hatte mich weniger die Tatsache erschüttert, daß er ein Geheimagent war, sondern viel mehr der Umstand, daß der »rechte Sozi und Kommunistenfresser« Günter Guillaume mich politisch links überholt haben sollte. Das war trotz der widrigen Umstände eine angenehme Überraschung. Naiv, wie ich damals noch war, hatte dies in den Jahren seiner Haft entscheidend zur Idealisierung meines Vaters in seiner vermeintlich revolutionären Rolle beigetragen.

Nun aber mußte ich mehr und mehr feststellen, daß wir in unser altes Rollenverhalten zurückfielen und ich abermals links von meinem Vater stand. Ich hatte in all den Jahren in der DDR Menschen kennengelernt, die eine sozialistische Vision hatten, die meilenweit entfernt war von seinen Ansichten und denen seiner Offiziersfreunde. Menschen, die sich ihren Glauben an den Sozialismus nicht von »Realpolitikern« kaputtmachen ließen. Solche Leute lehnten nicht nur das Privilegiensystem ab, sondern auch die staatliche Zensur. Sie wollten einen Sozialismus, in dem das Volk mit seiner Führung über den gesellschaftlichen Weg streiten konnte. Sie waren Anhänger von Alexander Dubček in Prag gewesen und schwärmten zwei Jahre später auch für Michail Gorbatschow. Trotz ihrer kritischen Gedanken waren viele dieser Leute SED-Mitglieder – so wie ja die linken Jusos im Westen in der gleichen Partei waren wie der rechte Sozialdemokrat Georg Leber. Wer in der DDR für eine sozialistische Vision aktiv politisch tätig sein wollte, konnte in keiner anderen Partei sein. In keiner der einflußlosen Blockparteien, die schon per Verfassung ins zweite Glied gedrängt wurden, und auch nicht in einer der oppositionellen Gruppen, die zu dieser Zeit noch sehr eng mit der Kirche verbunden waren. Die Frage, ob die Vision eines gerechten und demokratischen Sozialismus nicht grundsätzlich eine gleichermaßen romantische wie illusorische Vorstellung ist, habe ich seinerzeit noch nicht gestellt. Indem ich aber die Sehnsucht vieler DDR-Bürger nach einer Gesellschaft teilte, in der – um mit Brecht zu sprechen – »der Mensch dem Menschen ein Helfer ist«, befand ich mich gegenüber meinem Vater exakt wieder da, wo ich mich in Bonn befunden hatte. Auf der Seite derjenigen, die das Gesellschaftssystem, in dem sie lebten, nicht generell ablehnten – auch wenn es jetzt natürlich ein anderes System war – und die es eben »nur« gerechter und besser haben wollten. Günter Guillaume aber stand abermals auf der Seite des Establishments. Und er hatte es sich wieder richtig gemütlich gemacht. Nun allerdings im Osten, am idyllischen Bötzsee, statt – wie noch 1974 geplant – in Bad Godesberg.

»Ich will Leuten wie meinem Vater und seinen Freunden nicht die Definition des Sozialismus überlassen«, sagte ich einige Tage später noch unter dem Eindruck dieses Abends zu Iris. Meine Frau, die seit Jahren SED-Mitglied war, fiel fast vom Stuhl, als ich ihr mitteilte, daß ich deshalb die Absicht hätte, auch in die Partei einzutreten. Sie wußte, wo ich politisch stand, und nannte meine Vorstellungen von einer sozialistischen Gesellschaft ebenso naiv wie utopisch. Innerhalb dieser Partei würde ich schon bald vollkommen desillusioniert sein, meinte sie und begründete dies vor allem mit dem Opportunismus der Kleinbürger, die in den Parteiversammlungen nur ihre Zeit absaßen. Aber da hatte ich unter den Genossen bei der NBI *eben ganz andere Erfahrungen gemacht.*

Als ich schließlich den Aufnahmeantrag stellte, tat ich dies also gegen die ausdrückliche Warnung meiner Frau. Aber ich war fest davon überzeugt, es tun zu müssen – als Schritt gegen jene altstalinistische Funktionärselite, zu der auch mein eigener Vater gehörte.

Alles Propaganda

»Dieser Film entwickelt sich zu einem richtigen Renner«, schwärmt Wolfgang und fummelt mit dem Kabel eines Videorecorders an der Rückseite von Pierres Fernseher herum. Iris betrachtet das Gerät mit einer gewissen Neugier, denn in der DDR gibt es so etwas offiziell nicht zu kaufen.

»Man könnte damit ja Filme im West-Fernsehen aufnehmen und dann die Kassetten in Umlauf bringen«, hat Pierre eben noch gefrotzelt.

Wolfgang aber redet unaufhörlich, daß man Christel und Günter auf den Foren als Helden feiern und nach der Vorführung des Films ganz viele interessante Fragen stellen würde.

Pierre weiß jedoch, daß sein Vater nur sehr selten an diesen Propagandaveranstaltungen teilnimmt. Da muß es schon in einem schönen Objekt des MfS stattfinden und sich vor allem anschließend noch mit einem kleinen Urlaub auf Kosten des »Hauses« verbinden lassen. Sonst aber kann er sich nicht recht entschließen, seinen Genossen live Rede und Antwort zu stehen. Pierres Mutter dagegen reist regelmäßig zu den Bezirksleitungen der SED oder des MfS, zu Parteischulen und Einheiten der Nationalen Volksarmee. Mehrmals schon hat sie ihrem Sohn davon erzählt. Pierre hat den Eindruck, daß sie sich längst von der Rolle des willfährigen Opfers verabschiedet hat. Inzwischen genießt sie die zahlreichen Ehrungen ihres Staates und die Wertschätzung des Ministeriums. Sie gefällt sich in der Rolle der »verdienstvollen Kundschafterin«. Auf derartigen Foren – vor allem wenn sie dort ohne ihren Ex-Mann auftritt – wird ihr die Anerkennung zuteil, die sie früher vermißt hat. Im offiziellen Bonn, wo sie für viele nur die Gattin des Kanzlerreferenten gewesen war. Aber auch nach der Verhaftung, als ihr Mann von Ost-Berlin den aus ihrer Sicht qualifizierteren Anwalt bekommen hatte. Und selbst der Empfang in der Heimat war für ihn pompöser ausgefallen.

»Die Genossen auf unseren Foren fragen natürlich auch immer nach dir«, erklärt Wolfgang, während er den Videokanal einstellt. »Wie du das alles verkraftet hast und was aus dir geworden ist und ob du stolz bist auf deine Eltern.«

Genau das ist der Grund, weiß Pierre, weshalb er sich heute den Film ansehen darf, der ansonsten nur vor ausgewähltem Publikum gezeigt wird. Schon seit Monaten will Wolfgang ihn dazu überreden, gemeinsam mit seiner Mutter und gelegentlich auch mit dem Vater an diesen Veranstaltungen teilzunehmen. »Aber wie kann ich denn zustimmen, daran teilzunehmen, wenn ich euren Film gar nicht kenne?« hat ihn Pierre irgendwann gefragt. »Ich möchte natürlich vorher wissen, worauf ich mich einlasse.« Und dann hatte Wolfgang die Idee, mit dem Videorecorder vorbeizukommen.

Endlich ist auf dem Bildschirm etwas zu sehen. Eine Straße, die sich durch eine hügelige Landschaft schlängelt und auf der ein Volvo direkt in Richtung der Kamera fährt. Nach wenigen Sekunden erfolgt die Titeleinblendung »Auftrag erfüllt!« – Wolfgang drückt die Pausentaste und wendet sich mit ernstem Gesicht an Iris und Pierre.

»Eigentlich dürft ihr den Film gar nicht sehen, denn er ist nur als Schulungsmaterial für den internen Dienstgebrauch bestimmt«, erklärt er etwas umständlich. »Er ist als geheim eingestuft, und deshalb muß ich euch darauf aufmerksam machen, daß ihr mit niemandem darüber sprechen dürft.«

Da ist sie wieder, diese Geheimniskrämerei des MfS – mit den falschen Namen, den konspirativen Objekten und nun auch noch mit einem als geheim eingestuften Film.

»Erfahre ich denn in eurem Streifen überhaupt etwas, was ich noch nicht weiß?« will Pierre von Wolfgang wissen.

»Es geht weniger um dich als um Iris«, erklärt der MfS-Betreuer.

»Ich habe vor meiner Frau keine Geheimnisse«, sagt Pierre. »Und nun fang endlich an!«

Wolfgang überlegt noch einen kleinen Moment, dann drückt er auf den Knopf, und der Film läuft weiter.

»Na, wenigstens kein Trabi«, sagt Pierre, als sich zeigt, daß sein Vater in jenem Volvo sitzt, der in der ersten Filmsequenz durch die Landschaft gefahren ist. Dann werden die beiden Begrüßungsszenen gezeigt, die an dem Tag nach Günter Guillaumes Rückkehr im Gästehaus in Karolinenhof nachgestellt worden waren. Und auch die nun folgende Szene kann nur gespielt sein. Sie zeigt das Ehepaar Guillaume im Fond des Wagens in einem angeregten Gespräch.

Doch das Bild trügt. Die beiden haben sich schon lange nichts mehr zu sagen, und im Gegensatz zum Leben in der Bundesrepublik wollten sie in ihrer Heimat auch niemandem mehr etwas vorspielen. Natürlich hatte ihre Scheidung, nur wenige Wochen nach Günter Guillaumes Rückkehr, das MfS in Erklärungsnot gebracht. Diesen Schritt aber quasi per Befehl zu untersagen, hat man im »Haus« offenbar nicht gewagt. Eine angeregte Unterhaltung jedenfalls, wie sie der Film suggeriert, hat ganz sicher seit Jahren nicht mehr zwischen den beiden stattgefunden. Nicht zuletzt deshalb haben die Filmemacher wohl in dieser nachgestellten Szene gänzlich auf den Original-Ton verzichtet. Statt dessen lassen sie eine Songgruppe ertönen, die zur Klampfe singt: »Genossen, ihr werdet nicht oft besungen / nun ja, das wäre taktisch nicht klug.«

Die beiden DDR-Personalausweise von Pierres Eltern aus den fünfziger Jahren werden gezeigt, mit dem Eintrag: »Besondere Merkmale: Keine.« Dann ertönt eine getragene Stimme aus dem Off: »Keine? Äußerlich nicht – charakterlich schon! Zwei junge Bürger der DDR, bereit zum mutigen Schritt in eine feindliche Welt.« Bereits der pathetische Unterton des Off-Kommentars behagt Pierre gar nicht. Einige

Sequenzen später ist dann sein Vater zu sehen. Er trägt noch immer den struppigen Bart der ersten Tage in Freiheit, die längeren Haare und den Bundeswehr-Parka. Zunächst ist Günter Guillaume seinem Sohn noch sehr vertraut. So hat er ausgesehen, als sie einst zu dritt im Trabi durch Berlin gefahren sind. Warum aber redet er so komisch? Keinen einzigen Satz spricht er flüssig aus, macht an den unsinnigsten Stellen plötzlich Pausen: »In dieser Zeit … müssen … die Genossen unseres Organs … auf mich aufmerksam geworden sein.« Pierre erlebt seinen Vater, den Rudi Arndt einst im *Spiegel* »einen der größten Schauspieler« genannt hatte, in seiner schlechtesten Rolle. Ihm kommt es eher vor, als ob er sich vergeblich bemüht, einen vorgefertigten Text aufzusagen. Dabei wirkt er nicht nur unsicher, sondern auf eine für ihn völlig untypische Weise gehemmt.

Nach knapp vier Minuten erfolgt ein harter Schnitt. Pierres Mutter erzählt, sich mehrfach selbst unterbrechend, um an der obligatorischen Zigarette zu ziehen, was Pierre so bisher von ihr noch nie gehört hat: »Es war für mich selbstverständlich, daß ich Günter in sein Einsatzgebiet begleite, um ihm bei seiner Aufgabe und seiner Arbeit zu helfen und ihn nach besten Kräften zu unterstützen. Vor unserer Abreise wurde ich noch in einer kleinen Versammlung in unsere Partei aufgenommen. Man kann sagen, so begann eigentlich alles.«

Pierre ist erstaunt. Auch wenn seine Mutter zwischendurch immer nach rechts unten sieht, offenbar um irgendwelche Stichworte abzulesen, widerspricht sie hier vor der Kamera einigermaßen flüssig ziemlich allem, was sie sonst immer erzählt. Keine Rede mehr davon, daß Günter Guillaume ihr Vertrauen mißbraucht habe, und auch nicht davon, daß ihr Leben verpfuscht sei. Ohne erkennbare Emotionen erklärt sie: »Günter hat ja schon dargelegt, welche Aufgabe uns übertragen war.« Pierre bezweifelt, daß den Zuschauern die Propagandaabsicht verborgen bleiben kann, denn wie eine schlechte Nachrichtensprecherin, ohne Modulation in der Stimme, gibt

Christel Guillaume mehr bekannt, als daß sie erzählt: »Ich war ihm Helferin dabei, denn wir waren in der Vorbereitungszeit vor unserer Übersiedlung mit allem vertraut gemacht worden, was man zur Bewältigung einer solchen Aufgabe nötig hat.«

Seine Mutter spricht auch eine ganze Reihe von Fakten an, nach denen Pierre sie in den letzten Jahren immer wieder gefragt hatte, an die sie sich aber angeblich nie hatte erinnern können. Wer hatte ihrem Gedächtnis da wohl mittlerweile auf die Sprünge geholfen? Nach einem tiefen Zug an der Zigarette setzt sie ihren schier endlos wirkenden Monolog fort: »In unserer Vorbereitungszeit war geplant gewesen, daß ich unmittelbar im Operationsgebiet sofort wieder ins Berufsleben einsteige, denn wir mußten unseren Lebensunterhalt auch nach außen hin abdecken, damit niemand Verdacht schöpfen konnte. Die Realisierung dieses Planes wurde jedoch dadurch verzögert, daß ich feststellen mußte, daß ich ein Kind erwartete.«

Pierre und Iris tauschen einen kurzen Blick aus. Äußert sich seine Mutter hier womöglich zu der Verantwortung, die sie ihm gegenüber empfunden hat? Wird ausgerechnet in einem »Schulungsfilm zum internen Dienstgebrauch des MfS« jenes emotionale Problem angesprochen, das durch ein solches Doppelleben wegen eines Kindes entstehen kann?

»Ich überbrückte dann diese Monate der Wartezeit mit Schreibarbeiten für ein kleines Ingenieurbüro«, setzt Christel Guillaume ihre Ausführungen fort. Von dem Kind, das sie erwartete, ist keine weitere Rede mehr. Pierres Geburt, so stellt es sich hier dar, war also nur eine Verzögerung des ursprünglichen Auftrags gewesen? Tatsächlich hatte Christel Guillaume ihre politische Karriere fortgesetzt – geschickt getarnt als »rechte Sozialdemokratin«, ausgerechnet in dem als links verschrieenen SPD-Unterbezirk »Hessen Süd«.

»Schon in der Haftzeit hatte ich begonnen, die Rolle der Kampfgefährtin zu spielen, die treu an Günters Seite steht«, erzählt

Pierres Mutter, als ich sie nach diesem verkrampft wirkenden Film-Monolog frage. Sie habe gewußt, daß sie nur in der DDR würde weiterleben können, wo man genau diese Rolle von ihr verlangte. Es seien »soziale Gründe« gewesen, weshalb sie dieses Rollenspiel immer weiter perfektioniert habe. Was im Film noch etwas bemüht wirke, habe auf den Veranstaltungen dann immer besser geklappt.

Als ich Pierre von dieser Unterredung mit seiner Mutter erzähle, schüttelt er den Kopf.

»Sie hat nicht erst in der Haftzeit begonnen die Rolle der Kampfgefährtin zu spielen«, erklärt er. Vielmehr habe sie diese Rolle von Anfang an gegenüber der Ost-Berliner Zentrale gespielt. »Sie möchte aber heute suggerieren, daß auch die ›Kämpferin für die gute Sache‹ eine Rolle gewesen sei, die sie ausschließlich aus sozialen Gründen gespielt hat. Und das ist Unsinn!« Er erinnere sich noch sehr gut an jene Zeit, als seine Mutter sich als klassenbewußte Kämpferin für die Sache des Sozialismus dargestellt habe. Und zwar nicht nur auf Propagandaveranstaltungen des MfS, sondern auch im ganz privaten Umgang. »Wirkliche Schauspielerei hat sie tatsächlich nur in einem einzigen Punkt betrieben, als sie nämlich ihren Zuhörern, denen sie von der Kampfgemeinschaft mit meinem Vater berichtete, verschwiegen hat, daß sie diesen Mann seit vielen Jahren haßte.«

Finanzielle Gründe haben bei Pierres Mutter in der Tat immer eine große Rolle gespielt. Bereits beim Umzug von Frankfurt nach Bonn habe sie im Hinblick auf ihre Altersbezüge darauf geachtet, daß sie durch eine Stellung bei der hessischen Landesvertretung im Staatsdienst hatte bleiben können. Aus den gleichen Gründen habe sie sich in der DDR nicht für ein Angestelltenverhältnis beim MfS, sondern für den Offiziersrang – zuletzt als Oberleutnant – entschieden. Der höheren Bezüge und Rentenansprüche wegen. Selbst nach der Wiedervereinigung kämpfte sie noch, wenngleich vergeblich, vor den Gerichten um die Anerkennung ihrer Haftzeit bei der Rentenberechnung.

Pierre vertieft sich in das fremde Gesicht seiner Mutter auf dem Bildschirm. Sie betet ihren Text ebenso mechanisch herunter wie die Arbeiter in den Nachrichtensendungen des DDR-Fernsehens, die in ihren Werkhallen irgendeinem Politbüromitglied davon berichten, daß ihr »Kollektiv sich verpflichtet hat, mit zusätzlichen Anstrengungen in der Produktion und einer optimalen Materialausnutzung« den Plan überzuerfüllen. Erzählt seine Mutter etwa auf den Propagandaveranstaltungen in dieser monotonen Stimmlage all diesen Unfug von dem »solidarisch agierenden Kundschafterpaar«? In ihrem privaten Umfeld schildert sie das anders. Soll Pierre etwa dabeisitzen und dieses Spiel mitspielen?

Charakter und Aussage dieses Films machen deutlich, daß die offizielle Propaganda nicht die geringsten Zweifel am Auftrag ihrer nahezu emotionslos operierenden Kundschafter erlaubt. Und weil Helden offenbar auch Helden sein wollen, erzählen Christel und Günter Guillaume, was man von ihnen erwartet. Pierre kann sich nur schwer vorstellen, daß die Zuschauer des Propagandastreifens dieses Spiel nicht durchschauen – daß sie hinter der disziplinierten Fassade nicht jene verletzte Frau erkennen, die um ihre ganz persönliche Anerkennung für jenen Einsatz kämpft, für den sie sieben Jahre in einem westdeutschen Gefängnis hatte sitzen müssen. Und Pierre sieht noch etwas anderes. Auffallend ist für ihn nämlich, daß seine Mutter sich in einer Art Konkurrenz zu ihrem prominenteren Mann befindet, von dem sie während der Dreharbeiten zu diesem Film geschieden wurde. Das aber läßt sie nicht frei, sondern geradezu verkrampft erscheinen.

»Also, wir stellen uns das so vor«, beginnt Wolfgang nach dem Ende des Films. »Wir fangen an wie immer. Erst kommt der Film, und danach kann man deiner Mutter Fragen stellen. Und wenn dann irgend jemand wissen will, was aus dem Kind geworden ist – es sind ja meist Frauen, die danach fragen –, dann heißt es für uns: ›Licht aus, Spot an!‹, und mitten im Saal erhebst du dich dann.«

Wolfgang ist richtig begeistert von dem theatralischen Effekt, den er sich ausgedacht hat. Erwartungsvoll sieht er nun zu Pierre, der ihn mit einem undefinierbaren Gesichtsausdruck anblickt.

Nach einem kleinen Moment löst Pierre die Stille auf und sagt: »Bei euch piept's wohl?!«

»Aber warum denn?« fällt Wolfgang aus allen Wolken.

Pierre weiß einen Moment nicht, womit er anfangen soll. Zu grotesk empfindet er das, was ihm da eben vorgeführt wurde, und zu absurd auch, was Wolfgang nun von ihm erwartet.

»Soll ich den Leuten erzählen, daß meine Mutter sich von meinem Vater in ihrem Vertrauen mißbraucht fühlt und ihr ganzes Leben als verpfuscht ansieht. Soll ich ihnen sagen, daß es mir schlecht ging, als ich meine Heimat und meine Freunde habe aufgeben müssen, um in dieses fremde Land hier zu ziehen? Soll ich ihnen sagen, daß ich schließlich nicht mal mehr meine Eltern im Knast besuchen durfte, weil ihr mich nicht mehr habt reisen lassen? Und vor allem, Wolfgang, soll ich den Genossen auf euren Propagandaforen erzählen, daß meine Eltern noch immer nicht mit mir darüber reden, welche Rolle ich in ihren Überlegungen, in ihrem Lebensplan gespielt habe – daß sie bis zum heutigen Tag mit ihrem Sohn darüber nicht reden wollen!?«

Pierre spricht aus, was ihm spontan einfällt. Doch er sagt nicht, daß er auch Angst hat – Angst davor, daß seine Mutter genau dieses Problem zwischen ihnen auf den Podien von Partei- und MfS-Veranstaltungen quasi offiziell abhandeln könnte. Denn es ist für Pierre kaum vorstellbar, daß man ihn zu diesen Veranstaltungen einlädt, um ihn als eine Art Überraschungsgast zu präsentieren, ohne daß man seiner Mutter auch hierfür schon einen passenden Text geschrieben hat.

Kategorisch erklärt er: »Nein Wolfgang, ich will nicht lügen! Ich kann das nicht, und ich will es auch gar nicht.«

Nun geht alles relativ schnell. Wolfgang verstaut den Videorecorder wieder in dem Karton, den er bei seiner Ankunft unter dem Arm getragen hat, und nach einer sehr knappen Verabschiedung verläßt er die Wohnung. Pierre dreht sich zu Iris um. Mit einer leichten Kopfbewegung in Richtung Wohnungstür fragt er: »Ist er jetzt etwa beleidigt?«

Iris grinst: »Na klar!«

Rot Front!

Ohne jeden Zweifel erkennt Pierre in dem Mann, der da seine Pfeife stopft, seinen Vater wieder. Und zwar jenen Vater seiner Kindheit, den er einst kannte und liebte. Jedenfalls erscheint er, der in seiner Eggersdorfer Villa anläßlich seines 58. Geburtstags hofhält, ihm nicht als der frisch zum Oberst beförderte Günter Guillaume und schon gar nicht als der Ex-Häftling, der die Fragen seines Sohnes als lästig empfindet. An diesem Eindruck sind nicht nur die beiden klobigen Dreißiger-Jahre-Sessel schuld, die noch aus dem früheren Hausstand seiner Großmutter stammen und die Pierre seit Kindertagen kennt. Die Geburtstagsgratulanten um sich geschart, ist der Gastgeber wieder zum sozialdemokratischen Wahlkampforganisator, zum Referenten für Partei- und Gewerkschaftsfragen im Bundeskanzleramt geworden. Mit unübersehbarer Selbstzufriedenheit schildert Günter Guillaume noch einmal, wie er 1972 den Wahlkampfzug für Willy Brandt organisierte und ihn auch mal außerplanmäßig in Niederlahnstein anhalten ließ, damit Friedrich Nowottny wieder rechtzeitig zur *Tagesschau* in seinem Bonner Studio sitzen konnte. Begeistert erzählt er vom Triumph des Wahlabends, den er an der Seite »seines Bundeskanzlers« erlebte. Und wenn Günter Guillaume diesmal wir sagt, meint er nicht die SED und nicht das MfS und auch nicht die »Genossen an der unsichtbaren Front«, sondern die Sozialdemokratische Partei, der er damals angehörte. Und wenn er vom Gegner spricht, so hat er damit nicht den Klassenfeind im Sinn, weder die »revanchistischen Kräfte« und noch weniger die »reformistischen«. Er meint damit die Christdemokraten, deren

Bundestagsfraktion im April 1972 versuchte, durch ein Mißtrauensvotum den Kanzler zu stürzen, den er in seinen ausführlichen Schilderungen schlicht »Willy« nennt.

Während Günter Guillaume noch einmal die alten Bonner Schlachten schlägt, mustert sein Sohn die Zuhörerschaft, deren Zusammensetzung so gar nicht zu den Ausführungen und zum Habitus eines sozialdemokratischen Parteisoldaten des Kreisverbands Hessen-Süd passen will. Mit verschränkten Armen lauscht Peter Feuchtenberger, der persönliche Referent von Markus Wolf, nachdenklich den Ausführungen des einstigen Top-Spions. Kurt Gailat hört mit einem vielsagenden Grinsen jenem Mann zu, dessen Führungsoffizier er all die Jahre gewesen ist. Iris' Eltern sind natürlich auch da, und Elke, die neue Frau an der Seite von Günter Guillaume, kümmert sich um das leibliche Wohl der Gäste. Eine passende Aufgabe für eine Krankenschwester aus jener Poliklinik, in deren Sauna Pierre einst unfreiwilliger Zeuge der nationalistischen Sprüche zynischer Stasi-Offiziere geworden war. Dazwischen sitzen in Uniform jede Menge hochdekorierter NVA-Offiziere aus dem Ministerium für Nationale Verteidigung im nahe gelegenen Strausberg. Sie alle lauschen dem Genossen, der es wie kein anderer geschafft hat, ins Zentrum der Macht des anderen Deutschlands vorzudringen. Nur daß dieser Genosse sich gerade in einer ganz anderen Rolle präsentiert als in jener, in der sie ihn gerne feiern. Was mag angesichts dieser absurden Szene in ihren Köpfen vorgehen, überlegt Pierre. Fällt es denn niemandem auf, daß ihr »Kundschafter des Friedens« begeistert aus seiner Bonner Zeit erzählt, ohne den eigentlichen Auftrag, dessenwegen er fast acht Jahre im Gefängnis saß, auch nur zu erwähnen? Selbst Wolfgang und Anita, die doch Anfang der siebziger Jahre seinetwegen als Residentenehepaar in die Bundesrepublik übersiedelt waren, hören schweigend zu. Dabei könnten doch gerade sie aus eigenem Erleben die eine oder andere Geschichte aus jener zweigeteilten Zeit beitragen. Sollte am Ende das Gesetz der Konspiration selbst innerhalb dieses Kreises von Stasi-Offizieren aufrechterhalten werden? Eine wahrlich schizophrene Situation, findet Pierre und stellt erschrocken fest, daß er selbst fast wieder auf jene Rolle des Günter Guillaume hereingefallen ist, die er einmal siebzehn Jahre lang für das wahre Leben seines Vaters gehalten hatte.

Man könne eine Rolle nicht spielen, wenn man die Figur, die man darstellt, nicht zu verteidigen weiß – ja, in einem gewissen Umfang sogar liebt, sage ich zu Pierre. Und es sei auch nicht unüblich, diese Rolle isoliert zu betrachten. In dem Bewußtsein, daß sich alle Beispiele immer einem linearen Vergleich verschließen, suche ich ein Bild aus der mir nicht ganz fremden Theaterpraxis.

»Jeder Schauspieler hat natürlich, während er auf der Bühne steht, nicht vergessen, daß er nicht Hamlet oder Dr. Faust heißt, sondern Müller oder Lehmann. Aber darüber denkt er in diesem Moment nicht nach, und er denkt auch nicht wirklich darüber nach, daß jenseits der Rampe die Zuschauer sitzen. Er weiß es, und er spürt es auch. Und schon gar nicht denkt er, während er seine Rolle spielt, darüber nach, daß zu seiner Arbeit am Abend der Vorstellung noch andere Tätigkeiten gehören. Er weiß, daß er nach dieser Szene die Kulisse verlassen und auf der Seitenbühne dem Feuerwehrmann und dem Inspizienten begegnen wird. Er weiß, daß er in die Garderobe gehen und sich dort für den nächsten Auftritt umziehen und sich anschließend auf der Hinterbühne dieses und jenes Requisit vom Tisch nehmen muß. Aber wenn er in einigen Jahren über die Rolle sprechen wird, die er einst gespielt hat, wird er nicht von den Umzügen in der Garderobe oder vom Requisitentisch auf der Hinterbühne berichten, sondern von dem, was sich auf der Bühne abgespielt hat.«

»Aber mein Vater hat ja nicht nur *eine* Rolle gespielt«, wirft Pierre ein. »Da stellt sich dann schon die Frage, weshalb er an diesem Geburtstagsfest im Kreise seiner Genossen ausgerechnet die des sozialdemokratischen Kanzlerreferenten hatte verteidigen wollen.«

»Vielleicht weil es seine Paraderolle war«, antworte ich. »Seine Paraderolle in der bedeutendsten Zeit seines Lebens!«

Als bedeutend hat er sie ganz sicher nicht als Agent der Staatssicherheit erlebt. Als solcher nämlich war er, um mit Kurt Gailat zu sprechen, nur »ein Wert an sich« – aufgrund seiner Nähe zum Bundeskanzler. Öffentliche Anerkennung bekam er dafür erst, als man ihn schon nicht mehr brauchte. Erich Honecker, der ihm den Karl-Marx-Orden ans Revers geheftet hat, versicherte dem westdeutschen Kanzler Helmut Schmidt, er hätte Guillaume unverzüglich aus der Umgebung abgezogen, hätte er von dessen Existenz gewußt. Das Ministerium für Staatssicherheit jedoch stellte ihm jene Villa mit Wassergrundstück in Eggersdorf zur Verfügung, in der er solche Geburtstagseinladungen zelebrierte, die in Stasi-Kreisen als gesellschaftliches Ereignis galten. Doch die ansehnliche Immobilie wurde für den einst umtriebigen Kanzlerreferenten zu einem goldenen Käfig. Mit Mitte Fünfzig gehörte Günter Guillaume bereits zum alten Eisen. Eine wirkliche Beschäftigung – sieht man von seinen gelegentlichen Auftritten bei den Propaganda-Shows ab – hatte man für ihn nicht mehr. Nicht einmal als ministerialer Referent für SPD-Fragen, wie er es sich gewünscht hatte. Das immerhin hat er mehrfach Pierre gegenüber geäußert, und seine Mutter erzählt, wie ihr Ex-Gatte schon kurz nach seiner Rückkehr einmal aus dem Fenster ihrer Wohnung unweit des Alexanderplatzes gesehen und leise gemurmelt hat: »Scheiß-DDR!«

Wirklich bedeutsam hat Günter Guillaume seine Zeit in der damaligen Bundesrepublik nur wegen jener Rolle empfinden können, in der er vom offiziellen Bonn wahrgenommen und geschätzt worden war. Ein Rollenspiel aber mußte er nun auch in der DDR betreiben, wo man nur an seinem anderen Image interessiert war – dem des klassenbewußten und erfolgreichen Kundschafters.

Gerhard Behnke, der einstige Resident des MfS an der DDR-

Vertretung in Bonn, erinnert sich, daß man die zwei Gesichter des Günter Guillaume im »Haus« durchaus skeptisch beäugt hat – und der Beobachtete selbst schien das gewußt zu haben. Jedenfalls kam er 1988 in seinem Buch wegen der widerstreitenden Identitäten, jenen zwei Herzen in seiner Brust, zu der Aussage: »Es gab schon ein gewisses Maß an Identifikation. Seit eineinhalb Jahrzehnten war ich Mitglied der SPD, die meiste Zeit engagiert als Funktionär. Wenn ich dazu auch eine klassenmäßig orientierte Distanz hielt, eine kritische Distanz zu meinem eigenen Tun, so waren die Erfahrungen als Parteimanager doch nicht ohne Spuren geblieben. Wenn man mir daraus den Vorwurf der Janusköpfigkeit machen wollte, könnte ich darauf nicht viel erwidern.« Der vermeintliche Makel aber blieb bestehen. Auch wenn Günter Guillaume bis zum Erscheinungstermin seines Buches durch eine fast schon dogmatisch zu nennende Linientreue versuchte, ihn loszuwerden. Als Michail Gorbatschow die Bühne der Weltpolitik betrat, produzierte sich Günter Guillaume sogar als scharfer Kritiker der Perestroika. Pierre sollte das noch zu spüren bekommen. Vorerst aber beobachtete er, wie sich sein Vater vor all der Stasi-Prominenz in seinem Rollenspiel gebärdete.

Die aufmerksamen Zuhörer erfahren von Orten und Plätzen, die sie wohl nie kennenlernen werden.

»Weißt du noch, wie wir unsere Herrentour nach Zandvoort gemacht haben?« reißt er Pierre aus seinen Gedanken. »Damals sind wir vor dem rheinischen Karneval geflüchtet und haben statt dessen in Holland gesoffen.«

»Klar erinnere ich mich«, bestätigt Pierre, »und zwei Monate später haben sie euch verhaftet!«

Einen Moment herrscht Stille im Raum. Einige der Geburtstagsgäste sehen ihn an, als habe er etwas Unsittliches gesagt. Wie kann der Sohn es wagen, seinen Vater und auch sie, die Genossen, an den Tag ihrer schlimmsten Niederlage zu erinnern!? Günter Guillaume aber lacht kurz und fährt dann fort:

»Und als Pierre noch klein war, haben wir manchmal im Haus vom Schorsch Leber in Sainte-Maxime in Südfrankreich Urlaub gemacht.« Dann sieht er seinen Sohn mit einem verschmitzten Lächeln an. »Irgendwann aber warst du gar nicht mehr so klein. Jedenfalls hat er dort was mit der Tochter des Ehepaares angefangen, das die Urlaubsanlage betreut hat.«

Nun muß Pierre die grinsenden Mienen derselben Leute ertragen, die ihn eben noch vorwurfsvoll ansahen. Er ist froh, als sein Vater weiterredet.

»›Les Tourelles‹ hieß das Objekt. Das waren lauter Bungalows, und es gehörte der ›IG Bau, Steine, Erden‹. Ihr wißt ja, daß der Leber Gewerkschaftschef war, bevor er in Bonn Kriegsminister wurde«, sagt Günter Guillaume und hat die Lacher auf seiner Seite.

Damit ist er zurückgekehrt in den Kreis der »Kräfte des Friedens und des Sozialismus« – mit einem einzigen salopp hingeworfenen Wort: »Kriegsminister«. Und obwohl Günter Guillaume eigentlich wissen muß, wie wenig dieser Begriff zutrifft – die hier Anwesenden nehmen ihn lachend ernst.

Zandvoort, Sainte-Maxime – waren das nur Urlaubsorte, oder hatten sie, wie auch in westdeutschen Medien mehrfach behauptet worden war, seinen Eltern als Treffs mit Ost-Berliner Instrukteuren gedient, überlegt Pierre. Hatte ihn sein Vater damals nur als optische Legendierung mit nach Holland genommen? Immer wieder hat er das seinen Vater gefragt, und immer ist darauf die gleiche ausweichende Antwort gekommen. »Was würde es denn für dich ändern?« war die Gegenfrage. Oder er hat solche Fragen bewußt überhört und ihn, statt zu antworten, an diese oder jene vertraute Begebenheit erinnert.

Nun beginnt Pierres Vater auch noch von jener Reise zu erzählen, die vor mehr als einem Jahrzehnt gleichermaßen die westdeutschen Medien und Gerichte beschäftigt hatte – vom Sommerurlaub 1973 mit Willy Brandt in Norwegen. Auch jetzt erwähnt Günter Guillaume mit keiner Silbe die streng geheimen Papiere, die dort durch seine Hände gegangen waren. Darauf aber hatte sich der Düsseldorfer Landesverratsprozeß gestützt, und genau deshalb war er im Dezember 1975 zu 13 Jahren Haft verurteilt worden.

Durch die große Fensterfront sieht Pierre hinaus auf die verschneite Wiese, die sich bis hinunter zum nicht mehr vollständig zugefrorenen Bötzsee erstreckt. Er beobachtet David, der dort eigentlich mit zwei etwas angetrunkenen Gästen seines Großvaters eine Schneeballschlacht machen wollte. Das aber, was Pierre in diesem Moment beobachtet, sieht überhaupt nicht nach einer Schneeballschlacht aus. Vielmehr reißt sein Sohn immer die rechte Faust nach oben und ruft irgend etwas, das Pierre nicht verstehen kann. Die beiden Offiziere des MfS lachen. Pierre sieht sich nach Iris um.

»Schau mal, da draußen läuft irgendwas Komisches mit David.«

Da kommt ihr Sohn auch schon von der Terrasse herein, läuft mit hochgestreckter Faust zwischen der Geburtstagsgesellschaft umher und ruft immer wieder etwas, das wie »Ruschromm!« klingt.

»Der heißt nicht nur Guillaume, der spricht auch noch französisch«, sagt der eine der beiden, die hinter David ins Zimmer treten.

Und der andere ruft dem Kleinen zu: »Rot Front heißt das, David – Rooot Fronnt!«

Riesiger Applaus und Gelächter der Geburtstagsgäste und dazwischen die Stimme Günter Guillaumes:

»Mein Enkel, der kleine Offizier! Ihr werdet sehen, der wird mindestens mal Generalmajor.«

»Marschall der Deutschen Demokratischen Republik!« schreit ein anderer. Der kleine David freut sich verständlicherweise über soviel Aufmerksamkeit. Um so erschrockener sieht er daher seine Mutter an, die ihn plötzlich am Arm packt und wegzieht.

Es ist unendlich schwer, einem Kind beizubringen, daß ihm von den eigenen Eltern etwas untersagt wird, das anderen Erwachsenen ganz offensichtlich gefällt. David ist damals noch viel zu klein gewesen, um ihm unsere Sicht der Dinge erklären zu können. Für Iris und mich aber waren diese Spielchen ein weiterer Schritt der schleichenden Militarisierung unseres Familienlebens. Schon Vaters offen zur Schau getragene Vorliebe gegenüber allem, was mit Armee, Uniformen und Marschmusik zu tun hatte, stimmte so gar nicht mit dem idealisierten Bild von ihm überein, das ich in jener Zeit teilweise noch glaubte bewahren zu können. Ich hielt Vaters Militärfimmel für eine vorübergehende Laune, entschuldigte es mit dem Umgang, den er in einem Vorort des NVA-Hauptquartiers zwangsläufig hatte. Doch an jenem Tag ist mir klargeworden, wie viel Ernsthaftes hinter dem Rot-Front-Spielchen und all dem Gerede von Davids künftiger Militärkarriere steckte. Mein Vater mußte zwar akzeptieren, daß ich weder im Westen noch im Osten zumindest meinen Grundwehrdienst geleistet habe, aber für seinen Enkel sollten und würden die Ausreden, mit denen ich erfolgreich die Einberufung zur Nationalen Volksarmee hatte verhindern können, nicht gelten. David war in seinen Augen ein »Kind der Deutschen Demokratischen Republik« und hatte darüber hinaus zwei Großväter im Offiziersrang, deshalb wäre doch eine Laufbahn in der NVA oder in einem anderen militärischen Organ zwangsläufig, ja sogar verpflichtend.

Als er mir das mit voller Überzeugung und auch freudiger Erwartung sagte, merkte ich: Uns trennen Welten! Doch die Welt war klein in diesem engen Land. Allein durch den seltenen Namen Guillaume wurden ich, aber auch Iris ständig und überall mit dem Nimbus Stasi konfrontiert. Ob beim Arzt, in der Sparkasse und selbst wenn man in der Kaufhalle mit Scheck bezahlte – wann immer wir unsere Ausweise vorlegten oder aufgerufen wurden, war klar, wer wir waren und welchen Kreisen wir zugeordnet wurden. Geradezu skurrile

Situationen gab es während meiner Arbeit bei der NBI*: Zu Reportagen oder Interviews wurde oft ein Team aus Redakteur und Fotograf losgeschickt. Einer der Kollegen aus dem Ressort Innenpolitik hatte zufällig den Namen Mielke und wenn wir uns beim Pförtner eines Ministeriums oder Betriebes anmeldeten, hieß es dann immer: »Mielke und Guillaume kommen!«*

Solche Szenen konnte ich mit Humor nehmen, doch die offen formulierte Einflußnahme meines Vaters empfand ich zunehmend als Belastung und – darüber hinaus – sogar als Bedrohung. Vaters Geburtstagsfeier mit all den seltsamen Freunden und Genossen, die nicht unsere Leute waren, mit dem Gerede von einer Militärkarriere des Enkels und dem unsäglichen Rot-Front-Spiel hatte mir deutlich gemacht, daß es höchste Zeit war, meine Familie und mich selbst zu schützen. Ich war mir mit meiner Frau schnell einig, daß es das Beste und auch einzig Machbare war, den Kontakt zu Vater und seinem gesamten Umfeld auf ein Minimum zu reduzieren. Und es war Iris, die damals als erste den Gedanken hatte, ob es nicht gut für uns wäre, den in vielerlei Hinsicht belasteten Namen Guillaume abzulegen und uns einfach Meier, Schulze oder eben Boom zu nennen.

Fröhliche Weihnachten

Es ist nicht Wolfgangs Stimme, das erkennt Pierre sofort, auch durch die geschlossene Wohnzimmertür. Diesmal hat das »Haus« offenbar wieder diesen kleinen, etwas grobschlächtigen Mann mit dem thüringischen Dialekt beauftragt.

»Wir wollen schon mal schöne Weihnachtsfeiertage wünschen. Hier schickt das Haus ein paar Aufmerksamkeiten für euch und unseren kleinen David.«

Weiter kommt er nicht, denn Iris unterbricht ihn: »Wir wollen keine Geschenke mehr, das haben wir schon einige Male deutlich gesagt. Und nun bringen Sie Ihre Päckchen wieder zurück. Weit ist es ja nicht.«

Nein, weit ist es wirklich nicht. Kurioserweise war Iris und Pierre, als sie sich nach Davids Geburt wegen einer größeren Wohnung an die Betreuergruppe des MfS gewandt hatten, genau gegenüber des Ministeriums eine Dreiraumwohnung zugewiesen worden. Damals hatte Pierre noch spöttische Bemerkungen gemacht, daß es die Betreuer ja künftig nicht mehr so weit zu ihnen hätten.

Offenbar aber versucht der HVA-Mann mit einem halbherzigen Widerspruch doch noch die Erledigung seines Auftrags durchzusetzen: »Aber das Weihnachtsfest steht doch vor der Tür.«

Pierre hört, wie seine Frau kurzerhand die Wohnungstür schließt, ohne ihn aussprechen zu lassen.

Vermutlich weiß dieser Weihnachtsmann des MfS nicht recht, wie ihm geschieht. Denn offensichtlich hat Wolfgang, der Betreuer der Guillaumes, seinen Handlanger nicht darüber informiert, daß das junge Ehepaar gar nicht mehr betreut werden will. Wahrscheinlich versteht er überhaupt nicht, wie jemand auf die Idee kommen kann, freiwillig auf staatliche Zuwendungen zu verzichten – in einem Land, wo von Autoersatzteilen bis zu Rauhfasertapeten, von Badezimmerfliesen bis zu Räucheraal vieles nur unter Ladentheken verkauft oder im privaten Tauschhandel verschoben wird.

Als Iris ins Wohnzimmer kommt und Pierre in die Augen blickt, findet sie darin gleichermaßen Stolz und Zustimmung. Es ist ihr nicht leichtgefallen, dem Geschenkboten der Staatssicherheit die Tür vor der Nase zuzumachen, aber gemeinsam mit Pierre hat sie entschieden, dem »Haus« keinen Einfluß mehr auf ihr Privatleben zu gestatten. Diese Einflußnahme hatte in der Vergangenheit mit den Präsentkörben zu den Geburtstagen begonnen, und sie endete nicht bei dem Weihnachtspäckchen für David.

Die Situation wenige Tage vor dem Weihnachtsfest 1986 erinnerte mich an jene Zeiten, als ich meinem damaligen Betreuer das Schnapsglas vor die Tür gestellt und mir schließlich sogar den Hilfsarbeiterjob bei der Druckerei besorgt hatte, nur um der Fürsorglichkeit von Walter Schenk zu entgehen – von dem ich erst nach der Wende erfahren habe, daß auch er immer einen falschen Namen benutzte und eigentlich Walter Weichert hieß. Wieder einmal versuchte ich mich – diesmal gemeinsam mit meiner Frau – dem Einfluß jener Geheimdienstbehörde zu entziehen, mit der wir über unsere Elternhäuser verbunden waren.

Die Betreuergruppe innerhalb der HVA war gegründet worden, nachdem die Guillaumes und andere ehemalige »Kundschafter des Friedens« in die DDR zurückgekehrt waren. Ihre Aufgabe war es, dafür zu sorgen, daß diese verdienten Genossen in der Heimat ein sorgenfreies und standesgemäßes Leben führen konnten. Der persönliche Betreuer meiner Eltern war für sie ein alter Bekannter. Wolfgang hatte zeitweilig unter falscher Identität in der Bundesrepublik gelebt und war damals als Resident das Bindeglied zwischen ihnen und Ost-Berlin gewesen. Seine Frau Anita war jene Kurierin, mit der sich meine Mutter am 13. August 1973 in Casselsruhe getroffen hatte, und er selbst derjenige, den Kurt Gailat am Tag nach der Verhaftung meiner Eltern buchstäblich in letzter Minute kurz vor der Grenze aus dem Zug hatte holen lassen.

Wolfgang kümmerte sich um alles und fühlte sich selbst für die privatesten Bedürfnisse seiner Schützlinge zuständig – dazu gehörte für ihn auch, daß sie regelmäßig Sohn und Enkelkind zu sehen bekamen. Sicher kommt es auch in anderen Familien zu Konflikten, wenn die Eltern das Gefühl haben, ihre Enkelkinder nicht regelmäßig zu sehen. Besonders bei geschiedenen Eltern sind Eifersüchteleien nicht unüblich, weil sich häufig ein Elternteil benachteiligt fühlt. Der Unterschied zu unserer Situation aber war, daß Wolfgang diese Konflikte immer am Köcheln hielt, indem er einen Elternteil minutiös darüber informierte, was wir zwischenzeitlich mit dem anderen unternommen, wie oft und wie lange wir ihn besucht hatten. Egal, wie wir uns verhielten, die Stasi war in Form des umtriebigen Wolfgang allgegenwärtig und nahm uns damit die Souveränität, den Umgang mit den Eltern so zu gestalten, wie wir es für richtig hielten.

»So, das war's!« sagt Iris und atmet tief durch.

Die hochschwangere Frau setzt sich zu Pierre auf die Couch. Endlich haben sie einen Schlußstrich unter eine Abhängigkeit gezogen, an deren angenehme Auswirkungen sie sich zunächst gewöhnt und deren Schattenseiten sie zu lange akzeptiert hatten. Sie wissen, was sie verlieren, doch sie hoffen, einiges zu gewinnen. Natürlich bedeutet ihr Entschluß, daß sie von nun an wie jeder andere DDR-Bürger beim Wohnungsamt in der Schlange stehen müssen, wenn demnächst das zweite Kind zur Welt kommt und die Wohnung zu klein sein wird. Aber er bedeutet auch, daß sich kein fremder Betreuer mehr mit Schuldzuweisungen in ihr Privatleben einmischen kann. Natürlich werden sie Autoreparaturen künftig nicht mehr ohne Wartezeit und ohne Sorge um Ersatzteile in der Werkstatt des MfS durchführen lassen können. Aber es fallen auch all die Einflüsse auf die privatesten Angelegenheiten weg, die bei Pierre immer wieder zu akuten Magenproblemen und bei Iris zu heftigen Stimmungsschwankungen geführt haben. Zu lange hatten sie geschwiegen.

Iris ist eine selbstbewußte und charmante Frau. Obgleich schon seit einigen Jahren von Pierre geschieden, ist sie sofort bereit, ihre Erinnerungen und auch zahlreiche Unterlagen zur Verfügung zu stellen, um Pierre beim Erzählen seiner Geschichte zu unterstützen. Mit ruhiger Stimme berichtet sie über die Atmosphäre, in die sie damals durch Pierres Familie geraten war. Sie erzählt von der emotionalen Kälte, die seine Mutter ihr von Anfang an entgegengebracht habe, und von der verletzenden Art, mit der diese bei Einladungen in ihrem Elternhaus auch ihren Vater behandelt hat. Das überrascht mich zunächst, hatte sie doch nach der Logik des MfS dazu keine Berechtigung, denn Iris' Vater stand als Oberst rangmäßig über Christel Guillaume. Es zeigt jedoch, und das bestätigt auch Pierre, wie sehr sie ihre eigene »verdienstvolle Rolle« über solche formale Dienstränge stellte. Diesbezüglich hätte es nur zwei Ausnahmen gegeben: Generaloberst Wolf und natürlich ihr Minister Erich Mielke.

Pierres Vater war Iris zunächst sehr viel sympathischer, denn er spielte ihr gegenüber den »charming guy«. Während Christel trotz aller staatlicher Ehrungen immer darüber lamentierte, daß Günter ihr Leben verpfuscht habe – eine Klage, die sie noch heute gern anstimmt –, habe er etwas Weltläufiges gehabt. Doch diese Weltläufigkeit habe sich bei größeren Einladungen in seinem Haus bis zur Selbstgefälligkeit gesteigert, und die Adlaten um ihn herum hatten sich wie applaudierende Statisten verhalten.

»Die Leute auf den Parties bei Günter in Eggersdorf waren einfach widerwärtig«, sagt sie und lacht verlegen.

Dann aber berichtet auch Iris, wie sich die Betreuer des MfS in immer größerem Maß in die innerfamiliären Angelegenheiten einmischten und sich ihr Vorgehen bald wie eine Schlinge um ihren Hals legte. Schließlich hätten sie sogar von ihr verlangt, im Konflikt ihrer Schwiegereltern vermittelnd einzugreifen – ein Anliegen, dem sie sich nicht einmal im Ansatz gewachsen fühlte. Als Iris erzählt, wie sie auf diese Schlinge mit immer stärker werdender Atemnot bis hin zu Depressionen reagierte, treten der selbstbewußten Frau auch nach zwanzig Jahren noch Tränen in die Augen.

Das Telefon klingelt. Als Pierre sich meldet, erkennt er Wolfgangs Stimme. Eloquent wie eh und je plappert der Chefbetreuer gleich drauflos: Warum sie denn die Geschenke nicht annehmen wollen. Er spricht von Undankbarkeit, daß Pierres Eltern das nicht verdient hätten und … Dieser Redeschwall ist kaum zu stoppen, weiß Pierre. Daher unternimmt er auch gar nicht erst den Versuch, ruft nur »Fröhliche Weihnachten!« in den Hörer und legt auf.

Die Aussage

Pierre blättert in den mit Schreibmaschine engzeilig beschriebenen Seiten, an deren Rändern sich zahlreiche handschriftliche Korrekturen befinden. Schon vor zwei Jahren, im Sommer 1985, hatte ihm sein Vater erzählt, daß er mit Günter Karau an einem Buch arbeite. Auch danach hat er diese Arbeit immer mal wieder erwähnt. Im letzten Jahr aber ist Pierres einstiger stellvertretender Chefredakteur gestorben, und dessen Frau Gisela, die ohnehin häufig seine Co-Autorin war, hat Karaus Arbeit fortgesetzt. Heute kann Günter Guillaume seinem Sohn ein fertiges Manuskript präsentieren.

»Du kannst jetzt endlich erfahren, was dich schon lange interessiert«, hatte sein Vater am Telefon versprochen. Pierre beginnt die Kapitelüberschriften zu überfliegen, liest hier und da ein Stück. Plötzlich bleibt er an einer Stelle hängen. Hier schildert sein Vater den Aufenthalt im schwedischen Halmstad während der Rückreise aus dem Urlaub mit dem Bundeskanzler in Norwegen. Pierre erinnert sich genau an die Übernachtung in der südschwedischen Hafenstadt. Noch immer spürt er jene Abneigung, als sein Vater ihn nach dem Abendessen gedrängt hatte, unbedingt mit seiner Mutter zu tanzen. Er war damals 16 Jahre alt, und wie jedem anderen Sechzehnjährigen war es ihm peinlich gewesen, mit der eigenen Mutter tanzen zu müssen. Jetzt erst erfährt Pierre, daß sein Vater diesen Tanz nicht ohne Hintergedanken veranlaßt hatte. Minutiös ist in dem Kapitel beschrieben, wie Günter Guillaume geheime Staatspapiere, die er während des eben zu Ende gegangenen Urlaubs an sich genommen hatte, im Hotelzimmer bereitlegte, als Pierre unten mit seiner Mutter tanzte. Dann habe er an der Bar einem Kontaktmann den Zimmerschlüssel zugesteckt. »Im Restaurant war mein Weggehen niemandem aufgefallen«, schreibt er, »Christel und Pierre waren noch immer auf der Tanzfläche.«

Warum hatte ihm sein Vater in den letzten Jahren nie von den Ereignissen in Halmstad erzählt? Warum schildert er erst jetzt, daß Pierre ihm bei der Abdeckung einer geheimdienstlichen Aktion behilflich war? Konspirative Gründe konnten dafür eigentlich keine Rolle spielen, denn sonst dürfte es Günter Guillaume wohl kaum in einem Buch veröffentlichen. Und überhaupt: Er kann doch von niemandem mehr dafür belangt werden – schließlich war er genau wegen der Übergabe dieser und anderer Papiere inhaftiert und verurteilt worden.

»Das Urteil gegen Günter war eindeutig überzogen«, ereifert sich Kurt Gailat sechzehn Jahre später. Pierres Mutter sitzt dabei und nickt. »Eine solche Übergabe hat nie stattgefunden, denn sonst hätten wir die Dokumente ja auf den Tisch bekommen«, versucht der einstige Abteilungsleiter der »Hauptverwaltung Aufklärung« seine Klassenjustiz-These zu untermauern. Der Hauptanklagepunkt des schweren Landesverrats sei vor dem Düsseldorfer Oberlandesgericht unbewiesen geblieben. Man konnte den Guillaumes bestenfalls Spionage nachweisen, aber das hätte natürlich ein geringeres Strafmaß bedeutet.

»Darüber sollten Sie mal was schreiben«, fordert er.

Wen aber sollte dieses »überzogene Urteil« heute noch interessieren, entgegne ich, wenn doch der vermeintlich unschuldig Verurteilte sich in seinen Memoiren nachträglich selbst belastet.

Gailat macht eine wegwerfende Handbewegung. Diese Version mit der Übergabe der Papiere in Halmstad sei sicher »auf dem Mist vom Karau« gewachsen. Dieser habe »in dichterischer Freiheit und um der Wirkung willen« Günter Guillaume dazu veranlaßt, »wenn er schon acht Jahre im Knast saß, das Ganze auch ein bißchen heldenhafter darzustellen«.

Wir machen Gailat darauf aufmerksam, daß auch Markus Wolf die Übergabe des brisanten Materials bestätigt, allerdings in einer gänzlich anderen Version als sein ehemaliger Topagent. In seinem 1997 erschienenen Buch »Spionagechef im geheimen Krieg« schreibt Wolf: »Den Inhalt der Norwegen-Dokumente erfuhren wir erst, als sie Gegenstand des Prozesses gegen das Ehepaar Guillaume wurden. Der Grund dafür ist, daß wir die Filmrollen mit den Kopien der Papiere, die Christel Guillaume ihrem Kurier ›Anita‹ aushändigte, nie erhielten. [...] Als Christel Guillaume sich mit ›Anita‹ für die Übergabe der Mikrofilme in einem Bonner Restaurant traf, nahmen zwei Männer an einem Tisch ganz in der Nähe Platz, und plötzlich sah Christel aus dem Augenwinkel ein Kameraobjektiv in der halbgeöffneten Aktentasche des einen blinken. Zum Glück hatte der Film bereits den Besitzer gewechselt; die beiden Frauen plauderten noch ein wenig und verabschiedeten sich dann. Unserem Kurier gelang es jedoch nicht, die Verfolger abzuschütteln, weder in Bonn noch später in Köln. Zuletzt wählte sie die geringere Gefahr und ließ das Päckchen von einer Rheinbrücke ins Wasser fallen, wo es auf Nimmerwiedersehen verschwand.« Gailat bezweifelt auch die Version seines einstigen Vorgesetzten:

»Das ist nicht die einzige Unrichtigkeit im Buch von Wolf.«

Als Pierres Mutter ihm nicht widerspricht, will Pierre von ihr wissen:

»Aber warum hast du dich dann gleich nach unserer Rückkehr aus Norwegen mit Anita in Casselsruhe getroffen?«

»Das war ein routinemäßiger Treff. Der hat nur zur Vorbereitung der weiteren Arbeit gedient«, behauptet die ehemalige Kundschafterin, und Gailat bestätigt das.

»Ein Phantom wird gejagt« lautet die Zwischenüberschrift eines Kapitels, in dem Pierres Vater beschreibt, wie die BKA-Beamten Horst Schernich und Nikolaus Federau ihm im Gefängnis jenes Foto aus dem Ausflugslokal Casselsruhe auf dem Bonner Venusberg zeigen. Pierre weiß genau, welche

Aufnahme sein Vater damit meint. Schließlich haben Anita und seine Mutter bei Geburtstagsfeiern oder anderen Festen immer wieder erzählt, wie sie die Observation damals bemerkt hatten. Pierre erinnert sich an jede Einzelheit der Geschichte, die ihn schon deshalb fasziniert, weil er sonst nur wenige Details der geheimdienstlichen Aktionen seiner Eltern kennt.

Er weiß, daß die beiden Frauen sich bei der Observation damals auf dem Venusberg zunächst nichts anmerken ließen, eine Weile locker weiterplauderten und schließlich im Auto seiner Mutter in die Bonner Innenstadt zurückfuhren. Dabei bemerkten sie die Verfolgung durch die drei jungen Männer. Und als seine Mutter Anita am Bonner Hauptbahnhof absetzte, waren sie nicht Christel Guillaume gefolgt, sondern der Ost-Berliner Kurierin. Erst irgendwo in Köln gelang es Anita, ihre Verfolger abzuschütteln und mit dem Nachtzug in die DDR zurückzukehren.

Mehrfach liest Pierre die Zeilen, in denen sein Vater den Ausflug nach Casselsruhe komplett anders darstellt. In seinen Schilderungen ist es nicht Anita, die er im Buch konsequent Nora nennt, sondern irgendeine zufällige Urlaubsbekanntschaft. Eine junge Frau, die den Guillaumes einige Zeit zuvor eine »ehebrecherische Romanze« gestanden habe, sei nach Bonn gekommen, um Christel um ein Alibi vor den Nachstellungen ihres Gatten zu bitten. Als die Frauen auf dem Venusberg aus einer Aktentasche fotografiert wurden, habe »Christels Urlaubsfreundin« an die Observation durch einen von ihrem Gatten beauftragten Privatdetektiv geglaubt.

»Ich lese gerade die Geschichte von Mutters Observation in Casselsruhe. Entschuldige, aber was du hier schreibst, ist schlichtweg Unsinn!« wendet sich Pierre nun an seinen Vater.

»Na ja, Unsinn?« antwortet er zögernd: »Wir nennen so etwas einen ›Lutscher‹.«

Ein »Lutscher« sei eine falsche Fährte, erklärt Günter

Guillaume, denn schließlich könne ja niemand garantieren, daß sein Buch nicht in »falsche Hände« gerate. Diese, wie er zugibt, falsche Version diene dem Schutz von Anita.

Tatsächlich konnte man Christel Guillaume nie nachweisen, daß seinerzeit im Ausflugslokal auf dem Venusberg die vermutete Übergabe der auf Mikrofilm abgelichteten Hamar-Papiere – darunter immerhin ein als geheim eingestuftes Schreiben des US-Präsidenten Nixon an den Bundeskanzler – stattgefunden hat. Noch am Tag ihres Austauschs, erinnert sich Pierres Mutter, habe einer ihrer ehemaligen BKA-Vernehmer versucht, sie auf dem Weg zur Grenze zu einer abschließend klärenden Aussage zu animieren. Schließlich hätte sie ja nun nichts mehr zu verlieren. Der westdeutsche Beamte mußte wissen, daß sein Ansinnen naiv war. Auch aus seiner Organisation würde niemand ohne Not etwas ausplaudern, selbst wenn es Jahre zurücklag. Schließlich hat das BKA seinem ehemaligen Mitarbeiter Horst Schernich sogar dreißig Jahre später nicht erlaubt, uns zu erzählen, wie er den Verhaftungstag der Guillaumes erinnert.

Bei Christel Guillaume bestimmt das jahrzehntelange konspirative Agieren, das doppelgesichtige Rollenspiel und nicht zuletzt das Freund-Feind-Bild des Kalten Krieges ihr Denken noch immer so sehr, daß häufig die Legende als Wahrheit angenommen wird. Pierre hat zwar einige Erfahrung darin, seine Mutter in Widersprüche zu verwickeln, um sie schließlich zu einem Geständnis zu bewegen – doch nur selten gelingt dies ohne Umwege. Häufig fühlt sich die vermeintlich in die Ecke gedrängte ehemalige Top-Spionin bedroht und bezeichnet solche Befragungen selbst ihrem Sohn gegenüber als Verhöre und BKA-Methoden.

»Wer soll denn glauben, daß Vater in Norwegen brisantes Material an sich genommen hat, das schließlich weder er noch du weitergegeben haben?« setzt Pierre erneut an.

Doch er muß noch einige Kausalketten bemühen, ehe seine Mutter – sechs Wochen nachdem sie im Wohnzimmer ihres ehemaligen Führungsoffiziers das Treffen in Casselsruhe nur als Vorbereitungstreff bezeichnet hat – zugibt:

»Das Norwegen-Material war auf Mikrofilm und hat bei mir im Auto gelegen, als ich damals Anita traf.« Ansonsten habe das Treffen aber so stattgefunden, wie es seit fast zwanzig Jahren Pierres Kenntnisstand entspricht. Kurz bevor sie die Ost-Berliner Kurierin am Bonner Hauptbahnhof aus dem Auto ließ, sei dann die Übergabe tatsächlich erfolgt.

Natürlich berichtete Christel Guillaume noch am gleichen Abend ihrem Mann von den Vorkommnissen. Es folgten für die beiden Agenten Tage der Ungewißheit. Hatte man Anita womöglich festgenommen, und – vor allem – hatte man das Material bei ihr gefunden? Gewißheit und Entwarnung habe man erst Anfang September bekommen, als Günter Guillaume den von Ost-Berlin entsandten Instrukteur Heinz traf, der ihm mitteilte, daß Anita sicher in die DDR gelangt sei – allerdings ohne das brisante Material.

»Anita hat mir später gesagt, daß sie noch in Bonn, als sie die Verfolgung bemerkt hat, die Filmrollen unbemerkt in einen Gully fallen ließ«, erzählt Pierres Mutter.

Das immerhin stimmt mit der Version von Markus Wolf überein – wenn man davon absieht, daß es nicht der Rhein war, in dem die Ablichtungen der geheimen Staatspapiere verschwanden, sondern die Kanalisation der alten Bundeshauptstadt.

Günter Guillaume aber konnte in seinem Buch aus einem ganz banalen Grund nicht wahrheitsgemäß schildern, was sich im Sommer 1973 in Casselsruhe abgespielt hat. Hätten er und sein Ghostwriter Karau sich nicht den »Lutscher« mit der jungen Ehebrecherin ausgedacht, wäre sein Helden-Epos von Halmstad nicht darstellbar gewesen. Denn es hatte ja wohl wenig Sinn, die gleichen Papiere zweimal zu übergeben – in Südschweden und auf dem Venusberg.

»Aber warum läßt du dann die ganze ›Anita-Geschichte‹ nicht einfach raus aus dem Buch?« will Pierre wissen.

Die Antwort seines Vaters klingt plausibel: »Dazu hat diese Begegnung auf dem Venusberg und das Foto im Prozeß eine zu wichtige Rolle gespielt.«

Pierre liest weiter. Einige Seiten später findet er Sätze, die er in den letzten fünfeinhalb Jahren nie von seinem Vater gehört hat, Formulierungen, nach denen er sich gesehnt hatte: »Was mich bis zur Schlaflosigkeit in der Untersuchungshaft bewegte, war der Gedanke: Wie soll der Junge mit dem Konflikt fertig werden? Hatte er es nicht in gewisser Weise schwerer als ich? Auf der Suche nach dem Sinn des Lebens war ich zu einem Ziel gekommen und konnte nun dafür geradestehen. Doch Pierre? Welchen Sinn konnte er den Vorgängen abgewinnen? War für ihn nicht eine Welt zusammengebrochen, eine Welt, die ihm alles in allem heil erschien?«

Wenn seinen Vater das alles wirklich »bis zur Schlaflosigkeit« bewegt hatte, warum war er dann nie bereit, mit ihm darüber zu reden. Warum hat er keine der Gelegenheiten genutzt, ihm genau das zu sagen, geht es Pierre durch den Kopf. Es hat so viele Gelegenheiten gegeben – die Trabifahrt durch Berlin wenige Tage nach seinem Austausch, die zahlreichen Besuche in Eggersdorf und den Spaziergang am Bötzsee vor einigen Jahren. Warum hat er nie erwähnt, daß er überhaupt je solche Überlegungen angestellt hatte? Waren es womöglich gar nicht seine eigenen Überlegungen, sondern die von Günter Karau? Pierre hat viele Beiträge seines verstorbenen *NBI*-Kollegen gelesen, kennt auch dessen Bücher und glaubt hier dessen unverwechselbaren Schreibstil zu erkennen. Karau wußte um die Schwierigkeiten und inneren Konflikte, die Pierre in den ersten Jahren in diesem Land hatte. Und Pierre war froh, in ihm einen verständnisvollen Gesprächspartner zu haben. Diesem Günter Karau, da ist sich Pierre sicher, ist diese Passage im Buch seines Vaters zu verdanken.

Sein Blick fällt auf die nächsten Zeilen: »Als sich Erna Boom zur Rücksiedelung in die angestammte Heimat entschloß, stand Pierres Entschluß ebenfalls fest, und er fuhr, wenn auch vielleicht zerrissenen Herzens, der Oma voraus. Eine erste Jugendliebe blieb in Godesberg zurück. Mit dem Umzug in die DDR entfernte er sich zwar geographisch von uns, den Eltern, in unseren Herzen aber behielt er seinen Platz.«

Das ist nun eine völlige Verkehrung der Realität. Weder hatte sein Entschluß festgestanden, noch hatte seine Großmutter vor ihm eine Entscheidung zur Rückkehr in die DDR getroffen. Vielmehr hatte man ihn mit einem Ultimatum erpreßt. Und warum schreibt sein Vater, Pierre sei »vielleicht zerrissenen Herzens« gefahren? Das »vielleicht« müßte da nicht stehen! Dieser Vermutung hätte er ja mal nachgehen können. Aber selbst jetzt sucht sein Vater nicht das Gespräch mit ihm, sondern legt ihm quasi als endgültige Wahrheit diese bedruckten Seiten vor. Doch wie die Einblicke in das Manuskript zeigen, ist dies nicht nur ein untauglicher Versuch, offene Fragen aus dem Weg zu räumen – mit seinen »Lutschern« und den sehr wohl beabsichtigten Verdrehungen soll dieses Buch ganz offenbar der weiteren Legendenbildung dienen. Daran aber will sich Pierre nicht beteiligen. Enttäuscht fährt er nach Berlin zurück. Er hat auch an diesem Tag nicht erfahren, was ihn wirklich interessiert. Im Gegenteil: Alles ist nur noch verworrener – sein Vater ist ihm wieder ein Stück fremder geworden.

Der Falschspieler

Noch ehe ein Wort zwischen Vater und Sohn gesprochen ist, fühlt sich Pierre durch die irreale Szenerie in seiner Vermutung bestätigt. Kaum etwas hier wurde dem Zufall überlassen, fast jedes Detail ist mit Bedacht inszeniert, und Günter Guillaume spielt wenig überzeugend eine neue Rolle.

Dr. Gärtner hatte Glück, daß er Pierre gestern überhaupt ans Telefon bekommen hat. Seit er vor einem Jahr als Fotoreporter zur *NBI* zurückgekehrt ist, ist er regelmäßig auf Reportage im ganzen Land unterwegs und hält sich nur selten im Großraumbüro der Redaktion auf. Und für die neue Wohnung gibt es auf absehbare Zeit keine Aussicht auf ein eigenes Telefon. Jedenfalls nicht ohne Hilfe der einstigen Betreuergruppe. »Ihrem Vater geht es sehr, sehr schlecht. Er ist psychisch schwer angeschlagen und verlangt dauernd nach Ihnen. Sie sind unsere letzte Hoffnung«, hat Dr. Gärtner am Telefon gesagt.

Das Flehen des Arztes wirkte ein bißchen zu dick aufgetragen, um bei Pierre wirklich Betroffenheit zu erzeugen. Was ihm gar nicht behagt, ist der unterschwellige Vorwurf, daß er sich zu wenig um seinen Vater kümmere. Denn wie anders war der Hinweis zu verstehen, daß sein Vater dauernd nach ihm verlange. Und wofür soll er denn die letzte Hoffnung sein? Dennoch hat sich Pierre ins Auto gesetzt und ist hierher nach Eggersdorf gefahren.

Einen Moment erwägt er, wortlos kehrtzumachen und nach Berlin zurückzufahren, sich nicht auf dieses absurde Spiel einzulassen. Doch er überlegt einen Moment zu lang, läßt den Gedanken zu, daß die Betreuer ihm vorwerfen könnten, überheblich zu sein und desinteressiert am Schicksal des eigenen Vaters. Und einen Moment hat er auch die Hoffnung, daß der psychisch schwer Angeschlagene für ein ehrliches Gespräch offen sein könnte.

Pierre beschließt, sich der Situation zu stellen, ohne sich emotional erpressen zu lassen. Denn das genau ist die offensichtliche Absicht des Mannes, der ihm dort mit fettigen, ungekämmten Haaren und einem leidenden Gesichtsausdruck entgegenblickt. Mit einem Bademantel bekleidet, sitzt Günter Guillaume leicht zusammengekrümmt in einem der beiden klobigen Sessel, neben sich eine halbleere Flasche Bier sowie mehrere Tablettenröhrchen. »Ihr Vater macht sich sehr, sehr viele Gedanken um Sie«, hat Dr. Gärtner ihm am Telefon gesagt. Nun soll Pierre mit dieser Inszenierung offensichtlich suggeriert werden: »Sieh mal, was aus mir geworden ist. Das ist alles deine Schuld, weil du dich nicht um mich kümmerst!« Und noch immer ist kein einziges Wort zwischen Vater und Sohn gefallen.

Pierre nimmt in einem der Sessel Platz, auf denen er schon als Kind in Frankfurt gerne herumgelümmelt hatte.

»Was ist denn eigentlich los mit dir?« beginnt er schließlich das Gespräch, ohne damit eine Sorge ausdrücken zu wollen. Doch sein Vater sieht ihn nur stumm an. Eine Weile blickt Pierre durch das große Panoramafenster auf den Bötzsee, in dem sich die Morgensonne spiegelt. Dann treffen sich ihre Blicke. Mit schwacher Stimme sagt Pierres Vater schließlich:

»Ach, die Ärzte und auch Elke meinen, es sieht nicht gut aus. Vor allem macht mir der hohe Blutdruck zu schaffen und auch die Nieren. Ich muß alle möglichen Tabletten nehmen.«

Mit einer unentschiedenen Geste weist er in Richtung der Medikamente auf dem kleinen Tisch zwischen ihnen.

Pierre sieht sich außerstande zu glauben, daß es seinem Vater ernsthaft schlecht geht. Vielleicht, weil er ihn im Rheinbacher Gefängnis in einer wirklich lebensbedrohlichen Situation erlebt hat. Damals aber war nichts von Selbstmitleid zu spüren gewesen, und er war auch nicht so ungepflegt wie jetzt. Trotz entsetzlicher Schmerzen und einer sicher auch ganz realen Angst hatte er etwas ausgestrahlt, das im Moment überhaupt nicht vorhanden zu sein scheint, nämlich Würde.

»Deine Tabletten solltest du aber nicht mit Bier runterspülen«, versucht Pierre irgendeine Form der Kommunikation in Gang zu bringen.

Günter Guillaume sieht kurz zu der Flasche und schaut dann wieder zu Pierre. Was will sein Vater eigentlich? Er kann doch nicht ernsthaft annehmen, daß sein Sohn auf diese Farce hereinfällt! Erwartet er womöglich, daß Pierre sich dafür entschuldigt, ihn in eine solche Situation gebracht zu haben? Bei ihm, der sich für die Probleme seines Sohnes nie interessiert hat, für die er ja die Ursache war!? Soll er seinem Vater abnehmen, daß der seinetwegen Depressionen bekommen hat, obwohl sie doch vielmehr in seinem unfreiwilligen Rentner-Dasein zu suchen sind!?

»In der Küche müßte noch Tee stehen«, unterbricht Günter Guillaume plötzlich die Stille. »Geh dir doch 'ne Tasse holen.«

Pierre nutzt die Gelegenheit, zumindest für einen Moment diese unwirkliche Atmosphäre verlassen zu können. Elke steht im Mantel in der Küche und drückt gerade eine Zigarette aus. Sie hebt nur kurz die Schultern und sagt:

»Ich muß jetzt zum Dienst. Du weißt ja, wo alles steht.«

Während Pierre den lauwarmen Tee trinkt, macht ihn die Situation zunehmend aggressiv. Immer wieder hat er bei seinen letzten Besuchen genau das erlebt, was sein Vater auch jetzt wieder betreibt. Er blickt wie geistesabwesend vor sich hin und – schweigt. Wenn Pierre das Schweigen aushält, beginnt sein Vater plötzlich irgendeine Melodie vor sich hin zu summen, als wolle er seinem Gegenüber suggerieren: Wenn du dich nicht mit mir unterhalten willst, dann beschäftige ich mich eben mit mir allein. Pierre ist fest entschlossen, das

Haus zu verlassen, sobald sein Vater mit dem Summen beginnen würde. Doch heute summt Günter Guillaume nicht. Mit halbgeschlossenen Lidern sieht er schließlich seinen Sohn an und – schweigt weiter. Pierre möchte dieses unwürdige Spiel beenden:

»Ich weiß, offen gestanden, nicht so richtig, was ich hier soll, warum dein Arzt mich gebeten hat, zu dir zu kommen.«

»Gärtner hat dich angerufen?« unterbricht ihn sein Vater.

Pierre hält einen Moment inne. Auf dieses Spiel hat er nun wahrhaft keine Lust.

»Ach bitte, tu nicht so, als ob du das nicht weißt. Und um es gleich zu sagen, ich werde mir nicht den Schuh anziehen, ich sei daran schuld, daß es dir schlecht geht.«

Sein Vater sieht ihn an, nicht betroffen über die Ehrlichkeit seines Sohnes, sondern nur nachdenklich. Dann stellt er ruhig fest: »Du wirst mir verzeihen, wenn ich das anders sehe. Natürlich bist nicht du allein daran schuld. Schließlich weißt du ja, was ich alles hinter mir habe. Aber da tut es mir natürlich nicht gut, wenn auch mein Sohn mir noch Probleme macht.«

»Welche Probleme denn?« fragt Pierre ziemlich irritiert.

Diese Frage hätte er nicht stellen sollen, weiß Pierre, als er das Grundstück verläßt und langsam in Richtung Altlandsberg fährt. Diese eine Frage hat seinem Vater Gelegenheit gegeben, all den Tratsch vor ihm auszubreiten, der ihm durch allerlei Leute zugetragen worden ist. Sein Sohn gehört in der Parteigruppe bei der *NBI* zur Gruppe der »Möchtegern-Reformer«, habe er erfahren. Und aus den weiteren Äußerungen hat Pierre entnehmen können, daß es offenbar zahlreiche Querverbindungen zwischen seinem eigenen Lebens- und Arbeitsumfeld und dem seines Vaters gibt – wobei Wolfgang Nordalm, sein Chefredakteur, nur einer von denen ist, die regelmäßig nach Eggersdorf hinausfahren.

Ehe ich mich versah, war ich mitten in einer Auseinandersetzung über die Perestroika des Michail Gorbatschow, des zwei Jahre zuvor überraschend gewählten Generalsekretärs der KPdSU. Gorbatschow war – leider – genau das richtige Stichwort für meinen Vater. Seine Argumente waren nicht gerade sachlich und gipfelten in Sätzen wie: »Was ist denn schon von jemandem zu halten, der sich von seiner Frau sagen läßt, wie's zu laufen hat.« Er nutzte seine Kritik an Gorbatschow und dessen Reformkurs zu einem Rundumschlag gegen alle, die angeblich das leichtfertig aufs Spiel setzten, was im real existierenden Sozialismus überhaupt, aber besonders in der DDR erreicht worden sei. Als ich Vaters Redeschwall unterbrach und meinte, auch er müsse doch die vielen objektiv vorhandenen Probleme in Politik und Wirtschaft erkennen, gerade er müsse doch verstehen, warum die Menschen sich mehr Demokratie, Meinungs- und Reisefreiheit wünschten, reagierte er wie ein stalinistischer Bürokrat. Warum denn immer nur gejammert, geklagt und gefordert werde? Vor allem in der DDR gehe es den Bürgern doch gut. Und der Verzicht auf kleine individuelle Freiheiten sei eben der Preis für sichere Arbeitsplätze, für bezahlbare Mieten, für ein Leben in Frieden und Geborgenheit. Das fand ich herablassend und zynisch. So weit der Realität entrückt, so weltfremd konnte er nun wirklich nicht sein. Oder vielleicht doch? Ich sah einen Mann vor mir sitzen, der genug Geld und vor allem Beziehungen hatte und deshalb nicht – wie andere DDR-Bürger – auf begehrte Lebensmittel und Konsumgüter verzichten oder zumindest stundenlang dafür anstehen mußte. Einen Mann, der schwärmerisch von Urlauben an der holländischen Nordseeküste und der französischen Riviera erzählte, aber nicht verstehen konnte, warum seine Mitbürger mal etwas anderes sehen wollten als den Balaton oder den bulgarischen Goldstrand.

Vor allem ärgerte es mich maßlos, daß er mir jeden Realitätssinn absprach, als ich ihm von den Hoffnungen auf Ver-

änderungen berichtete, die auch viele Menschen in der DDR mit der Perestroika verbänden. Er mache solche Erfahrungen nicht, sagte er. Im Gegenteil! Er erlebe, daß die Menschen »den Kurs unserer Partei als richtig erkennen«. Doch welche Menschen meinte er? Die auf den Veteranentreffen ehemaliger Kundschafter in der Normannenstraße? Oder die Genossen, die er in der Kantine des Ministeriums für Nationale Verteidigung im benachbarten Strausberg traf? Oder die Angehörigen der »Kampftruppen«, die er beim geselligen Beisammensein nach seinen Propagandaveranstaltungen mit angeblichem Bonner Insider-Wissen unterhielt?

Aber was ich in meinem Vater auch sah, war ein Mann, der in seinem goldenen Käfig gefangen war, der nicht mehr gebraucht wurde, den man sanft gebettet und doch zum alten Eisen gelegt hatte. Als ich ihm das – zum wiederholten Mal – deutlich zu machen versuchte, reagierte er wütend. So sehe er es keineswegs. Er werde geachtet, er führe ein Leben, das ihm aufgrund seiner Verdienste zustehe, er sei durchaus zufrieden und glücklich mit allem. Sorge bereite ihm ausschließlich sein Sohn. Ich würde nicht nur meine Familie und mich selbst ins Unglück stürzen, sondern durch mein Verhalten, meine Äußerungen auf Parteiversammlungen, gegenüber Kollegen und falschen Freunden auch sein Ansehen beschädigen. Ich würde all das schlecht machen, wofür er und seine Genossen stehen, alles leichtfertig aufs Spiel setzen, wofür er sein Kundschafterleben lang gekämpft habe.

Als Pierre in Altlandsberg auf die Straße nach Berlin abbiegt, taucht vor seinem geistigen Auge wieder das Bild jenes Vaters auf, mit dem er bis eben eine heftige Auseinandersetzung hatte. Das Bild eines reformunwilligen Kommunisten, dessen Hang zu allem Militärischen in den letzten Jahren immer deutlicher zutage getreten ist, der hochrangige Uniformträger zu seinen ständigen Gästen zählt und sich bei seiner Verhaftung selbst stolz als Offizier bezeichnet hatte – der stundenlang Militärmusik hört und dem es dabei nicht so sehr darauf ankommt, ob auf der LP nun das Musikkorps der Bundeswehr oder das der NVA zu hören ist.

Dann aber auch wieder das vertraute Bild jenes Vaters, der als sozialdemokratischer Wahlkämpfer an der Seite des Bundeskanzlers herumgewieselt war und den die Bonner Jungsozialisten einen »Juso-Fresser« nannten. Der einst als Frankfurter Stadtverordneter zu dem Komitee gehörte, das Kriegsdienstverweigerer einer Gewissensprüfung unterzog, und mit dem er in Bad Godesberg über die eigene beabsichtigte Wehrdienstverweigerung gestritten hat. Plötzlich schieben sich diese beiden so unterschiedlich wirkenden Figuren übereinander, und vor Pierres geistigem Auge vereinigen sie sich zu der Person eines angepaßten, staatstragenden, unilateralen Funktionärs.

Es war die letzte wirkliche Begegnung zwischen Günter Guillaume und seinem Sohn, auch wenn sie sich später noch öfter über den Weg gelaufen sind. An jenem Tag aber war klargeworden, daß man sich alles gesagt hatte – oder besser: alles das, wozu man sich in der Lage sah. Unausgesprochen hatten sich die beiden eingestehen müssen, daß man sich vielleicht viel zu sagen hätte, aber sich aufgrund sehr unterschiedlicher Sprachen schlichtweg nicht verstand – denn dahinter standen unterschiedliche Charaktere und Haltungen. Pierre mit einem gewissen Hang zum Grüblerischen und dem Bedürfnis, Problemstellungen in allen Facetten auszuloten – sein Vater, der vermeintlicherweise immer nach vorn blickte, dabei aber Probleme ungelöst ad acta legte und völlig ignorierte, daß sie Auswirkungen bis ins Hier und Jetzt hatten. In gewisser Weise ist Pierre insofern eine Mischung aus beiden Elternteilen, als er von seiner Mutter das Ausloten von Problemen und von seinem Vater den optimistischen Blick geerbt hat. Nur daß bei der Mutter dieses Ausloten von Problemen zu Selbstvorwürfen und Depressionen führte, der vermeintlich optimistischen Sichtweise des Vaters aber schon deshalb die reale Basis fehlte, weil sie auf Verdrängung und nicht auf Konfliktlösung aufgebaut war.

Warum aber wollte Günter Guillaume seinen Sohn an diesem Tag sehen? Was wollte Pierres Vater mit dieser Inszenierung bewirken?

»Offensichtlich hatte er das Bedürfnis, wieder engeren Kontakt zu mir zu haben«, mutmaßt Pierre. Aber wozu?

Wir sprechen sehr lange über die Lebenssituation von Günter Guillaume in jener Zeit – fünfeinhalb Jahre nach seinem Austausch – und beginnen zu spekulieren, ob er vielleicht in all den Haftjahren auch seinen Sohn idealisiert haben könnte? Mußte er aufgrund der sehr eingeschränkten Kommunikationsmöglichkeiten in der Haft nicht davon ausgehen, daß er Pierre durch die Übersiedlung in die DDR eine Zukunftsperspektive bieten konnte? Ebenso wie Pierre lange am idealisierten Vater festhielt und gegen das bröckelnde Bild ankämpfte, mag es umgekehrt auch seinem Vater gegangen sein. Er wollte dieses Bild behalten und es nicht – wie Pierre ständig von ihm verlangte – in Frage stellen. Das nämlich hätte nicht nur diesen idealisierten Sohn beschädigt, sondern zudem auch seine eigene bisherige Biographie in Frage gestellt. Deshalb entzog er sich Pierres problematisierenden Fragen – ob bewußt oder unbewußt.

»Der Ausweg bestand für ihn wahrscheinlich darin«, nimmt Pierre meinen Gedanken auf, »das Ideal, dem ich nicht entsprechen konnte und wollte, auf David zu projizieren – als einen künftigen Offizier der Nationalen Volksarmee.«

Auch wenn Pierre diese Zusammenhänge erst aus der zeitlichen Distanz in ihrer Gänze erkennen kann, zog er bereits damals intuitiv die Konsequenz daraus – er mußte den Kontakt zu seinem Vater abbrechen und auch seinen Sohn dessen Einfluß endgültig entziehen. Und daß ihm beides nicht leichtfiel, ist ihm auch fünfzehn Jahre später noch anzumerken.

Mit Honecker nach Moskau

Peter hat sich die lästige Frage bis zum Schluß der Sitzung aufgehoben: »Wie ihr wißt, fliegt eine Regierungsdelegation zu den Feierlichkeiten zum 70. Jahrestag der Oktoberrevolution nach Moskau. Nun stellt sich die Frage: Wer von euch möchte Honecker begleiten?«

Es herrscht absolute Stille in dem kleinen Raum. Alle Kollegen starren teilnahmslos vor sich hin. Wie wird Peter, der vor einiger Zeit Molli als Leiter der Fotoredaktion nachgefolgt ist, dieses Problem wohl lösen?

»Welch eine Begeisterung!« stellt er mit unüberhörbarem Sarkasmus fest. »Na kommt, Leute, einer muß sich opfern und für uns schöne bunte Bilder schießen.«

Einer der Fotografen murmelt: »Wenn unser Generalsekretär mal der UNO einen Besuch abstattet, bin ich gern dabei!«

Die Kollegen lachen, auch Peter. Offenbar möchte er für die Moskau-Reise nicht einfach irgendeinen bestimmen. Er fragt mal diesen, mal jenen. Doch alle führen dringende Gründe dafür an, nicht mit Honecker nach Moskau reisen zu können.

»Was ist mit dir, Pierre?« fragt Peter unvermittelt.

Plötzlich heben alle die Köpfe und sehen ihn aufmunternd an. Pierre glaubt in den Mienen seiner Kollegen lesen zu können: »Es macht Spaß, bei 15 Grad Minus stundenlang auf dem Roten Platz die Militärparade abzulichten!« Oder: »Honecker küßt mindestens drei Dutzend KP-Führer in 24 Stunden. Welch reizvolle fotografische Aufgabe.« Trotzdem verspürt er durchaus Lust auf den Job. Kann doch ein gutes Training sein, so im Pulk von Fotografen durch Moskau zu ziehen. Außerdem kennt er im Gegensatz zu fast allen anderen hier die sowjetische Hauptstadt noch nicht.

»Okay, ich mach's!« sagt er schließlich und interpretiert das vielstimmig erleichterte Stöhnen seiner Kollegen als ganz persönlichen Dank.

Pierre nimmt in der letzten Reihe der Tupolew 134 Platz. Nach und nach kommen die anderen Mitreisenden herein – Mitarbeiter des Zentralkomitees, Journalisten und zwei weitere Fotografen. Einige dieser Männer hat Pierre schon auf diversen Veranstaltungen gesehen. Die Parteifunktionäre tragen fast alle den gleichen dunkelgrauen Anzug, weiße Oberhemden und unauffällige Krawatten. Sie gehen vertraut miteinander um, als ob sie seit Jahren nichts anderes machen würden, als gemeinsam zu verreisen. Pierre kennt diesen Typus von Funktionär, hat ihn vielfach beobachtet – am Rande von SED-Parteitagen, als Begleiter der Politbüro-Mitglieder, wenn diese für Porträtaufnahmen zur DEWAG kamen, als Mitarbeiter des MfS auf Geburtstagsfesten seiner Eltern und nicht zuletzt als Mitglieder der Betreuergruppe. Er erinnert sich, wann er dieser für ihn damals fremden Spezies erstmalig begegnet ist: als Horst-Dieter Pötschke in der Godesberger Ubierstraße mit jenem kleinen Mann vor der Wohnungstür stand, der Martin Schumann hieß.

»Genosse Guillaume, macht's dir was aus, wenn ich mich da ans Fenster setze?« fragt einer der grauen Männer und drängt sich im nächsten Moment auch schon an ihm vorbei.

Man weiß hier also ganz genau, wer der »Neue« ist. Pierre fühlt Unmut in sich aufsteigen beim Gedanken, er könnte von diesen Partei-Apparatschiks wegen seines Namens womöglich als Gleichgesinnter betrachtet werden. »Der Name Guillaume hat in der DDR einen guten Klang«, hatte Wolfgang, der geschwätzige MfS-Betreuer, einmal zu ihm gesagt. Aber natürlich war damit der Name des »verdienten Kundschafters« gemeint, nicht der des gleichnamigen Fotoreporters.

Eine Wand, die den Innenraum der Maschine teilt, macht Pierre klar, daß er den Generalsekretär und die anderen Mitglieder der Partei- und Staatsführung während des Fluges wohl nicht zu Gesicht bekommen wird. Auf den Tag genau vor acht Jahren und einem Monat, fällt es Pierre ein, hat er dort drüben am Rande des Schönefelder Rollfeldes mit Erich Honecker herumgestanden. Im Halbstundentakt waren damals die Partei- und Staatsführer der sozialistischen Bruderstaaten zum »30. Republikgeburtstag« angekommen, die Gangway heruntergestiegen, wo sie mit Erich Honecker Bruderküsse austauschten, bevor sie anschließend in Limousinen davonfuhren. Gefolgt von ebenso grauen, emotionslosen Männern, wie sie nun hier im DDR-Regierungsflugzeug Platz nehmen. Dann hatte man gemeinsam auf die nächste Maschine gewartet – Pierre im Pulk von Fotografen und Kameraleuten und, nur wenige Meter entfernt, der Generalsekretär im Kreise seiner Adjutanten. Es war einer der ersten kühlen Herbsttage. Honecker trat von einem Bein auf das andere, während seine Adlaten, die Arme verschränkt, mit gebeugten Rücken und servilen Mienen seinen Ausführungen lauschten. Offenbar machte ihr Chef gelegentlich humorvolle Bemerkungen, denn wie auf Kommando fingen alle um ihn herum zu lachen an.

Pierre war damals als »Fotoreporter in Ausbildung« mit Werner, seinem Mentor, hier herausgefahren, um den Austausch der Bruderküsse zu dokumentieren In den Pausen zwischen der Ankunft von Nicolae Ceauşescu, Todor Schiwkow und – als Höhepunkt der Begrüßungsszenen – des greisen Leonid Breshnew hatte Pierre immer wieder Erich Honecker in ungewöhnlichen Posen fotografiert. Vielleicht weil sich der Generalsekretär ebenso langweilte wie alle anderen, vielleicht aber, weil er die eigenartige Situation auflockern wollte – der mächtigste Mann der DDR versuchte sich von einer lustigen Seite zu zeigen. Das wirkte fast immer verkrampft, gelegentlich sogar geradezu albern. Natürlich war Pierre vollkommen klar gewesen, daß derartige Fotos von keinem Presseorgan der DDR gedruckt werden würden, aber er hatte die Gelegenheit genutzt, Erich Honecker anders abzulichten, als die Welt ihn kannte.

»Es ist an der Zeit, daß der Generalsekretär dem Gorbatschow mal deutlich macht, daß die DDR keine Perestroika und auch keine Glasnost braucht«, hört Pierre den Funktionär in der Reihe vor sich sagen. Nun wird Pierre auch noch von seinem Nebenmann angesprochen, der die Ausführungen des Vordermanns kommentiert: »Da war der Hager schon deutlicher. Seine Aussage im *stern* war doch richtig originell, wie!?«

Er spricht den Satz aus, als sei es selbstverständlich, regelmäßig den *stern* zu lesen. Für die Reisenden in dieser TU 134 trifft das sicher zu. Aber mit der gleichen Selbstverständlichkeit gehen diese Leute auch davon aus, daß es richtig ist, den übrigen Bürgern ihres Landes den *stern* vorzuenthalten. Denn man braucht ja in der DDR keine Glasnost!

Das Zitat des Politbüromitglieds Kurt Hager aber kennt man im Lande, denn es ist seit dem Frühjahr mehrfach im West-Fernsehen zitiert worden. Ein Journalist hatte ihn gefragt, ob die neue sowjetische Innenpolitik auch ein Vorbild für die DDR sein könnte. Die Frage lag nahe, denn seit einiger Zeit haben auch in diesem Land viele Menschen Hoffnungen auf ähnliche Veränderungen, wie sie in der Sowjetunion in Angriff genommen werden. Was aber hatte der Chefideologe der SED auf die Frage des Reporters geantwortet? »Man muß doch sein Haus nicht neu tapezieren, nur weil es der Nachbar tut!« Diese Antwort also findet Pierres Nachbar im Regierungsflugzeug der DDR originell. Die enttäuschten DDR-Bürger aber nennen Kurt Hager seitdem nicht nur hinter vorgehaltener Hand respektlos »Tapeten-Kutte«.

Die Triebwerke der Tupolew werden angelassen. In diesem Moment hält die Stewardeß Pierre ein Tablett mit Kaugummis und allerlei Süßigkeiten vor die Nase. Keine heimischen Produkte, sondern amerikanische Wrigley's Spearmint, kleine Täfelchen Ritter Sport und Schoko-Riegel wie Bounty, Snickers und Mars. Pierre nimmt sich einen Kaugummi. Während er ihn aus dem grünen Papier wickelt, beobachtet er, wie der Mann neben ihm mit beiden Händen zugreift, so viel vom Tablett nimmt, wie er greifen kann, und in die Taschen seines Jacketts stopft. Erschrocken sieht Pierre zur Stewardeß. Mit gleichbleibender Miene geht die junge Dame nach vorn, wo sich der Vorgang wiederholt. Ohne ihre Unterhaltung zu unterbrechen, greifen die beiden ZK-Mitarbeiter gleichzeitig zu und räumen die restlichen Kaugummis und Süßigkeiten ab. Als wäre dies ein selbstverständlicher Vorgang, geht die Stewardeß in den rückwärtigen Teil des Flugzeugs und kommt im nächsten Moment mit einem gefüllten Tablett zurück.

Nachdem sich auch der ZK-Funktionär vor Pierre die Taschen vollgestopft hat, fordert er lautstark, man müsse »den sowjetischen Genossen endlich mal selbstbewußt gegenübertreten«. Schließlich sei »die Einheit von Wirtschafts- und Sozialpolitik in der DDR vorbildlich für das gesamte sozialistische Lager«. Nun steht Pierres Nachbar auf, lehnt sich auf die Kopfstütze seines Vordermanns und ruft in die Runde: »Von der DDR lernen heißt siegen lernen!« Er erntet riesiges Gelächter, einige Klatscher sogar. Für einen Moment ist jetzt Pierre der Einzige, der mit starrer Miene in die Runde blickt.

Erst am Abend zuvor hatte Cathrin nach einigen Gläsern Rotwein und zwei Dutzend filterloser Zigaretten ein ungewöhnliches Gesellschaftsmodell für Deutschland entworfen. Sie ließ sich dabei nicht beirren – nicht vom Wirt der kleinen Kneipe im Scheunenviertel unweit der Redaktion, der endlich Feierabend machen wollte, und nicht von Pierre, der ihre Vision gleichermaßen faszinierend wie unrealistisch fand. »Eine Konföderation der beiden deutschen Staaten!« – schon der Gedanke daran hat etwas Subversives. Cathrin aber entwickelte dafür sogar ein realpolitisches Szenario. Demnach müsse Deutschland eine gesamtdeutsche Verfassung erarbeiten, auf deren Grundlage die beiden Staaten mit dem Ziel zusammenarbeiten sollten, zu einer späteren staatlichen Vereinigung zu gelangen. Natürlich müßten DDR und BRD dann aus ihrem jeweiligen Militärbündnis austreten und gemeinsam eine neutrale Zone in der Mitte Europas bilden.

Wie aber sollte das gehen? In diese Richtung würden sich weder die Betonfraktion im SED-Politbüro noch die angeblichen Reformer um Honeckers Kronprinz Egon Krenz und den Berliner Parteichef Günter Schabowski bewegen. Schließlich ist innerhalb der SED schon jeder Gedanke an eine »Konvergenz« mit dem westlichen Klassenfeind ein absolutes Tabu. Würde ein Genosse solche Gedanken auf der Sitzung seiner Betriebsparteiorganisation äußern, hätte das umgehend ein Parteiausschlußverfahren zur Folge.

»An einem neutralen Deutschland dürfte nicht einmal Gorbatschow ein Interesse haben«, mutmaßte Pierre. Immerhin bewirkte er mit diesem relativ simplen Einwand, daß Cathrin sich in Widersprüche verwickelte. »Gorbatschow wird an den Realitäten scheitern«, erwiderte sie und bat den Wirt um ein letztes Glas Rotwein.

Als das Glas vor ihr stand, setzte sie ihren Gedanken fort: »Die Sowjetunion ist ein monolithisches Gebilde. Wenn du unten einen Stein herausziehst, stürzt der ganze Kladderadatsch in sich zusammen.« Ähnliches hatte unlängst ein Korrespondent der *Freien Welt*, der gerade aus Moskau zurückgekehrt war und keineswegs zu den Gorbatschow-Gegnern gehörte, zu Pierre gesagt: »Die Militärs machen das nicht mehr lange mit. Gorbatschow benennt zwar die Mißstände im Land, er sieht auch, daß der Mangel an Demokratie einen Hemmschuh für den Fortschritt darstellt, aber er steht mit seinem Reformwillen weitgehend allein auf weiter Flur.«

Trifft das nicht auch auf all die Diskutierer in der DDR zu, die Pierre in den letzten Wochen und Monaten zunehmend erlebt hat? Keiner seiner Kollegen und Freunde, die resignierend erklären, daß es so nicht weitergehen könne, hat einen Plan. An jedem Stammtisch dieser Republik wird inzwischen bierselig über Fehlentwicklungen geklagt. Niemand aber formuliert eine Alternative oder gar einen gangbaren Weg. Es formt sich keine Opposition – sieht man von irgendwelchen kleineren Gruppierungen ab, die sich unter dem Dach der Kirche treffen.

»Ich bin wirklich kein Freund unseres Staates«, sagte der Wirt, während er abkassierte, und fügte hinzu: »Zurück zum Raubtierkapitalismus will ich aber auch nicht.«

»Tja, dann müßt ihr eben weiterhin mit den alten Herren in den schlecht sitzenden Anzügen und dem bezaubernd kleinen Horizont leben«, war Cathrins Antwort. Dann schüttete sie den letzten Schluck Wein hinunter und verließ mit Pierre das Lokal.

Im Windschatten der Staatskarosse mit dem Stander der DDR wird die Gruppe der Mitarbeiter und Journalisten in einem kleinen Bus durch Moskaus Straßen chauffiert. Pierre ist mit Jeans und Lederjacke für den bevorstehenden Anlaß völlig unpassend gekleidet. Niemand hatte ihm gesagt, daß es gleich nach der Ankunft einen ersten Termin geben würde. Und dann auch noch bei Andrej Gromyko, der zweiunddreißig Jahre lang der Außenminister der Sowjetunion war und vor zwei Jahren auf den Posten des »Vorsitzenden des Präsidiums des Obersten Sowjets« weggelobt wurde. Derweil liegt Pierres Dienstkluft, bestehend aus dunklem Jackett und Krawatte, sauber verpackt in seinem Koffer, der bereits direkt ins Hotel gefahren wird.

Die Fahrzeugkolonne nähert sich langsam der Moskauer Innenstadt.

»Was habe ich euch gesagt?!« tönt plötzlich einer der grauen Männer und zeigt in Richtung des Bürgersteigs.

»Das hat es hier früher alles nicht gegeben«, ruft ein anderer.

Pierre blickt hinaus auf die Einkaufsmeile, die trotz des leichten Schneetreibens äußerst belebt ist. Tatsächlich kann man dort, nur wenige Meter von den Staatskarossen entfernt, all die Erscheinungen beobachten, die Pierre noch für Übertreibungen hielt, als sie jener Funktionär vorhin im Anflug auf den Flughafen Scheremetjowo angekündigt hat: »In der sowjetischen Hauptstadt gibt es heute überall Bettler, Banden von asozialen Jugendlichen, und vor den Geschäften auf dem Arbat stehen die Leute Schlange.«

Die überhebliche Art, in der er das sagte, erinnerte an das Auftreten mancher westdeutscher Touristen in Ost-Berlin. Es ärgert Pierre, daß ihm die Wirklichkeit da draußen recht zu geben scheint. Denn tatsächlich stehen dort auffallend viele alte Menschen und halten die Hände bittend in Richtung der Passanten. Und vor fast allen Geschäften haben sich trotz der eisigen Kälte lange Schlangen gebildet. Die Warteschlange scheint hier wirklich ein Massenphänomen zu sein. Die »asozialen Jugendlichen« aber entpuppen sich als Punks, und die gibt es in der DDR auch. Nur daß der ZK-Funktionär sie nicht kennt, weil er wahrscheinlich nicht in die entsprechenden Wohnbezirke kommt. Und die Punks aus anderen Teilen der Republik bekommt er schon gar nicht zu sehen. Ihnen werden entsprechende Stempel in den Ausweis gedrückt, wonach es bei Strafe untersagt ist, überhaupt einen Fuß in die Hauptstadt zu setzen.

»Gorbatschow richtet das Land zugrunde«, beginnt ein anderer seine Klage. »Er sagt ›Perestroika‹ und ›Glasnost‹, und heraus kommt nackte Armut.«

Diese Logik ist Pierre nicht einsichtig. Warum soll eine demokratische Umgestaltung der Gesellschaft und eine transparente Politik zwangsläufig zu Bettlern und Warteschlangen führen?

Von der Uferstraße längs der Moskwa biegt die Kolonne ab. Pierre erkennt rechts die berühmte Basilikus-Kathedrale. Davor breitet sich der Rote Platz aus, auf dem schon die

Tribünen für die bevorstehenden Feierlichkeiten aufgebaut werden. Nach wenigen Metern fahren die Fahrzeuge links durch das gewaltige rote Tor ins Machtzentrum der Sowjetunion – den Kreml.

»Das Politbüro der KPdSU hat das Vertrauen der Volksmassen verloren«, versucht einer der Funktionäre die Unterhaltung abschließend auf den Punkt zu bringen.

Pierre ist sicher, daß keiner der Anwesenden für sich die Frage stellt, ob das SED-Politbüro wohl in der DDR das Vertrauen der Volksmassen genießt. Denn es gibt keine Bestrebungen, unabhängige Gewerkschaften wie in Polen zu gründen. Auch aus den Protesten gegen die Ausbürgerung Wolf Biermanns elf Jahre zuvor hatte sich keine organisierte intellektuelle Opposition geformt, wie sie in der ČSSR besteht. Vielmehr haben sich die DDR-Bewohner – abgesehen von den organisierten Jubel-Demos am 1. Mai oder dem Republikgeburtstag – längst aus jener undefinierbaren grauen »Volksmasse« zurückgezogen in kleine, individuell gestaltete Lebensräume.

Vor zwei Jahren ist Pierre in der Redaktion ein Buch in die Hände gefallen, das »Wo Deutschland liegt« heißt. Günter Gaus, der Autor, war viele Jahre »Ständiger Vertreter« der Bundesrepublik in Ost-Berlin. Seine Beschreibung der DDR als »Nischengesellschaft« deckt sich mit Beobachtungen, wie sie auch Pierre in seiner nächsten Umgebung bei Freunden und Arbeitskollegen gemacht hat.

»Die kannst du für deine Ausstellung nehmen« ist fast schon ein geflügeltes Wort, wenn Peter in der Fotoredaktion Aufnahmen aussortiert, die ganz augenscheinlich eine Normverletzung darstellen. Denn selbst wenn die *NBI* in ein nicht so enges ästhetisches Korsett gepreßt ist wie das *Neue Deutschland* oder die *Junge Welt*, weiß Peter bei den Aufnahmen seiner Fotografen doch zwischen Pflicht und Kür zu unterscheiden. Natürlich kann man Erich Honecker »bei der Übergabe des Schlüssels zur 100000. Wohnung im Neubaugebiet Marzahn« auch mal von schräg unten fotografieren, aber viel mehr Spielraum gibt das Ereignis nicht her. Doch mancher Fotograf nutzt einen solchen Anlaß auch, um seinen künstlerischen Neigungen nachzugehen. Er lichtet beispielsweise gleich nach der Schlüsselübergabe die Fassade eines tristen Plattenbaus ab, auf der im sechsten Stock eine Frau Blumen gießt. Und wenn sie der einzige Mensch ist, der auf all den Balkonen zu sehen ist, werden manche das als »Synonym für Einsamkeit«, andere als »Sehnsucht nach dem kleinen privaten Glück in einer menschenfeindlichen Umwelt« interpretieren. Zur Veröffentlichung in einer DDR-Publikation jedenfalls ist ein solches Bild damit nicht mehr brauchbar. Man findet es bestenfalls noch in privat organisierten Ausstellungen in Wohnungen oder auch mal in einem Kulturhaus zwischen Fotos von heruntergekommenen Hausfassaden oder resigniert herumsitzenden Kombinatsarbeitern. Pierres Fotografenkollegen haben damit eine künstlerische Nische gefunden und dürfen sich sogar noch ein wenig subversiv vorkommen.

Andere Freunde oder Kollegen haben plötzlich ihre familiären Wurzeln im Judentum entdeckt und besuchen abwechselnd Versammlungen der atheistischen Staatspartei und Gottesdienste in der Synagoge. Manchem der Rock-Musiker, die Pierre häufig fotografiert, ist der Spagat gelungen, in der DDR mit vorsichtig rebellischen Texten Erfolg zu haben, sich bei Gastspielen im westlichen Ausland aber als »Kultur-Botschafter der DDR« feiern zu lassen.

Ilona, die außenpolitische Redakteurin der *NBI*, mit der Pierre befreundet ist, rettet sich regelmäßig in Träume von einer DDR-Zukunft, die kaum als realistisch bezeichnet werden können. »Ich melde mich zurück aus deiner alten Heimat«, hat sie vor wenigen Tagen erklärt und stolz Fotos präsentiert, die sie, eingehüllt in einen weißen Frottee-Bademantel, an einem Swimmingpool zeigen. Pierres Kollegin hatte eine Reportagereise dazu genutzt, in der Nähe von Köln

Verwandte zu besuchen. »Reiche Leute«, schwärmte sie, »mit riesiger Villa, Mercedes in der Garage und diesem traumhaften Pool.«

Seit er sie kennt, mag Pierre ihre frische, unkonventionelle Art. Ilona ist zwar aufgeschlossen, trägt aber nicht alle ihre Ansichten offen zur Schau. Jedenfalls nicht in einem größeren Kreis und schon gar nicht auf Parteiversammlungen. Mancher Genosse wäre sehr verwundert, wenn er hören würde, wonach sich Ilona, die Genossin, sehnt. Unter dem Eindruck des Kölner Wohlstands hat sie eine geradezu absurde Vision entwickelt: von einem verbesserten Sozialismus, der es ihr ermöglicht, einen ebensolchen Wohlstand zu erlangen. Es ist der Traum einer linken Kleinbürgerin nach individuellem Glück. Dabei ist ihre größte Sorge derzeit nur, daß dieser Entwicklungsstand erst erreicht wird, wenn sie selbst schon zu alt ist, um all das noch angemessen genießen zu können.

In den Nischen des real existierenden Sozialismus fällt man nicht auf – und daran haben die Nischeninhaber ebenso ein Interesse wie die Partei- und Staatsführung. Sicher ist das umfassende Netzwerk des MfS längst zu der Einschätzung gekommen, daß das »Vertrauen der Volksmassen« bei weitem nicht in dem Umfang vorhanden ist, wie es die Wahlergebnisse oder die Mitgliederzahlen der SED suggerieren. Wie hoch aber ist das Potential derjenigen, die man dort als »subversive Elemente« bezeichnet und als eine für den Staat gefährliche Opposition einschätzt? Diejenigen jedenfalls, die es sich in einer Nische gemütlich gemacht haben, gehören in aller Regel nicht dazu.

Die Nischen der DDR-Bürger, das war Pierre schon während der Lektüre von Günter Gaus' Buch klargeworden, sind der Garant für die Beibehaltung des gesellschaftlichen Status quo. Aber die Veränderung aus der SED heraus, an deren Machbarkeit er noch glaubte, als er dieser Partei beitrat, hält er nun für eine Illusion – seit er die zweite Reihe der Macht kennengelernt hat, die sich Wrigley's Spearmint und Ritter Sport in die Taschen stopft und sich als Sieger der Geschichte aufspielt.

Pierre sitzt in der Lobby der DDR-Residenz auf den Moskauer Leninbergen zwischen all den Journalisten und wartet. Die Tür öffnet sich, und der ZK-Mitarbeiter, der gestern gefordert hatte, der Generalsekretär solle Gorbatschow endlich mal deutlich machen, daß die DDR keine Perestroika und auch keine Glasnost brauche, bittet zum Fototermin. Dabei gibt es nur zwei Varianten. Die Vorsitzenden der kommunistischen Bruderparteien werden von Erich Honecker geküßt, die von befreundeten Parteien und die »Führer der nationalen Befreiungsbewegungen« meist nur per Handschlag begrüßt. Nach Aufforderung durch den ZK-Mitarbeiter treten Pierre und seine beiden Kollegen ein und heben die Kameras. Einige Fotos im Kleinbildformat – Blitz, Kamerawechsel zum Mittelformat – Blitz, und dann heißt es erneut: warten.

Zwischendurch tritt der ZK-Mitarbeiter wieder vor die Tür und informiert die schreibenden Journalisten beispielsweise darüber, daß der Generalsekretär des ZK der SED und Vorsitzende des Staatsrats der DDR mit seinem Gesprächsgast in der Einschätzung überstimme, daß sich das internationale Kräfteverhältnis »weiter zugunsten der Kräfte des Friedens und des Sozialismus verändert« habe. Der Korrespondent von ADN – der amtlichen Nachrichtenagentur der DDR – notiert penibel die standardisierten Formeln, als höre er sie heute zum ersten Mal. Gleich danach läuft er nach hinten, wo im Durchgang zur Küche ein Telefon hängt. Fast im gleichen Wortlaut diktiert er von diesem Apparat aus den Text nach Berlin durch. Pierre weiß, daß die Floskeln in der nächsten Woche auch Wort für Wort neben seinen Bildern auf den Seiten zwei und drei in der *NBI* stehen werden. Niemand in der Redaktion wird sich die Mühe machen, diese Texte zu redigieren. Und Pierre weiß auch, daß sich die *NBI*-Leser in der Nischengesellschaft DDR weder für die ADN-Texte noch für seine Bilder vom küssenden und händeschüttelnden SED-Generalsekretär interessieren. Sie werden das tun, was er selbst seit Jahren macht, wenn er die *NBI* zur Hand nimmt – diese Seiten überblättern.

Wer heute im wiedervereinigten Deutschland behauptet, er habe im Herbst 1987 geahnt, daß zwei Jahre später die Mauer fallen würde, hatte damals entweder hellseherische Fähigkeiten oder nimmt es heute mit der historischen Wahrheit nicht sehr genau. Sicher hat die westdeutsche Bundesregierung nicht damit gerechnet – weshalb sonst hätte der westdeutsche Bundeskanzler den ostdeutschen Staats- und Parteichef am 7. September 1987 mit militärischen Ehren in Bonn empfangen sollen. Sicher haben auch diejenigen nicht damit gerechnet, die die DDR verließen. Sei es mittels eines Ausreiseantrages oder – noch im Sommer 1989 – über Botschaftsbesetzungen in Prag und Warschau.

Im Herbst 1987 aber befand die DDR sich in Stagnation. Kaum jemand glaubte damals daran, daß das Land noch reformfähig sei, und kaum jemand hielt mit seiner Meinung hinter dem Berg. Als Erich Honecker in Aussicht stellte, die Mauer könne auch in 100 Jahren noch stehen, führte dies nicht etwa zu Gelächter, sondern zu Resignation. Selbst die zaghaft beginnende Oppositionsbewegung hatte nicht die gesellschaftliche Entwicklung zum Ziel, wie sie sich vom 9. November 1989 bis zur staatlichen Wiedervereinigung am 3. Oktober 1990 vollzog.

Auch Cathrin nicht, die nach ein paar Gläsern den Gesellschaftsentwurf einer Konföderation der beiden deutschen Staaten auf den Tisch warf, schon am nächsten Tag aber nicht mehr daran glaubte. Die Halbschwester von Spionagechef Markus Wolf hat die Wiedervereinigung nicht erlebt. Ein Jahr vor dem Fall der Mauer hatte sie keine Kraft und keine Hoff-

nung mehr – und wohl auch niemanden mehr, der sie verstand und ihr helfen konnte. An einem Sonntagmittag im Herbst 1988 ist Cathrin zum Hochhaus Nr. 20 in der Ost-Berliner Andreasstraße gefahren und hat sich aus dem achten Stock in den Tod gestürzt.

Die Reise nach Moskau hat mir deutlich die Ausweglosigkeit vor Augen geführt, in der sich die DDR befand. Eigenartigerweise haben mir ausgerechnet jene grauen Herren zu dieser Erkenntnis verholfen, die von der Überlegenheit ihres Systems und von der eigenen »welthistorischen Mission« überzeugt waren. Als wir am 9. November 1987 nach Berlin zurückflogen, war ich der Konsequenz, die ich in den nächsten Wochen daraus ziehen sollte, ein ganzes Stück näher gekommen. Doch keiner in der Tupolew 134 konnte ahnen, daß exakt zwei Jahre später die Mauer fallen und nur ein weiteres Jahr danach die DDR der Bundesrepublik Deutschland beitreten würde.

Die Entscheidung

Die Kopie des Briefes auf dem vergilbten Durchschlagpapier aus »volkseigener Produktion« läßt gleichermaßen Rückschlüsse auf die Hoffnungen wie auf die Entschlossenheit seines Verfassers zu. Auf drei DIN-A-4-Seiten schreibt ein Pierre Guillaume aus der Weichselstraße im Stadtbezirk Friedrichshain am 2. Februar 1988 an den Berliner SED-Chef, dessen Namen zu diesem Zeitpunkt außerhalb der DDR noch kaum jemand kennt: Günter Schabowski.

Anderthalb Jahre bevor der Parteifunktionär mit seinem Politbüro-Kollegen Egon Krenz gegen den greisen Generalsekretär putschen und kurz darauf die Öffnung der Mauer verkünden wird, gilt er bei der eigenen Bevölkerung bereits als heimlicher Reformer. Dabei hat er sich nie öffentlich zur neuen Moskauer Linie bekannt, hat nicht einmal offensiv Kritik an den Verhältnissen im eigenen Land formuliert. Um zu den Reformkräften gezählt zu werden, genügt es schon, anders zu sein als die grauen Männer des ZK, jünger zu sein als die meisten im Politbüro und seinen Standpunkt nicht in den üblichen Worthülsen vorzutragen. Dieses Image des Günter Schabowski ist auch für Pierre Grund genug, seine für diesen Tag geplanten Aktivitäten mit jenem Brief zu flankieren.

Werter Genosse Günter Schabowski!
Ich wende mich mit einem Problem an Sie, das bei Ihnen alles andere als Wohlbehagen hervorrufen wird. Eher sogar Bitterkeit und Enttäuschung. Aber auch und gerade bei großen Konflikten ist es besser, denke ich, ehrlich aufeinander zuzugehen, als durch Ab-

schottung und ungeschicktes Verhalten die Fronten zu verhärten. Ich suche den Weg zu Ihnen, um Sie zu informieren, mich zu erklären und vielleicht – das wäre meine größte Hoffnung – Verständnis oder zumindest Hilfe zu finden. Ja, ich muß Sie um Hilfe bitten, bei folgendem Vorgang den für alle beteiligten Seiten besten, diskretesten und schnellsten Lösungsweg zu finden.

Pierre hatte jedes Wort abgewogen, an den Formulierungen immer wieder gefeilt, um den Brief schließlich in der vorliegenden Fassung abzutippen. Das Schreiben an Günter Schabowski wird ihn an diesem kalten Februar-Dienstag des Jahres 1988 gedanklich bei jedem seiner Schritte begleiten. Noch liegt es bei ihm zu Hause neben der Schreibmaschine. Wenn die Erledigungen des Tages getan sein werden, wird er ihn persönlich bei der Bezirksleitung der SED abgeben.

Pierre und Iris hatten den Ablauf des Tages genau geplant, dennoch waren sie erst mal zum falschen Gebäude gelaufen. Sie wußten nicht, daß sich die »Abteilung Inneres« nicht im Friedrichshainer Rathaus-Neubau am Bersarin-Platz, sondern in einem häßlichen Polizeirevier in der Marchlewski-Straße befindet.

Die ältere Dame, welche die formlosen Anträge auf »Ausreise aus der Deutschen Demokratischen Republik« und auf »Entlassung aus der Staatsbürgerschaft« entgegennimmt, strahlt zunächst die gelangweilte Gelassenheit einer routinierten staatlichen Bediensteten aus. Sicher hat sie schon Hunderte derartiger Anträge entgegengenommen, seit sich die DDR-Oberen Anfang der achtziger Jahre entschlossen hatten, immer mal wieder schubweise Bürgern ihrer Republik die Ausreise zu bewilligen. Doch offenbar ist man staatlicherseits noch immer nicht bereit, dies als normalen Vorgang zu akzeptieren, denn nach wie vor gibt es hierfür keine amtlichen Formulare – erstaunlich in einem Staat, dessen Bürokratie fast in Formularen erstickt.

Als die Behörden-Angestellte aber den Familiennamen der beiden Antragsteller liest, wird sie schlagartig nervös. Auf jeden Fall lehnt sie es zunächst erst einmal ab, den Eingang der Anträge schriftlich zu bestätigen. Genau das aber empfehlen Ausreisewillige untereinander und auch das West-Fernsehen, damit die Antragsteller überhaupt etwas in der Hand haben und sich später auf den Vorgang berufen können. Die ältere Dame aber bittet Iris und Pierre, »erst mal Platz zu nehmen«.

Seit mehr als zwei Stunden sitzen sie nun schon in dem fast leeren Warteraum. Mehrfach ist eine andere Bedienstete zu ihnen gekommen und hat um Verständnis gebeten, daß sich »die Angelegenheit noch etwas verzögern« würde. Die wenigen Wartenden blickten dann erstaunt von ihren Zeitungen auf. Schließlich ist ein solches Verhalten für eine DDR-Behörde geradezu anormal. Für Pierre aber ist dies ein erster Hinweis darauf, daß der Name Guillaume mal wieder zu einer Sonderbehandlung führt.

> *Ich werde mit meiner Frau und meinen beiden Kindern die DDR verlassen und in das Land meiner Geburt, die BRD, zurückkehren. Schon das Wort Ausreiseantrag hat für mich eine andere, nicht zutreffende Bedeutung, obwohl auch ich ihn stellen muß, denn ein anderer Weg ist von Rechts wegen nicht möglich. Auch meine Motivation, die DDR zu verlassen, hat einen anderen, ursächlichen Zusammenhang als der jener DDR-Bürger, die einen solchen Schritt tun. Ich kehre der DDR nicht den Rücken. Ich habe mich ihr einst sogar zugewandt. Hier zu leben war damals mein freiwilliger Entschluß. Nur waren die äußeren Umstände und Bedingungen und vor allem meine eigene Persönlichkeitsentwicklung seinerzeit nicht so geschlossen, optimal und fair, daß der Schluß gerechtfertigt wäre: »Nun bist Du einmal hier, nun mußt Du auch bis zum Ende Deiner Tage bleiben.«*

Die ältere Dame, die vor mittlerweile fast drei Stunden ihre Anträge entgegengenommen hat, geleitet Iris und Pierre nun ins Büro der Behördenleiterin. Die Endvierzigerin mit der Rüschenbluse und dem grauen Faltenrock ist augenscheinlich um Fassung bemüht. Dennoch entgeht es Pierre nicht, daß ihre Hände leicht zittern. Wahrscheinlich hat sie die ganze Zeit mit Telefonaten zugebracht, ist von einem zum anderen verbunden worden, bis sie schließlich bei einem Genossen gelandet ist, dessen Dienstrang ihr Ehrfurcht einflößte. Sie bemüht sich um einen sachlichen Ton, als sie erklärt: »Ihre Angelegenheit wird von höherer Stelle entschieden.«

Ich darf für mich in Anspruch nehmen, daß ich vieles, sehr vieles unternommen habe, um hier heimisch zu werden. Ich habe gearbeitet, habe immer neue Wege gesucht, mich beruflich und persönlich weiter zu entwickeln. Auch Rückschläge, wie sie allen Menschen passieren, habe ich versucht zu verkraften.

Doch: Ich bin nicht mein Vater, dessen Lebenswerk ich achte. Ich habe Anspruch auf eine eigene Identität. Ich bin erwachsen und treffe eine souveräne Entscheidung!

Ich möchte mein Leben gemeinsam mit meiner Familie dort fortsetzen, wo ich – nicht durch mein Verschulden – fortgerissen wurde, ohne je zu vergessen, was ich der DDR zu danken habe. Ich bin mir durchaus bewußt, sicherlich mehr als andere DDR-Bürger, wie das Leben in der BRD ausschaut. Doch ich möchte nicht um die Entscheidung beraubt werden, dort zu leben, wo ich es für richtig halte. Nimmt man mir diese Entscheidungsfähigkeit, so nimmt man mir auch die Chance, hier weiter zu existieren.

Die Behördenleiterin drückt den Stempel auf die von Pierre vorgefertigte Eingangsbestätigung. Als die beiden jungen

Leute endlich das Gebäude verlassen, sehen sie einander an, und Iris atmet einmal tief durch. Der erste Schritt ist getan, aber eben nur der erste Schritt. Dies hier war ein amtlicher Vorgang bei einer staatlichen Bediensteten, von der Pierre noch nicht einmal den Namen weiß. Die nächsten Schritte werden schwerer sein, werden ihn zu Menschen führen, die er kennt und deren Enttäuschung er trotz aller Entschlossenheit nicht so leicht wegstecken wird. Bei Iris wird es nicht anders sein. Vorerst gehen sie getrennte Wege, um sich am Nachmittag wieder zu treffen. Sie verabreden sich in jenem Berliner Kaffeehaus auf dem Alexanderplatz, in dem sie vor sieben Jahren zueinandergefunden hatten.

Pierre ist es eigentlich gar nicht unlieb, daß Wolfgang Nordalm nicht im Hause ist. Einerseits mag er den *NBI*-Chefredakteur trotz dessen oft eitler Selbstdarstellerei ganz gern, andererseits aber würde Nordalm, der mit Günter Guillaume befreundet ist, vermutlich versuchen, Pierre umzustimmen. Eine längere Diskussion wäre unvermeidlich.

»Ist es wichtig? Soll ich ihm was von dir ausrichten?« fragt die Chefsekretärin.

Pierre aber will sein Kündigungsschreiben auf gar keinen Fall quasi durch die Hauspost übermitteln. Er geht zum Büro, in dem er einst Günter Karau kennengelernt hat. Dort sitzt mittlerweile Karl Barth, der als neuer stellvertretender Chefredakteur noch nicht lange der Redaktion angehört. Das hat den Vorteil, daß es Pierre nicht ganz so schwer fällt, sein Kündigungsschreiben bei ihm abzugeben. Und da Karl gleichzeitig auch der Parteisekretär ist, kann Pierre zwei Fliegen mit einer Klappe schlagen.

Karl betrachtet fassungslos das Kündigungsschreiben und die Parteiaustrittserklärung, während er unentschlossen Pierres Parteidokument von einer Hand in die andere nimmt. Er ist von der Situation offenbar völlig überfordert, sagt, er habe so etwas niemals erwartet und müsse das erst mal verkraften.

Noch einmal geht Pierre den Flur entlang, der in den letzten zwei Jahren zum vertrauten Arbeitsplatz geworden ist. Er geht zu seinem Fotochef Peter Leske und zu ein paar befreundeten Redakteuren und Grafikern. Keiner von ihnen reagiert wie eben Karl Barth.

»Du gehst ja in kein unbekanntes Land«, sagt einer zutreffend.

Claudia, die Bildredakteurin, von der Pierre weiß, daß auch sie sich mit Ausreisegedanken trägt, freut sich sogar.

»Ich finde es toll, daß du den Mut dazu hast!« sagt sie.

Auf dem Weg zurück zum Fahrstuhl kommt Pierre an Ilonas Büro vorbei. Die Tür aber ist geschlossen, denn sie hat heute freigenommen, um auf David und Fabian aufzupassen. Später wird er mit Iris zu ihr und ihrer Familie nach Johannisthal fahren, um die Söhne abzuholen – in der Hoffnung, daß sie Ilona nicht zuviel Streß bereitet haben. Noch gestern abend haben Iris und Pierre zusammen mit Ilona und ihrem Mann Peter eine Vereinbarung aufgesetzt. Pierre hält es zwar für nahezu ausgeschlossen, daß man ihn und seine Frau im Verlaufe ihrer Ausreisebemühungen verhaften würde, aber es ist beruhigend zu wissen, daß Ilona und ihr Mann in diesem Fall bereit wären, David und Fabian bei sich aufzunehmen. Vorausgesetzt, die staatlichen Behörden würden die Vereinbarung über die Übertragung des zeitweiligen Sorgerechts für ihre Kinder überhaupt anerkennen.

Ich werde meine gegenwärtige Arbeitsstelle, die ›Neue Berliner Illustrierte‹, sofort verlassen. Ebenso folgerichtig ist ein Austritt aus der SED, auch für meine Frau. Bis zu unserer Rückkehr in die BRD werde ich nicht die Öffentlichkeit suchen, so wie es andere tun, um den Fortgang der Dinge zu beschleunigen. Ich kann allerdings nicht zusehen, dies werden Sie als Vater verstehen, wenn meine Kinder von uns getrennt werden, wenn meiner Frau und mir in ir-

gendeiner Form nicht gerechtfertigte Repressalien zuteil werden.

Von einer der Telefonzellen schräg gegenüber vom Roten Rathaus hat Pierre seine Mutter angerufen. Nun ist gerade Iris dabei, die Neuigkeiten auch ihrer Mutter mitzuteilen. Durch die Scheibe beobachtet er seine Frau. An den heftigen Gesten kann er erkennen, daß sich deren Dialog weit problematischer gestaltet, als dies eben bei ihm und seiner Mutter der Fall war. Schließlich war die telefonische Mitteilung nur noch eine Formsache, denn gemeinsam mit Iris hatte er sie schon am Weihnachtsabend von dem Entschluß unterrichtet. Pierre weiß, daß diese Entscheidung für seine Mutter ein schwerer Schlag ist. Nicht wegen der politisch-ideologischen Vorbehalte, sondern vielmehr, weil seine Ausreise für sie zu noch größerer Einsamkeit führen wird. Erst letztes Jahr hat das MfS nördlich von Berlin, in Hohen Neuendorf, ein geräumiges Haus bauen lassen, in das sie mit Oma Erna einziehen wollte. Doch kurz bevor es bezugsfertig wurde, starb Pierres Großmutter Ende Mai 1987. Nun bewohnt Christel Guillaume völlig allein ein großes Haus in einer Gegend, in der sie von der Normalbevölkerung des Ortes sozial weitgehend isoliert ist. Die Bewohner jener Siedlung, für deren Häuser das MfS sogar ein kleines Wäldchen hat roden lassen, sind nämlich ausschließlich ehemalige Agenten aus dem »Einsatzgebiet BRD«, und sie werden von den alteingesessenen Hohen-Neuendorfern mißtrauisch beäugt.

Pierre hat gewußt, es würde traurig werden – es würde das erste Weihnachtsfest ohne Oma Erna sein und das letzte, das er mit seiner Mutter feiert. Es wurde aber auch ein skurriles Weihnachtsfest – und das hat eine Vorgeschichte.

Vor einiger Zeit hatte Iris bemerkt, daß David immer schmächtiger wurde. Als sie die Erzieherin im Kindergarten darauf ansprach, erklärte diese ohne jede Anteilnahme, das

Kind habe nicht essen und auch nicht spielen wollen. Deshalb habe sie David einfach links liegengelassen. Außerdem herrschte sie in ihrem Reich mit einem unerträglichen Befehlston, dem sich David verweigerte. Iris meldete ihren Sohn daraufhin in diesem staatlichen Kindergarten ab, und es gelang ihr, für David einen der begehrten Plätze in einem evangelischen Kindergarten zu bekommen. Das führte natürlich zu heftigen Auseinandersetzungen mit ihren Eltern.

Christel Guillaume hingegen nahm den Wechsel ihres Enkel in einen konfessionellen Kindergarten relativ gelassen zur Kenntnis. Nun also kam sie am Heiligen Abend zu Besuch. Am späteren Nachmittag teilte Pierre ihr mit, daß David mit dem Chor des Kindergartens für den Weihnachtsgottesdienst einige Lieder einstudiert habe. Als Oberstleutnant des MfS tat sich Christel Guillaume schwer mit dem Gedanken, einen christlichen Gottesdienst zu besuchen. Vor allem bereitete ihr Sorge, daß sie dabei unter Umständen von einem Genossen »ihres Hauses« entdeckt werden könnte, der einer solchen Veranstaltung aus professionellem Interesse beiwohnte. Schließlich kam Pierres Mutter doch mit, nahm sogar das Gesangbuch zur Hand und versuchte sich mal wieder in einem Rollenspiel.

Noch am gleichen Abend, an dem Christel Guillaume zum ersten Mal seit Jahrzehnten einen christlichen Gottesdienst besuchte, teilten ihr Sohn und Schwiegertochter mit, daß dies »das letzte gemeinsame Weihnachtsfest« sei. Christel Guillaumes Reaktion aber hatte Iris und Pierre überrascht. Seine Mutter fand nämlich schnell ihre Fassung wieder, erklärte, sie habe mit diesem Schritt irgendwann gerechnet, und sagte ihnen »jegliche Unterstützung« zu. Sie wies aber auch darauf hin, daß es »für alle Beteiligten ein schwerer Weg« werde.

Bitte glauben Sie mir, werter Genosse Schabowski, ich weiß genau, warum ich in meine Heimat zurück möchte. Mit den Gründen möchte ich Sie nicht behel-

ligen. Ich respektiere Ihr Nichtverständnis. Ich habe keine Illusionen und weiß, in welch komplizierter Zeit wir leben. Ich weiß aber auch, daß die DDR, begegnet man ihr ehrlich, auch humanistisch reagieren kann. Mir ist zutiefst bewußt, daß mein Schritt Konsequenzen hat. Ein Ausreiseantrag des Sohnes des Genossen Günter Guillaume hat alles andere als rein private Dimensionen. Eine politische Ausdeutung meines Entschlusses ist nicht aus der Welt zu schaffen. Aber über das Niveau der Abwicklung unseres Ersuchens kann und muß korrekt geredet und entschieden werden.

Sie solle keine weiteren Schritte unternehmen, sagte Iris' Mutter ihrer Tochter am Telefon und wollte partout nicht zur Kenntnis nehmen, daß Iris alle Schritte bereits unternommen hat. Nun sitzen sich Iris' Eltern und Pierres Mutter im Wohnzimmer der jungen Leute gegenüber. Nach einer Weile betroffenen Schweigens erklärt Pierres Schwiegervater kategorisch: »Ich akzeptiere euren Entschluß nicht. Ich werde dafür kämpfen, daß ihr hierbleibt.«

In den Sessel versunken, klagt Pierres Mutter dauernd, daß alles ihre Schuld sei und sie ihrem Sohn »so viel in seinem Leben verbaut« habe. Das ist nun nicht gerade das, was Iris' Vater, der Oberst des MfS, und seine Frau, die hauptamtliche Genossin bei der SED-Bezirksleitung, hören wollen.

»So etwas gehört sich einfach nicht!« ruft Iris' Mutter.

Pierre ist für einen Moment nicht ganz klar, wen sie damit meint: Iris und ihn, die der »sozialistischen Heimat« den Rücken kehren wollen, oder die »verdiente Kundschafterin des Friedens«, die den Genossen durch ihr Selbstmitleid eine gehörige Desillusion bereitet.

Iris setzt sich neben ihren Mann auf die Armlehne des Sessels, und Pierre legt seinen Arm um ihre Hüfte. »Wir sind ein richtig gutes Team!« hat sie in den vergangenen Wochen mehrfach zu ihm gesagt, und auch er spürt in diesem Moment das vertraute Gefühl der Gemeinsamkeit. Er beschließt, die Unterredung zu beenden. Beim Abschied nimmt sein Schwiegervater ihn noch einmal zur Seite.

»Jetzt schlaft eine Nacht darüber, und dann laßt uns mal mit den Genossen vom ›Haus‹ überlegen, wie wir euch helfen können«, schlägt er vor. »Ihr werdet sehen, ihr seid in der DDR allemal besser aufgehoben als drüben.«

Deshalb wende ich mich an Sie und nicht an die Vorgesetzten meines Vaters. Unser Wunsch, die DDR zu verlassen, soll dieses Land nicht diskreditieren. Unser Ausreiseantrag darf nicht mißverstanden werden als eine In-Frage-Stellung oder gar Herabwürdigung der geleisteten Arbeit meiner Eltern, auch wenn ich nicht verhindern kann, daß sie es für immer so deuten werden.

Am Küchentisch überfliegt Pierre noch einmal den Brief an Günter Schabowski. Manche Formulierung, bei der er zunächst noch unschlüssig war, hat nach den Ereignissen des heutigen Tages eine weitere Bedeutung bekommen. Ob ihm der SED-Bezirksvorsitzende helfen wird, mit seiner Familie das Land zu verlassen? Immerhin hat Pierre versucht, sein Anliegen so zu formulieren, daß der Parteifunktionär über die angebotene Brücke gehen kann. Wenn er denn will und wenn er dafür überhaupt über die nötige Macht verfügt.

Von hinten sieht ihm Iris über die Schulter. Gemeinsam lesen sie noch einmal den Brief an den Mann, den viele für einen Reformer halten.

Meine Familie und ich können über Umfang und Qualität des nun beginnenden Prozesses nicht allein entscheiden. Ich bitte Sie, kraft Ihrer politischen Kompetenz und menschlichen Toleranz, Einfluß zu nehmen, daß die Institutionen unserer Elternhäuser nicht über-

reagieren, nicht Druck ausüben oder uns in die Ecke treiben, so daß wir uns aus Verzweiflung wehren müssen und letztendlich doch Schaden angerichtet wird, den keiner will und braucht.

Unser Entschluß steht fest. Er ist lange, sehr lange durchdacht worden und nicht mehr rückgängig zu machen. Quälende Gespräche, ellenlange Bürokratenvorgänge würden niemandem nützen. Ich erlaube mir, Sie hiermit zu bitten, Ihren Einfluß geltend zu machen, daß wir bis zum Frühsommer dieses Jahres unsere Ausreise bewilligt bekommen.

Bitte, werter Genosse Schabowski, helfen Sie uns! Ich weiß, mein Dank wird Ihnen vielleicht nichts bedeuten. Ich möchte Sie aber dennoch meines Dankes versichern und Ihnen sagen, daß wir Ihre Hilfe niemals vergessen werden.

Hochachtungsvoll, Ihr

Pierre greift zum Stift und blickt zu seiner Frau. Iris nickt ihm zu, und er setzt seinen Namenszug unter den Brief: »Pierre Guillaume«. Morgen früh wird er ihn persönlich in der Bezirksleitung der SED abgeben.

Verhandlungssache

Bereits einen Tag nachdem Pierre und Iris ihre formlosen Anträge auf »Entlassung aus der Staatsbürgerschaft« und »Ausreise aus der DDR« gestellt hatten, war Harry Mittenzwei unangemeldet im Haus von Christel Guillaume aufgetaucht. Der Oberst des MfS, der seit einigen Monaten die für »Schulung und Betreuung« zuständige Abteilung XIX der HVA leitete, blieb aber nicht lange. Er überbrachte seiner Genossin eine Einladung ins Ministerium für den nächsten Tag. Der Umstand, daß man nicht irgendeinen Mitarbeiter aus der Betreuergruppe, sondern deren obersten Chef geschickt hatte, machte Pierres Mutter die Bedeutung des bevorstehenden Termins im »Haus« deutlich.

Tags darauf fand sich Christel Guillaume pünktlich um 13 Uhr in der Normannenstraße ein, wo sich der Nachfolger von Markus Wolf, Generalleutnant Werner Großmann, mit ihr zu einem Vier-Augen-Gespräch zurückzog. Mehr als fünfzehn Jahre später erinnert Pierres Mutter noch viele Details dieses Gesprächs. Zunächst habe der neue HVA-Chef von »Verwunderung« und »Enttäuschung« gesprochen, schließlich sei doch wirklich alles getan worden, damit sich Pierre in der DDR heimisch fühle. Vor allem aber sei ihm nicht klar, weshalb sich »die beiden mit ihren Problemen nicht vertrauensvoll ans Haus« gewendet hätten, habe Großmann erklärt. In diesem Moment, so Christel Boom heute, habe sie zum ersten Mal ihren Sohn und seine Frau dem eigenen Ministerium gegenüber in Schutz genommen. Sie habe darauf verwiesen, daß die jungen Leute doch den offiziellen und direkten Weg gegangen seien. Das könne man ihnen nicht vorwerfen.

Werner Großmann begriff schnell, daß er nicht automatisch

davon ausgehen konnte, in Christel Guillaume eine Bundesgenossin zu haben. Vermutlich wußte er, daß Mütter sich nicht ohne weiteres zu Befehlsempfängern degradieren lassen, wenn es um die eigenen Kinder geht. Jedenfalls habe er sich nun sehr sachlich nach ihrer Meinung erkundigt.

Pierres Mutter hatte das Gefühl, etwas gutmachen zu müssen. In den letzten Jahren hatte sie ihrem Sohn nur schwer jenes schlechte Gewissen verständlich machen können, das sie in der Haftzeit entwickelt hat. Sie wußte auch um das Defizit an Gesprächen, weil sie sich dazu oftmals außerstande sah. Nun aber, als Pierre diese folgenreiche Entscheidung getroffen hatte, wollte sie ihm nicht im Weg stehen. Dies alles aber mußte sie mit sich ausmachen. Ihrem Dienstvorgesetzten erklärte sie nur, daß sie sehr traurig sei, wenngleich sie schon lange mit einem solchen Schritt gerechnet habe. Ihr Sohn habe sich doch wirklich alle Mühe gegeben, in der DDR klarzukommen.

Schließlich aber bekante Werner Großmann die Hauptsorge des MfS: daß nämlich eine im Westen großangelegte Medienkampagne Nachahmer animieren und »gerade in der aktuellen innenpolitischen Situation zu erheblichem Schaden« führen könnte. Wiederum stellte sich Christel Guillaume vor Sohn und Schwiegertochter. Wenn die jungen Leute an einer solchen Medienkampagne interessiert wären, hätten sie diesen Schritt längst gewählt. Schließlich arbeiteten ja genügend Westkorrespondenten in der Hauptstadt. Statt dessen aber hätten die beiden »den ehrlichen Weg gewählt und sich an die Genossen der ›Abteilung Inneres‹ gewandt«. Und schon gar nicht hätten sie sich mit Schildern vor die BRD-Vertretung gestellt. Sie sei also um Schadensbegrenzung für beide Seiten bemüht gewesen, erklärt Pierres Mutter heute.

Es ist ein vertrauter Ort, zu dem Pierre und seine Frau an diesem frühen Morgen bestellt wurden. Bevor er hier vor sieben Jahren seine Mutter nach deren Austausch in die Arme schließen konnte, hatte Walter, der damalige Betreuer, den geheimen Ort als »Gästehaus Neuenhagen« bezeichnet. Nun aber ist Pierre von dem Boten des MfS, der ihm die mündliche »Einladung« zu einem Gespräch überbrachte, eher unfreiwillig der Codename des konspirativen Objekts verraten worden: »Plantage«. Und es sind vertraute Personen, denen er hier begegnet. Zunächst natürlich Friedchen, die noch immer der gute Geist des Hauses ist und im Besprechungszimmer schon Getränke auf den Tisch gestellt hat.

Überrascht ist Pierre, als er erfährt, daß das Gespräch mit Generalmajor Werner Prosetzky stattfinden wird. Einerseits, weil es ungewöhnlich ist, daß sich ein Offizier im Generalsrang überhaupt mit einem Ausreiseantrag beschäftigt; zum anderen aber, weil Prosetzky als einem der fünf stellvertretenden Bereichsleiter der »Hauptverwaltung Aufklärung« nicht diejenige Abteilung untersteht, der seit mehr als dreißig Jahren seine Eltern angehören. Aber vielleicht, überlegt Pierre, ist Prosetzky ja gerade dadurch, daß er in der Vergangenheit nicht mit dem »Fall Guillaume« befaßt war, eine geschickte Wahl. Außerdem hatte der knapp sechzigjährige Generalmajor bei einigen Begegnungen in den letzten Jahren trotz seines Geheimdienst-Hintergrundes einen angenehmen, fast väterlichen Eindruck auf ihn gemacht.

Dies kann man von dem MfS-Offizier an seiner Seite kaum behaupten. Pierre kennt diesen Eberhard Kopprasch bereits aus Bonn, wo der Geheimdienstler als Nachfolger von Martin Schumann offiziell den Posten als »Zweiter Botschaftssekretär bei der Ständigen Vertretung der DDR« bekleidete. Zwischen den Haftbesuchen bei seinen Eltern hatte Pierre ihn regelmäßig getroffen und als einen eher dogmatischen Apparatschik-Typen kennengelernt. Bei den Gesprächen hier, so hofft Pierre, werde Kopprasch neben Prosetzky aber sicher nur die zweite Geige spielen.

Pierres damalige Einschätzung entsprach nicht ganz den Gegebenheiten. Zwar war Generalmajor Prosetzky der ranghöhere

Offizier, doch Oberst Kopprasch war stellvertretender Leiter der »Arbeitsgruppe Sicherheit«, von deren Existenz Pierre seinerzeit noch gar nichts wußte. Auch als Kurt Gailat uns heute die Aufgabe dieser Spezialtruppe innerhalb des MfS erläutert, wird nicht auf Anhieb deutlich, weshalb Kopprasch sich mit dem Ausreisebegehren zweier junger DDR-Bürger – wenngleich mit prominentem Namen – beschäftigte.

»Das war bei uns eine Arbeitsgruppe innerhalb der Hauptverwaltung, also keine Sicherheitsabteilung, sondern eine ›Arbeitsgruppe Sicherheit‹, die die Sicherheitslage unserer Leute im Einsatzgebiet analysiert und ausgewertet hat – auch frühere Verhaftungen und so weiter. Es gab eine Weisung, daß alles, was einen operativen Vorgang irgendwie sicherheitsmäßig belasten könnte, dort zu melden und zu registrieren ist. Und es gab auch bei der Aktenführung eine dreigeteilte Akte: Das war eine Personalakte, das war eine Arbeitsakte – also mit Treffplänen, Informationen und alldem –, und es gab eine Sicherheitsakte, wo all die sicherheitsrelevanten Dinge notiert wurden. Auch unter dem Gesichtspunkt, daß man, wenn sich mal etwas häuft, das dann besser analysieren kann.«

Warum aber sollte sich die »AG Sicherheit« mit dem Ausreisewunsch von Pierre und Iris Guillaume beschäftigen? Und warum mußte an diesen Gesprächen ein Generalmajor teilnehmen, zu dessen Aufgabengebiet der Einsatz von Geheimagenten innerhalb des diplomatischen Dienstes gehörte?

»Nun waren Pierre und seine Frau ja nicht irgendwelche normalen Antragsteller«, sagt Kurt Gailat. Und es klingt bereits an, daß er damit mehr meint als nur den prominenten Familiennamen. Was hinter dieser lapidar klingenden Aussage steckt, wird deutlich, als Gailat auch auf die »hohe Position von Iris' Vater innerhalb der HVA« hinweist. Würde man nämlich dem jungen Ehepaar Guillaume die Ausreise in die Bundesrepublik gestatten, wäre damit ein erhebliches Sicherheitsrisiko verbunden. Die beiden kannten einfach zu viele Personen, deren Identität und Aufgabenbereiche für westliche Dienste ein gefundenes Fressen wären. Außerdem kannte Pierre die Klarnamen von Anita und Wolfgang, die sich als Residenten seiner Eltern auf dem Boden der Bundesrepublik strafbar gemacht hatten – und natürlich kannte er deren Führungsoffizier, dessen Klarnamen er eigentlich gar nicht wissen durfte: Kurt Gailat.

»Wir führen hier keine Ausreiseverhandlungen!« erklärt Werner Prosetzky gleich zu Beginn des Gesprächs. Er sagt dies mit sachlicher Bestimmtheit, ohne jeden aggressiven oder gar feindseligen Unterton.

»Und? Warum sind wir dann hier?« fragt Pierre ebenso ruhig zurück.

Nach einem kurzen Blickwechsel zwischen den beiden Offizieren spricht der Generalmajor von »Verständnis für Pierres schwierige Zeit in der Vergangenheit«, aber auch von »Verwunderung, Betroffenheit und Enttäuschung«! Er beugt sich nach vorn, stützt die Ellenbogen auf den Tisch und sieht Pierre direkt in die Augen. »Haben wir nicht immer gemeinsam einen Ausweg gefunden? Waren wir nicht immer verläßliche Partner, wenn du uns gebraucht hast?«

Damit spricht Werner Prosetzky aus, was Pierre in der Vergangenheit ja nicht grundlos als zunehmend unerträglich empfand. Ist dem hochdekorierten Offizier denn nicht klar, daß er eben wieder den Alleinvertretungsanspruch seiner Behörde für die Privatangelegenheiten von Pierre und seiner Familie formuliert hat?

»Wir wollen eure Fürsorge nicht. Betrachtet uns doch einfach als ganz normale DDR-Bürger.«

»Wir lassen auch ganz normalen DDR-Bürgern unsere Fürsorge zukommen«, wird Pierre von Eberhard Kopprasch unterbrochen.

Weder er noch Werner Prosetzky bemerken offenbar den kuriosen Doppelsinn dieser Aussage.

Schon nach kurzer Zeit beginnt das Gespräch, sich im Kreis zu drehen. Die beiden Offiziere des MfS formulieren immer wieder und in Varianten die angebliche Sorge um die Zukunft ihrer Gesprächspartner. Und immer wieder verbitten sich Iris und Pierre eine solche Einmischung in die Privatangelegenheiten. Aber man solle doch bitte auch an die Kinder denken, fordert Werner Prosetzky, und an die viel besseren Ausbildungschancen und Entwicklungsmöglichkeiten, die sie in der DDR hätten.

»Gerade die Kinder aber sind ein ganz wesentlicher Grund, weshalb wir die DDR verlassen wollen«, entgegnet Pierre.

Natürlich war mir klar, daß mich ein Generalmajor nicht verstehen würde, wenn ich ihm erklärte, ich wolle meine Söhne vor der zunehmenden Militarisierung an den DDR-Schulen schützen, wo inzwischen flächendeckend der »Wehrkundeunterricht« eingeführt worden war, und ich wolle David und Fabian nicht in der Pionierorganisation sehen, wo militärischer Drill, Uniformiertheit und Gehorsam üblich sind. Trotzdem hatte ich ihm all das gesagt – und Generalmajor Prosetzky verstand mich nicht, wenngleich er das exakte Gegenteil behauptete. Man habe »sehr großes Verständnis für meine Probleme«, erklärte er und weigerte sich, zur Kenntnis zu nehmen, daß mein einziges Problem das war, nicht selbst entscheiden zu können, wo ich mit meiner Familie leben wollte. Nach drei Stunden waren wir noch immer da, wo wir anfangs waren. Wir fanden einfach keine gemeinsame Basis, auf deren Grundlage wir uns verständigen konnten.

Unsere Gesprächspartner erklärten, daß »selbstverständlich noch alles unter Kontrolle« sei, daß sie bereit wären, dafür zu sorgen, daß wir zu den von uns gekündigten Arbeitsstellen zurückkehren könnten und daß natürlich auch unser Parteiaustritt rückgängig gemacht würde. Spätestens jetzt war klar: Wir redeten komplett aneinander vorbei. Mit diesen Vorschlägen demonstrierten sie uns ja genau jene Allmacht, von der wir erst anderthalb Jahre zuvor begonnen hatten, uns zu befreien. Schließlich versuchten Iris und ich, das Gespräch zu beenden. Wir erklärten, daß wir, falls es jetzt nicht zu einem konkreten Ergebnis käme, weiterhin die offiziellen Wege beschreiten würden.

»Aber das hier ist der offizielle Weg!« meldet sich plötzlich Eberhard Kopprasch zu Wort, der die ganze Zeit weitgehend geschwiegen hatte.

»Was soll das heißen?« fragt Pierre verblüfft.

»Das heißt, wegen der Besonderheit des Falls liegt die Zuständigkeit beim Ministerium für Staatssicherheit und nicht bei der Abteilung Inneres in Friedrichshain.«

Nach einem kurzen Moment der Irritation weist Iris mit der Hand auf Generalmajor Prosetzky.

»Aber Sie haben doch vorhin erklärt, Sie würden keine Ausreiseverhandlungen führen …«

»Das tun wir auch nicht«, stimmt Prosetzky zu.

»Weißt du, Iris, ich bin Sozialist, und deshalb bin ich auch Optimist. Und als Optimist gebe ich die Hoffnung nicht auf, euch umstimmen zu können.«

Nun war für Pierre endgültig der Zeitpunkt gekommen, dieses sinnlose Gespräch zu beenden.

»Nun, wenn das so ist, dann bleibt uns nichts anderes übrig …«

»Als was zu tun?« unterbricht ihn Eberhard Kopprasch scharf. »Wenn die offiziellen Schritte nicht hinhauen, dann muß man eben die inoffiziellen Schritte gehen!? Ist es das, was du sagen wolltest?«

Das hat Pierre zwar nicht sagen wollen, er hat vielmehr vorgehabt zu erklären, daß ihm dann nichts anderes übrigbleibe, als die Unterhaltung abzubrechen. Doch nunmehr ist er gespannt, was Eberhard Kopprasch mit dieser Schärfe in der Stimme bezweckt.

»Jetzt mach mal halblang, Eberhard, das hat wirklich niemand behauptet«, bringt Prosetzky seinen Kollegen wieder zur Ruhe. »Wir wollen das Ganze doch ein bißchen privat halten, nicht wahr. Ich schlage vor, ihr denkt noch mal in Ruhe über alles nach, und dann sprechen wir uns wieder. Einverstanden?« Generalmajor Prosetzky sieht seine Gesprächspartner erwartungsvoll an.

Pierre ist froh, daß es – abgesehen von dem kurzen Moment der Schärfe in Eberhards Stimme – in den letzten Stunden zu keinen Drohungen oder gar zu Schlimmerem gekommen ist. Aber er verspürt jenes unangenehme Gefühl, das unentschiedene Situationen und ungelöste Probleme hinterlassen können. Auf gar keinen Fall will er dieses Gästehaus des MfS ohne irgendein Zwischenergebnis verlassen.

»Ich hoffe, daß wir uns schon bald wiedersehen, damit es endlich weitergeht.«

Werner Prosetzky streckt ihm die Hand entgegen. »Wir werden uns ganz sicher bald wieder treffen – und dann werden wir sehen, in welche Richtung es weitergeht.« Pierre spürt, daß heute nicht mehr zu erreichen ist, und reicht dem Generalmajor seinerseits die Hand.

Pierre konnte nicht wissen, daß sein Vater bereits einen Tag vor diesem ergebnislos verlaufenen Gespräch zu seiner Mutter nach Hohen Neuendorf gefahren war. 15 Jahre später erzählt uns Christel Boom, ihr Ex-Mann habe sich zuvor – was sie damals »höchst seltsam« gefunden habe – durch Oberst Mittenzwei telefonisch avisieren lassen. Offenbar habe er auf eigene Faust seine einstige Kampfgefährtin auf Linie bringen wollen. Er habe sich richtig ins Zeug gelegt, erklärt sie und mutmaßt:

»Wahrscheinlich hat er endlich mal wieder eine Chance gesehen, aktiv zu werden. Schließlich hatte er doch seit Jahren keine richtige Aufgabe mehr.«

Sie habe vor allem versucht, erinnert sich Pierres Mutter, ihren Ex-Mann auf die gemeinsame Verantwortung gegenüber ihrem Sohn hinzuweisen. Schließlich hätten sie beide doch Pierre erst in diese Situation gebracht, aus der er jetzt einen Ausweg suche.

Günter Guillaume aber habe eine »solche rückwärtsgewandte Diskussion« strikt abgelehnt. Vielmehr müsse man, nicht zuletzt der Enkel wegen, in die Zukunft blicken.

Die Unterhaltung habe kaum eine Stunde gedauert, und doch sei klargeworden, wie tief die Kluft zwischen dem ehemals erfolgreichen »Kundschafterpaar« mittlerweile geworden war. Auch ihr sei es angesichts von Pierres Ausreisewunsch nicht leichtgefallen, noch einmal mit sich ins Gericht zu gehen. Günter Guillaume aber sei von jeder Selbstkritik oder gar einem Bekenntnis zur eigenen Verantwortung meilenweit entfernt gewesen.

Seit feststeht, daß man sich heute erneut treffen wird, haben Pierre und Iris immer wieder Spekulationen über die gegnerischen Argumente angestellt und sich Antworten zurechtgelegt. Sie haben sich darüber verständigt, welche Angebote angenommen werden könnten und welche inakzeptabel wären. Selbst in der letzten Nacht haben sie noch gemeinsam Planspiele veranstaltet – und mit der Variante, die Kopprasch und Prosetzky zu Beginn des zweiten Gesprächs ins Spiel bringen, haben sie gerechnet.

»Wir können Pierres Wunsch, in die Heimat seiner Kindheit und Jugend zurückzukehren, bis zu einem gewissen Punkt ja durchaus verstehen«, bekennt Prosetzky nach einer spröden und etwas holprigen Begrüßung. Das alles aber treffe auf Iris schließlich nicht zu. Für sie sei das doch »eine fremde, undurchsichtige Welt«. Er appelliere eindringlich an sie »als Mutter, ihre Kinder nicht einer ungewissen Zukunft« auszusetzen. Glaubt Prosetzky wirklich, er könne einen Keil zwischen Pierre und Iris treiben? War es ihnen beim letzten Gespräch vor einer Woche etwa nicht gelungen, Geschlossenheit zu demonstrieren? Offenbar gehen Iris ziemlich exakt die gleichen Gedanken durch den Kopf:

»Sie schlagen also ernsthaft vor, ich soll mich von meinem Mann trennen und meinen Kindern den Vater nehmen?«

Eberhard Kopprasch will etwas entgegnen, doch Generalmajor Prosetzky legt ihm die Hand auf den Arm. Augenscheinlich möchte er eine erneute Verschärfung der Situation vermeiden. Schon zu Beginn des heutigen Gesprächs hat er erklärt, man wolle möglichst bald zu einem »für beide Seiten tragbaren Ergebnis« kommen. Schließlich sei niemand daran interessiert, daß die ganze Sache öffentlich werde.

»Seht mal, wir haben doch in Bonn ein ADN-Büro. Es wäre für die Abteilung ›Zentralbild‹ unserer Nachrichtenagentur sicher von Vorteil, einen Fotografen vor Ort zu haben, der sich dort auskennt«, gibt sich Prosetzky nun versöhnlich.

Der Blick des Generalmajors wandert erwartungsvoll zwischen Pierre und Iris hin und her. Dann wird er konkreter: »Du Pierre könntest dort quasi ›auf Montage‹ arbeiten, und an den Wochenenden fährst du dann in unsere Hauptstadt zu Frau und Kindern. Na, was haltet ihr davon?«

Pierre erkennt sofort, was mit diesem Vorschlag bezweckt wird, denn auch mit der Variante einer Beibehaltung der Staatsbürgerschaft hatten Iris und er im Vorfeld gerechnet. Bei einigen prominenten Künstlern und Theaterleuten, die den nachvollziehbaren Wunsch verspüren, außerhalb der engen Grenzen der DDR ihrer Profession nachzugehen, werden solche Arrangements schon seit einiger Zeit praktiziert. Hinter diesem Angebot steckt die Überlegung, daß es durch die Beibehaltung der DDR-Staatsbürgerschaft für den Sohn von Günter Guillaume keinen offiziellen Ausreisevorgang und folglich auch keinen öffentlichen Skandal geben werde.

»Wir haben uns schon etwas dabei gedacht, als wir die beiden Anträge auf Ausreise und auf Entlassung aus der Staatsbürgerschaft gestellt haben«, sagt Pierre.

»Und was?« fragt Prosetzky fast ein wenig zu freundlich für die Situation.

Pierre überlegt einen kleinen Moment, dann steht sein Entschluß fest, auf die Frage seines Gegenübers ganz direkt und ohne irgendwelche schwammigen Formulierungen zu antworten: »Weil wir einen konsequenten Schlußstrich ziehen wollen! Wir legen schon seit geraumer Zeit keinen Wert mehr darauf, von euch betreut zu werden. Wir wollen jetzt nicht wieder damit anfangen, irgendwelche Privilegien in Anspruch zu nehmen und dadurch auch noch erpreßbar zu sein.«

Als Eberhard Kopprasch etwas einwenden will, setzt Pierre nach: »Ich werde auf keinen Fall als DDR-Fotograf in meine alte Heimat zurückkehren, Frau und Söhne aber als Faustpfand hier im Osten zurücklassen.«

Für einen Moment wirken die beiden MfS-Offiziere ratlos.

»Bitte entschuldigt uns!« sagt Generalmajor Prosetzky, steht auf und verläßt mit Kopprasch den Raum.

Nach etwa einer Viertelstunde kehrten die beiden zurück, und schlagartig war das Gesprächsklima frostiger. Aber es wurde auch weniger laviert. Die Verhandlungen wurden nicht unbedingt einfacher, aber konkreter. Generalmajor Prosetzky fragte zum Beispiel, was wir zu unternehmen gedächten, falls uns die Ausreise nicht gestattet würde. Ob wir uns etwa mit einem Plakat vor die BRD-Vertretung in der Hannoverschen Straße stellen würden. In diesem Moment war mir nicht klar, ob er das wirklich ernst meinte. Uns konnte doch nicht daran gelegen sein, eine Verhaftung zu provozieren. Intuitiv spürte ich aber, daß das MfS Angst vor einem schlagzeilenträchtigen Skandal hatte, wenn »der Sohn des Kanzlerspions« sich von der DDR distanzierte und damit ins Licht der Öffentlichkeit geriet.

»Ich muß mich nicht vor die Ständige Vertretung stellen, wenn ich unser Anliegen öffentlich machen will«, sagt Pierre.

Prosetzky hakt nach: »Sondern?«

Nur nicht in eine Falle tappen, denkt Pierre. Auf gar keinen Fall darf er ihnen irgendeinen Vorwand liefern, vorschnell eine negative Entscheidung zu treffen.

»Wenn ich das wirklich wollte«, beginnt Pierre vorsichtig, »gäbe es andere Wege. Ich bin Journalist, und bei vielerlei

Anlässen habe ich natürlich auch westliche Kollegen kennengelernt …«

Er muß den Satz nicht vollenden, denn schon jetzt stellt er eine zunehmende Nervosität bei den Gesprächspartnern fest.

»Wer ist denn überhaupt alles in eure Ausreisepläne eingeweiht?« will Prosetzky wissen.

»Niemand außer unseren nächsten Familienangehörigen. Aber natürlich wissen auch die Leute auf unseren Arbeitsplätzen Bescheid«, sagt Pierre. Und er verschweigt, daß er mit Onkel Günter, seinem West-Berliner Verwandten, vereinbart hat, sich alle zwei Tage bei ihm telefonisch zu melden. Sollte ein Anruf ausbleiben, würde Günter umgekehrt bei Ilona anrufen, um sich zu erkundigen, ob alles in Ordnung sei. Auch wenn Pierre nicht ernsthaft damit rechnet, daß man es wagen würde, sie beide zu verhaften, ist es doch beruhigend zu wissen, daß Günter in diesem Fall sofort die westlichen Medien verständigen würde. Und Pierre verschweigt auch den Brief, den er Günter Schabowski geschrieben hat.

»Was würdet ihr davon halten, wenn wir unseren Familiennamen ändern?« fragt Iris plötzlich unvermittelt.

Dahinter steckt eine alte, zwischen ihnen immer mal wieder erwogene Überlegung, und nach der Übersiedlung in den Westen hätten sie diesen Schritt ohnehin vor. Bei den Planspielen der letzten Tage allerdings hatten sie darüber nicht gesprochen. »Wir könnten den Namen von Pierres verstorbener Großmutter annehmen – Boom«, setzt sie nach.

»Das wäre zu überlegen«, sagt Eberhard Kopprasch nachdenklich.

Plötzlich, scheint es Pierre, taucht so etwas wie ein Steg auf, den man vielleicht zusammen begehen könnte. Immerhin hatte Kopprasch zu Beginn des heutigen Gesprächs noch einmal erklärt, es dürfe einfach keinen »Ausreisevorgang Guillaume« geben. Mit einer Namensänderung könnte man dem ja vielleicht entgehen. Pierre ist sicher, daß Kopprasch ähnliche Gedanken durch den Kopf gehen. Nur der Generalmajor an dessen Seite scheint überhaupt nicht zu begreifen, was daran überlegenswert ist. Diesmal ist es Eberhard Kopprasch, der um eine Beratungspause bittet.

Kaum fünf Minuten später kommen beide zurück ins Besprechungszimmer und scheinen es plötzlich sehr eilig zu haben, zu einem Ende zu kommen.

»Wir werden euren Vorschlag im Haus präsentieren«, sagt Kopprasch, ohne noch einmal Platz zu nehmen. »Hier und heute können wir ohnehin keine Entscheidungen treffen, das geschieht auf höherer Ebene.«

Pierre verläßt mit Iris das Gebäude und hat ein gutes Gefühl – obgleich auch dieses Gespräch noch kein greifbares Ergebnis gebracht hat. Sie haben nicht einmal erreicht, daß ihre Anträge endlich bearbeitet werden. Trotzdem ist er sicher, daß nun eine Brücke gebaut wurde, auf der sich beide Seiten treffen können. Zumindest Kopprasch hat plötzlich verändert gewirkt. »Wir werden euren Vorschlag im Haus präsentieren« hörte sich doch jetzt schon sehr viel besser an, als »Wir führen keine Ausreiseverhandlungen!« noch vor zwei Wochen. Diesen Wandel hatte Iris geschaffen – durch ihren Vorschlag mit der Namensänderung. Sollte die Lösung ihres Problems wirklich so simpel sein?

Für Pierre und Iris begann eine Zeit des Wartens. Es vergingen drei Wochen, ehe sie wieder nach Neuenhagen geladen wurden. In dieser für beide ewig langen Zeit der Ungewißheit fanden in der Normannenstraße hinter verschlossenen Türen zahlreiche Beratungen statt. Es wurden alle möglichen Überlegungen angestellt, wie man mit dem Ausreisebegehren des Sohnes von Günter und Christel Guillaume und der Tochter des Oberst Zörner umgehen solle. Es wurden Risiken, Vor- und Nachteile der verschiedenen Varianten durchgespielt. Günter Guillaume sei an diesen Beratungen zwar nicht beteiligt gewesen, will Pierres Mutter erfahren haben, allerdings sei er – im Gegensatz zu ihr – immer darüber informiert worden.

Günter Guillaume, so läßt sich dessen damalige Situation heute rekonstruieren, sah seine Felle davonschwimmen. Zunächst war der »verdiente Kundschafter« davon ausgegangen, daß seine Genossen in der HVA Pierres Ansinnen »mit der gebotenen Härte« begegnen würden. Das jedenfalls hatte er seiner Ex-Frau kurz vor dem ersten Gespräch seines Sohnes in der »Plantage« so gesagt. Nun aber mußte er erleben, daß man in der Normannenstraße bereit war, Kinder und Enkelkinder ausreisen zu lassen, und nur noch darüber beriet, zu welchen Bedingungen dies geschehen solle. Günter Guillaume mußte sich von den eigenen Genossen hintergangen fühlen. Nur Wolfgang, sein Betreuer und ehemaliger Resident in den Jahren seiner westdeutschen Existenz, hielt noch als treuer Bundesgenosse zu ihm. In unermüdlicher Kleinarbeit listete er sämtliche Dienstleistungen auf, die das MfS Pierre in den letzten dreizehn Jahren erwiesen hatte – vom Führerschein in der hauseigenen Fahrschule über die Zuweisung einer größeren Wohnung bis zur Reparatur einer Fensterscheibe durch die Abteilung »Rückwärtige Dienste«.

Es ist früher Abend. Iris steht in der Küche, um das Essen zuzubereiten. Pierre spielt mit seinen Söhnen im Kinderzimmer, als es klingelt. Über die Gegensprechanlage hört er: »Hier ist dein Vater, kann ich hochkommen?«

Nachdem Günter Guillaume auf der Couch Platz genommen hat, sieht er sich unentschlossen im Wohnzimmer um. Schließlich nimmt er seinen Sohn, der im Sessel gegenüber sitzt, ins Visier. Für einen Moment hat Pierre die Hoffnung, die Genossen seines Vaters aus dem MfS könnten ihn geschickt haben, um eine Entscheidung zu verkünden. Nun aber stellt sich das genaue Gegenteil heraus. Günter Guillaume verfällt in die gleiche Vorwurfshaltung, die Kopprasch und Prosetzky bei ihrem ersten Gespräch gegenüber Iris und Pierre eingenommen hatten. Doch entweder ist sein Vater nicht darüber informiert, daß die letzte Unterhaltung in Neuenhagen zu etwas wie einer gemeinsamen Brücke geführt hat, oder er ist nicht bereit, diese zu betreten. Pierre aber will nicht noch einmal über Undankbarkeit, Enttäuschung und Vertrauensbruch diskutieren. Er will überhaupt nicht mehr mit seinem Vater über irgend etwas diskutieren. Immer wieder hatte er in den letzten Jahren Versuche unternommen, mit ihm ins Gespräch zu kommen. Immer wieder war das von seinem Vater abgelehnt worden, oder es hatten sich unüberbrückbare Meinungsunterschiede offenbart. Seine jetzigen Ausführungen deuten jedenfalls nicht darauf hin, daß es diesmal anders sein wird. Deshalb widerspricht Pierre seinem Vater nicht, sondern schweigt – und als Günter Guillaume alles gesagt hat, was er sich offenbar zu sagen vorgenommen hat, schweigt auch er.

Minutenlanges Schweigen kann sehr anstrengend sein. Vor allem, wenn ein Konflikt in der Luft liegt. Doch Vater und Sohn halten das Schweigen aus. Plötzlich aber steht Iris, die in der Küche nebenan sowohl den Monolog ihres Schwiegervaters als auch das anschließende Schweigen mitbekommen hat, in der Tür.

»Wenn ihr euch nichts zu sagen habt, kann dein Vater ja gehen!« sagt sie.

Irritiert sieht Günter Guillaume zu seinem Sohn, der sich erhebt und erklärt: »Ich finde, Iris hat recht.«

Als Pierre am nächsten Tag seine Mutter anrief, um ihr von dem eigenartigen Besuch zu erzählen, war sie gerade von einem erneuten Treffen mit Werner Großmann nach Hause gekommen. Die Würfel seien gefallen, habe ihr der HVA-Chef dabei in knappen Worten mitgeteilt. Der Genosse Minister werde sich der Ausreise von Pierre und seiner Familie nicht entgegenstellen.

Sie sei von Großmann zwar nicht ausdrücklich zur Verschwiegenheit angehalten worden, doch habe sie sich auch nicht getraut, Pierre die Entscheidung direkt mitzuteilen. Denn sie habe ja gewußt, daß es eine weitere Aussprache in Neuenhagen geben würde. Deshalb hatte sich Christel Guillaume während des Telefonats mit einer Andeutung begnügt: »Ich habe gehört, daß bald alles vorbei sein wird. Mehr kann und darf ich aber nicht sagen.«

Pierre verstand natürlich sofort, was sie meinte, schmunzelte über das konspirative Gehabe seiner Mutter und stellte keine weiteren Fragen.

»Die Entscheidung ist gefallen«, erklärt Eberhard Kopprasch gleich nach der Begrüßung.

Pierre greift nach Iris' Hand, die seinen kräftigen Druck erwidert, während der HVA-Oberst fortfährt: »Eure Ausreise ist genehmigt. Allerdings müssen wir noch über einige Bedingungen sprechen.«

Pierre ist bemüht, sich seine Erregtheit nicht anmerken zu lassen.

»Es wird keine Ausreise nach West-Berlin geben!«

Was hat denn das zu bedeuten, überlegt Pierre. Schließlich hatten Iris und er mit Onkel Günter bereits vereinbart, die erste Zeit bei ihm zu wohnen.

»Warum denn nicht?« fragt er.

Offensichtlich tun sich die beiden Offiziere mit der Antwort schwer.

»In eurem Fall«, beginnt Generalmajor Prosetzky vorsichtig, »kommen wir ohne einige Vereinbarungen zwischen den beiden deutschen Staaten nicht aus. Aus unserer Sicht aber können solche Absprachen für West-Berlin nicht getroffen werden, denn dieses Gebiet gehört nicht zur BRD.«

Das schien mir zwar keine ausreichende Begründung zu sein, aber ich wollte unsere Ausreise zu diesem Zeitpunkt nicht noch gefährden, in dem ich auf einer Übersiedlung nach West-Berlin bestand. Insbesondere auch deshalb nicht, weil wir – wenn wir erst mal in der Bundesrepublik sein würden – ohnehin mit dem nächsten Flugzeug dorthin würden reisen können. Als die Stasioffiziere uns außerdem nahelegten, die Freunde und Genossen unserer Eltern zu vergessen und bei der Befragung durch den Verfassungsschutz möglichst auch sonstige Kenntnisse aus deren Umfeld zu verschweigen, kam mir noch eine andere Idee. Ich wußte natürlich, daß wegen des damaligen Status von West-Berlin eine solche Befragung dort durch die Geheimdienste der West-Alliierten stattfinden würde. Wollte das MfS das mit dem Verbot unserer Ausreise in den Westteil Berlins verhindern? Aber auch das Bundesamt für Verfassungsschutz und der BND waren aus Sicht der DDR »feindliche Dienste«. Was also machte den Unterschied? Vermutlich gab es in dem damals existierenden deutsch-deutschen Verhandlungsgeflecht, das – wie man ja nicht erst seit heute weiß – auch eine ganze Reihe von Geheimverhandlungen bis hin zum Häftlingsfreikauf beinhaltete, Absprachen, die unser Sicherheitsrisiko minimierten. Bis heute habe ich dafür zwar keinen Beweis, aber das Verhalten der bundesdeutschen Behörden hat zumindest ein deutliches Indiz geliefert. Denn nur wenige Tage nach der Übersiedlung wurde uns durch einen Mitarbeiter des Innerdeutschen Ministeriums mitgeteilt, auch Bonn habe kein Interesse daran, daß wir nach West-Berlin weiterreisten. Zumindest so lange nicht, bis die gesamte Aufnahmeprozedur – und damit zugleich unsere Befragung durch die Geheimdienste – auf westdeutschem Boden abgeschlossen sei.

»Und welche Bedingungen gibt es noch«, will Pierre wissen.

»Wir sind an keinerlei Medienkampagne im Zusammenhang mit eurer Ausreise interessiert!« erklärt nun wieder Oberst Kopprasch.

Das aber konnte Pierre ja schlecht garantieren.

»In der Bundesrepublik gibt es eine freie Presse«, beginnt er nicht ohne provozierenden Hintersinn, »die werden sich nicht an eure Bedingung halten. Ich kann euch höchstens versprechen, daß wir uns nicht selbst an die Presse wenden.«

Kopprasch sieht zum Fenster hinaus, als müsse er darüber nachdenken. Ohne auf Pierres Einwand einzugehen, erklärt er schließlich: »Sobald ihr die Namensänderung hinter euch habt, geht ihr mit euren neuen Personaldokumenten noch einmal zur ›Abteilung Inneres‹ und stellt erneut die beiden Anträge. Es wird ihnen dann stattgegeben.«

Das also war es jetzt, geht es Pierre durch den Kopf. Durch den Hinweis seiner Mutter hatten Iris und er zwar mit einer positiven Entscheidung gerechnet – nun aber sind sie doch überrascht, wie schnell dieses letzte Gespräch zu Ende ist. Eberhard Kopprasch und Generalmajor Prosetzky erheben sich und reichen ihnen die Hände. Es ist eine knappe, förmliche Verabschiedung. Pierre weiß, daß er und Iris soeben das größte Hindernis auf dem Weg in den Westen hinter sich gebracht haben. Die endlosen Behördengänge, die sie nun – wie sie von anderen »Ausreisern« wissen – noch vor sich haben, sind, damit verglichen, eine Kleinigkeit.

Am ersten Sonntag im Mai 1988, sechs Tage vor Pierres Ausreise, klingelte es kurz nach 9 Uhr morgens an Christel Guillaumes Haustür in Hohen Neuendorf. Durch ein kleines Seitenfenster neben der Eingangstür, erinnert sich Pierres Mutter, habe sie hinausgesehen und unten am Gartentor seinen Vater stehen sehen. Doch sie sei weder in der Verfassung noch willens gewesen, ihm zu öffnen. Denn wenige Tage zuvor hätte ihr ein Mitarbeiter der Betreuergruppe einen geradezu ungeheuerlichen Ausspruch ihres Ex-Mannes zugetragen. Als Günter Guillaume erfuhr, daß sein Sohn die Ausreise aus der DDR beantragt hatte, äußerte er im Kreise einiger seiner Genossen: »Wenn's nach mir ginge, sähe ich meinen Sohn lieber im Gefängnis als im Westen!«

Heimfahrt

Ein kurioser Gedanke schießt Pierre durch den Kopf, als ihm der DDR-Grenzoffizier die »Identitätsbescheinigung« zurückgibt: Ich bin einst als BRD-Bürger aus diesem Land ausgereist, dann gelegentlich als DDR-Bürger und nun auch noch als Staatenloser. Doch er weiß, dieser Status würde nicht von allzu langer Dauer sein. »Man wird sich um Sie kümmern!« hatte Wolfgang Vogel beim letzten Treffen vor zehn Tagen gesagt. Mehr nicht! Überhaupt hatte sich der Rechtsanwalt ziemlich bedeckt gehalten. Irgendwann während einer schwierigen Phase der Verhandlungen mit Kopprasch und Prosetzky hatte Pierre den prominenten Anwalt, dem gute Kontakte zu den höchsten Stellen beider deutscher Staaten nachgesagt wurden, als neutralen Vermittler vorgeschlagen. Doch dazu war es dann gar nicht mehr gekommen. Vogel hatte sie lediglich in der Frage der Namensänderung beraten und ansonsten weitgehend autark gearbeitet. Welche Verhandlungen mit wem und welche Abmachungen rund um ihre Ausreise nötig waren, hat Pierre nicht erfahren. Und er hatte auch nicht das Gefühl, nachfragen zu müssen. Ihm genügte die Auskunft, daß man sich auf der anderen Seite um ihn und seine Familie kümmern werde. Nun ist er gespannt, in welcher Form dies geschehen wird.

»Gute Weiterfahrt!« wünscht der Grenzer, während er auch Iris die Identitätsbescheinigung zurückgibt. Das seltsame Dokument war ihnen vor einigen Tagen von der »Abteilung Inneres« ausgestellt worden, nachdem sie ihre DDR-Personalausweise hatten abgeben müssen. Irgendwie hat Pierre das Gefühl, als ob der Grenzoffizier wußte, wen er vor sich hat –

obgleich er es aus den Dokumenten nicht erfahren konnte. Sie verlassen als Iris und Pierre Boom die DDR, und weder bei ihm noch bei Fabian und David, die als »mitreisende Kinder« eingetragen sind, gibt es einen Hinweis auf den Geburtsnamen. Selbst aus der Urkunde, die Pierre »gemäß § 15 Abs. 3 des Staatsbürgerschaftsgesetzes« – zumindest nach DDR-Definition – vorübergehend zu einem Staatenlosen macht, geht nicht hervor, daß jener Pierre Boom bis vor kurzem noch Pierre Guillaume hieß.

Der Zug aus Frankfurt/Oder setzt sich wieder in Bewegung. Bis zu dem Zeitpunkt, als Pierre vom MfS vorgeschrieben wurde, Fahrkarten für genau diesen Zug zu kaufen, hatte er nicht gewußt, daß es überhaupt Züge in Richtung Westen gibt, die nicht durch West-Berlin fahren. Ilona und Peter haben sie heute morgen im Trabant-Kombi zum Bahnhof Schönefeld gebracht. In der Tasche trug Pierre die Fahrkarten nach Gießen, wo sich das zentrale Auffanglager für DDR-Ausreisende befindet. Bisher hat er auch noch nie einen Zug in Richtung Westen erlebt, der über keinen Mitropa-Speisewagen oder wenigstens über irgendeine Form der Bordverpflegung verfügte. Iris und er sind daher mit Eß- und Trinkbarem unterversorgt. Kein Wunder, daß David schon bald zu quengeln anfängt: »Mama, ich habe Durst!« Schließlich beginnt die ältere Dame, die gleich neben der Tür sitzt, einen Apfel zu schälen und abwechselnd an David und Fabian zu verteilen.

Die ältere Dame hält dem Mann in der Uniform des Bundesgrenzschutzes ihren blauen DDR-Reisepaß entgegen. Gezielt aber greift er sich Pierres rosarote Identitätsbescheinigung, wirft einen kurzen Blick hinein und sagt: »Herr Boom, kommen Sie bitte!«

Iris ist einen Moment verunsichert: »Sollen wir auch …?«

Der Beamte winkt freundlich ab: »Nein, im Moment nur Ihr Mann.«

Nun holt er einen Kollegen heran.

»Folgen Sie mir bitte!« fordert dieser.

Der Zug beginnt ruckelnd seine Fahrt fortzusetzen.

Dort, wo es in der Eisenbahn am lautesten ist, an der Schwelle zwischen zwei Abteilen, wird Pierre von einem mittelgroßen, schlanken Mittvierziger in sportlicher Freizeitkleidung begrüßt.

»Herzlich willkommen in der Bundesrepublik Deutschland!« schreit er, um das Klappern der Räder zu übertönen. Er nähert sich Pierres Ohr und ruft: »Ich bin Mitarbeiter des Bundesministeriums für innerdeutsche Beziehungen und für Ihre Betreuung zuständig. Steigen Sie bitte mit Ihrer Familie an der nächsten Station aus – ich erwarte Sie auf dem Bahnsteig.«

So also sieht die Realität aus, die Wolfgang Vogel mit dem Satz umschrieben hatte: »Man wird sich um Sie kümmern!« Als Pierre ins Abteil zurückkehrt, muß er lachen.

»Wir haben mal wieder einen Betreuer!« sagt er zu Iris und bemerkt, wie ihn der fragende Blick der älteren Dame streift.

Auf den Straßen der kleinen niedersächsischen Gemeinden, die sie in einem graublauen Opel-Omega durchqueren, sind nur wenig Menschen und alle Geschäfte geschlossen. Es ist Samstagnachmittag. Der erste Eindruck, den Iris vom Westen bekommt, ist nicht gerade der von umtriebiger Geschäftigkeit. Vielleicht hätten wir doch gestern fahren sollen, denkt Pierre und wundert sich noch immer über die Abergläubigkeit der MfS-Leute, die sie partout nicht an einem Freitag dem Dreizehnten ausreisen lassen wollten.

»Der zweite Samstag im Mai«, hat seine Mutter sinniert, als er gestern abend zum Abschied bei ihr in Hohen Neuendorf war. »Da bin ich auch mal in die Bundesrepublik übersiedelt – mit deinem Vater. Vor 32 Jahren.«

Anderthalb Sätze, fast en passant dahingesprochen, und doch, so empfand es Pierre, lag darin die ganze Tragik eines höchst widersprüchlichen Lebens. Die Tragik einer Doppelexistenz im Wechsel zwischen öffentlicher Erniedrigung und gesellschaftlicher Anerkennung. Ist dies ein beklagenswertes

Leben, wie es seine Mutter immer häufiger im privaten Kreis darstellt, oder ein heroisches, wie es sein Vater sich und andere glauben machen will? Pierre ist froh, darauf keine Antwort geben zu müssen. Er hat nun eine eigene Familie, mit der er gerade durch niedersächsische Gemeinden einer noch ungewissen Zukunft entgegenfährt.

Nie zuvor in seinem Leben hat Pierre von dieser kleinen Ortschaft gehört, die Uslar heißt.

»Wir möchten Ihnen erst mal ein paar Tage Verschnaufpause gönnen«, hat der Beamte aus dem Innerdeutschen Ministerium vorhin an der Rezeption des hiesigen Romantik-Hotels gesagt. Und später beim gemeinsamen Abendessen: »Wir wollen Sie in der ersten Zeit ein bißchen aus der Schußlinie der Medien halten.«

Pierre hat nichts gegen das Romantik-Hotel in Uslar, nichts gegen das rustikale Abendessen auf Kosten des Innerdeutschen Ministeriums, und er hat auch nichts dagegen, daß sie ihn und seine Familie »aus der Schußlinie der Medien« halten. Doch welches Interesse verfolgt die Bundesregierung mit alldem? Vielleicht glaubt man in Bonn, er könne ihnen eine Menge erzählen – Interna über das MfS und den Umgang, den seine Eltern so pflegen: ihnen und nicht den Medien! Ihr Begleiter aber, den Iris Pierre gegenüber vorhin als »innerdeutschen Mann« bezeichnete, hat sie bisher nichts dergleichen gefragt.

Der »goldene Westen« ist ziemlich dunkel. Doch bleibt Iris vor jedem Laden in Uslar stehen und betrachtet die Waren. Pierre hat lange genug in der Bundesrepublik gelebt, um geschlossene Drogeriemärkte und die Auslagen von Modegeschäften nicht unbedingt spannend zu finden. Aber er hat auch lange genug in der DDR gelebt, um zu verstehen, warum es Iris anders geht. Vorerst aber bleibt die bunte Warenwelt des Westens für sie unerreichbar – und morgen, am Sonntag, wird das nicht anders sein.

Als sie alle gemeinsam mit dem Opel-Omega auf das Gelände des Notaufnahmelagers Gießen fahren, weiß Pierre, daß sie mal wieder privilegiert sind. »Für die Dauer der Formalitäten haben wir Ihnen diese Wohnung angemietet«, teilte der »innerdeutsche Mann« mit, als er gestern am späten Nachmittag die Tür zu der geräumigen Dachgeschoßwohnung öffnete. Doch welch ein Privileg das wirklich ist, wird nun erst augenfällig, als sie die Häuser auf dem Lagergelände sehen, die allesamt hoffnungslos überfüllt sind. Selbst in Gießen also bringt Pierre jener Name noch Vorteile, den er vor zwei Wochen vor dem Standesamt in der Ost-Berliner Rückerstraße offiziell abgelegt hat.

»Haben Sie sich in der Bundesrepublik schon ein wenig eingewöhnt?« fragt der Mann vom Bundesamt für Verfassungsschutz. Dabei macht er nicht gerade den Eindruck, tatsächlich an einer Antwort interessiert zu sein. Er kramt nebenbei noch in irgendwelchen Unterlagen, und wahrscheinlich fiele es ihm noch nicht einmal auf, wenn sein Gegenüber gar nicht antwortete.

»Ich muß mich nicht eingewöhnen, ich bin hier groß geworden«, sagt Pierre.

Der Mann blickt hoch: »Ja, ja, natürlich.«

Nun also sitzt Pierre einem der Gegenspieler von Walter, Kurt und Eberhard Kopprasch gegenüber. Auf den ersten Blick wirkt auch der Mann vom Verfassungsschutz ein wenig wie ein Apparatschik, was in seinem Fall vermutlich auf die tägliche Routine zurückzuführen ist. Sicher sind es Tausende von Ausreisenden, Aussiedlern und politischen Flüchtlingen, die hier Monat für Monat durchgeschleust werden. Und viele von ihnen landen hier vor seinem Schreibtisch.

»Ich würde mich gern ein wenig mit Ihnen über Ihre Eltern unterhalten«, sagt der schmächtige Beamte relativ gelassen.

Pierre ahnt natürlich, daß sein Gesprächspartner sich nicht unterhalten, sondern ihn verhören will, und auch nicht über seine Eltern, vielmehr über deren Umfeld. Ihm fällt Generalmajor Prosetzky ein, der vor fast zwei Monaten diese Befragung vorausgesagt hatte.

»Was genau möchten Sie denn wissen?« fragt Pierre.

Einen Moment scheint sein Gegenüber zu überlegen, wie er den Dialog möglichst locker in Gang bringen kann, damit der Verhörcharakter nicht allzu deutlich wird. Er faltet die Hände vor seiner Weste und gibt erst mal eine Erklärung ab.

»Nun, wir sind natürlich weniger an Ihren Eltern selbst interessiert als vielmehr an deren Umfeld. Wie heißen deren Freunde, Genossen, Arbeitskollegen? Sie verstehen!?«

Pierre zuckt mit den Schultern: »Meine Eltern haben eigentlich keine Arbeitskollegen, da sie ja gar keiner richtigen Arbeit nachgehen. Mein Vater hält manchmal Vorträge, und der Mann, der ihn dabei begleitet, heißt Wolfgang.«

Der westdeutsche Geheimdienstler notiert den Namen: »Hat Wolfgang auch einen Familiennamen?«

»Das nehme ich doch an«, erwidert Pierre, »aber den kenne ich nicht.«

Der Beamte sieht ihn einen kurzen Moment konsterniert an, dann blickt er zur Seite: »Kennen Sie Wolfgangs Dienstrang?«

»Nein!«

»Welche Leute kennen Sie noch aus dem Umfeld Ihres Vaters?«

»Ich habe mit meinem Vater schon lange keinen Kontakt mehr.«

Umgehend unterbricht ihn sein Gegenüber: »Aber Sie kennen doch Markus Wolf, oder?«

»Ich weiß natürlich, wer das ist, und ich bin ihm auch einoder zweimal begegnet. Aber ich kann nicht sagen, daß ich ihn kenne. Außerdem ist er, soviel ich weiß, nicht mehr im Dienst.«

»Welche Leute haben Sie näher kennengelernt, bei Geburtstagsfeiern zum Beispiel oder anderen Familienfesten.«

»Von den meisten kenne ich nur die Vornamen. Sie wissen ja, daß sich Genossen untereinander duzen. Einer hieß zum Beispiel Walter, eine Frau hieß Anita. Aber man hat mich nicht über deren Stellung oder gar den Dienstrang informiert.«

»Trugen die Männer denn keine Uniform?«

Pierre schüttelt den Kopf: »Doch nicht bei einer Geburtstagsfeier. Vielleicht bei den Veranstaltungen des MfS. Aber da war ich nie.«

»Sie waren niemals im Ministerium für Staatssicherheit?«

»Nicht zu Veranstaltungen, auf der Uniformen getragen werden.«

»Weshalb denn sonst?«

»Man hat dort in der Poliklinik meinen Heuschnupfen behandelt.«

Der Mann vom Verfassungsschutz lehnt sich zurück und betrachtet Pierre einen Moment.

»Wissen Sie, wie der direkte Dienstvorgesetzte Ihrer Eltern bei der HVA heißt?«

»Soviel ich weiß, heißt er Kurt.«

»Und weiter?«

»Ich glaube Göbel.«

»Sie glauben?«

»So hat er sich mir vorgestellt.«

»Warum sagen Sie dann, Sie ›glauben‹?«

»Weil ich weiß, daß Geheimdienst-Leute oftmals falsche Namen verwenden.«

»Wie sieht dieser Kurt Göbel aus?«

»Das ist so ein kräftiger bäuerlicher Typ mit ostpreußischem Dialekt.«

Nun beugt sich Pierres Gesprächspartner nach vorn, stützt die Ellbogen auf den Schreibtisch und legt die Finger aneinander.

»Herr Guill… Verzeihung, Herr Boom, warum muß ich Ihnen eigentlich alles aus der Nase ziehen?«

»Na, weil das Ihr Beruf ist, oder?«

Mit einem Schlag erweist sich der bis eben eher unambitionierte Mann als aufbrausender Choleriker. Er springt auf, stützt beide Fäuste auf den Schreibtisch.

»Ich finde, Sie könnten ruhig etwas kooperativer sein«, ruft er erregt. »Wir kommen Ihnen schließlich auch entgegen. Da kann man schon etwas Dankbarkeit erwarten.«

Welche Gemeinsamkeit, denkt Pierre. Die Geheimdienste auf beiden Seiten erwarten von ihm Dankbarkeit und Kooperationsbereitschaft für die Privilegien, die man ihm zukommen läßt. Das Prinzip von Zuckerbrot und Peitsche scheint offenbar überall gängige Praxis zu sein.

Während sich der Beamte, der schnell wieder die Fassung gefunden hat, hinsetzt, sagt Pierre: »Wer ist eigentlich ›wir‹?«

In der alten Gelassenheit erwidert der Verfassungsschutzbeamte: »Ich meine damit die Bundesrepublik Deutschland.«

»Und wofür soll ich der Bundesrepublik Deutschland dankbar sein? Ich bin in diesem Land geboren, in das ich nach einem nicht ganz freiwilligen Aufenthalt in der DDR jetzt zurückkehre!«

Sie sehen einander an.

»Hören Sie, ich habe mich mühsam der freundschaftlichen Umklammerung der Stasi entzogen – ich schlage vor, wir beide fangen damit gar nicht erst an.«

Wieder reagiert der Verfassungsschutzbeamte cholerisch. Er schlägt mit der flachen Hand auf den Tisch.

»Ich verbitte mir den Vergleich mit dem Unterdrückungsapparat einer Diktatur«, schreit er Pierre an.

Spätestens in diesem Moment ist beiden klar, daß sie einfach keinen Draht zueinander haben.

»Wir tun uns etwas schwer mit Ihrer Kategorisierung, Herr Boom«, erklärt die junge Sachbearbeiterin freundlich. »Unsere Formulare kennen sechs verschiedene Kategorien, wie zum Beispiel ›Spätaussiedler‹ oder eben ›Ausreisende aus der DDR‹ wie bei Ihrer Frau. Aber jemand wie Sie, der ja eigentlich von hier ist …«

Es ist der jungen Frau sichtlich unangenehm, daß es für seinen Fall keine Kategorie gibt. Schnell aber gibt sie sich wieder zuversichtlich.

»Es liegt jetzt bei meinem Chef, und ich bin sicher, er findet eine Lösung. Ich möchte mich nur entschuldigen, daß es dadurch etwas länger dauert.«

Wieder hat Pierre ein Déjà-vu. Vor dreieinhalb Monaten bei der »Abteilung Inneres« in Berlin-Friedrichshain war auch ständig eine junge Frau gekommen, die sich für die Verzögerung entschuldigt hatte, während man im Hintergrund darüber beriet, wie in seinem Falle zu verfahren sei.

»Wo möchten Sie denn hin, wenn wir hier mit allem fertig sind?« will der »innerdeutsche Mann« wissen, während Pierre auf seine Kategorisierung wartet.

»Wir würden gerne nach West-Berlin gehen, weil wir dort …«

Sofort wird er von dem Beamten unterbrochen: »Verzeihen Sie, aber das möchten wir nicht. Der Westteil von Berlin kommt erst mal nicht in Frage.«

Allmählich glaubt Pierre zu phantasieren. Warum erlebt er in diesem Notaufnahmelager hier ständig ähnliche Situationen, wie er sie in den letzten Wochen auch in Ost-Berlin erlebt hat.

»Im Osten wollte man nicht, daß wir nach West-Berlin gehen, und Sie wollen es jetzt auch nicht. Gibt es irgendeinen Grund für diese Übereinstimmung?«

Der Beamte zuckt mit den Schultern: »Um ehrlich zu sein, ich weiß es auch nicht. Man hat mir nur gesagt, daß daran derzeit kein Interesse besteht.«

Wohin sollen sie also gehen? Natürlich läge es aus beruflichen Gründen nahe, in eine Stadt zu ziehen, die ein Medienstandort ist – Hamburg zum Beispiel oder München. Aber da kennt Pierre niemanden. Vielleicht wäre es ganz gut, er würde mit Iris und den Kindern erst mal dahin gehen, wo er sich auskennt.

»Wie wäre es mit Bonn?« fragt er.

Der Mann aus dem Ministerium nickt zustimmend: »Kein Problem! Dann besorge ich uns mal eine Zuweisung für Nordrhein-Westfalen.«

»Kommen Sie! Kommen Sie schnell!« ruft der Mann, der seit Tagen ihr Betreuer ist, sichtlich erregt. »Hier sind alle Ihre Papiere. Wir müssen sofort verschwinden!«

In schnellem Schritt laufen Pierre und Iris hinter ihm her. Fabian fängt in seinem Buggy zu weinen an, und Pierre nimmt David auf den Arm, um dem Betreuer schneller folgen zu können.

»Was ist denn los?« ruft er.

»Vorn an der Pforte ist jemand von der *Bild*-Zeitung aufgetaucht und hat nach Ihnen gefragt.«

Wie sind die Journalisten nur so schnell auf ihn gekommen? Sollte das wirklich der Grund sein, weshalb sie jetzt wie Flüchtende durch die Gänge rennen müssen? »Wir sind an keinerlei Medienkampagne im Zusammenhang mit eurer Ausreise interessiert!« hatte Eberhard Kopprasch in der »Plantage« erklärt, und nun drängt ein westdeutscher Staatsbeamter genau deshalb zur Eile?

Kaum haben Iris, Pierre und die Kinder im Opel-Omega Platz genommen, läßt ihr Begleiter den Motor an. Nach einigen Kurven durch das Notaufnahmelager verlassen sie das Areal schließlich, wie der Beamte erklärt, »durch den Lieferanteneingang«. Nun erst findet Pierre Zeit, die Papiere und Urkunden zu ordnen, die ihm der »innerdeutsche Mann« in der Hektik vorhin einfach in die Hand gedrückt hat. Dabei entdeckt er, daß man für ihn offenbar höheren Orts doch noch eine Kategorie gefunden hat. Denn an siebter Stelle der Urkunde wurde handschriftlich eingefügt: »Deutscher, der das

Hoheitsgebiet der Bundesrepublik Deutschland unter Ausübung seiner staatsbürgerlichen Rechte zeitweilig verlassen hatte.«

Es klingt sicher merkwürdig, aber die ersten heimatlichen Gefühle nach der Rückkehr in den Westen hatte ich ausgerechnet beim Anblick eines Industriezentrums und eines Möbelhauses. Nach unserer Flucht vor der Bild*-Zeitung waren wir mit unserem Betreuer vom Innerdeutschen Ministerium zunächst in ein Zwischenlager in Unna-Massen gefahren. Dort waren jedoch nur einige Formalien zu erledigen gewesen – und die Zuweisung für Bonn hatte eingeholt werden müssen. Dorthin ging die Reise nun weiter. Zwischen Köln und Bonn habe ich dann eben das Industriezentrum Wesseling mit seinen Raffinerien und das IKEA-Möbelhaus entdeckt. Wie oft war ich daran vorbeigekommen, wenn ich mit Horst-Dieter Pötschke oder Mitarbeitern der Ständigen Vertretung im Auto zur Haftanstalt Ossendorf gefahren war. Gelegentlich auch mit Eberhard Kopprasch, der mir noch zwei Monate zuvor gesagt hatte: »Wir verhandeln nicht über eure Ausreise!«*

Nach dem Autobahnkreuz Bonn-Nord fuhren wir auf direktem Weg in die Bonner Innenstadt – dorthin, wo ich einst unbeschwert einen großen Teil meiner Jugend verbracht hatte. Ich bemerkte, daß mich Iris von der Seite musterte. Sie spürte natürlich, in welch außergewöhnlicher Stimmung ich mich befand. Eine Stimmung, die nur schwer zu beschreiben ist. Sie war nicht nostalgisch, denn sie war natürlich gleichzeitig auch erwartungsvoll. Sie war auch nicht sentimental, weil ich mir nichts aus der alten Zeit zurückwünschte. Nicht einmal die heile Familie von damals, von der ich ja längst akzeptieren mußte, daß sie nur die Fassade für eine gänzlich andere Existenz meiner Eltern gewesen war. Am ehesten könnte man diese Stimmung mit jener vergleichen, die ich Ende 1975 verspürt hatte, als ich noch einmal auf meinem

Bett in der Ubierstraße lag – beim ersten Besuch Monate nach meiner Übersiedlung in die DDR. Damals hatte ich das Gefühl, der ganze Zeitraum dazwischen wäre ein einziger Alptraum gewesen. Das war diesmal allerdings nicht ganz so. Denn meine Familie, die mit mir im Auto saß, war ja eine angenehme Realität. Außerdem hatte ich zwei Berufe erlernt, die mir helfen würden, hier eine neue Existenz aufzubauen, und trotz vieler Widrigkeiten hatte ich in der DDR auch Freunde und Kollegen zurückgelassen. Trotzdem war es das Gefühl einer längeren Abwesenheit von einem Ort, an dem man eigentlich zu Hause ist. Vergleichbar vielleicht mit einer Empfindung, die man hat, wenn man nach einer sehr, sehr langen Reise heimkehrt.

»Hier werden wir uns zwangsläufig häufiger begegnen«, sagt Pierre, als er mit Iris das kleine Hotelzimmer besichtigt.

Iris muß lachen. So eng waren sie jedenfalls noch nie untergebracht. Nicht einmal in der ersten gemeinsamen Wohnung im Ost-Berliner Hans-Loch-Viertel – und damals hatte es Fabian noch nicht gegeben. Aber natürlich haben sie keinen Grund zur Klage. Immerhin hat das Innerdeutsche Ministerium sie nicht in eine der Notunterkünfte einquartiert. Und sicher, überlegt Pierre, würden sie schon bald eine eigene Wohnung finden. Dann kann die DDR-Spedition Deutrans endlich den gesamten Hausrat nachschicken, der derzeit noch in Ost-Berlin eingelagert ist.

»Wenigstens sind wir hier direkt in der Innenstadt«, sagt Pierre und sieht zum Bonner Hofgarten hinüber. Es beginnt zu dämmern. Sobald die Kinder im Bett sind, wird er mit Iris einen ersten Spaziergang machen und ihr die nähere Umgebung zeigen. Er wird ihr das Gefängnis zeigen, wo er seinem Vater wenige Tage nach der Inhaftierung gegenübergesessen, und das China-Lokal, wo er zum ersten Mal Peking-Ente gegessen hatte. Doch am Hotel Zu den Stadtpatronen, vor dessen Eingang er Karin zum letzten Mal gesehen hat, wird er schweigend vorbeigehen. Denn er will Iris, die ja auch unter der Spannung zwischen all dem Neuen und der verständlichen Sorge um die Zukunft steht, nicht mit dieser alten Geschichte behelligen.

»Pierre? Bist du's wirklich? Mensch Alter, wo steckst du denn?«

Victor reagiert, als ob sie vorgestern zuletzt miteinander telefoniert hätten. Dabei war es gar nicht einfach, seine Nummer in Erfahrung zu bringen. Denn Victor hat mittlerweile geheiratet und den Namen seiner Frau angenommen, außerdem wohnt er inzwischen in Bad Honnef. Das alles hat Pierre eben von Peter erfahren, einem aus der Clique, der sich ebenso riesig gefreut hat, seinen alten Schulfreund überraschend am Telefon zu haben.

»Du bist in Bonn? Für immer? Osten ade?«

Victor kann es gar nicht glauben. »Was hältst du davon, mit mir am Sonntag um acht im Zwitscherstübchen einen zu heben?«

Was sollte Pierre dagegen haben?

»Aber bring etwas Zeit mit«, bittet er seinen alten Kumpel, »es gibt eine Menge zu erzählen.«

»Da drüben unterm Dach hat dein Schwiegervater gearbeitet.« Pierre zeigt hinüber zum alten Bundeskanzleramt. Neugierig betrachtet Iris das Palais Schaumburg, das auf der linken Seite vorüberzieht. Der 610er Bus ist eine preiswerte Sightseeing-Linie, denkt Pierre, als sie den »Langen Eugen« hinter sich gelassen haben, in dem sich die Büros der Abgeordneten des Deutschen Bundestags befinden, und nun die Rheinaue durchqueren.

An der Haltestelle Denglerstraße in Bad Godesberg steigen sie aus. Pierre hilft Iris, den Buggy mit Fabian aus dem Bus zu heben.

»Wir sind jetzt schon in der Ubierstraße«, erklärt er.

Iris sieht ihren Mann erwartungsvoll an.

»Und wo …?« – sie spricht den Satz nicht zu Ende.

Mit dem Gestus eines Reiseführers weist Pierre in verschiedene Himmelsrichtungen: »In dieser Richtung befindet sich das berühmte Heinrich-Hertz-Gymnasium, dort unten fließt der deutsche Rhein … ach ja, und dort am Ende der Straße befindet sich das Wohnhaus, in welchem im April 1974 ein Referent des Bundeskanzlers als DDR-Spion verhaftet wurde.«

Offenbar will Pierre mit großer Geste seine Gefühle überspielen. Iris hakt ihren Mann unter und geht mit ihm die Ubierstraße entlang. Vor dem Haus mit der Nummer 107 bleibt Pierre plötzlich stehen, Iris an seiner Seite, David fest an der Hand und vor ihm im Buggy der schlafende Fabian. Pierre sieht hinauf zu dem Fenster, hinter dem einmal sein Zimmer lag: »Von dort oben habe ich damals die Polizeiautos gesehen, die hier unten herumstanden.«

Das ist jetzt vierzehn Jahre und einen Monat her, überlegt Pierre und spürt in diesem Augenblick, daß sich ein Kreis für ihn schließt. Er ist dorthin zurückgekehrt, wo am 24. April 1974 um 6.32 Uhr alles mit fremden Stimmen im Flur begonnen hatte.

Epilog

Eine Woche vor Ostern 1995, in der Nacht zu Montag, dem 10. April, starb mein Vater – an Herzversagen. Er hatte Krebs, die Nieren waren befallen, und es gab Metastasen in der Lunge. Günter Guillaume wurde nur 68 Jahre alt.

Erfahren habe ich es erst am Dienstagvormittag, durch den Anruf eines Journalisten der *Bild*-Zeitung. Er wollte wissen, ob ich die Meldung vom Tod meines Vaters bestätigen könne. Ich konnte es nicht! Niemand aus seinem Umfeld, weder seine zweite Frau Elke noch einer seiner ehemaligen Genossen, hatte mich angerufen. Nicht am Tag des Todes und auch nicht während seiner kurzen schweren Krankheit zuvor.

Später habe ich gehört, daß die Endphase der Erkrankung zwei Wochen gedauert hat. Mein Vater ist zu Hause gestorben, in seiner Villa in Eggersdorf. Man hatte ihm ein Sofa vor das Panoramafenster im Wohnzimmer gestellt – dorthin, wo einst die großen Sessel von Oma Erna standen. Er konnte in den Garten schauen und hinunter zum See.

Das letzte Mal gesehen habe ich meinen Vater etwa anderthalb Jahre vor seinem Tod. Wie mehrfach zuvor trafen wir uns zum Mittagessen in Charlottenburg – in dem Stadtbezirk, wo mein Vater Anfang der fünfziger Jahre gewohnt hatte. Er genoß es sichtlich, seit dem Fall der Mauer wieder in den Westteil der Stadt kommen zu können.

Ich war Anfang 1990 endgültig nach Berlin zurückgekehrt. Aber bereits in der Nacht des 9. November 1989, als die Grenzen geöffnet wurden, bin ich zum ersten Mal wieder Richtung Osten gefahren. Bei diesem Ereignis wollte ich einfach vor Ort sein: als Fotograf natürlich, vor allem aber wegen meiner besonderen deutsch-deutschen Vergangenheit. Von Ost-Berlin aus habe ich meine Mutter angerufen. Wir trafen uns zu einem langen Abendessen im Palast-Hotel – dort, wo wir einst meine Hochzeit gefeiert hatten.

Bei meinem Vater habe ich mich erst gemeldet, als die Entwicklung in der DDR unumkehrbar geworden war. Ich wollte wissen, wie er auf all das reagieren würde. Am Telefon gab er sich freudig überrascht. Ich solle doch einfach mal rauskommen zu ihm nach Eggersdorf, es gebe sicher eine Menge zu erzählen. Als ich dann aber dort war, verhielt er sich mir gegenüber so, als wäre ich nur von einem längeren Urlaub zurückgekehrt und als hätte es die Konflikte und Ereignisse der Vergangenheit zwischen uns nie gegeben. Die geschichtlichen Dimensionen der Wendezeit kommentierte er kaum – wenn überhaupt, dann nur in sehr allgemein gehaltenen Statements: Er sprach von einer Chance zum Neubeginn, warnte aber vor Fehlentwicklungen und Risiken.

Schon bald jedoch konnte er nicht mehr verbergen, daß auch er Angst hatte. In jenen Wochen, als in Leipzig und Berlin die Stasi-Zentralen gestürmt wurden, traf ich ihn noch einmal im Kreise all seiner Genossen, die ich früher so oft bei ihm gesehen hatte. Da saßen nun also die Ex-Offiziere aus Stasi und Armee, die Parteifunktionäre der SED – und sie machten sich Sorgen: um ihre Renten, wegen des Verlusts ihrer Privilegien und nicht zuletzt wegen drohender gerichtlicher Verfolgungen.

Als die staatliche Einheit Deutschlands langsam in greifbare Nähe gerückt war, begann Günter Guillaume damit, die Rolle einer gesamtdeutschen zeitgeschichtlichen Figur anzunehmen. Am Abend der ersten freien Volkskammerwahl im März 1990 verschaffte er sich im Palast der Republik Zugang zum zentralen Wahlstudio der Sender aus beiden deutschen Staaten – überzeugt davon, daß die Journalisten an seiner Meinung interessiert sein würden. Auch ich war dort, als akkreditierter Fotoreporter, und beobachtete, wie er am Wahlabend auf Karsten Voigt zuging, seinen früheren »linken Widersacher« in der hessischen SPD. Voigt war die Verunsicherung anzumerken – doch er blieb äußerlich souverän. Nach einem kurzen Small Talk verabschiedete er sich höflich von Willy Brandts ehemaligem Referenten.

Schon bald fing mein Vater an, sein Buch »Die Aussage« zu überarbeiten, das ja bisher nur einem ausgewählten DDR-Publikum zur Verfügung gestanden hatte. Die Neuauflage wurde dann ausgerechnet von einem Verlag des einstigen Erzfeinds Axel Springer herausgegeben.

Während der wenigen Male, die ich ihn später getroffen habe, sind unsere Unterhaltungen über Allgemeinplätze leider nicht hinausgekommen. Ich mußte erkennen, daß Vater sich mit Elke und deren Enkeltochter ein familiäres Idyll geschaffen hatte, während er an meiner Familie und vor allem an seinen eigenen Enkeln kaum Interesse zeigte.

Vieles von dem, was meinen Vater in jenen Jahren bewegte und auch erschütterte, hat er mir nicht gesagt. Ich habe es erst nach seinem Tod von anderen erfahren. Ein mit ihm gut bekannter *Spiegel*-Reporter erzählte mir zum Beispiel, daß eines Morgens im Januar 1990 vier Techniker, angeblich von der Deutschen Post, vor der Tür in Eggersdorf gestanden hätten, um die Telefonanlage zu reparieren. Mein Vater hatte entgegnet, daß sein Telefon doch gar nicht gestört sei. Aber die Männer hatten sich nicht beirren lassen und ihn nur gebeten, doch eine Weile am See spazierenzugehen. Nach einer halben Stunde hatten sie sich mit den Worten »Jetzt ist alles wieder in Ordnung« verabschiedet. Für meinen Vater war dies ein Beweis dafür, daß er jahrelang vom eigenen Ministerium in seinem Haus abgehört worden war.

Von seinen ehemaligen Vorgesetzten war Günter Guillaume nicht nur deshalb tief enttäuscht. Gerade diejenigen, die in den Jahren nach seinem Austausch keine Verwendung mehr für ihn hatten und ihm nur gegen Voranmeldung überhaupt den Zutritt zu seiner Behörde gestatteten, suchten nach der Wende plötzlich wieder seine Nähe. Dahinter vermutete mein Vater ein Kalkül, denn die Offiziere der HVA ahnten natürlich, daß in den Prozessen, die ihnen bevorstanden, auch Günter Guillaume als Zeuge geladen werden würde. Mein Vater aber hat den Kontakt zu den meisten von ihnen abgebrochen – auch zu seinem Führungsoffizier Kurt Gailat, der fast vierzig Jahre lang sein »Kampfgefährte« gewesen war. Und noch auf dem Sterbebett hat er sich eine Trauerrede von Mischa Wolf ausdrücklich verbeten.

Zur Beerdigung meines Vaters am 19. April 1995 sind weder meine Mutter noch ich eingeladen worden. Von dem Termin habe ich erst von Journalistenkollegen erfahren. Mit Mutter war ich mir einig, daß wir nicht an einem letzten »gesellschaftlichen Großereignis« der ehemaligen Generäle und Offiziere der Staatssicherheit teilnehmen wollten, von denen auch sie mittlerweile begonnen hatte, sich zu verabschieden.

Einige Tage später sind wir gemeinsam hinaus nach Marzahn zum Friedhof gefahren. Noch war kein Stein auf Vaters Grab. Deshalb mußten wir auf dem weitläufigen Gelände eine Weile suchen, bis wir glaubten, endlich die Stelle entdeckt zu haben, wo Günter Guillaume bestattet worden war. Nachdem Mutter und ich unsere Blumensträuße niedergelegt hatten, standen wir lange schweigend vor der namenlosen Grabstätte. Und selbst in diesem Moment war ich nicht ganz sicher, ob ich meinen Vater wirklich gefunden hatte.

Pierre Boom

Danksagung

Wir bedanken uns bei allen Zeitzeugen aus Ost und West, die sich zu Interviews bereit erklärt oder uns bei den Recherchen geholfen haben. Vor allem aber danken wir Christel Boom für ihre Hilfe und Unterstützung bei der Aufarbeitung der Familiengeschichte der Guillaumes.

Pierre Boom/Gerhard Haase-Hindenberg

Mein besonderer Dank gilt David und Deborah – this is for you both, with love.

Pierre

Bildnachweis

Privatarchiv Pierre Boom: 1–5, 7, 10–14, 16, 19, 21–26
Ullstein Bilderdienst: 15

In einigen Fällen konnten die Rechte-Inhaber nicht ermittelt werden. Anspruchsberechtigte werden gebeten, sich gegebenenfalls an den Verlag zu wenden.